一頁 folio

始 于 一 页 ， 抵 达 世 界

郑非

著

统治不可统治之地

帝国的技艺

①

帝国三部曲

GUANGXI NORMAL UNIVERSITY PRESS

广西师范大学出版社

· 桂林 ·

图书在版编目(CIP)数据

帝国的技艺：统治不可统治之地 / 郑非著. —
桂林：广西师范大学出版社, 2021.12（2022.3重印）
（帝国三部曲；1）
ISBN 978-7-5598-4283-1

Ⅰ.①帝… Ⅱ.①郑… Ⅲ.①政治制度史 – 西方国家
Ⅳ.①D59

中国版本图书馆CIP数据核字(2021)第190195号

DIGUO DE JIYI
帝国的技艺：统治不可统治之地

作　　者：郑　非
责任编辑：谭宇墨凡
书籍设计：陈威伸
内文制作：燕　红

广西师范大学出版社出版发行

广西桂林市五里店路9号　邮政编码：541004
网址：www.bbtpress.com

出 版 人：黄轩庄
全国新华书店经销
发行热线：010-64284815
北京九天鸿程印刷有限责任公司印刷
开本：880mm×1230mm　1/32
印张：15　字数：350千字
2021年12月第1版　2022年3月第2次印刷
定价：79.00元

如发现印装质量问题，影响阅读，请与出版社发行部门联系调换。

目 录

航行在民族主义的风暴中

一

第一次世界大战的亲历者，在回顾大战最初时刻时，多半都会提到人们的欢欣鼓舞之情。

丘吉尔在自己的回忆录中是这么说的，"空气中弥漫着一种奇怪的情绪。……几乎每个人都认为，这个世界渴望受苦。的确，每个地方的人们都急于冒险"[1]。

在《昨日的世界》中，茨威格则用痛恨艳羡并存的语气更详细地描述了开战日：

> 在维也纳，我发现全城的人都头脑发昏，对战争的最初惊恐突然变成了满腔热情。……维也纳大街上走着各种队伍，

---

1 Churchill, Winston. *The World Crisis*, Charles Scribner's Sons, 1923, p. 188.

突然之间，到处是旗帜、彩带、音乐。年轻的新兵喜气洋洋地在行军，脸上非常得意。……热烈的陶醉混杂着各种东西：牺牲精神和酒精，冒险的乐趣和纯粹的信仰，投笔从戎和爱国主义言词的古老魅力……那种可怕的、几乎难以用言词形容的、使千百万人忘乎所以的情绪。[1]

许多历史学家把这种好战情绪归结为19世纪中晚期社会达尔文主义对欧洲文化的渗透。在社会达尔文主义者——比如赫伯特·斯宾塞与白芝浩——看来，社会竞争带来社会进化。社会竞争又主要是国家、民族之争，主要体现在战争上。正是通过战争，一个群体才加强、巩固、完善了内部的团结、效率与社会制度。

德国将军伯恩哈德（Friedrich von Bernhardi）是赞美战争最力之人，他说"战争是万物之父"，又说，"对于生物而言，战争是第一重要的必需品，是人类生命中不可取代的规范力量。缺少它，不健康的发展将接踵而至，将排除任何优秀种族的进步并因而阻碍任何真正文明的成长"。[2]

当时的欧洲人或深或浅地接受了这种对战争的尊崇。柯南道尔就在其作品中借福尔摩斯之口感叹道："这会是冰冷和苦涩的，华生，……但是，说到底这是上帝的狂风，风暴过去后，阳光下会

1　茨威格：《昨日的世界：一个欧洲人的回忆》，舒昌善等译，生活·读书·新知三联书店，1991，第250—252页。

2　转引自托布约尔·克努成《国际关系理论史导论》，余万里、何宗强译，天津人民出版社，2005，第200页。

有一片更干净、更美好、更坚实的大地。"[1]

　　这种认知，其实相当符合当时的欧洲人对历史的认知和对现实的体验。人们普遍把欧洲自中世纪末以来的进步归结为多元竞争的存在，同时也认定国际竞争的危害不会太大，国际秩序能够自我调节。[2] 社会历史学家查尔斯·蒂利有一句名言："国家制造战争，战争造就国家。"这句话背后的含义，即战争带来的紧迫又持续的压力推动了国家组织的建设，在19世纪这是一个人尽皆知的事实。欧洲人确实能在19世纪的欧洲史上看到这么一个模式一再出现：在一场战败之后，封建特权被废除，个人权利被授予。比如，普鲁士的农奴制是在耶拿会战惨败后被废除的，奥地利的自由主义改革是从1859年意大利战争的失败后开始的，而俄罗斯专制统治的大松动也起源于俄罗斯军队在克里米亚战争中的悲惨遭遇。

　　国家竞争的目标，用19世纪晚期法国总理茹费里（Jules François Camille Ferry）的话来说，就是"伟大的国家"，即帝国。反过来说，一个现代民族是否拥有一个帝国，就成了这个民族的试金石。[3]

1　转引自斯蒂芬·平克《人性中的善良天使》（上卷），安雯译，中信出版社，2015，第288页。
2　康德就曾经批评过这一被许多英法人士推崇的观点，反过来可见这一观点之流行。
3　茹费里在1885年7月28日对国会发表演讲，说道："在我们生活的时代，一个民族是否伟大在于它遵循怎样的发展路径……如果只是向外传播文化，却没有实际行动，不参与世界事务，永远站在欧洲，而将对非洲和远东的扩张视作陷阱和危险的举动，如果我们还试图建立一个伟大的国家，我保证这样的态度会使我们的国家很快走向终结。因为我们不再是一个一流的强国，而会沦为三流甚至四流国家……法国不只是一个自由的国家，她必须成为一个伟大的国家。"转引自克里尚·库马尔《千年帝国史》，石炜译，中信出版社，2019，第382—383页。

正是在这种对战争的玫瑰色想象以及伟大帝国的憧憬中，欧洲人走上了第一次世界大战的战场。在历经 3 年，死亡 1,150 万人之后，和平才再次降临。对我们中国人而言，印象更深刻的自然是第二次世界大战，但对西方人而言，第一次世界大战才刻骨铭心。至此之后，欧洲人对世界与自己的认知发生了巨大的变化，昂首前进的文明心气不复存在，许多金科玉律也被抛弃。历史学家霍布斯鲍姆在《极端的年代》中悲叹："19 世纪崇高伟大的文明大厦，从此在战火中灰飞烟灭。……对成长于 1914 年以前的一代而言，这个分水岭前后的差异实在太大，许多人简直无法把现在和过去做任何连接。"[1]

二

谁，或者什么，该为此空前惨剧负责？将来又该如何避免？对这个问题的思考，催生了"一战"后两大革命性的政治思路——列宁主义和威尔逊主义，又随之塑造了两种新的国际秩序。

在列宁所发布的《和平法令》中，他说道："本政府认为，各富强民族为了如何瓜分它们所侵占的弱小民族而继续进行战争，是反人类的滔天罪行。"[2] 他又进而指出，诸帝国主义之间的争夺起因

---

1 霍布斯鲍姆：《极端的年代（上）》，郑明萱译，江苏人民出版社，1998，第 31 页。
2 中共中央马克思恩格斯列宁斯大林著作编译局：《列宁全集33》，人民出版社，1992，第 10 页。

于不公正、压迫性的国内秩序。[1]因此，他认为，要真正结束战争，必须号召各国群众发动国内革命，清除各自国家的资产阶级压迫者。

在列宁眼中，美国总统伍德罗·威尔逊当然也是"资产阶级压迫者"之一。但是，威尔逊也对哈布斯堡和德意志帝国的皇帝大加抨击："统治者从未征求人民的意见，战争是根据封建王朝和一小撮野心家的利益而发起的。"[2]1917年1月22日，他在国会发表讲话，抨击旧式的欧洲均势政治，说正是此种政治引发了战争。他提出："各民族间自由的、经常的、不受威胁的交往是和平与发展必不可少的条件。"[3]之后，在"十四点和平计划"中，他坚持"自由、开放、绝对公正地调整所有的殖民权利"，并要求民族自决与成立国际联盟。

尽管列宁与威尔逊是意识形态上的对手，但他们对旧世界的抨击却意外地一致（可见当时人心所向）。在他们眼中，欧洲的旧日帝国代表着对内对外的压迫与彼此之间的疯狂竞争，而正是这种竞争点燃了世界。因此，列宁主义和威尔逊主义在一件事上达成了一致，均认为需要瓦解帝国。他们也各自举出了补救的方法：列宁要进行阶级的颠倒，威尔逊则关注节制国家间的竞争；列宁要发动国际革命，以下犯上，而威尔逊则从外部入手，主张以法理管

1　列宁：《帝国主义是资本主义的最高阶段》，中共中央马克思恩格斯列宁斯大林著作编译局译，人民出版社，1964。

2　转引自托布约尔·克努成《国际关系理论史导论》，第213页。

3　转引自托布约尔·克努成《国际关系理论史导论》，第208页。

制世界、用集体安全体系取代传统的列强均势政治、控制国际竞争（而不是鼓励国际竞争），质疑战争作为一种外交政策手段的合法性；列宁否认社会等级，而威尔逊则希望建立一个民族国家的世界。所谓"每与操反"，内敷外用。

从这个角度看，对帝国的批判与扬弃是 20 世纪对 19 世纪的否定，是民族国家与大众社会对超民族政治体和等级社会的抨击。无论列宁主义和威尔逊主义在多大程度上漠视现实、流于理想主义，苏联和美国两个大国的超强实力，都使得 20 世纪成为帝国的大退潮期。

整个世界也在"二战"后乃至冷战后变得前所未有地安全、繁荣和稳定。卡列维·霍尔斯蒂在研究当代战争起因的时候指出，1945 年到 1989 年间，因为领土问题而爆发的战争数量，相较于 1815—1941 年下降了近五成，由商业或资源纠纷引发的冲突次数下降得更多。此外，无论是战争平均持续时间，还是战争危及国家存亡的程度，也都在显著下降。[1] 这一形势如此明显，以至于约翰·基根在其名著《战争史》中说："在我以毕生精力阅读战争史料，与老兵厮混，探访昔日的战场，观察战争的影响之后，我似乎感到，战争即将偃旗息鼓了，且不论战争是否理性，至少它很可能不再是人类处理分歧所需要的和有效的手段了。"[2] 正是由于这种国际暴力的显著下降，使得斯蒂芬·平克乐观地写出了《人性中的善良天使》，

---

1 卡列维·霍尔斯蒂：《和平与战争：1648—1989 年的武装冲突与国际秩序》，王浦劬译，北京大学出版社，2005，第十二章。

2 Keegan, John. *A History of Warfare*, Vintage, 1993, p. 59.

将之描述成人类历史上一个超长期趋势中的一部分。

19世纪，海外投资和海外贸易的安全度几乎完全取决于所涉及国家的武力强弱。"二战"之后，由于国际货币基金组织、世界银行、世界贸易组织的建立，国际商法的普及与对接，一整套国际经济管制网络出现了。这大大改善了国际投资、贸易的安全与稳定程度，减少了各国的经济交易成本，也使得世界市场的容量大大增加。1913年，全球海外投资历年总额（以2012年的美元计）大概在一万亿美元，而在2005年至2019年间，几乎每一年的海外直接投资额（FDI）都会大于一万亿美元（只有2015年和2018年是例外）。这种巨量资本市场的出现，最能说明这个时代经济资源的安全与丰沛程度。

国家的边界也在这个新世界里固化下来。比如美国政治学家赫伯斯特（Jeffrey Herbst）指出，大多数第三世界国家（尤其是非洲国家）在大多数时候没有面临任何严重的外部威胁，这样，这些贫穷、行政结构薄弱、往往有极大族群多样性的国家居然一直留存下来（赫伯斯特也指出，它们往往有太多的薄弱之处，却享受了过多的国际安全，因此丧失了改革的动力）。[1]

这些安全、繁荣和稳定也有利于进一步淡化帝国在我们头脑中的印象，将民族国家的世界作为"本来就该如此"的世界而接受下来。

1　Herbst, Jeffrey. *States and Power in Africa: Comparative Lessons in Authority and Control*, Princeton University Press, 2014.

三

历史上，一般都是现实引导思想，而不是思想引导现实。正是在如此现实的影响下，"帝国与民族国家作为两种截然不同的社会和空间政治组织形式，其严格的对立统治了史学几十年"。[1] 人们倾向于认为，"帝国与民族内在不相容"（本尼迪克特·安德森），并把民族国家对帝国的取代看成历史的必然。

这段时间内，西方学者所感兴趣的帝国话题主要是：帝国的崩溃，这个话题的兴起恐怕与苏联有关；帝国的扩张与维系，这是美国的超强实力与全球领导地位所致，人们会去讨论帝国的过度扩张等问题；以及帝国的遗产，这是因为有人在关注那些前殖民地。

对于我们这样生活在一个（多多少少继承了帝国遗产的）多民族国家中的公民来说，由于没有经历过"一战"的折磨，也没有之后的反思，比起西方人而言，恐怕更能体会到过去与现实之间的连续性。所以，本书想要探讨的，正是这样一些问题：近代帝国是如何统治其多民族属民的？在统治的时候，遇到了哪些内在的困难？它们的应对之道是什么？

在探讨这些问题之前，本书有几个基本假设：

第一，近代帝国并不只是征服—统治的等级关系，也不只是一

---

1 Berger, Stefan., and Alexei Miller, eds. *Nationalizing Empires*, Central European University Press, 2015, p. 2.

撮人以某个地方及其人群为本部向外申延政治影响的工具和实体，其统治者、统治阶层通常都能超越狭隘的地区、人群本位，有切实的（当然同时也是自私的）整体考虑。

第二，在许多帝国统治者眼中，帝国并不是一次短期投资，而是长期持有的一项事业。因此，凭借武力驾凌一方并不是长久之策。"马上得之，宁可以马上治之乎？"这不只是陆贾与刘邦才能理解的中国古代智慧，也是所有近代帝国的治国之道。

第三，诸帝国的构建模式本身很复杂，并不一定是一个由帝国中心出发对边缘区、社群进行管制的同心圆。

简而言之，近代帝国并不是古代的遗迹，也不是急就章式的多民族、多地域的拼凑之物，而是有正经政治考量的多元政治实体。我将按如下线索展现对上述问题的思索。

引言中，我将介绍帝国的定义，解释为什么应该研究近代帝国而不是古代帝国。

第一章，我将陈述本书所面对的基本问题和假设——在近代，帝国面临着什么样的挑战，诸帝国又是通过调整哪些政制、政策来应对这些挑战的。

第二章至第五章，我将英帝国、法帝国、奥地利–哈布斯堡帝国和俄罗斯帝国作为历史案例，以之来验证本书的基本假设。

这些国家的应对都有可圈可点之处——应该说，英、法体制各自有一些基本法则与帝国不相容。在这些国家内，各自都有一些帝国主义者坦承，所谓帝国就是对多方异域的征服，所以统治者 / 民族 / 种族无须有什么心理负担。但正是这样的言论，揭示出他们所感觉到的不自在（否则就不会说了）。比如，英国人的反应在体制上和心理上都与帝国有所隔离，而法国人则反其道而行之，用共和思想、文明传播论来拥抱帝国。这些固然显得虚伪，但确实也为其帝国的运行增添了几分弹性。

相形之下，哈布斯堡帝国和俄罗斯帝国，作为传统大陆帝国、王朝国家，统治时并没有英、法那样强烈的意识形态方面的冲突与压力，但是其统治的地区和属民距离太近、形态相似，本部人群的社会、经济与文化优势相对不大，以及王朝政府本身的合法性存在着种种危机，这些都使得它们统治帝国的难度比英、法要大。晚期哈布斯堡帝国尝试进行制度化社会隔离，晚期俄罗斯帝国则尝试俄罗斯化，成效不一。

在结语中，我主要是将各个帝国的应对之道做一比较，指出异同，也简略讨论了帝国民族方略之间的关系、帝国选择各自方略的依据，以及帝国属民对帝国方略的反应。

简·伯班克和弗雷德里克·库珀伉俪在《世界帝国二千年》中说：

> 用心理解帝国的历史，不仅能让我们跟极端的暴力与傲慢面对面相遇，也能提醒我们主权是能分享、分解和改变的。往日不是一条单行道，不是只能通向早已命定的未来。

这句话很好地概括了本书想要陈述的内容。

帝国，作为一种主要的人类政治构造，航行在民族主义时代的风暴中。帝国的掌舵者们，并没有温柔地走进那个良夜。有

些船搁浅了，有些船则被时代大潮打成了碎片。他们所遭遇的
困难，现在仍然困扰着一些多民族国家，对我们而言，观察这
些水手的举动（即使是他们在礁石上撞得粉碎的时候），仍然是
有益的。

引言

"帝国"的"通词膨胀"与古今之变

一 帝国是什么？

我的一个好朋友曾对我说："人人都有一个帝国梦。"普通人会为帝国的荣耀、伟大而倾倒，学者则会惊异于帝国在人类历史上的持久性，以及它在统治万方异域上的效果。但是，尽管帝国构成了我们历史背景中的很大部分，人们却有两个基本的难题仍然没有得到解答，那就是：帝国是什么？哪些国家是帝国？

翻开任何一本研究帝国的书，作者都会说出几乎雷同的话语——历史上的帝国形态极端复杂，以至于我们几乎找不到一个一致的帝国定义。[1]请让我偷懒一会，照抄一段《大英百科全书》上的说法：

1　比如克里尚·库马尔：《千年帝国史》，第 14—19 页；Lieven, Dominic. *Empire: The Russian Empire and Its Rivals,* Yale University Press, 2001, p. 3.

　　自上古以来，帝国就是一种特有的政治组织形式……

　　对帝国的研究表明，帝国的内部控制既可以来自激励，也可以是胁迫产生，也可以两者兼而有之。它可以通过一系列的军事、经济和文化手段达成此目的。它可以是正式的，也可以是非正式的，程度不同。帝国边缘的团体、个人地位也可以很不一样。有些边缘人能够参与帝国中心／本部（metropolis）和主权当局的决策和资源分配，有些则只能旁观，甚至遭到公开的歧视和剥削。帝国中心／本部与边缘的关系既可以是等级森严的、充满冲突的，但也可以是和谐的、相互依赖的，一些帝国内可以形成相当松散的多个独立单位。帝国中心／本部和边缘的性质也可能不同。在大多数情况下，帝国中心／本部拥有中央集权政府、差异化的经济和共享的政治忠诚，而边缘地区则拥有软弱的政府、去差异化的经济和高度分化的政治忠诚。然而，帝国中心／本部也可能有一个相对薄弱、有限和分散的政府，一个低效的经济体系，以及多重文化认同。……帝国中心／本部并不总是有一个帝国征服的总体计划……不同的历史时期产生了不同类型的帝国。[1]

　　凡是想对历史上的帝国形态有所总结，总是容易出现上面这种"可以……也可以……"式的描述，于是，学者们尝试寻找公约数。

1　参见《大英百科全书》线上版所载"帝国"（Empire）词条，引文为笔者选译，见 https://www.britannica.com/topic/empire-political-science。

简·伯班克（Jane Burbank）和弗雷德里克·库珀（Frederick Cooper）伉俪在《世界帝国二千年》一书中给出的定义是："帝国是一庞大的政治单元，是扩张主义的，或在历史上扩张至广大领土上的，在兼并/整合新人群时仍维系区隔/差异和等级制度的政体。"[1]

约翰·达尔文（John Darwin）将帝国定义为："（其）影响力和权威跨越了若干种族、语言和生态的边界，一个统治者或政体通过一系列功能、空间和等级安排将其他地区和国家纳入其地缘政治、经济和文化体系。"[2]

迈克尔·多伊尔则认为："（帝国是）一种正式或非正式的互动关系，是一个国家实际控制其他政治实体的无上权力。"[3]

《布莱克维尔政治学百科全书》的定义是："一个统治超越其国境的领土、由不同民族构成的国家。"[4]

在《大英百科全书》中，帝国是"一种主要的政治单位，中心/本部或单一的主权当局通过正式吞并或各种形式的非正式统治，控制很大范围的领土和人民"。[5]

只要粗略观察上面这些定义，我们就能发现这些定义都在强

1　珍·波本克、弗雷德里克·库伯：《世界帝国二千年：一部关于权力政治的全球史》，冯奕达译，八旗文化出版社，2015，第 29 页。

2　Darwin, John. "Empire and ethnicity." in Hall, John A. and Siniša Malešević, eds. *Nationalism and War*, Cambridge University Press, 2013, p. 154.

3　Doyle, Michael W. *Empires*, Cornell University Press, 1986, p. 45.

4　戴维·米勒：《布莱克维尔政治学百科全书（修订版）》，邓正来等译，中国政法大学出版社，2002，第 226 页。

5　参见《大英百科全书》线上版"帝国"词条，见 https://www. britannica. com/topic/empire-political-science。

调帝国在空间和社会上的"延展性"，而非权力的渗透性。一般来说，观察一种国家形态可以从"上下"和"左右"着手。"上下"指阶级关系和权力等级状态，"左右"则指构成该国家的各社会／社群／社团之间的平行关系。讨论帝国时，这些西方学者很显然是将"左右"放在"上下"之前，着重强调的是"帝国是对多民族的统治"这一属性，而非帝国权威的"华美"或等级秩序。换句话说，在他们看来，"帝国"并非"大国"的天然代名词，或者说，单单是"大国"还不足以成为"帝国"。英国学者芬利就抱怨说，人们常常将帝国混淆为疆域辽阔的大国，但帝国的关键在于对"其他国家（族群或人民）"加以统治。[1]

这些定义同中国这边对帝国的一般通俗理解（帝国即强国）显然存在冲突和差异。

这里有个好例子，哈佛大学教授欧立德（Mark Elliott）在2014年就直接质疑："传统中国是一个帝国吗？"

他的理由有二。首先，他指出，"帝国"这个词在19世纪前的中文文献中基本是找不到的。中国史籍中虽然有零散的"帝国"字眼，但此处的"帝国"是跟"霸国"对比而言的，指的是上古时期以道德仁义立国的理想国家，没有国体含义，与西文（现代社会科学理论所解释的）"empire"所指的重合的、多元的政治体系及管治权柄蕴含的意义截然不同。迟至19世纪，中国才借由日本

1　转引自库马尔《千年帝国史》，第15页。

人的翻译从西方典籍中接触到这个词，并加以自称（以彰显自己的独立国家地位）。所以，无论帝国这个词多么有中文味，但它其实是一个西方词语和概念。其次，从西方人的角度来看，清代之前，中国都不满足被称为一个帝国的必要条件。"直到17世纪中叶，西方仍然视拥有单一、具有延展性的社会及政体的中国为地区或王国而已。"西方人把中国看成一个帝国，是从清代开始的，因为在他们看来，清代一统满汉藏蒙，这才满足了帝国是统治不同民族之政体的条件。[1]

欧立德的这个疑问在史学界引起了偌大争论。我国学者曹兴宇与黄兴涛反驳说：不然。耶稣会士和外国商人在介绍明代中国的时候已经广泛使用了帝国一词。但是，他们在介绍原因的时候也承认，西方人产生这种观感，主要是由对中国人"天下观"（普天之下，莫非王土，率土之滨，莫非王臣）、天子或朝贡体系的认知导致的。西方人认为，既然心怀四野、万国臣服，那也就算帝国了。[2]姑且让我们假定曹、黄是对的，西人在明代已用帝国来称呼中国，但这里也还有一个问题：西方人自己是不是错误地认识了明代中国，张冠李戴了呢？或者再说的具体一点，天下观、朝贡体系的存在是否能证明中国就是一个帝国呢？未必。一个有力的反驳是：朝贡体系是一套虚拟臣服的国际体系，本身并不是一种国家治理结构。"天下观"主要是一种正统观念，那种天下一统的同心圆模式

1　参见欧立德《传统中国是一个帝国吗？》，《读书》2014年第1期。
2　参见曹兴宇、黄兴涛《欧洲称中国为"帝国"的早期历史考察》，《史学月刊》2015年第5期。

更多源自士大夫的想象，是政治意识形态覆盖现实的产物，体现的更多是文化秩序，而非现实存在的政治秩序。

　　葛兆光先生在《名实之间——有关"汉化"、"殖民"与"帝国"的争论》中给出一个调和的意见，认为应该舍名而求实。古来中国不乏开疆拓土，即在清代之前，也下辖众多族群、广大地域和多样文化。"粤之獐（僮）之黎，黔楚之猺（瑶），四川之僰之生番，云南之猓之野人"，尽服王化。从这个角度讲，清代之前的中国也可以算作"帝国"了。[1] 葛先生此说的问题恐怕在于，西方意义上的帝国，并不只是国广人稠，属民众多，它往往是本部比较小，所管辖的异己地方和人民比较多（或直接统治不便），因此非要构建一种求同存异／差异化的政治秩序不可，且多多少少带有一些政治联盟的意思。在中国则并非如此，自秦汉以来，就中原王朝而论，属民与本部土地人口规模相比几乎微不足道，因此，中国传统政治的主要特点一直是"一道德，齐风俗"以及"车同轨，书同文"。葛兆光自己也承认，在中国政治的实践中，汉化的冲动屡见不鲜，以夏变夷、编户齐民、同风同俗，这些一直包含在政府官僚的政治目标中。这种一体化的政策倾向，无论如何都同西方意义上的帝国精神是矛盾的。所以，我们至少可以说，中国并不是一个西方意义上的帝国。当然，有的学者承认，以欧洲政体概念来理解中国庞杂的政治体系是在削足适履，中国的"天下"并非欧洲帝国，欧洲的

---

[1]　参见葛兆光《名实之间——有关"汉化"、"殖民"与"帝国"的争论》，《复旦大学学报（社会科学版）》2016 年第 6 期。

帝国在运作规则、价值理念方面与"天下"存在非常大的差异。[1]

为什么这些西方学者会从这个角度理解帝国？这恐怕要从东西方不同的政治秩序发展道路讲起。

帝国（empire）一词源出于古罗马词语"imperium"，本意是罗马官员或统治者依法被赋予的权力，后来引申为罗马人民的统治权。到了公元 1 世纪，这个词有了两重含义：一为绝对统治或至上权力，二为统治关系复杂的领土政体。罗马人对"imperium"的理解和实践，在很大程度上成为后世的典范，正如英国学者斯蒂芬·霍威（Stephen Howe）在《帝国》中所指出的，"罗马人发明了帝国的概念，至少是后世帝国缔造者所能理解的，也时常拿来对照的标准"。[2] 库马尔也指出，"学者们在帝国最基本的构成方面达成了惊人的一致，这直接来自我们对罗马的理解"。[3] 玛丽·比尔德则在更宽泛的角度承认："我们理解世界和思考自身的方式仍然受到罗马的影响。历经 2,000 年，它仍在支撑西方的文化与政治，是我们写什么和如何看待世界的基础。"[4]

所以，要理解帝国的含义，我们就必须首先认识罗马的帝国政治形态。马克斯·韦伯据说有一名言，"定义或许只在研究结论

---

1 参见陈波《西方"中华帝国"概念的起源（1516—1688）》，《四川大学学报（哲学社会科学版）》2017 年第 5 期。

2 Howe, Stephen. *Empire: A Very Short Introduction*, Oxford University Press, 2002, p. 41.

3 库马尔：《千年帝国史》，第 8 页。

4 玛丽·比尔德：《罗马元老院与人民》，王晨译，民主与建设出版社，2018，第 3 页。

中才能找到"（而不是在研究的开始）。我相当赞同。

对西方古典城邦世界来说，罗马帝国是一个异类。西方古典城邦世界的权力结构以离散性为典型特征，到处是分立的邦国、宗教与文化；罗马人的统治，则表现为"天下一家"、普世主义。下面我们将谈到，罗马帝国有两项重要特征分别被后世的领土国家和帝国概念所继承。

"imperium"的第一项含义指的是至高无上的统治权。在罗马人的心目中，罗马是一个没有边界的帝国。波利比乌斯在《历史》中声称，罗马的征服将导致所有文明民族的统一，帝国将会给人类带来和平、秩序与正义。[1]在"天下"之内，罗马及皇帝的统治权是超越一切的。罗伯特·福尔茨（Robert Folz）指出，虽然罗马帝国后来遭遇衰落、内战、蛮族入侵与分裂，但帝国相对于其他政治单位的高级属性并没有被破坏、遗弃，而是被改头换面，进而继承了下来。

到 13 世纪，帝国的这项含义逐渐变化收缩，不再强调帝国具有普世权威，而是指在特定地域中，统治者具有至高无上的权威。当时法国国王已开始强调在自己的领土上拥有同帝国皇帝同等的权力，人们也开始承认"法国国王是他自己王国的皇帝"。[2]1533 年，亨利八世制定《禁止上诉法》，法案中禁止上诉特定案件至罗马教

1　Folz, Robert. *The Concept of Empire in Western Europe from the Fifth to the Fourteenth Century,* Edward Arnold ltd, 1969, p. 4.

2　Folz, Robert. *The Concept of Empire in Western Europe from the Fifth to the Fourteenth Century,* p. 157.

廷，声称"英格兰就是帝国"，也是同样的意思。既然"帝国"脱去了自己普世主义的外衣，只相当于在特定地域内的至高统治权，于是随着欧洲各绝对主义君主国的兴起，让·博丹、霍布斯、胡果·格劳秀斯、斯宾诺莎开始用"imperium"这个词来指代一个合法统治者的权能，也开启了人们对"主权"的想象。[1]

接下来发生的事情很有意思。随着欧洲绝对主义—民族国家成为主流，主权成为各个国家的标配，而当两个词语（帝国、主权）的含义发生交汇的时候，人们开始考虑强调帝国的另一个含义——多民族治理——以便有所区别。培根就认为，帝国的意义在于广度而不是深度。18 世纪早期的法国语言学家加布尼埃尔·热拉尔（Gabriel Gerard）对帝国与王国进行区分时说："帝国是一个由许多民族构成的庞大国家。"王国不那么大，国家是一体的。[2] 这样，从概念的传承来讲，"帝国"的两项原始含义就被分开，从而分别继承下来：至高统治交给了民族国家，而普世包容则交给了帝国。

"imperium"的第二项含义指的是多重治理。罗马帝国的建立当然是对多个族群、城邦和国家征服的结果，但仅仅征服一个广大的区域和众多的人民，还并不能使罗马帝国在世人的记忆里留下如此鲜明的印记。

在《罗马元老院与人民》中，玛丽·比尔德指出，罗马帝国的扩张很难说是一个有计划的举动，他们更看重的也许是霸权。[3]

1　Koebner, Richard. *Empire*, Cambridge University Press, 1961, p. 52.

2　Koebner, Richard. *Empire*, pp. 59-60.

3　玛丽·比尔德：《罗马元老院与人民》，第 191—192 页。

即使在统治了当时的环地中海世界之后，也很难说罗马帝国就有一个通盘的管理机构与统治方略。据估算，整个帝国的精英行政官员不超过 200 人（加上数千名皇帝的奴隶），却管理着一个 4,000 万人口以上的帝国。[1] 想要实现中国式的编户齐民和郡县管理，这是绝不可能的。罗马帝国并不是如中国一样"化众为一"，而是在缔造一个环地中海社会的同时保持了相对包容和多样性的统治。

换句话说，罗马帝国是标准的"小邦临大邑"。 这点值得好好讲讲。罗马帝国是从罗马城演化而来，罗马的人口，在其极盛之时大概有百万左右，而整个帝国所辖的人口估计在 4,000 万到 7,000 万之间（视年代不同而变）。而且，人口比例自罗马共和国时代以来便已经如此悬殊。[2]

对小邦来说，纯以军事手段临大邑之上，是一件很吃力的事情。这倒不是说小邦不能击败更庞大的对手，亚历山大以少数希腊精锐士兵就能征服波斯就是明显的反例。但征服是一回事，保持长久的控制则是另一回事。这样的帝国想要生存、维持，非要从其臣民那里获取某种配合才行。历史社会学家迈克尔·曼（Michael Mann）用"强制性合作"（compulsive cooperation）这个概念来描述这种帝国需要，汉儒陆贾则非常直观地说："居马上得之，宁可以马上治之乎？"非得要"逆取而顺守"不可。

1　玛丽·比尔德：《罗马元老院与人民》，第 497 页。
2　到第二次布匿战争（公元前 218—前 201 年）以前，罗马共和国的版图已经囊括了波河流域以南的意大利所有区域，此时该地区的人口估计至少有 400 万，而同时期（公元前 3 世纪）罗马的人口普查数据显示该城公民人数大约在 20 万到 40 万之间。

引言 "帝国"的"通词膨胀"与古今之变　023

赵鼎新在《东周战争与儒法国家的诞生》中认为，中国春秋时期的低烈度战争促进了中国的工具理性文化，但由于该时期中国社会多元结构薄弱，导致权力俱垄断于国家之手，秦制一统中国。其实，这个逻辑反方向用在同时期的欧洲也是可以的。同秦这个庞然大物比起来，罗马是小邦，政治与社会都要更多元。秦可以变法，编户齐民，逐次吞并周边诸国，而罗马想要达到同样的效果，就必须在制度的包容性上多下功夫。何谓包容性制度？阿西莫格鲁和罗宾逊在《国家为什么会失败》中认为，世间政制有两种，一种是攫取型的，权力集中于上，利出一孔，一种是包容性的，政出多门。虽然阿西莫格鲁和罗宾逊主要是在阶级上下意义上（即精英／民众关系）谈论这两种制度，其实在地区层级上（即中心／边缘关系）也是一样的。秦的核心区域大，向外吞并的时候总可以从容不迫地郡县之，而罗马不过是一个城市，必须另辟蹊径，以更平等的姿态待人。

历代学者都认为，罗马帝国的这种包容性体现在两个方面，一是公民身份的扩散，二是广泛实施的地方自治。此处我们重点关注后者。法国学者菲利浦·阿利埃斯和乔治·杜比指出："罗马帝国就像是一个有机体，成千上万的自治城邦就是其细胞。"英国学者芬纳则认为，"罗马帝国只不过是一个负责协调和管理的上层结构。大政方针确实是由上层制定，但日常事务的具体管理却由自治市自己负责"。[1] 也就是说，罗马与秦汉的一大差异就在于罗马帝国的基

1　芬纳：《统治史（卷一）：古代的王权和帝国——从苏美尔到罗马（修订版）》，王震、马百亮译，华东师范大学出版社，2014，第 561 页。

础是自治城市，而秦汉是郡县。

晏绍祥先生称帝国为"与距离做斗争"的永恒事业：

> 直到公元 2 世纪,（罗马）帝国常设官员人数仍非常有限，中央和行省的高级官员不过 150 人左右，甚至到 3 世纪早期，罗马城、意大利和行省的高级官员也仅 350 人左右……数量如此少的官员，不可能将触角深入城市和乡村，对行省和地方的治理，只能仰赖于行省和地方的精英阶层……（罗马帝国的基本单位是各自治市）每个城市都有自己的官员、议事会和公民大会，决定有关城市的一般事务，授予公民权、财政、税收、司法、宗教崇拜、建筑工程等一系列与城市直接相关的问题。只有在城市觉得自己无力解决时，才会求之于总督。在司法问题上，只有涉及金额超过一定限度，或者事关公民的生命时，才会上诉到总督或者皇帝那里。[1]

由此可见，罗马对各地方的控制主要是通过行省总督（他的主要任务是协调)、驻军与司法进行的。因此，罗马的做法有点像后世的英国，将地方治理委托给地方乡绅进行自治。

自中古起，英格兰就有地方乡绅自治的传统，这主要体现为不拿国家薪酬的地方乡绅执掌教区或郡的行政与司法权。中央政

1　晏绍祥：《与距离斗争：波斯、罗马与秦汉帝国的中央集权和地方自治》，《史学理论研究》2016 年第 3 期，第 115 页。

府并没有一支专职的官僚队伍对全国进行管理，所以"政府的施政有赖于中央和地方绅士间的一种政治谅解"，按照芬纳的说法，"这是因为拥有、支配并操纵这个统一体的是同一个社会阶层的成员，即议会里的大贵族和乡下的贵族地主。……总之，司法、立法和行政三个机构，还有各个郡，全都掌握在同一个社会阶层手中。这一事实使英国的政制有了很强的统一性。所有的争执都变成了家族内部争执"。[1]在英国，沟通上下的是一个非常同质化的少数精英团体，其成员可以轻松地在地方乡绅与国会议员之间转换角色，不同层级的主政者也多持有"绅士之间的谅解"，因此演一出"将相和"不算特别难。在罗马这里，情况似乎也是一样的。罗马在对外扩张时，总是很注意拉拢其他地方的上中层人物，授予他们罗马公民权，支持他们同地方民主力量对抗。一位罗马作家阿留斯·艾瑞斯提（Aelius Aristides，公元 117—185 年）指出："你们已经把帝国的所有人民分成两个等级……他们的城堡不需要你们来驻防，每个地方的名流显贵都会为你们守卫好自己的家园。"法国学者库朗热在《古代城邦》中也说："在所有的城邦中，贵族都对罗马拭目以待，他们期待罗马，尊认它为保护者，以为自己的命运与罗马的命运息息相关。"

有很多学者都认为，正因如此，罗马帝国并没有沿着地域、种族或宗教的界限分化，而是按照阶级来划分的。我承认这样的

---

[1] 芬纳：《统治史（卷三）：早期现代政府和西方的突破——从民族国家到工业革命》，马百亮译，华东师范大学出版社，2014，第 321 页。

观点有道理，但并不完全赞同，原因在于，罗马在相当程度上还是认可各城市的自治权利，自治市还是具有某种自治共同体的色彩。如果我们看古城庞培的遗址，就能发现许多地方都有竞选标语，这表示地方政治并不是无足轻重的。我自己的观察是，罗马的中央—地方观同时兼具阶级与族群色彩（至少在共和罗马时期是如此）。一方面，罗马还去古未远，城邦作为一种原则和现实还没有完全退出人们的视野。在吞并其他领土时，罗马既然不可能尽迁其人至罗马，就要对这上古以来的规则让步，折中承认这些"小共同体"的合法存在。另一方面，罗马自身的政治性质也有助于其政治人物同时使用"阶级"和"族群"两种视角来看待并规划外部世界。罗马共和国实行的自然是古典共和制，而古典共和制兼具贵族／寡头政治与民主政治两面（现代理论倾向于认为罗马政治中的贵族成分并没有完全压倒民主成分）：贵族／寡头为罗马人的世界观添加阶级色彩，而民主则使得罗马人用"共同体"眼光观察世界。这使得罗马帝国的政制安排自然而然地要带上某种"族群政制"的色彩。

对罗马共和国／帝国这种地方治理架构，有学者视其为某种城市政治联盟，又或是某种联邦体制。这个说法自然过于理想，各城市虽然享有一定的地方自治权，但对中央政治是没有直接影响力的。芬纳将罗马帝国称为"由众多自治市所组成的一个庞大的控股公司"，在我看来，倒是比较精当。

* * *

罗马帝国是西方历史上第一个普世帝国，它超越了宗教、地域与种族的界限，将不同的土地与人民纳入一个政治秩序之中，并延续了若干世纪。

与秦汉中国所不一样的地方在于，罗马的世界主义不纯是通过对个人与地方特权的剥夺所造就的，正相反，它聪明地承认这些权利的存在。这样便把罗马变成了一种单纯的政治认同与政治象征，并由此奠定了西方人对帝国的一般认识，那就是：在一堆地方自治体之上还有一大势力统御之，但这"一大势力"并不直接破坏这些自治体，而是分权与聚合的结合。

二 帝国的古今之变

今人研究帝国，有一个重要的原因是，现代民族国家并不尽如人意。

比如简·伯班克和弗雷德里克·库珀就在其书中自述，他们就是想抛开民族国家成长的主流叙述（民族国家叙事之所以惹人反感，主要是民族国家的理念和实践与族群政治之间存在紧张关系），去描述这个更古老、更持久、更多差异/多元化的政治实践，描述它如何在内部力行差异政治（the politics of difference），它与地方代理精英及其人民的关系，它们之间的竞争与学习，以及帝国观念和统治的策略，从而为当下的政治提供参考。

今人研究帝国，部分出于对民族国家叙事的反感，想要从历史上寻找资源。已经有许多人做了这些工作，上至亚述帝国，下至过去较少有人关注的边缘性帝国（如印加帝国）[1]，都成了关注对象。

不过，帝国研究的这种前提大概是有问题的。不知道大家注意到没有，"族群政治"这个词（或相关词汇、概念），似乎从来没有出现在古典著作之中。

遍翻古代著作，论及何为政治，谈的都是上下或阶级关系。柏拉图只谈阶级，无论是论及政体类型的划分，还是城邦社会的构成，都是如此；在亚里士多德笔下，蛮人只配用作奴隶（《政治学》有若干章节为之辩护），外邦人则与荣誉无缘（寥寥几笔）；[2] 至于罗马人，帝国境内虽广行万民法，公民权一体均享，却也没有人将族群视为重要的政治单位，需要在国家结构上做出调整适应之。相应地，历来的斯多葛派学者都以世界公民自居，对地区、族群的政治差别漠不关心。[3] 中世纪的思想家，承罗马余绪，视天下如一，

1　Bang, Peter Fibiger, Christopher Alan Bayly, and Walter Scheidel, eds. *The Oxford World History of Empire: Volume Two: The History of Empires*, Oxford University Press, 2020.

2　此处，"荣誉"指的是政治权利以及财产所有权，诸如参加公民大会、担任公职以及拥有土地和房屋等权利。参见亚里士多德《政治学》，商务印书馆，1965，卷四章五。对外邦人在希腊城邦之地位，参考郭霞《雅典外邦人的社会地位与历史作用》，《安徽史学》2006年第6期。古希腊人的这种冷淡当然有其来由，希腊城邦既不开放（比方说公元前451—前450年伯里克利颁布公民权法令，规定只有父母双方均为雅典公民者才拥有公民权，断了外邦人归化的唯一途径），又乏扩张之念，不肯以自视视人。

3　比如斯多葛哲学家爱比克泰德就说"我们不应该说我是一个雅典人或我是一个罗马人，而应该说我是一个宇宙公民"，参见罗素《西方哲学史》上卷，何兆武、李约瑟译，商务印书馆，1963，第333页。又比如，罗马皇帝兼哲学家马可·奥勒留认为人之理性同一，当通用同一法律。参见马可·奥勒留《沉思录》，何怀宏译，中国社会科学出版社，1989，第22页。

在上帝面前人人平等，自然也没有国族之念。[1]

迟至法国大革命前后，对一国内若干族群如何相处的思考才开始浮现在思想舞台上。比如，德国军事家克劳塞维茨认为，人类天然分为民族，为了表达民族认同和保证自由，一个民族应组成一个国家。[2] 约翰·密尔在《代议制政府》中也提到了这点——各族需分立国家或同化。[3] 这可被视为族群政治概念的开端。

人生而有群，但在漫长的千年岁月里，古代思想家居然没有对如此醒目的事情施以眼色，这是为什么？这自然不大可能是因为古代思想家漠视现实，倒极有可能是当时的现实不会使古代思想家起这个心思。

现代学者——比如迈克尔·赫克特（Michael Hechter）——通常指出，虽然现代国家对国内多元成分（或由内部衍生，或由征服、合并而来）之间的关系如何处理甚为头大，但这一难题在古代似乎并不存在。[4]

1　犹如《圣经》所言："在这里没有希腊人和犹太人，受割礼的和不受割礼的，外族人、塞西亚人、奴隶、自由人；而基督就是一切，也在一切之中。"（歌罗西书 3:11）

2　参见托布约尔·克努成《国际关系理论史导论》，第 165 页。

3　约翰·密尔：《代议制政府》，汪瑄译，商务印书馆，1984，第十六章。

4　阿扎尔·盖特（Azar Gat）和亚历山大·雅各布森（Alexander Yakobson）对这种想法提出了批评，他们认为，历史上的族群一直是一个高度政治化的单位。他们提出，在历史上有三种国家形态——小国家（城邦）、国家和帝国。无论在哪种国家形态中，族群都是一个重要政治因素：城邦国家通常是由单一族群构成的，具有较高的内部凝聚力。较大的国家也往往是以一个核心族群为基础进行扩张的。在帝国中，权力关系和利益分配往往也向某个特定族群倾斜，而帝国的统治也往往依赖（转下页）

我们很难指出某一个古代国家同旧南非或美国南部一样，是基于种族／民族压迫之上的（某些希腊城邦除外）。古代国家的统治者或统治集团本身可能来源于某一特定族群，但这通常不意味着这一特定族群之中的普通人也能够凌驾于其他族群之上。统治者自身通常也有足够的自觉，既不将其统治奠基于族群压迫之上，通常也不强求"书同文，车同轨"。有学者观察到，"近代以前的帝国一般实行的政策大都接近容许保持差别特性……不强迫不同的族裔群体接受强势的语言、文化、宗教信仰的同化"。[1] 这基本上是共识。亚历山大征服波斯帝国之后，身着波斯服装，行波斯礼节，

（接上页注）某个核心族群。他们批评其他学者高估了古代社会的阶级分裂与社会隔离程度，从而低估了共同族群情感深入社会的程度。详见 Gat, Azar. *Nations: The Long History and Deep Roots of Political Ethnicity and Nationalism*, Cambridge University Press, 2013。我认为，两位作者的论证都有所偏颇。在一般意义上，民族主义意味着一个族群能够作为一个政治实体主动行使自己的意志。因此，我们就要在古代历史中寻找那些明显以族群划界的政治冲突，去寻找那些族群考虑压倒阶级或宗教因素的政治决策。但是两位作者的主要论证方式却是论证各古代国家都是围绕着一个主要族群建设起来的。在我看来，这个论证并不能令人信服。古代国家的诞生与扩展自然大多以某个特定族群为核心，但是，这个事实恐怕很难推断出起源族群就是一"民族"实体，一国家存在就是为了某一"民族"。即使特定族群的成员有族裔共同体的认同感，但是这种认同是否非常重要，能超越其他认同呢？除非我们能看到这个族群作为一个政治实体活跃地干预日常政治，而不是作为某种模糊的背景存在或只能在危机时刻浮现，否则就很难说古代就有"民族"了。民族主义的问题也是一样。现代民族主义之所以如此醒目，是因为"民族"认同超越其他认同，成为人们的首要效忠对象。对所在的族群团体有没有爱与奉献精神，其实不是评判民族主义存在与否的根本标准。根本标准是，这群人是否能持之以恒地将其族群放在首要位置。这恐怕也是大多数古人所无法做到的。也许在古代的某些场合，人们会表现出某种"伴生民族主义情绪"，对其所在的族群也有认同，但这种情绪和认同，在古代的政治和社会条件下，都比较单薄，至少不能与现代相提并论。

1 丹尼尔·希罗、克拉克·麦考利：《为什么不杀光？种族大屠杀的反思》，薛绚译，生活·读书·新知三联书店，2012，第 152—153 页。

用波斯法律治理波斯人民，并且劝说其部下马其顿军人娶波斯妇女为妻。[1] 奥斯曼土耳其帝国有所谓的"米勒特"（Millet）制度，各被征服族群（犹太人、希腊人、亚美尼亚人等）自行收税提供社区内公共服务，自我教育，自建法庭处理内部事务。当时的欧洲人对土耳其的多元共存印象深刻，留下了奥斯曼帝国城市"三个休息日"的说法——周五属于穆斯林，周六是犹太人的，周日则归基督徒。

可能会有人举出元朝的"四等人制"[2] 来反驳，但是，第一，"四等人制"的说法最早来源于清末，元朝的典章制度中全无踪影，有学者认为四等人制并不存在[3]；第二，元朝官吏中各族均有[4]，从某种意义上讲，元朝比较看重"根脚"，也就是所谓出身，任官与否、品级高下看的是依附成吉思汗及其子孙的先后顺序与功绩，不论

---

1 麦克里兰在《西方政治思想史》里对此评价道："一个东征西讨缔造多种族帝国的征服者，最高明正莫过于以四海之内皆兄弟之名自视视人。"

2 "四等人制"是近代部分学者总结的、对存在于元朝的一种民族等级制度提出的说法，相关说法认为，元朝时期的蒙古贵族以少数民族统治阶级身份而成为全国的统治者，为了维护国家统治而推行民族压迫和民族分化政策，根据民族和被征服的先后将人分为蒙古人、色目人、汉人、南人四等。汉人即是曾经在金朝管治下的臣民，南人多指南宋管治下的臣民及其他南方少数民族。

3 刘浦江：《元明革命的民族主义想像》，《中国史研究》2014 年第 3 期；船田善之：《色目人与元代制度、社会——重新探讨蒙古、色目、汉人、南人划分的位置》，《蒙古学信息》2003 年第 2 期。

4 韩国学者周采赫根据《元史》《蒙兀儿史记》《新元史》等史料，做过统计，各族官员的人数与比例为：

族群	蒙古人	色目人	汉人	南人	未详	总计
人数（%）	774 (22.6%)	919 (26.9%)	1362 (39.8%)	350 (10.2%)	14 (0.4%)	3419 (100%)

转载自萧启庆《元代的族群文化与科举》，联经出版事业股份有限公司，2008，第 152 页。

是蒙古人，还是汉人或者色目人，只要在这一功臣集团中，都过得不错。蒙元的笼络政策不错，江南的汉人士族对蒙元并无恶感，钱穆后来就惊讶地发现，"明初诸人，皆不忘元廷，无意出仕"[1]；第三，如我国学者白翠琴和日本蒙古史专家杉山正明等学者也指出，元治之下，普通蒙古人穷困潦倒，被色目人、汉人和南人驱使为奴的事件屡见不鲜。[2] 因此，我们很难把元朝看成一个族群分化／等级控制的国家。

当然，这并不是说，古代不存在族群冲突、压迫、暴力，甚至灭绝，但这通常都发生在几个族群接触／征服的早期。正如历史社会学家迈克尔·曼指出的那样，在征服早期，"人是因为他们所在的地方，而不是因为他们是谁，而被杀死"，[3] 一旦将异族纳入自己的版图，那么以特别族群为目标的清洗就会停止。[4] 通常也不会建立族群专制，被征服／合并的异族通常也不会产生什么民族主义思想。

为什么会这样？答案也许在两个关键词上——"阶级分裂"（class-divided）与"间接统治"（indirect rule）。

大多数古代国家（古希腊城邦和早期罗马共和国除外）都是

1　钱穆：《中国学术思想史论丛》（一），东大图书有限公司，1976，第178页。

2　白翠琴：《略论元朝法律文化特色》，《民族研究》1998年第1期；杉山正明：《忽必烈的挑战》，周俊宇译，社会科学文献出版社，2013，第44—46页。

3　迈克尔·曼：《民主的阴暗面》，严春松译，中央编译出版社，2005，第44页。

4　迈克尔·曼：《民主的阴暗面》，第53页。

由少数上层阶级所控制的私有物。用社会学家吉登斯的术语来说，它们都是阶级分裂的社会（class-divided societies）。上层阶级和下层阶级也许属于同一个族群，也有一定的族群性自觉，但是阶级差距足以抵消这种共同体感觉。对上层阶级来说，同族与异族的下层阶级同属于可资利用的财产，同族与异族的上层阶级有时是竞争对手，有时则是利益交换的伙伴。因此，阶级因素的介入，就形成了某种交叉分裂，淡化了族群因素对社会的分化作用。

在这些国家中，无论是统治者还是被统治者，恐怕都会承认，统治就是统治，统治者之所以能够统治并非因为被统治者的拥戴。[1]既然如此，"一王"君临"几族"之上，就不是什么稀罕事。对君王来说，臣民，无论是哪一族的，都是自家的财产，厚此薄彼是没有必要的。对臣民来说，谁来担任君王，实际上也没有太大的差别，因为不指望君王提供什么社会公共服务。在欧洲，英国君主曾长期自称法兰西国王，也在事实上统治法国北部之地，哈布斯堡王室长期领有捷克，捷克人也不以为异。更小一些的单位（城市、公国）在各王公之间换来换去，就更不必说了。

此外，对君王来说，有一些统治的规则是要遵循的：核心集团的人员结构必须具有开放性，即通过提拔新人来威胁/制衡老人。[2]异族由于毫无政治根基，其荣辱完全取决于君王的好恶，正是君王玩弄平衡政治的好工具。这种帝王心术的存在，使得古代国家

1　尽管他们也许会说些诸如"天听自我民听"的话。
2　这个政治规则可参考布鲁诺·德·梅斯奎塔、阿拉斯泰尔·史密斯《独裁者手册》，骆伟阳译，江苏文艺出版社，2014，第一、二章。

的官僚结构具备一定的开放性。比如，奥斯曼土耳其帝国有所谓"血贡"制度，即苏丹从被征服的巴尔干基督徒里面选取子弟，组成近卫军（日后更出任各省总督或各部大臣），拱卫自己，本族土耳其人倒沉沦下僚。此事无足奥斯曼帝国为奇。公元8世纪，阿拉伯帝国阿拔斯王朝的第八代哈里发，迫于帝国内阿拉伯人和波斯人两大政治集团的内斗，将一部分突厥奴隶组建成禁卫军团（日后成为一大政治与军事集团，更篡夺国政），成为日后各种突厥苏丹及马穆鲁克（Mamluk）的由来。

"间接统治"恐怕也起着相当的作用。这个说法由美国学者迈克尔·赫克特在《遏制民族主义》（Containing Nationalism）中提出："如果民族主义是意在使民族与治理单元一致的集体行动，那么，只有民族的边界与治理单元存在分离时，民族主义才会出现。然而，在人类历史长河的大多数时段中，这样的分离并不存在。"[1]赫克特认为，前现代国家基本上都不是治理单元——为其成员直接提供绝大多数集体公益产品的机构（维持社会秩序、财产保护、解决纠纷以及提供福利）。这是通信技术和货币经济的不发达，以及通常缺乏训练有素的官僚队伍等缘故所造成的。在中心地带，国家尚可直接管制，在边缘地带，国家只能寻找代理人与之合作治理地方，即间接统治。统治者对各次级集团（subgroup）的要求一般不多，一是缴税，二是别添乱。在满足以上两条之后，统治者允许各次级集团根据自己的习俗治理。一般来说，一国之内就很少有什么文化

1　迈克尔·赫克特：《遏制民族主义》，韩召颖译，中国人民大学出版社，2012，第44页。

冲突,这对减少治理成本很有好处。前现代国家社会服务功能极少,各次级集团唯求其不生事,也没有掌控国家为己牟利的打算。这样,间接统治就能成功抵制民族主义思想的产生。

当然,这种自治也可以被看作某种主动或被动施加的社会隔离。"修其教不易其俗,齐其政不易其宜。"这其实是各帝国统治的经验教训。前述土耳其米勒特制度不提,拿中国自己来说,《唐律疏议》中就有规定:"诸化外人同类自相犯者,各依本俗法。异类相犯者,以法律论。"唐代来华的阿拉伯商人苏莱曼在其《东游记》中写道:"各地回教商贾既多聚广府,中国皇帝因任命回教判官一人,依回教风俗,治理回民。"[1]费正清在《美国与中国》中认为,这是一定程度的"治外法权":"中世纪的中国政府像君士坦丁堡的土耳其人那样,曾要求寄居港口的外侨在他们自己头目的主管下,按他们自己的法律自治。"[2]对外国来华者,朝廷往往要求他们在"夷馆""蕃坊"集中居住,作为一个治理单位向朝廷负责。对境内的部分少数族群,则设置属国、羁縻府州、土官土司等,"世有其地,世管其民,世统其兵,世袭其职,世治其所,世入其流,世受其封"。此所谓"因俗而治":"主要是中央政府在被管辖和治理的边疆地区,实行的一种政治上任用当地部落首领依据当地民族和地方习惯法自主管理地方民众事务,经济上不改变当地的经济形态和发展模式,文化上顺应民族的和当地的风俗习惯,社会结构上不改变其原

1　转引自康大寿《古代中国古代对在华外人的法律管理》,《信阳师范学院学报(哲学社会科学版)》2000年第20卷第3期,第101页。

2　费正清:《美国与中国》,张理京译,世界知识出版社,1999,第154页。

有形态……的治理模式。"[1]这种社会隔离的存在，使得族群冲突的频率较低。当然，古代国家这种"包容"与"多元"，并不真的意味着"四海之内皆兄弟"，说到底，"万民平等为奴"与"社会隔离"带来的是消极共存，而非族群与族群之间的谅解、利益交换与合作。

* * *

总之，在近代之前，几乎没有一个人类社会有和异己携手共建政治共同体的经验，它们的共存是机械堆积的结果，依赖的是人民的政治冷漠与顺从。从这个角度讲，古代帝国（罗马帝国除外）都几乎不是什么让人惊异、眼睛一亮的创举（至少从国体政制的角度看是如此）。

可想而知，随着近代大众政治的到来，以及赤裸裸的掠夺型政府的消失，前述的帝国传统多元政治实践自然也就要随风而逝了，从此，以前被"官民关系"遮掩着的族群问题必须在大众政治的框架内得到解决：一方面，被统治者开始对政府提出公共服务／福利的要求，这样在各族之间就出现了对政府资源的争夺；另一方面，统治者自身需要寻找政治根基，伪装成民族之子是最为简便的做法。统治者再也不能扮演超然角色，必须选边站队。这样，每一个多元国家的公民，现在都需要扪心自问：我们要如何与他者相处？

<hr>

1　陈跃：《"因俗而治"与边疆内地一体化：中国古代王朝治边政策的双重变奏》，《云南师范大学学报（哲学社会科学版）》2012年第2期。

我们很难说，古代帝国的治理术（再次申明，罗马帝国除外）对现代政治实践能有什么借鉴作用。这也是我们最好不要做古今帝国比较的原因。真正需要观察的，是那些活动在大众政治年代里的帝国，比如，英帝国、法帝国、奥地利-哈布斯堡帝国与俄罗斯帝国，等等。只有在一个民主和民族的世界中，帝国才有它的现代政治意义。

三 为什么研究近代帝国？

有一种批评意见是这样的：帝国是前现代和落伍的东西，它主要依赖强制、欺骗与隔离来维系自己的统治，缺乏回应性。同时，民族要求建立具有共同文化的民族国家，要求国家满足一个社群的需要，但是帝国的异质性使得帝国难以满足民族的要求。盖尔纳也指出，现代工业国家的发展确实需要有一个均质性的社会与文化，而帝国的异质性给帝国的发展造成了必然的困难。[1]这样，在一个大众日渐觉醒的时代里，随着各族群逐渐凝结成政治实体，帝国不仅在内无法或难以协调各族群相互冲突的政治与社会要求，而且在外也难以同一体化的民族国家进行国际竞争，因此是必然要崩溃的东西。从这种角度看，在一个近代民族世界里，帝国只不过在垂死挣扎，给不了我们什么经验教训与启示。这正是本尼迪克特·安德森在其名作《想象的共同体》中提出的著名论断："帝国与民族

---

1 厄内斯特·盖尔纳：《民族与民族主义》，韩红译，中央编译出版社，2002，第4章。

内在不相容。"[1]

近代欧洲帝国在"一战"和"二战"后的消逝，似乎证明了这一判断。很多人认为，这正是各帝国应对不了民族主义冲击的结果。但真的是这样吗？

已经有相当多的学者在问这么一个问题：民族主义的兴起到底是帝国崩溃的原因，还是结果？[2]如果是前者，那么帝国和民族确实是不相容的，但如果是后者，那么帝国的崩溃和民族主义的产生与壮大就只是一个伴生现象，两者之间未必有什么不可解决的冲突。

对这个问题的回答，学者们目前意见不一，无论是从单个案例出发，还是普遍归纳，都是如此。

著名的英国历史学家艾伦·泰勒（A. J. P. Taylor）就坚决认为奥匈帝国的覆灭是由于内部的民族纷争，但荷兰历史学家彼得·贾德森在《哈布斯堡王朝》中的意见却是："奥匈帝国的政治活动中存在的民族主义运动和民族主义冲突，并没有对这个国家造成致命的削弱作用，而它们也不是奥匈帝国在 1918 年崩溃的元凶。"[3]他这

---

1 本尼迪克特·安德森：《想象的共同体》，吴叡人译，上海人民出版社，2005，第 90 页。

2 如 Betts, Raymond F. *France and Decolonization, 1900-1960*, St. Martin's Press, 1991; Burbank, Janeand Cooper, Frederick. *Empires in World History: Power and the Politics of Difference,* Princeton University Press, 2010; Flint, John, "Planned decolonization and its failure in British Africa." *African Affairs,* 82. 328 (1983), pp. 389-411; Sked, Alan. *The Decline and Fall of the Habsburg Empire, 1815-1918*, Routledge, 2015.

3 彼得·贾德森：《哈布斯堡王朝》，杨乐言译，中信出版社，2017，第 374—375 页。

一派的意见认为，哈布斯堡王朝的覆灭纯粹只是第一次世界大战的意外后果，是帝国统治者的失策所致，只是战术失误，而非形式缺陷。

又比如，威斯利·希尔斯（Wesley Hiers）和安德烈亚斯·威默（Andreas Wimmer）两位学者在《民族主义是帝国终结的原因还是结果》一文中，通过大数据分析得出的结论是：相比大国战争，民族主义运动、解放战争和民族分裂是促成帝国分裂更重要的因素。[1] 约翰·霍尔（John A. Hall）则对其分析方法提出了质疑，认为他们在编码方面的错误使之夸大了民族主义在瓦解帝国方面的作用。[2]

不管学者们在这个问题上如何缺乏共识，但我们可以有把握地说，"帝国与民族内在不相容"这句话失之于简单。仔细观察帝国史，我们会发现若干异常现象并不符合这个论断。

过去我们一般认为，大型垦殖性殖民地孤悬海外，很容易滋生地方民族主义，同母国发生对抗。据说美国革命就是这样一次民族主义革命，在北美大陆上成长出了一个新的美利坚民族，于是同远在万里之外的帝国政府离心离德。但事实上，一直到1776年《独立宣言》发布之前，北美大陆会议的口号都是"恢复我们作为

1　Hiers, Wesley., and Andreas Wimmer. "Is Nationalism the Cause or Consequence of the End of Empire？" in Hall, John A., and Siniša Malešević, eds. *Nationalism and War,* Cambridge University Press, 2013, pp. 212-54.

2　Hall, John A. "Taking Megalomanias Seriously: Rough Notes." *Thesis Eleven* 139. 1 (2017), pp. 30-45.

英国人的自由"。从当时人们的言论上来看，也没有什么"民族主义"迹象，相反，许多日后的革命者口口声声宣告自己的爱国之心与英国认同。比如，弗朗西斯·霍普金森（Francis Hopkinson）——《独立宣言》的签署者之一、美国国旗的设计者——在1766年说："难道我们不属于同一国家同一民族吗？身在美洲的我们无论从哪方面来说都是英格兰人，尽管我们被大西洋的波涛重重隔开，但我们的忠诚依旧。"[1] 约翰·亚当斯，美国第二任总统，在给妻子阿比盖尔的私信中骄傲地说，新英格兰不仅要比美洲其他殖民地优越，也要比世界其他任何地方高出一筹，重要的原因之一就是，这里的居民都是纯粹的英国血统。假如说上面这些人都是政客，可能言不由衷，那么，就让我们看看马萨诸塞小镇托普斯菲尔德（Topsfield）的一位居民当时是怎么看的。1776年6月21日，在一份要求北美独立的决议中，他写道："那时（几年之前）我们还把自己看作大不列颠国王的快乐子民，那是我们父辈的国土，也是我们的母国。我们曾认为，捍卫大不列颠王室的尊严，既是我们的职责，也是我们的利益所在。我们总是自愿这么做，既付出我们的生命，也付出我们的财富。"[2] 这大概就是一般老百姓的心声吧。事实上，现代美国史学家一般认为，美利坚民族的出现是美国独立战争的结果，而不是独立战争的原因。

1　里亚·格林菲尔德：《民族主义：走向现代的五条道路》，王春华等译，上海三联书店，2010，第513页。

2　"Instructions to Mr. John Gould, Representative of the Town of Topsfield," https://digital. lib. niu. edu/islandora/object/niu-amarch%3A86051.

此外，假如说美国革命证明了帝国的边缘部分总有瓜熟蒂落，发展出独特的地方认同，从而脱离母国管制的倾向，那为什么19世纪的加拿大、澳大利亚、新西兰等地没有踏上北美十三殖民地走过的道路？

这里还有一些例子。比如，在法帝国去殖民化过程中，其实有相当多的非洲殖民地领导人并不心甘情愿。有学者观察到，1950年之前，西非的民族主义只有微弱的存在。[1] 实际上，当时普遍存在的是"大法兰西的思想和法国共和主义的普世主义理想"。[2]1955年，塞内加尔首任总统列奥波尔德·桑戈尔（Leopold Senghor）说："我所担心的，就是……我们可能脱离法国。我们必须留在法国，不仅留在法兰西联邦，而且留在法兰西共和国。"1951年，科特迪瓦首任总统费利克斯·乌弗埃一博瓦尼(Felix Houphouet-Boigny)说："让我们在这崭新的一页写下一个誓言：将非洲变成法兰西联邦中最美好、最忠诚的领地。"[3] 他们的民族主义情绪在哪里呢？

戴高乐在执掌法国政权后不久，就让法属殖民地举行公投，决定是加入法兰西共同体还是选择独立。结果，除了几内亚，所有国家都选择了加入共同体。在这里，我们同样看不到各民族争先恐后脱离帝国羁绊的情况。

1　Holland, Robert F. *European Decolonization 1918–1981: An Introductory Survey*, Macmillan International Higher Education, 1985, p. 155.

2　Chafer, Tony. *The End of Empire in French West Africa: France's Successful Decolonization*, Bloomsbury Publishing, 2002, p. 19.

3　马丁·梅雷迪思：《非洲国：五十年独立史（上册）》，亚明译，世界知识出版社，2011，第58页。

再比如，过去有人将哈布斯堡帝国称为"各民族的监狱"，但是，捷克人帕拉茨基（František Palacký）[1] 在 1848 年致信德意志联邦法兰克福议会时却说："（奥地利帝国）的存在、完整和巩固极其重要，这不仅仅对我的人民是如此，对整个欧洲、人类和文明来说都是如此。""如果奥地利国家这么多年并不存在，我们就必须为了欧洲甚至人类的利益而努力，尽可能快地创造它。"[2]（20 年后在另一处）"我们在其他地方不会比在奥地利更好地保存我们的历史–政治实体，还有我们特定的民族、文化和我们的经济生活……我们没有愿望，也没有政治企图来超越奥地利。"[3]

到了"一战"，帕拉茨基的这个意愿似乎还是很顽固地保留在了捷克社会中。简·伯班克和弗雷德里克·库珀观察到，"1914 年奥匈帝国内部不同的'民族'并没有把战争当作分裂自己的机会"。捷克人虽然最终在哈布斯堡帝国的解体中扮演了关键角色，但直到 1917—1918 年，它才愿意扮演这个角色。事实上，捷克主要政党联盟拒绝了同盟国 1917 年 1 月要求捷克民族解放的呼吁。直到俄罗斯帝国被推翻，美国于同年初卷入战争，捷克政党联盟才改变立场，先是要求自治，然后在 1918 年脱离联邦。[4]

1　捷克民族主义运动的发起者，在捷克被认为是本民族三位国父之一。

2　Palacký, František. "Letter to the Frankfurt Parliament Committee of Fifty, April 1848," https://www. age-of-the-sage. org/history/1848/palacky_letter. html.

3　Kumar, Krishan. *Visions of Empire*, Princeton University Press, 2017, pp. 193-194.

4　Roshwald, Aviel. *Ethnic Nationalism and the Fall of Empires: Central Europe, the Middle East and Russia, 1914-23*, Routledge, 2002, p. 90.

我们该怎么解释上述这些异常现象呢？

很显然，我们不应该简单得出一个结论，说帝国与民族相容或不相容。已经有足够多的事迹、冲突与战争表明，帝国与民族之间有时确实存在着致命的冲突；但是上面这些异常现象似乎也表明，帝国与民族之间的关系不那么简单。一个地方、一个社群的民族主义意识并不是自然而然之物，天生就要与帝国发生冲突。事实上，库马尔对此有一个精彩的说法，他认为尽管我们现在把民族国家看成帝国的反面对照物，但究其根本，现在每一个民族国家在过去差不多都是一个"帝国"，其形成是成功的征服、殖民与政治操作的结果。[1]

以英国为例。英格兰人曾经在威尔士、苏格兰和爱尔兰多年征战，直到 1706 年，英格兰和苏格兰才在宪法层面正式结成一体。不少观影者看《勇敢的心》，曾为华莱士掬一把泪，可曾想过华莱士的"爱国主义"是爱哪一国？其国又安在呢？直到 1831 年，一个观光旅游的英格兰作家还在有些夸张地宣称，"他发现（威尔士）居民的语言、行为方式和衣着，除了在客栈里之外，都像法国或者瑞士的那些东西一样完全是外国的"。[2]

法国也是如此。实际上，法兰西是从北部一块地方（不超过现在法国版图的一半）逐步扩张而来的，以下是依序落入法兰西怀抱的诸区：13 世纪，说奥克语的郎格多克（Languedoc）；15 世纪，

---

1 库马尔：《千年帝国史》，第 28—31 页。
2 琳达·科利：《英国人：国家的形成 1707—1832》，周玉鹏译，商务印书馆，2007，第 446 页。

说奥克语的阿奎丹（Aquitaine）与普罗旺斯；16 世纪，说布列塔尼语（属凯尔特语族，很像威尔士语）的布列塔尼；17 世纪，说巴斯克语的纳瓦拉（Navarre）、说奥克语的贝阿恩（Béarn）、部分巴斯克地区、说加泰罗尼亚语的鲁西永（Roussillon）与塞尔达涅（Cerdagne）、说德语的部分阿尔萨斯、说弗莱芒语的部分弗兰德斯、说奥依语的弗朗什—孔泰（Franche-Comté）；18 世纪，说德语的洛林、讲意大利语的科西嘉和沃奈桑伯爵领地（Comtat-Venaissin）；19 世纪，说意大利语的萨伏伊和尼斯。所以，法兰西也是一个人口众多、族缘复杂的国家，其国家边缘生活着布列塔尼人、科西嘉人、巴斯克人、弗兰德斯人、阿尔萨斯人，等等，他们的文化、语言各具特色，同法兰西人并不相似。根据法国官方调查，直到 1863 年，还有四分之一到二分之一的国民是不说法语的。[1] 当时旅行者从北到南的法国之行，常常以"这个地方没有人会说法语"的抱怨为人所铭记。这样一个国家，国家认同其实是很成问题的。1706 年，一位旅行者发现马赛人不承认他们是法国人。迟至 19 世纪中后期，还有相当一批上述各地方的遗民心怀故国，抵制法兰西化。正如一位观察者所言，在许多地方，"法国是强压下来的，而非主动的接纳（France was suffered, not accepted）"。[2]

　　欧洲其他国家跟英法两国相比，也并不例外。最近的一个例子是意大利。领导意大利统一的是皮埃蒙特王国，其首相马西莫

1　Weber, Eugen. *Peasants into Frenchmen, Modernization of Rural France, 1870-1914*, Stanford University Press, 1976, p. 67.

2　Weber, Eugen. *Peasants into Frenchmen, Modernization of Rural France, 1870-1914*, p. 487.

（Massimo d'Azeglio）有句名言："我们已经创造了意大利国家，下边我们还要创造意大利人。"这句话的背景是，意大利王国推广的以托斯卡纳方言为基础的标准意大利语，只有10%都不到的人会讲。南蒂罗尔人即使到1918年还在抵制意大利王国。

还有一个显著的例子就是瑞士。有一种说法是："瑞士是除美国之外唯一将自身认同建立在一种特定的政治概念而非语言、宗教或族性之上的国家。"[1] 这也意味着并不存在一个"瑞士民族"，瑞士人是因为政治安排与政治环境才成为"瑞士人"，而不是因为文化融合。我们应该看到，瑞士的产生也并不是自然的。"把瑞士想成是一个没有历史冲突的国家，是大错特错的。现代瑞士不是由同质化的人群创造的。"[2] 历史上，瑞士的天主教徒与新教徒之间曾发生多次宗教战争，迟至1847年，还有一次新教诸州对七个天主教州的短暂内战。[3]

从这个角度来说，帝国在某种程度上只是一个"构建中"的民族国家。帝国的崩溃，则可以看成是它们由于种种条件限制而导致其国家构建失败。

所以，当我们说帝国与民族不相容的时候，我们多多少少是

1　Fleiner, Thomas. "Legal Instruments and Procedures to Prevent and Solve Ethnic Conflicts: Experiences of the Swiss Constitution," in Fleiner, Lidija R. Basta, and Thomas Fleiner-Gerster, eds. *Federalism and Multiethnic States: The Case of Switzerland,* Helbing et Lichtenhahn, 2000, p. 149.

2　Linder, Wolf. *Swiss Democracy, Possible Solutions to Conflict in Multicultural Societies*, Springer, 1998, p4.

3　埃·邦儒尔等：《瑞士简史》，南京大学历史系编译组译，江苏人民出版社，1974，第462—473页。

从历史结果来做这个论断，而不是从"帝国进行时"着眼。历史结果可能是由多种因素导致的，而观察帝国在"帝国进行时"中应对民族挑战的治理策略，才能够让我们更好地了解帝国与民族的关系。

当然，我们也不能简单地把帝国的崩溃归咎于国家建构策略的失当，因为我们同时必须看到，各大帝国在地理规模、所辖人群的异质性、所处的竞争性国际环境以及所在时代的政治趋势方面，都与相形"更小"的、构建较早的单一民族国家不可同日而语。换句话说，到了近代，它们所处的形势更不利，所遭受的挑战更为剧烈，以至于完成国家整合成为一件非常困难，甚至不可能的事情。

＊　＊　＊

欧文·拉铁摩尔在那本有名的《中国的亚洲内陆边疆》中曾说：

> 帝国边界，不只是划分地理区域和人类社会的界线。它也代表了一个社会发展的最大限度。[1]

他的意思是，所有的扩张都有社会界限（不只是地理界限），超过了这个界限，扩张是得不偿失的。他的例证之一就是中国在北方的扩张止步于农业区域，超出这个区域尽管在军事上可行，但在

1　拉铁摩尔：《中国的亚洲内陆边疆》，唐晓峰译，江苏人民出版社，2008，第157页。

经济、政治和社会上都不太可行。[1]我们可以把拉铁摩尔的这个说法合理地申延一下：每个近代帝国也都有这样的限度。

这里的一个基本判断是，到了近代，帝国扩张的社会限度较之古代要小很多。[2]正如之前所述，在近代之前，国家的形式与覆盖范围可以具有相当的弹性，各种人类社会的碎片几乎都可以随机地塞到一个国家的版图之内。但随着民主与民族时代的到来，国家就面临着某种"收缩化"的压力。帝国，是一个广土众民的事业，如此就自然而然地更加能感到这种"收缩化"的压力——组成帝国的多元成分之间如果要继续共存下去，如果帝国还想顺利地管理各人群，上下、左右之间就必须建立某种"社会契约"，约定"名份"，而这些"社会契约"却是很难达成的。

比如，美国在19世纪上半期的时候就有了成为新帝国的潜力，但是它的实际扩张其实比预想的要缓慢得多，因为它必须考虑这些问题："宪法事实上是否容许领土扩张？如果允许，以什么形式？到什么程度？有什么条件或限制？通过哪些体制、机制？新领土上的管理机构是否与其他联邦权力机关受到同样的宪法限制？结构性原则，如权力分立或联邦制，在多大程度上限制了获得领土

---

1 这种"国家扩张有其限度"的观念并不是什么新鲜想法，1809年，美国开国元勋托马斯·杰斐逊写信给另一位元勋詹姆斯·麦迪逊说："没有任何一部宪法能像我们的这部设计良好，适应一个延展的帝国。"转引自 Lawson, Gary., and Guy Seidman. *The Constitution of Empire: Territorial Expansion and American Legal History*, Yale University Press, 2008, p. 1。杰斐逊之所以这么说，就是因为当时的美国有许多人对美国扩张至新的领土心怀疑虑，觉得这会破坏美国的共和制度。

2 注意，这里不是在比较古今帝国的征服能力，由于技术、经济的发展，近代帝国的征服能力无疑大大强于古代，这里指的是征服后的治理难度。

和进行管理的方式？新领土上的居民是否享有与原先各州居民同样的权利？总统是否拥有管理新领土的固有权力？国会能授予他这种权力吗？"[1]到了 1898 年占领菲律宾之后，美国终于遇到了瓶颈：在美国的现有政治规则下，将菲律宾化为美国一邦是做不到的。当时一位参议员说："谈论把 8,000 英里外的热带国家美国化是无稽之谈。我们的人民永远不会同意让这片遥远土地上的人民在我们国家的事务中有发言权。"[2]主持占领的麦金莱总统曾对菲律宾的前途发出过这样一番言语："我夜复一夜地走在白宫的地板上，直到午夜，先生们，我毫不羞愧地告诉你们，我跪下来，不止一个晚上，我向全能的上帝祈祷，祈求光明和指引。"[3]很难想象一位古代帝王在获得一块新领土之后会有麦金莱这样的苦恼。[4]

当然，有人可以辩解说，美国的政治结构相对于其他欧洲国家，可能更不适合于帝国扩张。[5]但道理是一样的，近代帝国在进行扩张及管理既有领土时，不得不考虑很多新的社会因素。我们可以合理地说，在近代条件下，几乎所有的帝国都是在"统治不可统治之地（Govern the Ungovernables）"。

这样，从社会科学研究的角度，由于各近代欧洲帝国的多元性

1　Lawson, Gary., and Guy Seidman. *The Constitution of Empire: Territorial Expansion and American Legal History*, p. 3.

2　Lawson, Gar., and Guy Seidman. *The Constitution of Empire: Territorial Expansion and American Legal History*, p. 112.

3　Lawson, Gary., and Guy Seidman. *The Constitution of Empire: Territorial Expansion and American Legal History*, p. 114.

4　当然，麦金莱可能只是在虚构，但是虚构本身其实就意味着某种压力的存在。

5　如迈克尔·曼就持此意见。参见 Mann, Michael. *Incoherent Empire*, Verso, 2005。

较一般国家要更强，更少平衡，就构成了某种极端案例。因此，观察它们如何应对大众政治年代所带来的压力，比较它们的作为（无论成败与否），就更有意思，不仅能使我们看到人类政治想象与政治设计的界限，同时也能为现代一些限于多元社会纷争的国度提供某些历史教训，因为它们有的时候也是在"统治不可统治之地"。

第一章

帝国压力与帝国之道

一 帝国压力

近代帝国如何统治其属民是本书主要关注的话题。在以下的章节中，我会试图回答这样一些问题：

1. 各近代欧洲帝国在治理其帝国时，有哪些政治思路？这些政治思路是否在它们的帝国实践中一以贯之？

2. 为了应对帝国压力，各帝国有哪些政制构建？这些政制的功能何在？

3. 各帝国中心与边缘地方的政治关系是什么样的？各边缘地方有什么样的政治地位？

4. 各帝国内边缘社会普通成员地位如何？是被视为统一共同体的公民呢，还是隔离社会的成员？

5. 帝国统治阶级与边缘精英之间的关系是什么样的？

6. 各帝国内各民族的社会、经济地位是什么样的？帝国是怎么看待、应对它们之间的差距的？

这些问题都有一个共同背景——"帝国压力"。英国历史社会学家朗西曼（W. G. Runciman）就曾经描述过历史上的帝国统治者都有这样或那样的苦恼："成本如此之高，距离如此之长，边境如此之暴露，收入如此之难以捉摸，管理如此之麻烦，怨恨如此之顽固，族群和部落忠诚如此之根深蒂固，贸易路线如此之充满欺诈、走私和偷盗，对手的敌意如此之大，对先进军事技术的垄断如此之短。"[1]

到了近代，帝国的统治者们还要加上新的苦恼：原先大体还算顺服的普通臣民开始对政府提出了政治要求，而帝国现有的政制难以容纳、安排，这就产生了新的紧张，此即本书重点关注之帝国压力。

这种压力既来自帝国中心 / 本部，也来自帝国边缘部分。但让我们先从中心 / 本部说起。

在一个大众政治兴起并逐渐发挥影响的时代，帝国不再只是少数统治者的事业。在一个民众、社会精英能够对政治发挥一定影响力的时代，帝国的扩大与维持，不可避免地要对帝国中心 / 本部

---

1 Runciman, W. G. "Empire as a Topic in Comparative Sociology," in Bang, Peter Fibiger, and Christopher Alan Bayly, *Tributary Empires in Global History, Springer,* Palgrave Macmillan, 2011, p. 102.

的社会与政治造成负面影响，因此也会产生反击的力量。

玛丽·比尔德在《罗马元老院与人民》中就引人入胜地描写过罗马的扩张对罗马本身造成的负面影响，以及部分罗马人对扩张的抵制。她说，是"帝国造就了皇帝"，而不是"皇帝造就了帝国"。这个观点并不新奇，至少在罗马共和国末期就成为时人共识，即正是罗马的扩张最终颠覆了共和国：对外征服带来了巨额的财富，也割裂了罗马社会，制造了共和国覆亡的经济、社会、军事、政治和心理条件。[1] 例如，正是在连绵不断的长期征服战争中，罗马不拿薪酬或薪酬低微的公民军队解体，为扩充兵源，城市极贫阶层被容许入伍成为雇佣军，此后又演变成"兵为将有"的私家军队，最后制造出了苏拉、庞培、克拉苏和恺撒之类的人。

对外扩张对罗马造成的冲击不仅仅是为体制引入了某种隐患，还包括更具体的文化和政治社会层面的冲击。玛丽·比尔德饶有兴趣地提到，公元前 2 世纪和公元前 1 世纪的许多罗马雕像将人物描绘成老迈、皱纹堆垒和饱经风霜的样子，同希腊雕像中的青春姿态恰成截然对比。[2] 其原因部分是罗马贵族对希腊文化的"入侵"（尽管对方是被征服者）感到不安，认为罗马人讲究实际、吃苦耐劳的德性受到了奢侈、腐化与懒惰的东方价值的"侵蚀"。我们恐

1　古罗马史学家撒路斯提乌斯（又译作萨鲁斯特）就指出，正是在罗马摧毁了迦太基后，外敌既去，霸业已成，罗马就腐败堕落了。善良和勇敢的人变得贪婪、野心勃勃和不虔诚；共和国的性质发生了变化，政府本身变得残忍和无法忍受，追求个人利益取代了保护社会利益的努力，被派去征服遥远土地的军队因奢侈而变得虚弱。参见撒路斯提乌斯《喀提林阴谋，朱古达战争》，王以铸、崔妙因译，商务印书馆，1994。

2　玛丽·比尔德：《罗马元老院与人民》，第 200 页。

怕不能把这只看成是征服者的矫情，而应该注意到这可能是对切实威胁的某种扭曲反应，即外来社会成分进入帝国中心／本部，对原有的政治社会生态产生影响和冲击，从而形成排异反应。我们也可以从公元前 1 世纪的同盟战争、公元 1 世纪罗马元老院不愿意接纳高卢行省来的元老这些事中瞥见这些排异反应。

此事不独罗马为然。到了近代，英国人在 400 年间也能够体会到帝国所带来的不适。从 16 世纪开始，有些英国思想家就对帝国与自由之间的紧张关系忧心忡忡。比如约翰・弥尔顿对克伦威尔的扩张政策就非常警惕，认为其将成为另一个苏拉，使英国重蹈罗马共和国的覆辙。[1] 英国革命之后的英国政治家阿尔杰农・西德尼（Algernon Sidney）认为，征服只有在有利于国民的自由、快乐和安全的时候才是可欲的。他总结经验说："征服摧毁了斯巴达，结束了它的自由和荣耀，威尼斯和瑞士联邦如果扩张就会变得脆弱，甚至连西班牙的君主制也被自己的征服所削弱，人口减少、趋于毁灭。"[2] 另一位英国政治家乔治・萨维尔（George Savile, 1st Marquess of Halifax）则在 17 世纪末说："我们的情形使得通过陆地征服成就伟大变为不自然的事情……自由人，如英国人，应该避免一个以如此非自然的代价扩张的帝国。"[3]

进入 18 世纪，英语中出现了一个新的词，"nabob"。这是英

---

1 Armitage, David. *The Ideological Origins of the British Empire*, Cambridge University Press, 2000, p. 136.

2 Armitage, David. *The Ideological Origins of the British Empire*, p. 140.

3 Armitage, David. *The Ideological Origins of the British Empire*, p. 142.

国人对东印度公司职员的一种戏称（印度的地方行政长官则被称为"nawab"）。当时，东印度公司职员从印度劫掠回大量财富。比如，托马斯·皮特（日后鼎鼎大名的政治家威廉·皮特的祖父）外号"钻石"皮特，他从印度带回来一颗世界上最大的钻石（410 克拉），以 13.5 万英镑的天价卖给法国摄政王。沃伦·黑斯廷斯（第一任印度总督）、罗伯特·克莱夫（印度的征服者）的手上自然也都是油腻腻的。这些暴发户（nabob）将自己在印度积累的财富带回家，在不列颠到处购买地产，疯狂炫耀，继而借助钱财进军政坛。托马斯·皮特就出钱收买了一个选区，从而为自己搞到了议会中的一个席位。他的孙子，威廉·皮特，在 1770 年非常虚伪地抱怨说："在亚洲发财的富人源源涌入，不仅带来了亚洲的奢华，恐怕也带来了亚洲式的政治模式……从国外携黄金归来的人已经挤入了议会，世袭的地位和财富哪里经得住这种私人腐败风潮的冲击？"[1] 这种言辞放在罗马史家撒路斯提乌斯的著作《喀提林阴谋》中也一点不突兀。

　　当时的许多人都在强调"英国古代传统和质朴德性丧失的危险"，思索他们所见到的种种腐败迹象，以及这些信号所预示的黑暗未来——腐败是德性丧失的先兆，而德性的丧失就意味着国家的颠覆。1745 年，伦敦的一个小册子作者指责不列颠正沉湎于穷奢极欲、贪赃枉法之中，另外一个英国教士则指责权贵们正在削弱英国宪法的基础。[2] 1763 年，一位北美绅士写信给另外一位绅士，说

1　尼尔·弗格森：《帝国》，雨珂译，中信出版社，2011，第 38 页。

2　伯纳德·贝林：《美国革命的思想意识渊源》，涂永前译，中国政法大学出版社，2007，第 84—85 页。

他想知道英国是不是"拥有充分的德性从长时间被腐败洪流所吞没的局面中获得拯救"。[1]最终导致美国革命的恐慌会跟东印度公司的茶叶联系起来，不是没有道理的。

虽然随着英国政制的逐渐稳固，上述政治忧虑得到了缓解，但是在许多英国人眼中，帝国的征服与维持仍然是一件成本很高的事情，需要大量的金钱、人力和生命，尤其是当帝国征服的成本与收益分配不均的时候。约瑟夫·康拉德（Joseph Conrad）在《黑暗之心》中这样总结："征服世界……你一旦对此加以审视的话，就会发现它并非这么浪漫。"[2]虽说他在小说里主要批评的是殖民者对他人的掠夺，但在他前后的几代人还是会从其他方面赞同这句话。经济学家乔赛亚·塔克（Josiah Tucker）痛斥殖民活动使英国丧失了大量必需的年轻人口。[3]另一位经济学家亚当·斯密则在其著作《国民财富的性质和原因的研究》中专门辟出一章，讲授帝国在殖民地搞重商主义垄断贸易对整个国家的伤害，他抱怨说，这种做法使个别产业享受垄断利润，导致资源错误配置，阻碍了自由竞争，造成了不列颠经济的整体损失。得利的是个别行业和极少数制造业者和商人，牺牲的却是广大消费者和国家的利益。"在现今的经营管理下，英国从统治殖民地，毫无所得，只有损失。"[4]"自有世界以来，

1　伯纳德·贝林：《美国革命的思想意识渊源》，第 85 页。

2　约瑟夫·康拉德：《黑暗之心》，李倩等译，江苏凤凰文艺出版社，2018，第 2 页。

3　转引自 Colley, Linda. "The difficulties of empire: present, past and future." *Historical Research*, 79. 205 (2006), pp. 376-377。

4　亚当·斯密：《国民财富的性质和原因的研究》（下卷），郭大力、王亚楠译，商务印书馆，1974，第 186 页。

也许只有英国一国,开疆辟土,只增加其费用,从没增加它的资源。"[1]
霍布森（J. A. Hobson）则继承了这些前辈的看法,他在《帝国主义》
中痛陈,无论帝国给特定的金融家和商人们带来多少财富,英国
的普通纳税人却背负着太多的负担。他列陈数据,说明"国旗所至,
贸易随之"其实是个大大的误解。[2]

　　我们观察到,在法兰西第二殖民帝国（1830—1958）中,也
有与前述英国类似的对等物。虽然在第三共和国时期,反殖民主
义阵营的声音并不占上风,有相当数量的人赞成殖民政策,视殖
民地为市场与原材料产地,是过剩人口、产品与资本出口的终点,
也是丧失阿尔萨斯和洛林之后的补偿,但是殖民政策的支持者们仍
然感觉到需要协调帝国政治结构与共和原则之间的潜在冲突。我们
将在后文讲述法兰西帝国的章节中仔细分析法国的"同化"政策是
如何被设计以回应这种冲突的。

　　一般说来,当帝国发展到某个阶段时,帝国的统治者就会日
益觉察到帝国本部/中心地区对他们施加的约束。帝国统治者日益
需要依赖一套被大众认可或接受的政治意识形态,这个意识形态
实际上限制了统治者手上可用的"帝国武器库"。帝国中心/本部
的人群心中也多多少少会有这么一个疑问——"帝国属于谁?"（属
于哪个阶层?什么集团?为谁牟利?）。他们会对帝国提出要求,
要求帝国为他们所用,为他们提供服务。本部人群的需要同边缘

1　亚当·斯密：《国民财富的性质和原因的研究》（下卷）,第 191 页。
2　约·阿·霍布森：《帝国主义》,纪明译,上海人民出版社,1960,第 23—33 页。

地方的往往存在冲突，帝国的统治者不得不在不同人群间进行协调，甚或丢卒保车。[1]前一种内在紧张关系在英、法两国表现得最早，也最为明显，这跟英、法两国的民族主义与大众政治比较先发有关系，后一种紧张关系则更容易体现在一些较传统的领土帝国中。

在一向保守的俄罗斯帝国，到了19世纪中叶，也开始出现了这样的苗头，比如斯拉夫派的兴起。过去我们看斯拉夫派，主要强调它是一种针对西方派的保守主义政治思潮，认为它是对过去的空想。[2]其实斯拉夫派在某种程度上也是激进的帝国改革派，他们对俄罗斯帝国在过去的间接统治与贵族联盟政策颇为不满。比如，在过去，波罗的海的德意志贵族一直被看成沙俄政府的盟友与伙伴，但是斯拉夫派则要求帝国向俄罗斯人看齐，对俄罗斯人负责。于是，波罗的海的德意志成分被看成这片斯拉夫土地上的文化异己成分，需要排除。[3]帝国政府对这种民族话语持相当矛盾的态度。一方面，这些话语为帝国的镇压政策做了背书，另一方面，这些话语也突破了传统的王朝忠诚范畴，使帝国为"民族"服务。沙皇的秘密警察呈上报告，一针见血地指出，媒体对政府的支持

1　换句话说，扩张之前、扩张之中与扩张之后这三个阶段都会出现国内问题，之前、之中讲代价与冲击，之后讲"帝国谁属"。
2　白晓红：《俄国斯拉夫派的政治思想》，《世界历史》2001年第5期；刘文飞：《伊阿诺斯，或双头鹰》，中国社会科学出版社，2006；张梅：《试论斯拉夫主义的俄罗斯民族自觉意识》，《俄罗斯中亚东欧研究》2013年第3期；季明举：《想象的共同体：斯拉夫派的民族主义文化意识建构》，《俄罗斯研究》2016年第4期；曹维安：《俄国的斯拉夫派与西方派》，《世界史》1996年第9期。
3　Ramet, Sabrina P., Sabrina Petra Ramet, *Religion and Nationalism in Soviet and East European Politics*, Duke University Press, 1989, p. 51.

是可疑的，因为"在爱国主义的掩盖下"，"（媒体）一方面声称自己有权批评政府，另一方面在国家事务上代表公众意见，解读事件"。[1] 斯拉夫派人士确实在俄罗斯帝国内部掀起了一股持久不息的民族主义思想浪潮。由于这一浪潮的反动色彩，彼得堡既贪图它为帝国带来的民意支持，又尴尬地发现自己有时被它推动前进。无论如何，帝国政府都发现自己要被迫走入凡间，选择意识形态光谱中的一端，以此来团结大众，获得新社会精英的认可和配合。亚历山大二世有一次颇为恼火，他发话说："不要管波罗的海那边的人，他们从来没有给我惹什么麻烦。"但他的继任者亚历山大三世还是忽视了父亲的意见。

奥地利的哈布斯堡帝国也不例外。德意志人，过去被称为"国家民族"，是帝国最忠诚的拥护者，但到了19世纪后半期，也开始从中心撕扯这个帝国。当时有位外交官写下报告，说："德意志元素，始终是奥地利境内最强的胶黏物，如今却已成为促成奥地利分解的最有力东西。"[2] 兴起的德意志民族主义政党要求抛弃匈牙利，让斯拉夫人的土地独立，将剩下的德意志人占多数的领土归并德意志。他们也逐渐放弃了把德意志性看成一种高级文化的态度，[3] 开始从血缘上来看待国家归属。最明显的表现就是德意志反犹主义的兴起。

1　Renner, Andreas. "Defining a Russian Nation: Mikhail Katkov and the 'Invention' of National Politics." *The Slavonic and East European Review*, 2003, p. 675.

2　杰弗里·瓦夫罗：《哈布斯堡的灭亡》，社会科学文献出版社，黄中宪译，2016，第42页。

3　这种态度固然自高自大，但也不乏开放性，因为不管是谁，只要接受德语教育，就会被认为是德意志人。

帝国压力当然不仅仅来自帝国中心 / 本部的人群、阶层和集团，也来自帝国边缘。

过去我们常常把帝国中心—边缘的紧张关系归因于地方民族主义的兴起。但在很多场景中，与其说地方民族主义是这种紧张关系的原因，倒不如说是这种紧张关系的结果。坦率地说，民族很少是天然之物，而多是发明的产物。[1] 比起文化和血缘，在促进人们的民族认同方面，政治冲突要起到更大的作用。毕竟相比于帝国中央，边缘地方差不多总是比较弱小的，组织也是薄弱的。除非有外部势力强有力的支持，或者处于帝国被极大削弱、面临崩溃之际，地

1　这里并不是说民族是无中生有的，而是说，是政治冲突与社会冲突本身帮助某个族群发现了族群边界，并将其政治化。人类学家埃德蒙·R. 利奇（E. R. Leach）在 20 世纪中期对缅甸高地的观察中看到一个有趣的现象，本地的克钦人实际上讲着好几种不一样的语言，社会结构在两种不同类型的形态之间来回摆动，这个族群的存在，似乎完全是由其与邻近的掸人（一般是指缅甸掸邦的壮侗语族群，自称"傣"，"掸"是缅族对他们的称呼）的冲突与交流来界定的。但是，"这些说不同语言、穿不同服饰、拜不同神灵，有着如此等等之不同的人，并不被看作是完全超越社会认可界限的异乡人"。他们自己认为自己有共同的祖先与血缘，是一个群体。这个案例告诉我们，至少某些族群的塑造似乎是主观选择的结果，而非客观的界定。见埃德蒙·R. 利奇《缅甸高地诸政治体系：对克钦社会结构的一项研究》，杨春宇等译，商务印书馆，2010。瑞典人类学家巴斯（Fredrik Barth）所提出的族群边界论认为，族群是一个自我归类过程的结果。归类的客观依据是有的，但却是选择的结果。也就是说，假如同时有两种类别 / 要素（A 或者 B）可以区分一个群体，该群体视情况选择认同 A 或者 B，其群体的扩大、缩小与伸缩并无定制，要看这个群体与另外一个群体的竞争或交流情况。在有些场合下，该群体会重点强调某个（或某些）类别 / 要素，以便与其竞争的群体区隔开来（王明珂则认为，在此区分过程中，这个群体借助创造某种集体记忆来追溯共同的祖先、血缘与历史，以此来模拟类亲缘团体，从而产生了族群）。见弗雷德里克·巴斯编《族群与边界：文化差异下的社会组织》，李丽琴译，商务印书馆，2014；王明珂《华夏边缘：历史记忆与族群认同》，浙江人民出版社，2013。这里虽然说的是族群，但民族的情况其实与之相仿佛。

方社群的精英很少一开始就寻求自治和独立，而是希望进行改革、获得尊重、分享权力，不管这是出于利弊分析、强弱对比，还是传统与习惯。一般来说，是事态的发展逐渐使他们激进化的，是政治冲突本身逐渐划清了社会界限，从而"民族化"了这些地方社群。这里有两个非常明显的例子——美国革命过后许多年，约翰·亚当斯[1]被问及："对于大陆会议中关于独立的议程的推动，谁的贡献最大？"他的回答是："乔治三世。"在论及哈布斯堡王朝末期的民族斗争时，荷兰史学家彼得·贾德森也特别指出："民族主义冲突不是奥匈帝国社会多语化特质不可避免的产物，而是帝国制度造就的结果。"[2]

那这些紧张关系由何而来？这就需要详细解释一下。

正如朗西曼所言，帝国是一种非常独特的社会组织形态，它既不是单独的一个大社会，也不是由占主导地位的伙伴所领导的独立社会间的联盟。[3]在初始状态下，至少从名义上来说，帝国中心/本部的统治者对边缘地方具有绝对统治之权，边缘地方的人民无法享受平等的帝国公民权，或无法参与、影响帝国本部的政治过程，同时也多不具备"特别行政区"的资格进而与中心/本部有某种"邦联"关系，而是处在某种等级依附状态之中。换句话说，既不"平等"，也无"自由"。

在过去，这种等级依附状态往往是依靠军事强制、边缘社会

1　美国第二任总统，美国革命的实际发起人。
2　彼得·贾德森：《哈布斯堡王朝》，第 262 页。
3　Runciman, W. G. "Empire as a Topic in Comparative Sociology," p. 99.

的普遍冷漠和帝国中央的行政人事吸纳政策，又或者是帝国中心的放任自流、不做规约而得以维持。随着大众政治的兴起，边缘地带的人群逐渐组织起来（无论是主动还是被动），成为一种政治社会力量，开始要求在帝国中拥有某种"名分"，摆脱这种单纯的等级依附状态。于是，帝国边缘对中央的压力兴焉。

帝国也并非没有整合边缘的意图。正如之前所言，现有的几乎每一个民族国家在过去都是一个"帝国"，都是从一块核心地方开始，或征服、吞并，或自身扩展，之后经由整合才化"帝国"为民族国家。换句话说，在近代，国家整合是一个普遍经验。我们很难想象任何一个统治者（或阶层）没有过国家整合的认知、经验，不理解其中的关节、利害。当时的世界正处于争霸时代，整合帝国所带来的竞争实力也是不可忽视的。如果英国能够整合爱尔兰、加拿大、澳大利亚和南非，就能形成一个横跨地球的英语民族；如果法国能够整合北非、西非各殖民地，就能提供大量的人力、物力，与德国相持；如果俄国能够整合乌克兰，就可以在帝国内形成一个人数占多数的主体民族，确保帝国的进一步扩张与稳定；哈布斯堡王朝则稍微不同，其目的在守不在攻，但很显然外部威胁之严重足以让"约瑟夫"与"弗朗茨"们不至于放任自流。正因为如此，斯蒂芬·伯格（Stefan Berger）和阿列克谢·米勒（Alexei Miller）才在《民族化帝国》（*Nationalizing Empires*）中指出：

> 在漫长的 19 世纪，民族和帝国的概念以各种方式联系在

一起。这种联系反映了精英们试图使民族适应帝国蓝图的努力，反之亦然。[1]

问题在于，传统的国家整合手段，在很多场景下似乎不起作用。一般来说，帝国边缘部分在血缘、宗教和文化上与帝国中心/本部会有很大不同，在经济、社会诸领域也有一定的差异，而这种差异往往会表现为各种政治、社会冲突。传统的国家整合思路是加大对边地的经济投资，移民实边，同时鼓励边缘地区的生产加入帝国中心本部的市场，将本部"先进的"政治、经济、社会秩序扩展到边疆，一边发展，一边融合。这样，随着边疆的经济发展、与内地联系的增多，边疆社会会自然发生各种分化，以阶层、多元职业身份认同取代古老的族群、宗教认同，并且，纳入帝国经济体系这件事也会促进文化层面的均质化。欧洲各国自中世纪末期以来，都有这样一个中心次第拓展、消化合并边缘地区的历史进程。

但是，迈克尔·赫克托在《内殖民主义》中指出，在近代历史上存在另一种中心/边缘模式——"内殖民主义"（internal colonialism）。[2]现代化程度更高的中心社会向边地扩展，带来的不一定是更高程度的融合，也可能是中心对边缘的政治控制与经济剥削，建立某种等级制族群体系（或者说"劳动的文化分工"），从

1　Berger, Stefan., and Alexei Miller, eds. *Nationalizing Empires*, Central European University Press, 2015, p. 18.

2　Hechter, Michael. *Internal Colonialism: The Celtic Fringe in British National Development*, Rutledge and Kegan Paul, 1975.

而反过来刺激边缘族群在原有的宗教、族群认同下集合，从而升级中心与边缘族群之间的"军备竞赛"，最终走向持续的暴动-分裂运动。

赫克托举的例子是爱尔兰。人们一般认为，爱尔兰是英帝国的第一块殖民地，但爱尔兰的"不服王化"也是出了名的。1598 年，伊丽莎白一世就抱怨过爱尔兰的危险纷争。1799 年，小威廉·皮特首相苦恼于"爱尔兰已经是邪灵附体"。近一百年后（1893 年），格莱斯顿首相还依旧对下院大声疾呼："我们要说的是，爱尔兰是本院的祸根所在……爱尔兰从未让人宽心。"在《内殖民主义》中，赫克托要问的一个重要问题就是：为什么自伊丽莎白一世至劳合·乔治时代这三四百年中，英国作为欧洲最先实现工业化的社会，都不能消化爱尔兰？先进核心区域的吸引力和同化能力到哪里去了？

赫克托认为，这是因为英格兰和爱尔兰的接触有结构性问题。

在中世纪，爱尔兰算是英格兰的属国，不像苏格兰在很长时间里保持独立。自 16 世纪中期以来，英格兰的都铎王朝开始决定开发这片土地，比较成规模地向爱尔兰派遣移民，进行垦殖。问题在于，时值都铎王朝的宗教改革运动，移民多是新教徒。1600 年，新教徒定居者仅占爱尔兰总人口的 2%，然而，1700 年，这一数字已经上升到 27%。爱尔兰是个天主教地区，这样外来移民与本地土著就有一个很醒目的区隔。

爱尔兰与英格兰关系的大滑坡，主要发生在英国革命时期。但遗憾的是，在英国革命的两次大事件中，爱尔兰都选择了错误的盟友。在英国内战中，爱尔兰人选择同斯图亚特王朝结盟，共同对抗清教徒国会，克伦威尔随即率大军入侵。爱尔兰人口损失惨重，全国的土地泰半落入征服军官兵手中——1685 年詹姆斯二世即位时，爱尔兰已经只有 22% 的土地属于爱尔兰天主教徒；到 1700 年，更是只剩下 15% 了。这样，在爱尔兰便形成了一个占主导地位的新教徒地主阶层，其结果则是，在 17 世纪晚期到 18 世纪中期，爱尔兰年收入的 20% 到 33% 都作为土地租金付给了这些地主。

　　光荣革命中，爱尔兰人再次做出了错误的选择，同被废黜的詹姆斯二世结盟。这一轮反抗被压服之后，国会开始制定各种严厉的法令（号称"惩治法典"），对爱尔兰天主教社会进行政治、经济、社会等各个层面的限制，包括禁止爱尔兰天主教徒拥有武器、从军、从事法律职业、参与选举或进入政府就职等。爱尔兰天主教徒只能选择进入有限的几种行业，如亚麻工业、畜牧业、农业、酿酒行业等。卡尔·马克思曾经评价说，该惩治法典的目的是"使'财产'从天主教徒手中转入新教徒手中，或者使'英国国教'变为财产权的法律基础"。[1]

　　此外，在宏观政治方面，爱尔兰只是在名义上有一个独立的议会，但在现实中无时无刻不受到英格兰国会的制约。爱尔兰史家艾德蒙·柯蒂斯曾尖酸地指出："爱尔兰议会不能通过政府所不

1　马克思：《1867 年 12 月 16 日在伦敦德意志工人共产主义教育协会所作关于爱尔兰问题的报告的提纲》，载《马克思恩格斯全集》第十六卷，人民出版社，1964，第 510 页。

能接受的议案……整个政府都依赖于英格兰，并把捍卫英格兰的利益作为他们的首要任务。"[1]比如说，英国国会曾通过多种法令对爱尔兰的工业、贸易进行限制，使之完全依照英格兰的需要而运转。自 18 世纪始，就已经有人对这种英格兰主导的政策做出尖锐批评。比如斯威夫特（写《格列佛游记》的那位作家）讽刺英格兰的当政者是"用商店老板唯利是图的精神为别的民族制定法律"。这样，就形成了一个人群、一个地区依靠政治上的优势控制、剥削另外一个人群、地区的"差序格局"。

简而言之，普通的天主教徒爱尔兰人在英国治下既非公民（否则就应该有参政权），亦非臣民（否则就应该与其他英格兰人享有同等的经济或社会待遇）。爱尔兰所体验的正是帝国边缘的一般状态。

1801 年爱尔兰被正式纳入英国之后（英爱合并），英格兰确实对爱尔兰输出了大量资本，算是"开发边疆"，但这些资本都投放在了特定经济领域，主要是为英格兰提供原材料的初级加工业和资本密集型畜牧业。赫克托认为，这种外来投资的经济效果实属可疑，甚或有害，原因在于，它使爱尔兰的经济过于单一、专门化与外向，从而很难抵御市场价格波动，对本地经济的刺激拉动作用也有限。爱尔兰的其他工业、金融业很难同英格兰的同行竞争，只能逐渐萎缩、消失。

1　艾德蒙·柯蒂斯：《爱尔兰史》（下册），江苏师范学院翻译组译，江苏人民出版社，1974，第 564—565 页。

我们不能说并入英国对爱尔兰的经济全无正面效果，但是，赫克托比较了 1851 年至 1961 年英伦三岛的经济数据后发现，即使凯尔特边缘地区被纳入全国工业化经济进程，它们同英格兰本土相比，在百年之后仍然有很大的经济差距，而这种差距很难用资源禀赋、地理位置差异来解释——"全国一盘棋"并没有降低地区间经济不平等的程度。比如，在英格兰各地，工业化经济有一个扩散的过程，但是在爱尔兰，却始终局限在几个点上，其非农就业人口比例在 1851—1921 年间几乎没有发生任何变化（在 20% 到 30% 间浮动）。其原因上文已经提到了，爱尔兰较发达的地区更像是英格兰的经济飞地，完全依赖英格兰工商业的需要而运转，同本地的其他地方很少有交集。英国资本家通常对爱尔兰工人的劳动效率持负面看法（这是一种自我实现的文化偏见），也很不愿意在爱尔兰投资建厂或建立其他现代企业。这样，旨在消弭文化冲突的第一步——经济一体化，从一开始就没有发生。

赫克托的结论是，在这种剥削性框架下，加强两地的交往就未必会带来融合，而是更深入的分隔。虽然赫克托（以及其后研究这一问题的研究者）的用意在于批评一国内部多数群体对少数群体的剥削和压迫（类似于帝国主义者对殖民地的作为），但是如果抛开后世国界线的束缚（内外殖民主义并没有不可逾越的鸿沟），我们可以公允地说，这也是一个帝国进行国家整合的失败案例。[1] 赫克托的研究不应该被看成是一个道德故事——一群"坏人"（阶层、

1　Howe, Stephen. *Empire: A Very Short Introduction*, Oxford University Press, 2002, p. 19.

集团）企图通过制度化垄断资源分配来压榨"好人"。我们还应该看到，一个帝国希望通过经济输血的方式来振兴边缘地带、以求整合国家这件事，不一定顺理成章。边缘地区往往缺乏足够的资本、技术与人才资源，这些都要从核心地带引进。但是，假如这些人凭借内地依托而在边疆形成某种特殊阶层，具有某些特殊利益，就能在相当程度上背离原意。例如，他们依据文化、血缘占据了社会位置上的高层，同另外一个人群区分开来，形成某种族群等级体制。这样，就形成某种强化性分裂。尤其是当核心地区与边缘地带在文化、血缘上有较大差异时，这种事更易发生。由于他们被视为帝国的核心支持者之一，帝国很难对之做出调整。何况，核心地带对边缘地区经济过分依附内地这件事，往往缺少足够的敏感。

其他帝国似乎也有类似的事情发生。比如有学者指出，在奥匈帝国内部经济中存在相当的"文化分工"现象，而同样的事情也发生在法属阿尔及利亚。[1]

帝国在经济上的整合并不容易，在政治上的整合难度更高。一般来说，传统上，帝国多半很少有一个覆盖整个帝国的、一体化的官僚行政机构，而是需要跟边缘地方社群的头面人物进行合作，才能治理地方。这几乎是从罗马帝国开始就传承下来的帝国之道，即实施某种人事和行政吸纳政策，建立某种庇护体制，以

1　Verdery, Katherine. "Internal colonialism in Austria Hungary." *Ethnic and Racial Studies* 2. 3, 1979, pp. 378-399.

便实现某种等级化的阶级合作。在绝大多数时间里，这套政策都是有效的。

问题在于，随着帝国边缘社会的发展，在原有的精英体系之外，一般会出现新的中上阶层／集团（知识分子、技术人员、商人等）。这些都是核心地区同边缘地区进行社会接触后不可避免会产生的新人。随之出现的就是新旧精英之间的政治竞争。新人希望能够突破老人的界限，实现政治流动，而老人则力图垄断其政治地位。这种政治竞争几乎不可避免地会牵扯和破坏帝国的中央—边缘关系。

我们能够在多个帝国争端事件中观察到这个因素。美国史学家詹姆斯·马丁（James Kirby Martin）就敏锐地观察到，北美十三殖民地在美国革命之前的骚动几乎可以看成中上阶层新人对世家大族的报复与不满。美国革命之前，英国治理北美十三殖民地的支柱通常是大种植园主、大商人和大地主，他们同伦敦有着千丝万缕的社会联系和商业往来，会将自己的子弟送到伦敦留学，结交不列颠的达官贵人，以图进入不列颠的政治圈子。帝国本身对这批人也青睐有加，把他们视为北美社会中"贵族阶级"的替代品，提拔他们成为殖民地的高级法官、参事和总督。当时的任官程序是这样的，在王室殖民地中，不列颠的某部，如贸易委员会，会指示皇家总督提交一份高级官员的备选名单，然后该部从这份名单中挑选，又或者是内阁中的某人向该部推荐人选。至于低级官员，总督同至少三名参事商议之后就可自行作出选择。这种程序使得"朝中有人好做官"成为必须。在业主殖民地，程序也差不多，不过业主的意见更重要。[1] 当时的政治思想本来就把贵族看作是君主和人民之间的调节器和稳定力量，而在不列颠看来，这样一批人，在经济上和政治上都要仰赖不列颠的恩惠，自然是不列颠在北美大陆可靠的代理人。

但这样一批人把持官职，就断了他们之下阶层精英的晋身之路。这批地方精英的家世没有前者显赫，其生意、人际关系往来基本上局限于本镇本郡，大学教育也在北美地方完成，这就很难同大家族竞争帝国影响力。他们要想在殖民地层次担任高级官员可以说十分困难，只能在殖民地议会下院里面担任议员，或者担任地方或县一级地方的行政官员。这自然造成殖民地的上层和中上层人士之间的紧张关系日益加剧。这里有一个具体的例子。1760 年，马萨诸塞殖民地空缺了一个最高法官的职位。有两个候选人，一个是老詹姆斯·奥蒂斯，另外一个是托马斯·哈钦森。托马斯·哈钦森出身名门，在伦敦也有关系，因此，哈钦森受到提携是应然之事。奥蒂斯的儿子小奥蒂斯从未宽恕过这一侮辱，他发誓说，如果他的父亲得不到这个任命，那么他将让整个省份都陷于大火之中，自己粉身碎骨也在所不惜。[2] 日后，他成为殖民地权利的著名鼓吹者。这一政治举动很难说纯粹出于公益。殖民地的中上层确实想要一个更靠近地方的选官体制。日后，约翰·亚当斯在写信给帕特里克·亨利时说："在美洲必须建立……更为平等的自由……一小撮

1　参见 Martin, James Kirby. *Men In Rebellion*, The Free Press, 1976, pp. 31-32。

2　Martin, James Kirby, *Men In Rebellion*, p. 26.

富豪垄断家族必须被打倒。"[1]托马斯·杰斐逊身为大种植园主，为在弗吉尼亚打倒"显赫的家族集团"尽心尽力,他认为,"财富贵族"的种种特权必须被摧毁，以便为"贤人贵族打开通路"。[2]戴维·拉姆齐（David Ramsay）——革命同时代的南卡罗来纳历史学家——说："所有的职位向有德之人（men of merits）开放，是我们宪法的旨趣所在。……我们再也不用乞怜廷臣的宠幸。"[3]乔治·梅森起草了 1776 年弗吉尼亚的权利宣言，声称："除非出于从事公职的考虑，没有任何人或任何一组人有资格独占薪金或特权，或者把它们同社会分离开。公职不能传给他人，或世袭。人生而为治安官、议员或法官的观念，是不合情理的，是荒谬的。"新罕布什尔的宪法则宣称："政府里没有任何一个职位可以世袭，所有的职位都以德才为必要条件，不能传给后代和亲朋好友。"[4]这些言论都说明了地方新精英不满于家长制与庇护制，也就是帝国的北美政治秩序。这种缺乏政治流动性的现实与随之而来的不满，在特定条件下，就为不列颠和北美之间的裂隙添油加火，最终导向了北美独立战争。

德拉姆勋爵观察 1837 年和 1838 年的上加拿大起义时，也有同样的判断。19 世纪晚期开始的印度民族运动是由一批受过英式教育，但被排除在统治结构之外的知识分子领导的，也就不足为奇了。

废除这套任官体制，直接代之以中央的垂直管理也会带来问

1　Martin, James Kirby, *Men In Rebellion*, p. 39.

2　戈登·伍德：《美国革命的激进主义》，付国英译，北京大学出版社，1997，第 187 页。

3　Martin, James Kirby. *Men In Rebellion*, pp. 39-40.

4　戈登·伍德：《美国革命的激进主义》，第 186 页。

题。比如，1848 年后，哈布斯堡王朝决定用一整套理性的、现代化的官僚机构取代原有的松散治理体系，废除了帝国境内（尤其是在匈牙利）所有的传统行政单位，划定新的边界，代之以新的行政区划分。政府从维也纳向全国各地派遣了一大批说德语的政府官员来执行中央政策，政府权威直插社会基层，哈布斯堡帝国全境第一次被一种单一力量所支配。由于派向地方的官僚主要来自德语人群，为了方便行政管理，行政语言也被设为德语，而这些人一般也把德语文化看作一种高级文化。但对相当多的匈牙利、捷克等族群人民来说，如果说以前突出的是官民矛盾，现在他们更容易把国家的管制看作一种族群／文化压迫。同样的事情也发生在 19 世纪晚期的俄罗斯帝国和奥斯曼土耳其帝国身上，无论是俄罗斯帝国的俄化运动，还是奥斯曼土耳其帝国的坦齐马特改革，都企图建立一个一体化的行政机构，但最终都削弱了，而不是加强了帝国。

　　正如弗雷德里克·库珀和安·劳拉·斯托勒（Ann Laura Stoler）所言，近代有些帝国（如英、法）与各古代帝国有一点非常不同：这些帝国在本土实现了普遍公民权与包容性的社会权利，其统治精英是在这一基础上被选拔出来的。那么，这些国内政治原则要不要（或能不能）适用于其征服而来的海外领土，就构成了一个基本难题。[1] 当法国大革命还在街头肆虐时，法属加勒比诸岛的

1　Cooper, Frederick., and Ann Laura Stoler, eds. *Tensions of Empire: Colonial Cultures in A Bourgeois World*, University of California Press, 1997, p. 1.

黑人就已经声称人权也延伸到了他们身上。那么，该不该把这些权利也授予他们呢？

如果将母国的政制、法律适用到属地身上，要么使得该地方无法施行专断统治，从而在相当程度上丧失了这块地方对帝国本土的价值；要么使得这个地方的人民能够参与帝国本土政治，从而在社会层面上对帝国本土社会构成竞争与威胁。但如果不加适用，则母国的意识形态又有破产之忧，毕竟当初这些意识形态兴起的时候往往是以普世的面目出现的。约瑟夫·熊彼特干脆认为，现代帝国主义代表了一种军国主义和贵族式的倒退，是一种时代的退化，而这隐隐约约构成了对母国长久政治稳定的威胁。

人们发现，由此构成的矛盾几乎是难以解决的。一种讨巧的方法是诉诸种族主义，认为有的种族适于民主、人权或法制，有的种族在文化上就是适应不了。这样，帝国可以通过某种"多元文化"体制结合在一起。但是种族主义带来的问题是，它也会打击属民中那些合作者的积极性，进而导致帝国的治理结构出现大的裂隙。[1]

最后，也是最重要的政治困境是，帝国的边缘地区（尤其是跨海的殖民地）很难在法理层面纳入帝国政治结构。如果边缘区要"正常化"，成为帝国中央辖下的一个普通省份，那么边缘区的人民就

---

[1] 还有一种方法是对这个问题视而不见，如 19 世纪的法国学者夏尔·亨利·欧仁·雷吉斯芒塞（Charles Henri Eugène Régismanset）直接就说"统治就是统治"，帝国主义就是赤裸裸的暴力，无所谓对错。参见 Betts, Raymond F. *Assimilation and Association in French Colonial Theory, 1890-1914*, Columbia University Press, 1961, pp. 97-100。

应该被看作帝国公民，享受与核心区人民一样的政治、社会和经济待遇，该"省份"也要有参与中央政治的能力，但由于核心区社群的种族主义思想（或其他歧视），这极难成为现实；如果边缘区要成为帝国中的一个特别行政区，同帝国社会有所隔离，那么这个特别行政区同帝国中央之间的关系就很难解释——它们究竟是帝国的附属物，还是帝国的共同组织者？如果是后者，帝国的中央机关在哪里？权限何在？如果地方和中央发生冲突，谁来裁决？

在现代社会中，中央—地方关系的两种处置思路（单一制、联邦制）同帝国现实之间的差异，可参看表 1.1。

表 1.1　现代社会中央—地方关系的两种处置思路与帝国现实

	单一制国家	联邦制国家	帝国
地方权力来源	中央政府 / 议会	宪法	帝国政府
政府构成	中央任命	自行选出	中央任命
全国政治	选举 / 晋升	选举	无法参与
矛盾裁决	中央政府 / 议会	联邦法院	帝国政府
地方分权程度	较小	较大	任意

换句话说，帝国边缘在帝国治下既很难做到（公民间的）"平等"，也少有（政体间的）"自由"。这不是由于统治者心怀恶意，而确确实实是因为现代政治制度不能为边缘区留下空间。这样，帝国边缘对帝国中央的不满，就很难通过政治过程得到解决，从而使得帝国持续承受压力。

* * *

总结起来，帝国压力来自内外两个层面：在内，帝国的扩张、发展与维持会冲击核心区既有的社会、文化与经济形态，从而破坏本地的政治平衡；帝国的收益与成本也是不平均地分布在核心区的不同群体、阶层或地区之上的。在近代大众政治条件下，核心区必须回应群众的呼声。在外，近代环境下，核心区对边缘区的统治不能只是简单地以军事优势为基础的统治（权力在相当程度上私人化），而必须有一定的法理基础；过去那种上下统治关系，必须以"群群关系"替代，而此群群关系自然也对帝国的适应能力提出了挑战。

二　帝国的分类

帝国该如何应对这些压力呢？帝国该进行什么样的边缘治理呢？在继续讨论之前，我们需要暂时岔开一下话题，去分析帝国的已有分类，看看这些分类是不是已经比较了不同帝国的治理策略。

尽管帝国所覆盖的地理和社会范围之多样，政体与国体之不同，意识形态差异之巨大，使得它们几乎个个都自成一体，难以被详细归纳分类，但学者们仍然在这方面做了相当有效的工作。比如，有人依据地理，把各帝国划为海洋帝国、大陆／领土帝国；[1] 有人依

1　比如，可参见 Maier, Charles S. *Among Empires*, Harvard University Press, 2009, p. 32。前者是通过其港口、海岸、商业以及更广泛的通信，或许还有财政，控制其内部地区的海洋帝国；后者则是控制大片领土并直接统治其臣民的土地帝国。

据主要经济来源和政治社会形态，把各帝国划为农业帝国、商业帝
国、游牧帝国、殖民帝国等。但由于这些分类都不涉及帝国的内部
管理方式，所以对我们此处的讨论没有什么用处。

　　另外一些学者则注意到了帝国在内部管理上的差异，并据此
分类。比如，迈克尔·曼（Michael Mann, 2012）、尼尔·弗格森（Niall
Ferguso, 2005）和亚历山大·莫特（Alexander Motyl, 2001）。

　　在《社会权力的来源》中，依据中心对边缘区的控制力度，
迈克尔·曼将帝国分为几种类型（参见表 1.2）。

表1.2　帝国分类标准（一）

分　类	描　述
直接统治的帝国	帝国合并其占领的土地，视其为自己的有效领土，吸纳其人口，在该地行使完全的军事、政治、经济和意识形态权力。
间接统治的帝国	帝国中心拥有边缘区的政治主权，但边缘区的统治者仍然保留某种自主性，在实践上，还可以同帝国权威进行协商统治。 在边缘区，本地人担任大部分军队和行政管理职务，自己管理地方政府运转。 帝国中心在日常管理上同当地精英合作，在某种程度上尊重边缘区的经济、政治和文化。
非正式帝国	边缘区保留完整的政治主权，但是它们的自主性被帝国中心所胁迫限制。 在这里面，又有三种子类型： 非正式的炮舰帝国（用军事权力在短时期内强行干预另外一个国家，使之服从）； 通过代理人来统治的非正式帝国（扶植代理人进行统治）； 经济帝国主义（用经济胁迫的方式干预其他国家）。
霸权	一种对他人实施制度化控制的支配性权力。

帝国可以被区分为直接统治与间接统治两种类型，这是显而易见的[1]。其他学者多有相似的看法，比如戴维·莱克（David Lake）和亚历山大·莫特根据核心对边缘的统治程度，将帝国区分为"正式帝国"和"非正式帝国"。[2]他们都认为，边缘精英享有很小权力的帝国是正式的，在这个帝国中，核心精英单方面决定边缘精英的进退，制定全部的对内、对外政策议程，决定一切对内和对外政策；相反，边缘精英享有较多权力的帝国则是非正式的，核心精英对边缘精英的升降任免起影响作用，其决定议程

1　迈克尔·曼的分类并非没有问题：第一，他认为直接控制是传统帝国的特色，而近代帝国出于海上扩张的缘故，更难整合，所以多采取间接统治的手段（另一个原因是近代国家的种族主义思想，阻碍它们采用直接统治，化被征服者为臣民）。但其实直接、间接统治之分很难看成是一个时代差异。同为近代帝国，法帝国很显然趋向于直接而非间接统治，趋向同化而非隔离。俄罗斯虽然常被归入传统帝国，在很长一段时间内，其治术倒是在相当程度上倾向间接统治；第二，迈克尔·曼把"非正式帝国"和"霸权"也看成是两种帝国形态，而这容易造成混淆和误解。自从约翰·加拉格尔（John Gallagher）和罗纳德·罗宾逊（Ronald Robinson）在《自由贸易帝国主义》一文中提出"非正式帝国"一说后，学者们一般用"非正式帝国"来描述帝国的势力范围，由于帝国的商业、战略或军事利益与力量所在，帝国对一个地区或国家施加一定程度的影响，而这个地区或国家并不是帝国的殖民地、保护国或附庸国。这个词常和大英帝国联系在一起，用来描述英国利益在世界范围的广泛影响，但是，这就带出了一个问题——被帝国影响的外部地区属于帝国的边缘地带吗？在我看来，"非正式帝国"和"霸权"这两个名词在相当程度上脱离了国体的概念范畴，进入了国际关系领域。参见 Gallagher, John, and Ronald Robinson. "The Imperialism of Free Trade." *The Economic History Review* 6. 1 (1953), pp. 1-15。

2　表 1. 2 中的"非正式帝国"同此处的"非正式帝国"并非同一件事，前者可看作帝国的势力范围，而后者讲的是帝国内中央与地方的政治结构与权力分配。

和政策的范围主要是对外而不是对内（参见表 1.3）。[1]

表 1.3　帝国分类标准（二）

	霸权	非正式帝国	正式帝国
边缘精英		（任命 / 解职）	任命 / 解职
政治议程	对外	对外 /（对内）	对外 / 对内
政策	（对外）	对外 /（对内）	对外 / 对内

注：括号表示较弱的影响力度。

相比之下，在《巨人》中，尼尔·弗格森从帝国功能、形态入手，给出了一个更加详细也复杂得多的分类体系（参见表 1.4）。[2]

表 1.4　帝国分类标准（三）

帝国本部政体	自身利益目标	公共利益	统治手段	经济体系	获益者	社会特征
绝对君权	安全	和平	军事	种植型	统治精英	种族灭绝型
贵族制	交通	贸易	官僚	封建型	本部人民	等级分化型
寡头制	国土	投资	殖民	重商型	殖民者	转化型
民主制	原材料	法律	非政府组织	市场型	本地精英	同化型
	人力	教育	公司	混合型	所有居民	
	租金	宗教皈依	本地精英代表	计划型		
	税款	健康				

1　Lake, David. "The Rise, Fall, and Future of the Russian Empire, " in Karen Dawisha, and Bruce Parrot, eds., *The End of Empire? The Transformation of the USSR in Comparative Perspective,* Sharpe, 1997, p. 35; Motyl, Alexander J. *Imperial Ends: the Decay, Collapse, and Revival of Empires*, Columbia University Press, 2001, pp. 19-20.

2　Ferguson, Nial. *Colossus: The Rise And Fall Of The American Empire*, Penguin, 2005, p. 11；尼尔·弗格森：《巨人：美国大帝国的代价》，李承恩译，华东师范大学出版社，2007，第 10 页。

表 1.4 中，第一栏显示帝国本部可以有不同的政体；第四栏表明对边缘部分的统治可以通过多种手段——军事、官僚、殖民、非政府组织、公司和合作的本地精英代表；第六栏显示的是帝国统治的获益者（是帝国本部统治阶层，还是全体人民都能从中获益）；第七栏显示的是帝国的多元社会形态：在一端是纳粹时期的德国（灭绝其认为造成威胁的群体，奴役另外一些），在另外一端则是罗马帝国（开放公民资格，完全吸纳外群体），在中间的则是等级森严的维多利亚英帝国（在这个帝国里，各群体的地位是固定的）。

在我看来，上述分类标准各有优点，但也需要再做调整。

首先是对正式与非正式帝国的定义。在戴维·莱克和亚历山大·莫特的笔下，正式帝国与非正式帝国的含义同直接统治与间接统治的含义差别不大，都着眼于帝国中央与边缘地方的权力关系。假如中央的权力大，地方的自主权小，按照他们的标准，就是正式帝国，反之则是非正式的。但是，这样的定义其实有点奇怪，因为一般我们说一个组织是不是足够正式，主要是从组织化、制度化的程度出发考虑的，而不是看组织内部个体之间的权力关系。换句话说，一个政治组织的正式与否一般是一个结构与制度问题，而不仅仅关乎权力与政策。

研究组织学和国际制度的学者在这方面已经有很多的著述，比如，肯尼思·艾伯特（Kenneth W. Abbott）和邓肯·斯奈达尔（Duncan Snidal）等人用义务（Obligation）、精确度（Precision）

和授权（Delegation）三个指标描述过国际组织的制度化程度。[1]

"义务指的是国家或者其他行为体被一个或者一系列规则或承诺所束缚的程度"，比较低级的就是一系列共识，或者不带约束力的行为规范，而程度更高的则是能够被强制执行的法则。精确度指的是这些规则的细致程度，精确度不仅意味着实体间规则的明晰、细致、不模糊，还意味着规则与规则之间不发生冲突。通常来说，规则越密集、越细致、越量化，制度的精确度就越高。这里也存在着一个谱系：居于最高端的是表述的十分精确的规则，其次是能够做有限衍生阐释的规则，再次是需要当事人运用自己的判断力来判定规则的要求，再其次是一些泛泛而谈的原则。授权指的是组织本身被授予多大的权威以执行或应用、解释这些规则，解决争端或者是制定新的规则。这里的强弱顺序是：组织有权解释司法，以权威和命令进行裁决，再次作为仲裁机构，再其次是只起调停作用，最次只是给组织中的个体提供一个制度化的讨价还价的渠道。组织所制定的规则，从严格程度和实施的有效性来说，系谱从高到低则是这样的：有约束力的管制性条例，由一个中央机构来实施；有约束力的内部政策，由成员自我实施；协调标准、惯例以及建议。大致情况参见图 1.1。

1　Abbott, Kenneth W., Robert O. Keohane, Andrew Moravcsik, Anne-Marie Slaughter, Duncan Snidal, "The Concept of Legalization," *International Organization*, 54. 3(2000), pp. 401-419; Abbott, Kenneth W., Duncan Snidal, "Hard and Soft Law in International Governance," *International Organization*, 54. 3(2000), pp. 421-456.

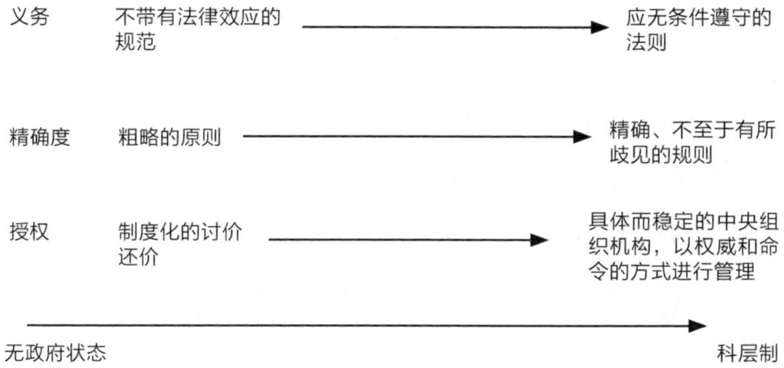
义务
不带有法律效应的规范
应无条件遵守的法则
精确度
粗略的原则
精确、不至于有所歧见的规则
授权
制度化的讨价还价
具体而稳定的中央组织机构，以权威和命令的方式进行管理
无政府状态
科层制

图 1.1　制度化的层次

罗伯特·基奥恩（Robert O. Keohane）给出了一个新的指标——功能分异性（functional differentiation），指的是在一个组织中，成员担任不同角色、从事不同任务及功能分化的程度。[1]

在历史社会学方面，迈克尔 · 曼对此问题其实也有描述。他在讨论国家权力自主性这个问题时，指出国家权力可以区分成两个层面：一是国家精英的专制权力（despotic power），即这些精英被授权无须遵守例行程序，无需与市民社会中的各个集团进行制度化协商谈判就可采取行动的能力（power over society）；二是基础性权力（infrastructural power），即国家渗透进市民社会，从后勤上，在其领土范围内有效贯彻其政治决策的能力（power through society）。迈克尔 · 曼认为，前者是一种惩戒的能力，而后者衡量

1　Wallander, Celeste A., and Robert O. Keohane, "Risk, Threat, and Security Institutions," in Helga Haftendorn ed., *Imperfect Unions: Security Institutions over Time and Space*, Oxford University Press, 1999.

的则是国家实施控制和规制社会关系的程度，以及利用各种制度来协调社会生活的能力。[1] 从某种意义上讲，基础性权力的存在是国家与社会的一种合作与互动关系。这种权力的根本，在于若干因素，如国家职能的分工、有效的信息传递、成文法、货币和度量衡制度、改进 / 控制交通运输，等等。

　　根据这两种权力维度，迈克尔·曼将所有的国家分为四类（参见表 1.5）。[2]

表 1.5　国家权力的分类

		基础性权力	
		低	高
专制权力	低	封建制	官僚制 / 民主制
	高	帝制 / 绝对主义王权	威权制

　　我们可以合理地认为，迈克尔·曼口中的基础性权力的大小，也意味着国家制度上正式化程度的高低——一个国家的基础性权

1　Mann, Michael. "The Autonomous Power of the State: Its Origins, Mechanisms and results." *European Journal of Sociology*, 25(2), 1984, pp. 185-213；迈克尔·曼：《社会权力的来源》（第二卷·上），陈海宏等译，上海人民出版社，2007，第三章。托克维尔在《旧制度与大革命》一书中也看到了这两种权力之间的区别，他说："君主应该立即惩罚他发现的任何错误，但他不能自以为他能看到所有应该惩罚的错误。"在这个类比中，专制的权力与控制信息的能力是不同的，后者即曼所谓基础性权力之一种。韦伯在讲官僚制的时候，很显然也在专制权力与国家基础性权力之间做了区分。

2　参见迈克尔·曼《社会权力的来源》（第二卷·上），第 69 页。

力越大，那么这个国家也就越正式，反之，则否。[1]

如果我们把帝国看成一个政治组织，这个政治组织很显然也有制度化上的差异，那么就可以用上面这些指标来衡量。也就是说，假如帝国中心与边缘之间有一套明确的、被公认的"宪法"性质的规则（且辅之以一系列清晰的具体法规），假如中心能有非常大的强制力来推行这套规则和法规，假如中心与边缘之间有非常清晰的政府结构与功能分异，假如中心有一套具体而稳定的组织结构和行政设施来管理整个帝国，假如这个帝国能够非常深地渗透进各边缘地方的市民社会之中，那么，这个帝国就具有非常高的正式性。反之，如果帝国的组织并无一定之规，帝国成员之间的交往靠的是协作与默契，中央与地方之间的结构分化并不大，中央对边缘地方并没有多少基础性权力，那么，这个帝国就是非正式的。

如果说上面所做的工作是从政治结构上考虑帝国中央与边缘的关系，那么我们需要考虑的另外一项内容则是帝国中不同社群相

---

1 希勒尔·索伊费尔（Hillel Soifer）于 2008 年发表的《国家基础性权力》一文中，归纳了过去衡量国家基础性权力的三种方法。简而言之，第一种方法强调的是中央政府对社会资源的控制，用管制机构的数量、政府所能控制的资源和合法性来衡量；第二种方法侧重于国家的具体部门——其衍生 / 辐射机构——对社会的影响。比如厄让·韦伯（Eugen Weber）在《从农民到法国人》（*Peasants Into Frenchmen*）一书中用来衡量国家权力的方式，就是看国家在全国各地社区的存在感的增加程度（这反映在公路和铁路的建设、征兵做法的变化、雇佣的学校教师和其他地方国家代表的数量上）；第三种方法侧重于考察国家在其领土空间内行使控制权的各种能力，强调其不均衡性。参见 Soifer, Hillel. "State infrastructural power: Approaches to conceptualization and measurement." *Studies in Comparative International Development* 43. 3-4 (2008), pp. 231-251。本书较偏向于采用第一种方法来衡量国家基础性权力。

处的模式（这主要指的是本部社群同边缘社群之间的关系）。关
于这一点，尼尔·弗格森在自己的分类中已经指出了，如上所述，
弗格森将帝国社群间相处模式按社群排斥力度分为同化、转化、
等级、灭绝四大类。但是，社群间关系很显然不能单纯按排斥力
度来分类。

实际上，人类历史上，我们常常能看到两种应对社群间关系
的思路：一种是吸纳性的，旨在将外群体吸纳到本群体中，以消除
社群差异的方式来解决问题；另外一种是分离性的，旨在将内外群
体分离开来，以管理、控制社群差异的方式来解决问题。如果我们
用这种思路来考虑帝国中不同社群相处的模式，那么合适的分类应
如表 1.6 所示[1]。

表 1.6   社群相处模式

	社群清洗的力度		
	无	部分	全部
吸纳	赋权式同化	文化压制	强制同化
分离	协和共治、分离	种族隔离、歧视	强制迁移、种族灭绝

罗马帝国在过去一直被认为是赋权式同化的典型。马基雅维
利在《论李维》中就认为罗马是化敌为己的典范。弗朗西斯·培根
也同样指出，罗马的成功之道就在于其公民政策，"所有允许外人

---

1   迈克尔·曼在《民主的阴暗面》一书中对族群间暴力关系的模式有更详尽的描述。参
  见迈克尔·曼《民主的阴暗面》，第16页。

自由归化的国家都能成就帝国……在这一点上，从来没有哪个国家像罗马人那样，如此开放地接纳外人"。培根接着说，"你可以说，不是罗马人在世界上扩展，而是世界在罗马人身上扩展，而这就是伟大的必然之路"。

这些言论并非只是学者或后人的总结之词，也是罗马人自己的认知。古罗马史家普鲁塔克在《希腊罗马名人传》中说："同化战败者是罗马强大的最主要因素。"古罗马史家塔西佗则在《编年史》中记载了罗马皇帝克劳狄乌斯（公元 10—54 年）在元老院会议上的一次演讲：

> 我从祖先身上受到鼓舞。在治理国家时要采取与他们一样的政策，那就是把一切真正优秀的东西都移植过来，而不论它来自什么地方。……斯巴达人和雅典人，在战场上是如此强悍，但是却只能享有短暂的繁荣。主要的原因，是他们没有想到要把以往的敌人和本国的公民同化，老是把敌人当成外人区隔开来。不过，我们罗马的建国者罗慕路斯，非常贤明地选择了与希腊人相反的做法。长年的敌人在战败之后，他就让他们加入公民之列。我们的历史中，甚至还出过其他国家出身的国王……各位元老院的议员们，我们深信不疑的传统，其实在这些事物成为传统的最初，一切都是新的尝试。国家的要职长期以来也一直是由贵族担任，后来开放给罗马的居民，接着是住在罗马之外的拉丁人，再后来是居住在意

大利半岛的平民。门户开放的政策逐渐蔓延扩展。[1]

我们这边谈"同化"，总是更偏重"车同轨，书同文"式的文化想象，认为同化就意味着"一致化"。这可能跟中国长久的编户齐民历史有关系。但在罗马人那里，同化更多地意味着"赋权"，对个人在文化和政治上倒不做要求。固然，罗马人希望新人能够熟悉罗马的语言、文化与风俗习惯，但这并不是硬性要求。同样，罗马人同化一个地方也不意味着剥夺该人群在政治与社会上原有的自治权利，一般来说，共和时代的罗马承认新人享有双重公民权（对罗马，对自己所在的城市）。

赋权式同化的反面是强制同化，指的是政府以暴力为后盾，对一些族群的宗教、文化、语言和生活方式进行强制性改造（禁止语言使用，取缔宗教，更换命名方式，等等），强迫他们改变身份认同的过程。文化压制则处在这两者之间，政府可能会设定官方语言，威逼利诱，逼迫外群体中的个体向主流社群靠拢。奥斯曼土耳其帝国在 19 世纪末的举动就是如此。

在分离思路这一端，协和共治、政治分离是现代许多奉行协和民主制（consociational democracy）[2]国家的特色，它们普遍实行

1　此处糅合了王以铸、崔妙因和盐野七生的翻译。

2　协和民主这个概念最早是由美国政治学家利普哈特在 1968 年提出来的。在对比利时、瑞士等国家作出观察之后，他认为这些国家奉行的民主模式同多数民主模式并不一样，这套模式的主旨是以承认族群分野为前提，要求将所有重要的社会集团都纳入政权体系，实现"权力分享"（power sharing），授人以渔，让少数族群能够实现自我政治保护，希望通过这种方式来促进各族群精英的合作。在具体的制度设计上，（转下页）

某种联邦制或者文化自治，比如瑞士和比利时。古代的许多帝国，其统治者也会有意识地将其属民分割开来（使之不产生社会联系），区别对待。这不纯粹是出于帝国以夷治夷、分而治之的考量，也是为了减少帝国社群间冲突的可能。在某种程度上，奥斯曼土耳其帝国的"米勒特"制度可以看成是其中的代表。

分离与排斥政策的极端表现方式就是种族灭绝（Genocide），

（接上页注）大致体现为以下四点：第一，政府组成人员里面包括所有主要政治板块的领导人，即所谓大联盟（grand coalition）。在这种制度下，没有当选派与在野派的区分。这主要指的是议会制政府中的联合内阁，保证少数族群不被排除在政权之外。在这种关系里，政治决策要以共识方式进行；第二，少数否决权。为了确保少数族群不被议会多数压倒，需要给予少数族群对其不喜欢的政策或立法以单方面的否决权。这意味着在特定的领域上采取极为苛刻的立法程序，要通过一项立法需要绝大多数投票赞同才行；第三，比例原则。这意味着在政治的输入和输出部分，都要按照比例原则行事。在输入部分，选举制度采取比例代表制（甚至要给少数派以超出其人口比例的代表权），而非多数制。在输出部分，在公务员系统和公共资金的分配方面，也要按照人口比例进行安排；第四，群体自治。要么是通过地域上的联邦制（如瑞士），要么是通过非地域性的"组合式联邦"（corporate federalism，如比利时）。所谓组合式联邦，指的是不以地域，而以社群作为联邦的基本单位。因为在有的地方，少数族群并没有居住在一起，在此制度下，他们可以在教育、文化等专属领域行使权利。以比利时为例，构成联邦的是三个地区（瓦隆尼亚、布鲁塞尔、法兰德斯）和三个语言社群（德语、法语、荷语）。少数族群可以在专属地域或领域行使排他性权利。参见 Lijphart, Arend. *Democracy in Plural Societies: A Comparative Exploration*, Yale University Press, 1977。总的来说，这套模式的用意在于"用保护换忠诚"，有利有弊。在利的一方，相较之下规则简单，在政治上容易为各方接受。在弊的一方，首先是适用环境可能相当有限，利普哈特自己就列出了若干条件。首先，小国寡民，各族群人口、实力不过分失衡是先决条件。如此一来，适用范围就比较小；其次，由于协和模式在某种意义上是对社会的政治分割，这会导致一族政治精英对吸引其他族群的选民不感兴趣，因此存在着固化社会分野的可能。由于此分割的存在，也许会有政治领导人刻意制造族群争端，以便增强自己在政治舞台上的博弈地位；第三，该模式在政治程序上极端重视共识，假如一个国家由很多族群构成，可想而知，政府施政将有效率低下的危险，而政治制度的设置也会倾向于僵化。关于协和民主，我还将在第四章详述。

指的是有计划、有组织地对某一个族群进行大规模杀戮。被杀戮的族群往往被认为是不可容纳而又造成了威胁，以至于需要彻底清除。这种做法在人类历史上并不少见。清王朝在与准噶尔部争夺西域成功之后，为免后患，就下令铲除了整个准噶尔部。清代学者魏源在《圣武记》中就有以下语句："帝怒于上，将帅怒于下。合围掩群，顿天网而大狝之，穷奇浑沌、梼杌饕餮之群，天无所诉，地无所容，自作自受，必使无遗育逸种而后已。"[1]奥斯曼土耳其帝国对亚美尼亚人的屠杀也可以看成是同类事物。

种族隔离是这一思路的中间表现形式，它最典型的代表是旧南非和内战之后到民权运动间的美国南方。西班牙帝国在征服整个南美之后的举措也可以看成是此类措施的表现。比如亨利·卡门（Henry Kamen）在《西班牙的帝国之路》（*Spain's Road to Empire*）中就说，在西班牙殖民地的中心地带，存在两个平行的社会，一个是西班牙世界，一切事物的安排都是为了满足西班牙人的需要；一个是印第安人的世界，拥有自己的文化和统治精英。两个社会不相冲突。[2]

＊　＊　＊

让我们总结一下。如果我们要从中心－边缘关系出发对近代帝国进行分类，我们至少有两个维度可以使用——帝国政治结构

1　魏源：《圣武记》卷 4《乾隆帝荡平准部记》，中华书局，1984，第 149 页。
2　Kamen, Henry. *Spain's Road To Empire: The Making Of A World Power, 1492-1763*, Penguin UK, 2003, p. 123.

的制度化水平、帝国的社群关系处置思路，并可据此做图 1.2 的
坐标图。

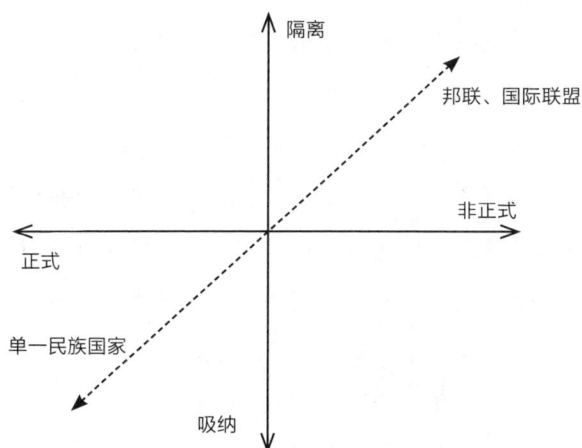

图 1.2　帝国分类坐标系

三　假说：帝国的应对之道

本书的假设是，诸帝国会在上述两个维度（正式／非正式，吸
纳／隔离）上移动，以此来避免或减弱帝国压力。

帝国可以选择一个正式或者非正式的制度框架，这决定了帝
国是否有一个等级式的集中控制体制，帝国中心与属地之间的政治
关系是否得到明确说明，权责划分是否明确，边缘属地的官员是由
中央指定还是地方产生，以及，在非正式管道层面，中央—属地政

府官员之间的交往是重在协商一致还是依靠律令。[1]

需要强调的是，这种正式／非正式的制度框架同间接统治／直接统治并不相同，原因是这样的：过去人们一般认为，直接统治／间接统治是欧洲殖民帝国控制其海外殖民地的方式和治理制度。有些属地由殖民者直接统治，有些属地的内部事务则交由当地统治者统治——正如埃弗林·巴林（Evelyn Baring）在埃及所说的，帝国"统治统治者"。人们一般把英国和法国在非洲的殖民统治分别看成这两种模式的具现。[2]采用哪种模式进行统治，则多被看作一个统治成本问题。据说英国人更偏爱低成本的统治方式，比如英国首相索尔兹伯里曾经对此有所解释："对半文明的种族来说……（间接统治）更便宜、更简单，对他们自尊的伤害也更小，使他们有更多的机会担任公职，并避免与白人种族有不必要的接触。"[3]另外，民族性格和政治传统也有影响。据说英国人更偏爱贵族社会，所以才对殖民地的酋长尊容有加，而法国人不讲这套，所以才一视同仁。[4]在解释间接统治的出现时，种族主义／文化相对主义也是一个解释项，据说间接统治能够保全本地的社

1　在制度经济学中，有古典契约和关系性契约的区分。古典契约意味着所有的缔约条件在缔约时就得到明确、详细的界定，当事人的各种权利和义务都能被准确度量。关系性契约留有相当的空白，意味着当事人更关心契约关系的持续，并且认识到契约的不完全性和日后调整的必要性。帝国的正式化和非正式化与之稍有类似。
2　高岱：《英法殖民地行政管理体制特点评析（1850—1945）》，《历史研究》2000年第4期，第88—96页。
3　Roberts, Andrew. *Salisbury: Victorian Titan*, Faber & Faber, 2012, p. 529.
4　Crowder, Michael. "Indirect Rule: French and British Style." *Africa* 34. 3(1964), pp. 197-205.

会、政治和文化结构，以及隔绝本地社会与白人社会，使之不至于发生过多的接触。[1]

还有一些更一般化的解释。权力（power）假说认为，帝国的统治形式取决于帝国和属地之间技术、军事、官僚、人口和经济能力的相对平衡，以及属地反抗的倾向。接近（access）假说认为，假如某地地理对帝国来说难以进入，则帝国容易采用间接统治，否则就会采用直接统治。收入（revenue）假说认为，帝国采取什么统治形式取决于它想从属地上获得哪种收入，是税收、自然资源还是市场。议程（agenda-centered）假说主张从帝国的议程上看待这个问题，相比之下，有着雄心勃勃计划的帝国更有可能采取直接统治体系。差异／身份（difference/identity）假说认为，政治形态如何要看帝国与属地之间在文化、政制和经济上的亲近与否，差异越大，直接统治就越难被建立起来。[2]规范（norm）假说认为，统治形式的建立者被自身所遵循的规范所约束。体制（institution）假说认为，帝国的统治形式取决于属地原本的政治发展水平，如果属地原来的国家化建制比较强，那么更容易建立间接统治（因为可操控性能好），反之亦然。[3]

本书认为，帝国采取哪种统治模式（直接或间接），不仅仅

1　洪霞：《文化相对主义与间接统治制度》，《世界历史》2003 年第 2 期，第 45—52 页。

2　Oates, Wallace E. *Fiscal Federalism*, Harcourt, Brace, Jovanovich, 1972.

3　Gerring J, Ziblatt D, Van Gorp J, et al. "An Institutional Theory of Direct and Indirect Rule," *World Politics*, 63 (2011), pp. 377-433. 另外，本书对上述假说的命名来自作者的总结。

是一个帝国核心／本部与属地之间采用哪种接口或者一个帝国统治者如何获得统治便利的问题，而是一个帝国如何逃避帝国压力的问题。无论帝国的统治是正式的还是非正式的，其实都是在采纳一种"宪法性质"的帝国组织法，通过收缩、扩大帝国的制度化层次，帝国试图回避／解决帝国内生的紧张关系。换言之，帝国对属地所采用的治理方式不仅仅是工具性的，也是整体性的，是帝国统一的政治思路在地方政制层级上的反映。所以，在这里，我们用正式或非正式统治代替直接或间接统治，使之能够反映整个帝国的风貌。

很显然，一个强制力极强、规则清晰完整、有统一官僚机构、具备中央集权机关、与属地政府有明显权力分异的帝国体制已经接近于民族国家体制了。这样一个帝国，由于其权力可以深深插入社会基层，可以最大限度控制属地地方，同时由于消除了核心区与边缘区的地位差别，也能消弭核心区与边缘区的地位竞争。在这样一个帝国中，如果属地政府与中央政府之间仍然存在一定的结构相似性，那么这个帝国就类似于联邦政体；如果在属地与中央之间存在较大的结构分异，就类似于单一制政体。另一方面，帝国也可以主动松弛整个帝国的制度，在相当程度上不说清楚属地与中央之间的关系。中央不设置一致性的帝国治理机构，同时将属地的治理交给地方人士，中央主要通过非法理的渠道对属地施加影响，比如经济联系、文化传播、政治协商、阶级合作或者军事威胁等。松弛的主要目的是使帝国核心区的政治制度同帝国拉开一定距离，在帝国的治理中制造足够大的弹性。

此外，帝国的本部人群对待属地人民也可以持两种态度。一种是"内外有别"，将属地的人民与本部的人民分别看待；另一种则不做此区分，赋予所有人群以统一的政治公民身份（或认为他们有资格获得此身份）。前者是一种政治隔离，后者则有吸纳／同化的含义。如果帝国的构成有某种"类联邦"性质，帝国中的若干属地有着比较完整的地方自治机构，有的时候我们也可以认为这是一种帝国内部设置的隔离机制。

吸纳／同化与隔离各有各的效果。吸纳／同化缩小核心区人民与边缘属地人民之间的差别，帝国指望能够以"平等"换"忠诚"；而隔离则拉大核心区社会与边缘属地社会之间的社会距离，帝国希望隔绝两者之间的相互接触，以避免社会冲突。当然，正如我们在上面已经提到的那样，吸纳／同化与隔离都不单纯，它们在最坏的情况下都极具压迫性质，因此效果未必能如统治者所愿。

当我们把这两个维度的元素重新加以排列组合，就会发现一些有意思的东西。简单地说，帝国可以用"非正式／隔离"的方式组织帝国，也可以用"正式／同化"的方式组织帝国。在"非正式／隔离"的形态下，帝国的组织是比较松散的，在某种程度上缺少正式制度与统一的公民身份所带来的那种向心力。但也正因为这种松散性，帝国避免了正式制度中那些"名实必须相符"的要求所带来的政治冲突，帝国内部的联系于是便具有弹性。在"正式／同化"的形态下，帝国就有点像"在建状态中"的民族国家，帝国核心对边缘的态度是吸纳性的，但是这种状态要求帝国核心付出相当大的整合代价。"正式／隔离"的形态则是近代帝国为了应对帝国压力所采用的第三种形态，在这种形态下，帝国一方面有一个非常强势的中央政府，一整套成文的帝国组织法，但在另一方面也让部分帝国属地、族群相互隔离，同时并不要求帝国社会整齐划一。"非正式／同化"则是一种比较少见的帝国形态，这种形态下，帝国组织相对松散，或者没有成文法规来约束中央－地方关系，在相当程度上依赖法理之外的统治手段，同时又推行一体化政策，企图在社会层面获得统一。

讲到这里，需要强调三点：

第一，无论是正式／非正式，还是同化／隔离，都不是有限的几个点。毋宁说，是一个系谱。即使在同一端，也完全可能有好多不同的表现形态，会产生不同的效果。

第二，帝国在不同时期、不同地点和不同形势下，完全可以在系谱上移动。在此处松散、宽容，在彼处则高度管制。

第三，帝国的选择并不是无限的，它要受到自身历史、帝国－边缘实力平衡、帝国主导意识形态等结构性因素的制约，因而每个帝国在总体上（而不是细节上）呈现出某种一致性。

综上，我尝试将几个近代欧洲帝国置入前述分类坐标系中，结果如图 1.3 所示：

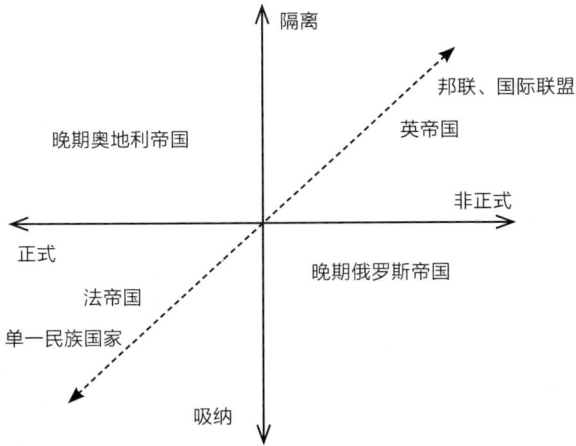

图 1.3　近代帝国的定位

　　我将在接下来的几章中解释如此分类的原因，指出各帝国采取各种形态的根由，并叙述其产生的后果。

第二章

英帝国

> 我很清楚，阁下，自有粗鄙的政客群氓，堪称政治之机
> 械工的，……他们的眼里，除了粗鄙的、肉眼可见的货色，
> 便再没有其他；这种人，绝没有资格做帝国之伟大航程的舵手，
> 便是摇转这机器上的一个小轮子，他们也不配。
>
> ——埃德蒙·柏克，1775 年[1]

纵观整个人类历史，英帝国都是一个奇怪的帝国。在极盛时期（维多利亚时代末期），它统治着 3,000 万平方公里的土地、4 亿人民和约 100 个不同的国度 / 区域，但它始终只保持着一支小规模的陆军（人数通常不超过 20 万）和一个非常精干的海外官僚队伍（1862 年，这支队伍的人数在 1,500 人左右）。[2] 与这个小规模存

---

1 埃德蒙·柏克：《美洲三书》，缪哲选译，商务印书馆，2003，第 152 页。
2 Porter, Bernard. *The Absent-Minded Imperialists: Empire, Society, and Culture in Britain*, Oxford University Press on Demand, 2006, p. 26.

在相映成趣的是，印度总督寇松勋爵，一位热切的帝国主义者，在若干场合下抱怨国会议员和内阁大臣们对帝国兴趣有限。[1] 米尔纳勋爵，另一位帝国主义者，在 1906 年说过："很不幸的是，我们必须向那些傻瓜说明为什么我们需要一个帝国。"乔治·奥威尔本人是英帝国主义直言不讳的批评者，但他也在一处指出，"英帝国当初和现在都仍是非军事化到了……几乎难以置信的程度"[2]，在另一处，他则直接指责英国人在帝国问题上十分虚伪，说工人阶级意识不到帝国的存在。[3] 即使是那些应该关心国家事务的人，也很难被激起对帝国的热情。当要讨论帝国事务时，下议院通常空无一人。[4]

英国史学家琳达·科利（Linda Colley）相当正确地指出，这种有限和虚伪与其说是出于无知、内向或故意健忘，不如说是因为帝国存在的困难。[5] 这种困难（或称之为"帝国压力"）我们在上一章中已经有所涉猎。在本章，我们要讲述的是，为什么在英国，帝国压力催生的是健忘与疏离。

一　反帝国主义

如果我们回溯历史，就能在英国政治思想史和社会史上发

1　Colley, Linda. "The Difficulties of Empire: Present, Past and Future." *Historical Research*, 79(205), 2006, p. 375.

2　乔治·奥威尔：《奥威尔文集》，董乐山译，中央编译出版社，2010，第 427 页。

3　转引自 Colley, Linda. "The Difficulties of Empire: Present, Past and Future." p. 376。

4　库马尔：《千年帝国史》，第 293 页。

5　Colley, Linda. "The Difficulties of Empire: Present, Past and Future." p. 376.

现一系列"反帝国主义"的踪迹。早期的英国共和派政治思想家们，如詹姆斯·哈林顿、约翰·弥尔顿、尼德汉姆（Marchamont Nedham）等人，都继承了马基雅维利对古罗马政治经验的思考，认为罗马共和国的对外征服导致了罗马共和与自由的覆灭，因此自由和帝国之间是相互矛盾的。从罗马共和国覆灭的历史中，他们得出两点主要教训：一，国家的扩展将需要庞大的常备军队和官僚队伍来管理延伸的领土，军队和官僚在镇压外部反抗的时候也方便成为专制统治的工具；二，在对外扩张中，国家将武装下等阶级并纳入大量外籍公民，这会颠覆一国原有的社会秩序。[1]他们中的一些人，比如阿尔杰农·西德尼，得出的结论是，"只有那些不会腐蚀一个国家习俗（manners）的征服才是合理的"，否则"胜利的人民就会倒在自己的剑下"。[2]

但是，完全抛弃帝国也是不可行的。在这点上，他们也相信马基雅维利的判断——在这个列国纷争的年代，不征服他人，就有可能被其他人征服，斯巴达和威尼斯就是前车之鉴。[3]进亦不可，退也不能，那该怎么办？怎样才能打破帝国与自由之间的这种紧张关系呢？

这些思想家想出来的方案是，建立一个较松散的帝国。比如哈林顿在《大洋国》中提出，共和国在向外扩张的时候，有三种选择：可以对外进行军事征服和完全的控制，或者与外部力量结成平等的

---

1 Armitage, David. *The Ideological Origins of the British Empire*, pp. 125-128.

2 Armitage, David. *The Ideological Origins of the British Empire*, p. 141.

3 Armitage, David. *The Ideological Origins of the British Empire*, p. 133.

同盟，又或者与外部结成不平等的同盟，扩张的国家只要保持某种领导权就行。[1]哈林顿认为，前两者要么是自我毁灭的，要么是软弱无力也不够稳定的，只有第三者才足够牢靠。他引述西塞罗说，"宁愿做世界的保护人，而不愿做世界帝国"。[2]

这种较松散帝国的具体实现形式就是一个"海洋帝国"。这个帝国的基石是海上贸易与自由，而非征服与控制。中心与边缘之间的关系将会是某种合作关系，而非单方面的指挥与统治。不占领大量内陆领土，而是满足于在沿海设立贸易据点。这种认识似乎是那个时代的共识，比如 17 世纪中晚期的英国经济学家尼古拉斯·巴尔本（Nicholas Barbon）在其著作《贸易论》（*A Discourse of Trade*）中指出，以贸易为基石的海洋扩张成本远远比大陆征服成本低，在与被征服地的关系上，两者也非常不同："在前者（即大陆征服），城镇乡村会被焚烧，人民被迫陷于饥绥，这就使得他们易于被统治，也容易屈服；在后者（即海洋扩张），城市被扩建，新城也得以建立，其人民不会被放逐，而得以自我维系，或者被邀请加入帝国。在前者，居民被奴役，在后者，他们则得到自由。"[3]另外一位经济学家查尔斯·达文南特（Charles Davenant）则说："一个海洋帝国不需要一支大军……一个伟大的将军来接管平民政府就能获得伟大。相反，一个海洋帝国可以富裕国家，在国际强权

1　哈林顿：《大洋国》，何新译，商务印书馆，1996，第 229—239 页。

2　哈林顿：《大洋国》，第 229 页。

3　参见 Barbon, Nicholas. *A Discourse of Trade*, https://www. marxists. org/reference/subject/economics/barbon/trade. htm。

政治领域中保持稳定,在不危及自由的情况下彰显伟大。"[1]乔治·萨维尔(George Savile),17世纪晚期英国政府一位高层人士,也说:"通过陆地征服彰显伟大,是不为我们所容的,此非我等自然之道。"英国必须向历史学习,"我们只是世界地图上一小点,使我们成就非凡的是贸易之功,而贸易则是自由的产物"。[2]

18世纪早期的辉格党思想家们也继承了前人的想法。比如政治作家特伦查德(John Trenchard)在其著作《加图来信》中论证说,贸易的需求将会保证国家的军事需要不是由陆军(这个可能成为暴政的工具)支持而是由海军支持,海军没有表现出对自由的威胁,他们保护商业的职责只会促进自由。[3]苏格兰启蒙思想家安德鲁·弗莱彻(Andrew Fletcher)则说:"大海是唯一自然属于我们的帝国,征服不是我们的利益所在。"[4]在这些人看来,这样一个海洋帝国将克服传统的陆上帝国的种种弊端,它不依靠单纯的强制来拓展与维系自己,而是靠共同的利益与认同。我们可以说,从一开始,这些思想家就排斥一个整齐划一的官僚帝国形态。

然而,"七年战争"以后,英国征服了加拿大,在印度、西非和西印度群岛也有了足够多的阳光下的地盘,开始偏离原初的海洋帝国计划,这立刻在很多人心中引发了警惕。比如爱德华·吉本,他在《巴黎和约》签订一年之后,就决定着手撰写一本讲述罗马帝

---

1 转引自 Armitage, David. *The Ideological Origins of the British Empire*, p. 142。

2 转引自 Armitage, David. *The Ideological Origins of the British Empire*, pp. 142-143。

3 转引自 Armitage, David. *The Ideological Origins of the British Empire*, p. 144。

4 转引自 Armitage, David. *The Ideological Origins of the British Empire*, p. 145。

国衰亡的历史，以作时代的提醒。[1] 埃德蒙·柏克则对帝国加强对
北美十三殖民地的行政控制这件事，深感不安，认为这是更改祖制。
他坚称，一国对其属地的主权，虽然从理论上来说是无限的，但是
从实在上讲，是根据各地环境、历史之不同而有权利边界的。他抨
击说："为把自己纳入一大帝国、以体会那虚假的显赫，却不惜付
出人类的所有基本权利、所有内在的尊严，这代价，无乃也太高了。"[2]

到了 19 世纪，虽然英国的帝国事业达到高峰，但是同帝国保
持距离似乎还是那个时代的思想特色之一。事实上，正是在这个世
纪的上半期，"帝国负担"成为一种非常主流的思想意识。著名的
曼彻斯特经济学派将之发挥到了极致，根据他们的统计，英国与殖
民地的贸易额每年只有 100 万镑，但花费却超过 500 万镑。当时
的历史学家戈尔德温·史密斯（Goldwin Smith）公开将殖民地比
作寄生虫："当人们将属地作为英格兰的精华进行讨论时，他们忘
记了橡树之所以根深叶茂，是因为寄生虫缠绕并养活了它。"[3] 1852
年，迪斯雷利（Benjamin Disraeli）更抛出名言，称殖民地是"挂
在我们脖子上的磨盘"。[4]

到了该世纪的下半期，尽管有所谓的"转向帝国"思潮，人
们开始对帝国有了正面的印象，也开始拥抱帝国的扩大，但即使如

---

1 琳达·科利：《英国人：国家的形成，1707—1837》，第 144 页。
2 埃德蒙·柏克：《论与美洲和解的演讲》，载《美洲三书》，第 74—140 页。
3 Smith, Goldwin. *The Empire. A Series of Letters Published in The Daily News, 1862, 1863*, JH & J. Parker, 1863, p. 129.
4 Burt, Alfred LeRoy. *The Evolution of the British Empire and Commonwealth, from the American Revolution*, Heath, 1956, p. 444.

此，英国社会仍然保持了与帝国的相对隔离。

固然，在吉卜林的笔下，勇敢的军人、贪婪的商人、狂热的传教士和明智的政府雇员勾绘出了一幅壮丽的帝国主义画卷，但是，著名的英国史学家伯纳德·波特（Bernard Porter）在《心不在焉的帝国主义者》（*The Absent-Minded Imperialists*）中指出，在19世纪的大部分时间里，英国社会与文化在各个层面上都几乎顽固地回避殖民主题和背景。波特做了一个统计，如果把移民排除在外，在19世纪中期，那些对帝国有着直接或近乎间接经历的人数可能是50万，同1851年和1881年的英国人口总数（2,700万和3,500万）相比，这一数字可以说并不算大。在移民中，下层阶级又占据绝大多数，他们一般把移民看成不得已的最后选择，而不是生活机会。等他们到了海外，又通常会很快断掉与祖国家园的联系。对此，波特讽刺地说道："你不会让人们挨饿，迫使他们离开自己的家园和亲人，到地球上未知的尽头，然后期望他们为此感到骄傲。帝国主义者不是这样产生的。"[1]

这里还有一些数字：在英国企业的对外贸易和投资中，帝国内部贸易与投资只占总量的四分之一到三分之一。[2] 从殖民地到英国的人员流动也非常少，"根据人口普查报告，1851年4月，英国居民中的0.188%（33,688人）来自殖民地。1901年，居民中来自殖民地的有136,092人，占总数的0.418%。在这段时期的大部分

1　Porter, Bernard. *The Absent-Minded Imperialists: Empire, Society, and Culture in Britain*, p. 31.

2　Porter, Bernard. *The Absent-Minded Imperialists: Empire, Society, and Culture in Britain*, p. 31.

时间里，来自欧洲和美国的游客也远远超过了这个数量。例如，在
1861年，仅来自德语国家的游客（30,313人）就几乎和来自整个
帝国的游客一样多"。[1]

在文化层面，英国从海外进口的日常消费物品，通常要经过
一番英国化的处理才到达消费者的手中，异国风情的装饰与消费在
英国并不流行。琳达·科利给出过一个例子，英国国会大厦在19
世纪四五十年代进行翻修时，用了很多壁画和雕塑作室内装饰，在
这些室内装饰品中，只有一样涉及了海外帝国。[2]波特也指出，在
1880年前伦敦城中所树立的80座公共雕像中，只有5座雕像可以
被归类为"帝国主义者"。[3]这是因为，含有帝国因素的文学、绘画、
戏剧与音乐等艺术，通常在维多利亚时代处于一个相当边缘的地
位。乔治·G.沃森（George G. Watson）是英国著名的文学评论家
和语言学家，他的观察是，维多利亚时代的经典英国小说总是讲述
英国本土的，帝国只是被偶然提到。[4]

有怀疑精神的人可能会指出，以上这些思潮与社会表象也许
只是英国政治/社会中的一个支流，并不能影响整个帝国面貌。但
是，如果我们望向英帝国的统治结构与方式，就会有另外的感受。

在《牛津大英帝国史》（*The Oxford History of the British Empire*）

1 Porter, Bernard. *The Absent-Minded Imperialists: Empire, Society, and Culture in Britain*, p. 33.

2 Colley, Linda. "The Difficulties of Empire: Present, Past and Future." p. 375.

3 Porter, Bernard. *The Absent-Minded Imperialists: Empire, Society, and Culture in Britain*, p. 147.

4 Porter, Bernard. *The Absent-Minded Imperialists: Empire, Society, and Culture in Britain*, p. 138.

卷三中，英国史学家彼得·巴罗弗斯（Peter Burroughs）对英帝国的治理方式进行总结时指出：

> 大英帝国的统治是一个动态的过程，而不是像一些早期帝国历史学家所想象的那样，有一个静态的结构和既定的宪法框架。甚至日常的行政管理也是一个双向的沟通和适应过程。与西班牙和法国不同，英国从未试图直接从本部统治殖民地。他们的资源和态度都没有指向中央集权的方向……因此，帝国行政管理的核心在于母国和殖民地社区之间、中心和边缘之间不断的相互作用，本质上是一系列双边关系，需要不断谈判，而不是强加统治和接受臣服。英国政府的另一个长期特征是，它往往是被动的，而不是先发制人，政府权力落后于海外扩张，而不是领导海外扩张。[1]

约翰·达尔文则直截了当地认为，英国不过是一个半成品。多米尼克·列文（Dominic Lieven）则承认："根据大多数帝国的标准来看，英帝国的政府体系是极端去中心化的，是异质性的。"[2]他们说的都是一回事。研究英帝国的学者通常都持相同的看法，即英帝国的拼凑性质特别强。帝国的当事人也认同这种看法，弗雷德

---

1 Burroughs, Peter. "Imperial Institutions and the Government of Empire," in Andrew Porter, and Alaine M. Low eds., *The Oxford History of the British Empire: The Nineteenth Century.* Vol. 3, Oxford University Press, 1999, p. 170.

2 Lieven, Dominic. *Empire: The Russian Empire and Its Rivals,* Yale University Press, 2001, p. 89.

里克·斯科特·奥利弗（Frederick Scott Oliver）是 19 世纪末苏格兰的著名政治作家,他在 1906 年抱怨说,帝国不是"一个政治事实,而只是一个短语,一种影响,或一种情感"。[1]

我们当然不能肯定地说,正是上面这些反帝国主义思潮塑造了英帝国的面貌,但是也许我们可以较恰当地承认,英帝国确实在某种形态上同上述思潮发生了共振。

二　美国革命与帝国宪法

在下面的内容中,我们将考察英帝国史上的重大分裂性危机与改革运动。看英帝国在其中的应对是否具有某种内在一致性——帝国是否在不同时间段遭遇到了相同的困难,做出了相同的反应。

让我们先从美国革命讲起。北美自大英帝国独立是 18 世纪的一个重大事件,后人,尤其是我们,多把它宣扬成一场官逼民反式的"民族解放战争"。但从 20 世纪 40 年代起,历史学家就已经普遍认同一个观点,那就是美国革命其实是一场内战,这一内战的起因也不是英国的压迫。

为免误会,我在这里简要解释一下。有几个指标可以用来衡量北美在大英帝国治下的境遇。首先是身高。20 世纪 80 年代早期,美国著名的计量经济史学家罗伯特·福格尔（Robert William Fogel）对美国的历代身高水平做过一项研究。在英法"七年战争"

1　转引自 Burroughs, Peter. "Imperial Institutions and the Government of Empire," p. 171。

期间，入伍的北美士兵的平均身高大约是 1.73 米，同时期的不列颠士兵在这些北美士兵面前大概都矮了一截（他们的平均身高是 1.66 米左右）。[1] 大家不要以为这个数字（1.73 米）不起眼，根据陈叔倬、李其原对清代中国人身高的研究，同时期的中国男人的身高也就是在 1.60 米到 1.61 米之间。1849 年的一篇文章提到，"以身高和力量著称"的法国精英部队的士兵的身高在 1.67 米到 1.72 米之间。[2] 我们都知道身高部分反映营养水平（自己的和祖辈的），间接反映生活水平，由此，我们可以说，普通北美人至少营养水平都不错，比不列颠人要过得好。

当然，有人可以说，吃得好并不等于北美人没有受到压迫，这只能证明北美的食物比不列颠来得便宜、丰富，考虑到北美的自然条件，不足为奇。这里有另外一个数据，就是北美人的税负水平。假如设定一个普通不列颠人所承受的税负指数为 100 的话（5.76 美元），一个北美人承担的税负指数只有 2—4（0.1—0.22 美元）。换句话说，北美的税负是不列颠的 2% 到 4%。[3] 当然，假如北美人的收入很低，那么一小点税收也可能成为很严重的负担，所以我们接下来还要看北美人的收入水平。根据美国经济史学家的估计，一个普通北美人在 1775 年的人均收入是 60 美元（如果用居民消费

---

1 杰里米·阿塔克、彼得·帕塞尔：《新美国经济史：从殖民地时期到 1940 年》（上），罗涛等译，中国社会科学出版社，2000，第 4 页。

2 Weber, Eugen. *Peasants Into Frenchmen, Modernization Of Rural France, 1870-1914*, Stanford University Press, 1976, p. 150.

3 冈德森：《美国经济史新编》，杨宇光等译，商务印书馆，1994，第 124 页；杰里米·阿塔克、彼得·帕塞尔：《新美国经济史：从殖民地时期到 1940 年》（上），第 75 页。

价格指数来衡量，这笔钱相当于 2015 年的 1,920 美元）。[1] 这笔收入可并不低，即使放到 1989 年，也可以把世界上一半的国家甩在后面。用经济史学家们比较谦虚的说法来讲,北美人从未真正穷过。以这种收入水平来衡量北美税负的绝对值，就是一个骇人听闻的小数字，六百税一到三百税一，标准的轻徭薄赋。

等等，也许有人会想，即使税收得再轻，也不能断定英国对北美就没有压迫。英国对北美制定了许多贸易、产业限制法规（即《航海条例》），也许这些法规对北美人造成了相对剥夺呢？如果没有这些法规，北美人会变得更富有也说不定？美国经济学家罗伯特·托马斯（Robert Paul Thomas）在 1965 年对北美在英帝国治下的（直接加间接的）经济得失做了一番计算，得出的结果是，1763 年之前基本没有损失，1763 年到 1772 年间每人损失 0.26 美元（1770 年达到峰值，人均损失 0.41 美元）。[2] 对此，经济学家的共识是，这些限制法规几乎没有对北美造成损失。这一方面是因为北美人少地多，本来就不适于发展许多产业。亚当·斯密在《国民财富的性质和原因的研究》中就抱怨说,这些限制其实是凭空想象、徒劳无功。另一方面也是因为英国在很大程度上执法不严，还额外给了很多津贴，负担了北美的防务费用，鼓励了北美的航运业发展。算下来，英国人其实是吃亏的。

1　杰里米·阿塔克，彼得·帕塞尔：《新美国经济史：从殖民地时期到 1940 年》（上），第 13 页。

2　Thomas, Robert Paul. "A Quantitative Approach to the Study of the Effects of British Imperial Policy upon Colonial Welfare: Some Preliminary Findings. " *Journal of Economic History*, 25. 4(1965), pp. 615-638.

　　加总以上几个数据，一个北美人在英帝国的统治之下，每年的损失（税收＋贸易损失）差不多是 0.3 到 0.7 美元之间。这个负担怎么也不能说高。当然，假如这个负担不是平均分配，而是集中在某些人或某个阶层之上，那倒也是有可能激起怨气的。但是，人们一般认为，在《航海条例》下，南部种植园主（尤其是烟草种植者）承受着大部分负担，但是在整个独立运动中，相对新英格兰来说，南方各殖民地是不够积极主动的。

　　这个假设的异议者可能反驳说："好吧，也许英国确实没有在经济上压迫北美，但在政治上呢？"这个问题很好回答，比起西班牙帝国将其南美领地划成四大总督区，而总督的意志就是殖民地的法律而言，英帝国在北美的统治可谓松松垮垮、支离破碎。公允地说，这可以称为"一国两制，美人治美"。"一国两制"体现为北美在英帝国内享有特别自治地位，帝国只负责管理外部事务；"美人治美"则是指各殖民地的官吏由北美人自任，虽然英国有时候也会空降总督，但总督职权有限，极受本地挟制。用柏克的话来说："在其所有的内部事务中，（北美）有着自由政体的每一特征……实际上她是独享内部之统治权的……与人类之通常的状况相比，则也算得上幸福，算得上自由了。"[1]

　　那么，也许是文化上的问题？也许北美人发展出了特别的民族、地域认同，而不为英国人所忍受？

1　埃德蒙·柏克：《美洲三书》，第 27 页。

不好意思，这也不是事实。正如我们前面表述的，一直到1776 年《独立宣言》发布之前，北美大陆会议的口号都是"恢复我们作为英国人的自由"。从当时人们的言论上来看，也确实没有什么"民族主义"迹象，倒是相反，许多日后的革命者口口声声宣告自己的爱国之心与英国认同。华盛顿在 1776 年之前的每次宴会上，都会为英国国王的健康干杯。他还写信给自己的朋友，坚称美洲这边的反抗行为是"作为英国人，我们不能被剥夺我们宪法中最根本、最宝贵的权利"。[1] 也就是说，他们对英国的反抗，是臣民对暴君的反抗，而不是一个民族对另一个民族的抵制。

总之，因英国在北美"横征暴敛、肆行压迫"而导致北美反抗这种说法，是说不过去的。其实，在美国革命爆发时，这几乎是一个共识。北美的保皇主义者彼得·奥利弗（Peter Oliver）批评说："这是地球上从未有过的最胡闹和不自然的叛乱。"美国建国之父之一的埃德蒙·伦道夫也承认："（美国革命）没有直接的压迫因由，不是基于仓促的感情之上……（实际上）是理性的结果。"[2]

那为什么北美人还会造反，搞"分裂主义"呢？

北美人的造反当然是由很多因素交织造就的，这里只讨论其中一支。杰克·格林（Jack P. Greene）在《美国革命的宪法根源》（*The Constitutional Origins Of The American Revolution*）中、约翰·菲

1　约翰·罗德哈梅尔选编：《华盛顿文集》，吴承义译，辽宁教育出版社，2005，第 138 页。
2　Gordon S. Wood, *The Creation of the American Republic: 1776-1787*, University of North Carolina Press, 1998, pp. 3-5.

利普·里德(John Phillip Reid)在《美国革命的宪法史》(*Constitutional History Of The American Revolution*)中，都指出，美国革命在相当程度上是一个帝国宪法纠纷，即北美人民和不列颠岛上的人对帝国该如何组织有了不同意见。

16世纪，英国人走向大海，但是他们的殖民扩张政策一开始就有别于西班牙帝国。西班牙进行的是一场老式征服，于所经之处建立总督府，一切内政外交听命于马德里，对本地的剥削与控制是重中之重；但英国的海外殖民是由国王颁发许可证，以公司或社团方式进行的。帝国的统治者明显将"贸易"放在"统治"之前，他们建立或夺得殖民地后，致力于扩大生产与贸易，而非设官、设兵、设卡。在很长的时间内，英国对各北美殖民地都听之任之，既无特定管理机构，也无一定管制方略与人事安排，而是听任其自治（重在组织地方议会）。北美各殖民地与英国之间的隶属关系仅体现为英国有权制定帝国关税及拥有最终的立法审核权。

慢慢地，一些难于解答的问题出现了：殖民地在帝国结构之中到底处于什么样的地位？是属民还是帝国的共同组织者？帝国的中央机关在哪里？它的管辖权止于何处？当帝国边缘部分与中央发生冲突的时候，裁定者是谁？

说得再具体一点，北美人民要不要为整个帝国纳税？如果纳的话，程序是怎么样的？与之类似的问题是，不列颠议会与北美各殖民地议会的关系应该是怎么样的？不列颠议会有没有权力对北美立法？北美各殖民地的总督（和其他高级官吏）由谁来任命，又对谁负责？

　　在过去，这些根本不是问题，可英国革命以来，议会制政体和人民主权已经成为共识。北美十三殖民地也开设了若干地方议会。其实早在 1641 年，在给殖民地总督的指令中，英国君主就明确要求召集由"自治市民"组成的议会。既然如此，殖民地与不列颠母国的关系就费思量了：同为人民，何能厚此薄彼？由此，北美人民／议会在国家组织结构中到底居于什么地位，对这一问题应该有一个说法。

　　不过，自 17 世纪初至美国革命长达 150 年的时间里，这个疑问一直只在理论上才有意义。原因是这样的：英国对北美一直疏于管理，既没有征税（直接税），也没有设官、设兵、设卡。英国北美贸易欣欣向荣，而北美殖民地人民离国不久，既有很强的英国认同，也要仰赖英国的保护。从道理上讲，双方的关系应该要讲清楚，但实际发生的情况是"未婚同居"。

　　对此，埃德蒙·柏克在 1774 年的一次演讲中是这么说的：

　　　　从一开始，殖民地便受大不列颠的立法机构的支配，至于它根据的原则，他们则从没有探问过；我们允许他们享有大量的地方特权，至于这些特权又如何与英国的立法权威相一致，我们也不加过问……在此期间，双方对这一重叠的立法机构，都不曾感觉到不便；是人不能觉察的习惯和古老的风俗，导致了这一机构的形成，而这些，则正是人间一切政府的重要支柱。这两个立法机构，虽时常发现它在履行着同样的功能，却没有发生过严重的、制度性的冲突。这一切的起因，或完全是我们的疏忽，但也许是事情自然运行的结果；
凡事只要不管它，它往往会自成一局。[1]

美国史学家杰克·格林在《边缘与中心》中也指出：大体而言，
英格兰的海外扩张并没有伴随相应的行政管理，于是到了 18 世纪
中期，大英帝国就发展出了三种不同的宪制[2]：一是不列颠的宪制
（包括英格兰、威尔士及苏格兰）；二是爱尔兰与各美洲殖民地的
若干地方宪制；三是帝国宪制，但它既不明确，也未被承认，只
是在实践中得到模糊的默认。也许我们可以把这一个半世纪里的
英帝国称作一个"自然"的帝国，它宛如一颗老榕树，根系四处
蔓延，生长出一棵棵分支，但它到底是一片森林，还是一棵大树，
还很难说。

当时的大英帝国并不是一个单一国家，但也不是联邦或者邦
联。后世的研究者曾经对当时大英帝国的形态有过争论。安德
鲁·迈克劳林（Andrew C. McLaughlin）认为，此时的英帝国在
实际操作中非常离心化，等同联邦。但罗伯特·图克（Robert W.
Tucker）和大卫·汉德瑞克森（David C. Hendrickson）正确地指出，
仅仅存在权力分立还不足以构成联邦。联邦是中央权威和地方权
威根据事先约定，在各自的领域内行使主权，又相互合作的一种
政治状态。我们还可以说，联邦是一种所有成员在平等的基础上，

1　埃德蒙·柏克：《美洲三书》，第 197—198 页。
2　杰克·菲利普·格林：《边缘与中心：帝国宪制的延伸》，刘天骄译，中国政法大
　　学出版社，2017。

同时参与地方政治和全体政治的安排，因而在一个地域内同时存在两套政府体系。如果权力划分是由一方单方面决定的话，就不是联邦：假如中央依存于地方，就是邦联；假如地方依存于中央，就还是单一政体，尽管中央可以在相当程度上让地方享有极广泛的自治权，但只要授取由人，就只是普通的权力下放（devolution）而已。就美洲殖民地这个例子而言，在相当程度上，殖民地的权力范围是由不列颠限定的，但不列颠统治的有效性也依赖殖民地政府的配合。在这种情况下，大英帝国的形式体现得更多的是上下政体之间的区隔与依附，所以，既非邦联，又非联邦。

　　这种区隔与依附关系的最大问题是，上下级政体之间没有一个得到共同承认的仲裁者。一旦起争执，双方都可以指责对方违宪。这样，这种状态自然而然地有了失衡的危险。马萨诸塞总督弗朗西斯·伯纳德（1760—1769 年在位）在 1765 年写信给不列颠政府高官，就当时的英美分歧发言说："谁来裁决这差异如此之广的分歧？是大不列颠议会吗？不。北美人说这使不列颠议会成了自己事务上的法官。那么是谁？国王吗？他被宪章束缚……不能反对他自己授权产生的事物。所以，在当下，并没有一个高级法庭（superior tribunal）来决定美洲殖民地的权利和特权。"他的结论是，"依我之见，在美洲发生的所有政治罪恶，都源于大不列颠与美洲殖民地之间关系未定这个事实"。[1] 这样，尽管北美殖民地与英国是

1　Bernard, Francis. "letters, 1765-68," in Martin Kallich and Andrew MacLeish ed., *The American Revolution Through British Eyes*, Row, Peterson and Company, 1962, p. 126.

同一个事实国家，但却并没有一部得到大家公认的宪法（即根本组织法），中心与边缘之间的关系未定，整个帝国运转起来便尴尬异常。

这种"妾身未明"的尴尬很要命。一开始，北美各殖民地人烟稀少，各地方虽然自成体系，不太受中央管辖控制，倒也不是问题，那个时候的英国统治者也就听之任之了。问题在于，北美殖民地日后欣欣向荣，到了 18 世纪中期已经有 200 万人口，占帝国总人口的两成以上。这就麻烦了——边缘看起来并不边缘。事实上，本杰明·富兰克林甚至有种想法，认为以美洲人口增长之速，"到下一世纪将超过英国的人口，英国人中的大部分都将生活在海洋的这一边"。[1] 这样，盎格鲁—撒克逊的文明中心就会西移，各殖民地日后将成为大英帝国的当然中心。

在这种边缘日益重要的情况下，还不厘清彼此的关系就很不明智了。问题在于，如何厘清？在这一点上，帝国毫无头绪。

英美双方的争端出现在 1763 年英法"七年战争"结束之后，国家负债累累（一亿英镑以上），英王乔治三世即位不久（1760 年登基），颇思有为，任用老臣乔治·格伦维尔（George Greenville）整顿帝国秩序，其重中之重又在北美（当时北美人口已经有 200多万，占英帝国总人口的两成以上）。格伦维尔力查走私，又在

1　Franklin, Benjamin. "Observations Concerning the Increase of Mankind, 1751," Leonard W. Labaree ed. *The Papers of Benjamin Franklin, vol. 4, July 1, 1750, through June 30, 1753*, Yale University Press, 1961, pp. 225–234.

北美殖民地引入了新的税收——印花税（1765 年），进而引起巨大争议。

这笔税本身倒不重，估计约 20 万镑，摊到每个北美人身上大约一个先令多一点，约占北美年人均收入的五百分之一，其目的也是支撑英国在北美边境的驻军费用。但是，这很快就成了一个宪法问题。宾夕法尼亚人约翰·迪金森（John Dickinson，日后大陆会议的代表，主张对英和解）在《宾夕法尼亚农夫来信》（*Letters from a Farmer in Pennsylvania*）中说："有些人觉得英国征收的税额很轻，不会产生什么严重后果，这种想法是一个致命的错误。"[1] 他指出，问题的关键不在于税额的轻重，而在于英国议会是否拥有向北美殖民地征税的权力。

老实说，不列颠能不能向北美殖民地征税是笔糊涂账。这是因为，无论是在不列颠议会一方，还是殖民地议会一方，都各有一套说法可以对现状提出有效挑战。在不列颠议会一方，可以说殖民地本身即来自王室的授权，前身不过是企业法人团体。从历史上看，不列颠确实一直在对殖民地进行管理和调节，尽管程度甚微，但这一事实却可以证明不列颠议会的高级属性，殖民地否认不了此种事实的存在。虽说美洲殖民地在不列颠议会中没有正式代表，但是根据英国政制传统，长期形成的习惯在某种形式上也是一种"同意"，所以国会为殖民地立法并不违反立法需得到受法律管束者同

---

1 转引自李剑鸣《"危机"想象与美国革命的特征》，《中国社会科学》2010 年第 3 期，第 188 页。

意这个宪法原则。在北美殖民地议会一方，却可以反驳说，帝国事务与邦国事务要分开，且殖民地议会和不列颠议会建立于同等的基础上，都是一方民意代表，也都是习惯生成（不列颠议会获得主权也不过是光荣革命之后的事情，与北美殖民地议会的设立与运行处于同一时期），应得到同等待遇，在各自领域内互不干涉。况且在过去，大家都是各行各道的。

在当时，"无代表不纳税"的想法是所有英国人都认同的，再往深一层想，"无代表不纳税"就可以延伸为"无代表不立法"：既然北美殖民地人民在英国议会中没有代表，那么不列颠就管不到北美殖民地。因此，从道理上讲，北美各殖民地与不列颠就是同一个帝国中的平级单位。有一小部分殖民者确实是这么想的，他们认为，英国议会的权威是"纯粹地方性的，限定在它们被选择代表的范围之内"，殖民地与英国之间并无统属关系，而是同一帝国中各地方的合作关系，"在帝国内，权力不是集中在中心，而是分散于帝国内部若干不同的政体之内"。

道理归道理，当时大部分北美殖民者还没有要让理论逻辑来决定政治归属的心理准备。从传统上来说，北美各殖民地的创建是基于英王的许可或授意，其成长也得到了英国的保护，长期以来有着共同的社会与经济利益纽带，其人民更不乏英国认同。英国人向来重视传统。因此，大部分殖民地人民还是承认殖民地对英国的附属关系。换句话说，他们承认，虽然中心与边缘之间的关系可以不用"政治代表"或理论逻辑来界定，但传统或者利益同样也可以成为主权归属的判定依据。

不过，这些殖民地的居民在承认附属关系的时候也留了个尾巴。马里兰殖民地律师丹尼尔·杜兰尼（Daniel Dulany）在其著作《对在英国殖民地征税正当性的思考》（*Considerations on the Propriety of Imposing Taxes in the British Colonies*）中说，"国王、上议院和下议院所享有的最高权威"可以"在任何必要的时候，恰当地被用于保障或维系殖民地的依附地位"，但是，"依附关系的存在，可以不以绝对的附庸和奴役为条件"。[1] 早在 1721 年，殖民地的一位重要人士杰里迈亚·达默（Jeremiah Dummer）也曾委婉地表示，不列颠议会固然有权力为所欲为，"但这里的问题并不是权力（power），而是适当（right）与否"，"权力越大，行使起来就要更谨慎才对"。[2] 这样，大多数殖民地居民其实是把主权区分为理论与实践两层，承认英国在名义上的主权，但是要求当局尊重在实践中形成的权利边界。正是因为如此，在印花税危机期间，"殖民者划清了征税和立法之间的界限"，"他们否认英国议会有为了岁入向殖民地征税的权力，但不否认其对殖民地立法的权力"。这种看似矛盾的举措是故意为之的，实际上等同于某种主权分享协议。

问题在于，俏眉眼做给瞎子看了。英国议会坚决主张名义主

---

1   Dulany, Daniel. *Considerations On The Propriety Of Imposing Taxes In The British Colonies: For The Purpose Of Raising A Revenue,* by act of Parliament. Jonas Green, 1765, p. 15.

2   Greene, Jack P. *The Constitutional Origins of the American Revolution*, Cambridge University Press, 2011, p. 58.

权的无限性。当时英国最著名的法学家布莱克斯通也说，在每一个国家都有，而且也必须有一个至高无上的、不可抗拒的、绝对的、不受控制的权威。按照英国宪法，这个至高无上的权力就归属于国王、上院和下院。因此，议会的法案对于北美殖民地具有普遍约束力，不分征税和立法。格林指出，大部分英国本土人民认为，帝国内部不存在权力的分配，而是一个单一国家。中央可以体谅边缘，但"体谅"就只是"体谅"。

今天我们看那个时候双方的政治争论，充满了"自由、权利、主权"这样的字眼，大家都义愤填膺得很，其实捅破这层窗户纸，说的就是一个问题：英帝国的国体尴尬，就像一个巨人穿着一个小孩的衣服。当时其实有一些人已经看到了问题的紧要性。马萨诸塞殖民地总督托马斯·伯纳尔（Thomas Pownall）在其著作《殖民地管理》（*Administration of the Colonies*）中说：

> 大不列颠不应再被视为仅仅是这个小岛的王国，连带着诸多作为附属品的省份、殖民地、定居点以及其他外来部分，而是应当作为一个庞大的海洋体系，包容我们在大西洋和美洲的全部属地，联合成一个单一的帝国。[1]

问题是，看到归看到，怎么联合却基本上无解。这里并不是

1　转引自查尔斯·霍华德·麦基文《美国革命的宪法观》，田飞龙译，北京大学出版社，2015，第150—151页。

说不列颠的国王和重臣就想坐在北美人身上作威作福，困难出在客观条件上。

首先，如果说"纳税"的前提是"代表"，那么让北美向不列颠议会直接派出代表（也就是第一个方案），是不是就能解决问题？当时已经有一大批人提出这个建议，用其中一人的原话来说，就是"（只有这样才能）给双方带来持久和切实的好处，或者我应该这么说，避免双方彻底毁掉自己"。[1]

然而，答案是不能。这并不是说不列颠议会不会愿意，他们以前已经做过一次（1707 年苏格兰就向英格兰议会派出过代表）。情势要更复杂。真正的问题在于，英国的议会体制是多数民主制。现代政治学通常认为，这种政治体制将政治权力集中到多数当选派手中，假如一个社会中多数和少数之间的界限相对固定，那么这种政治体制与程序很容易造成多数合法的政治垄断。因此，在一个分裂社会（divided society）中实行这种体制，有时非但不能弥合分歧，反而会促进冲突的激化。在英美问题上即是如此。不列颠太大，北美太小，即使按照人口、财富与税基平等分配议席，殖民地的代表都只会构成国会中的少数，根本无法在不列颠议会中形成平衡。

马萨诸塞议会承认："我们不想要国会代表，原因在于我们不认为殖民地将得到平等和充分的代表。如果不平等，那就根本没有

1　Maseres, Francis. *Considerations on the Expediency of Admitting Representatives from the American Colonies into the British House of Commons*, London, 1770, pp. 9-15.

效果。"[1] 宾夕法尼亚殖民地当时有份报纸刊登了一封读者来信反对
向国会派出代表，信上是这么说的：

> 在国会有代表能对我们有什么好处呢？除非不列颠和殖
> 民地的利益一致，那么在国会有代表才有意义。在这个（设
> 想中的）国会里，绝大多数人，家在不列颠，利益也在于斯，
> 事务又是通过多数票决来决定的，如果我们期望美洲的利益
> （同他们的利益相反）能够得到考虑，那会是很荒谬的，荒谬
> 程度如同期望从一个在争端中自任法官的人手上获得公正差
> 不多。[2]

北美人对不列颠的这种揣摩未必是空穴来风。日后，1801 年，
英格兰决定同爱尔兰合并，让爱尔兰派出代表进入英国国会。一位
英国官员在同首相小皮特的通信中说："让爱尔兰人在 650 人的议
会中有 100 人，他们在议会中也做不了什么事情，但是却能让爱
尔兰人承认其权威……这次的合并是防止爱尔兰变得太强大的唯
一方案。"[3] 北美人的担心是有道理的。

1　Reid, John Phillip. *Constitutional History of the American Revolution, Volume IV, The Authority of Law*, The University of Wisconsin Press, 2003, p. 105.

2　"The Objection to American Representation in Parliament," in Edmund Sears Morgan, *Prologue To Revolution: Sources And Documents On The Stamp Act Crisis, 1764-1766*, The University of North Carolina Press, 1959, p. 90.

3　Hechter, Michael. *Internal Colonialism, The Celtic Fringe in British National Development, 1536-1966*, University of California Press, 1975, p. 73.

这里的另一处关节是，英国的政治结构中缺少对地方的特殊保护机制。根据英国的政治传统，中央议会主宰一切，它可以对一切立法，地方只能一体禀从，绝无讨价还价的余地。既没有成文宪法（也就没有宪法法院），也没有其他政制可以对议会稍加制约。北美人可能觉得，假如向议会派出代表，就等于给不列颠开出了一张没有限额的空白支票。

当然，如果仅仅是多数民主制的问题，政治上倒也有变通的办法。比如，我们在第一章提到美国政治学家利普哈特在1968年总结先人实践，提出了"协和民主"的想法，主旨是让多数与少数共同分享政权。但这套办法的问题在于，应用的范围有限。大体而言，小国寡民，内部分化不要太多元，且各群体人口、实力不过分失衡是先决条件。像英国这种大帝国，就没法用了。

说到底，殖民地真正需要的，不是"平等"，而是"特殊"。仅仅向英国国会派出代表，并不能给予殖民地特殊的保护。正因如此，尽管殖民地"无代表不纳税"的口号喊得震天响，但实际上却没什么行动。这是一个原则和现实冲突的死结。

如果只是在中央层面派驻代表行不通，那么联邦制呢？

联邦制要行得通，一般的政治学智慧认为需要满足以下几个条件：一，有一个超越各邦之上强而有力的行政机构可以对各邦的可能冲突进行调节。英帝国做不到这一点，因为无论是在不列颠还是在北美，人们对王权都有很强的防范心理。国王很难违背任何一个立法机构的意愿，强行执行可能不受一部分人欢迎的政策。二，各邦的实力最好大致相等，或差别不太大。这个条件也无法满足，因为整个帝国的国力分布太不平衡，不列颠独大。三，成员数最好能超过 5 个，成员数太少的话，就不存在合纵连横的可能性，大邦和小邦之间的政治冲突会过于直接。这个英帝国也做不到，成员数不够，够分量的只有 3 个——英格兰－苏格兰、爱尔兰和北美。从历史经验来看，双元联邦均以解体告终。

有人在 1768 年提出，可以集合不列颠、爱尔兰、北美诸殖民地、西印度诸岛，成立一个帝国议会，专门负责帝国总体事务（整体防务、规制商贸和海洋等），然后各地保留自己的议会，自行处理一切内部事务（包括收税）。[1] 这其实就是某种联邦方案，用限制国会权力范围的方式来缓解殖民地被多数压倒的焦虑。但是这个建议通不过不列颠这关。如果说吸纳殖民地代表还在国会的考虑范围之内（1778 年一支不列颠国会的代表团被派往北美，向大陆会议提出和解建议，正式提出在不列颠国会中容纳北美），但将自己降为一个帝国总议会的下级机关是决不会接受的。

比较有希望的设计是，建立某种倾斜性联邦制度，既承认不列颠的上级领导地位，又给予北美对其领土的某种专属控制。在 1775 年召开的大陆会议上，宾夕法尼亚的代表盖洛韦（Joseph Galloway）就曾经提出过一个这样的方案，根据他的方案，在北美十三殖民地上将会建立一个北美殖民地总议会，凡不列颠议会涉及北美事务的立法，该议会拥有否决权；而该议会对北美事务的立法，

1　Greene, Jack P. *The Constitutional Origins of the American Revolution*, p. 132.

不列颠议会也拥有否决权。还将设立一位总统或主席，由英王任命，由他来负责北美的行政领导，由总议会对其进行监督与制约。简而言之，这个计划中，北美总议会和不列颠议会将构成大英帝国在北美领土的上下两院，具有相互否决权，即帝国全局事务由不列颠负责（也就保住了不列颠的面子和主权），而北美也能够保证某种程度的政治安全。

不过，这个方案也没有被采纳。这样，北美在帝国之中的政治地位就始终是"妾身未明"。平时还好，一旦危机爆发，北美和不列颠都要为此担心。英美征税冲突爆发之后，英美双方放到谈判桌上的东西虽然很轻，一点小钱而已，但双方看得都很长远。在北美人看来，这些小钱背后是殖民地的自治和人民免于暴政干涉的自由；在不列颠的主政者看来，则是帝国的存亡、不列颠的安全与福利。任何议题，都被双方以这些标准来考量；每一件事务，都会被升到宏观高度进而评估它将来的可能损益。双方都小心谨慎，生怕对方提出的要求是推倒的第一张多米诺骨牌，这极大地限制了双方的眼界与手脚。

这样，事情就闹掰了。许多殖民地的居民干脆宣称自己服从英王，但并不受英国议会的控制，英帝国应该是一个邦联政体，"通过对共同君主的政治忠诚和普通法联系在一起"（富兰克林语），而"国王一部分领地的臣民"不可能合法地主张对"国王另一部分领地的臣民拥有主权"。格林指出，这一立场背后的假设是，英国议会只能对不列颠立法，它不能单方面改变帝国宪制，其权力本身是有限的，也要受到帝国宪制的限制，而且据殖民地居民的意见，这个帝国宪制是在光荣革命之前就确立了的。

英国议会当然不服，因为英国议会在英国国内的主权地位是通过革命好不容易才得来的，殖民地的这一主张不仅仅是对英国国体的侵犯，也是对议会制政体本身的侵犯。他们认为，"殖民地关于帝国结构的理论是一种危险的倒退"，对议会民主造成了冲击，从而增加了王室权力。他们宣称，如果殖民者拒绝服从英国议会，他们就"不再是臣民，而是自称拥有全部主权的反叛者"。这样，双方就谈崩了。

格林指出，从殖民地的角度来看，他们只是要求英国政府放弃追求"徒劳的无限主权幻象，这并不是人类的目标"，而应当满足于"一种节制的、实用的、可理解的权力"。换句话说，他们希望能够得到某种联邦安排。但当时的英国议会，明显缺乏这种政治想象力，无法理解边缘地区合理的政治担忧，也无法构想一个新的帝国秩序。英国是一个帝国，但帝国的主导者还是在用民族国家的眼光来衡量这个世界。于是，政治对抗乃至革命就必不可免了。

* * *

总之，英美之间的政治纷争在相当程度上来源于这么一个事实：在一个正式帝国中，英美双方都无法找到合适的位置，却又强求帝国的制度化，那就只有诉诸武力一条路了。但是，不列颠也没有全心全意地投入一场征服战争。战争早期，英军打的是以战促和的主意，并没有投入足够的兵力，也就没有抓住北美起义初期的脆弱时刻。到了后期，则是兵疲帅老，国会又不肯掏腰包，也失去了国内民众的支持，于是只能认输了事。

美国革命对大英帝国的影响是极深的，从某种程度上说，它向帝国统治者展现了一个正式的帝国将会遇到的结构性困难，而这种困难是无法通过投入资源加以克服的。

三　帝国改革运动：1837—1869

经过美国革命一役，不列颠的统治者知道厉害了，帝国税收计划被置诸脑后。小威廉·皮特指示："应该避免出现类似以前发生的那样的误解，议会不再强行征收有关加拿大的税收……在这种情况下，税款的征收处置应该由他们自己的立法机关决定。"[1]这种灰心丧气甚至到了"十年怕井绳"的地步，在要不要建设新的殖民地的问题上，美国革命之后的重要政治人物谢尔本勋爵甚至这样说："在经历了北美所发生的事情后，再来考虑殖民地似乎有些发疯。"[2]

不再尝试从殖民地获得直接税收，并不意味着帝国放弃了对殖民地的管理。如何维持这个帝国，仍然是摆在英国统治者面前的一个问题。当时大英帝国有三条路可以选：一是整饬纪纲，以行政人事来贯彻帝国统一。二是任由某些殖民地独立，选择成为一个"小英格兰"。1849 年以后，《航海条例》（这部法律使不列颠掌握对帝

1　郭家宏：《从旧帝国到新帝国：1783—1815 年英帝国史纲要》，商务印书馆，2007，第 154 页。

2　郭家宏：《从旧帝国到新帝国：1783—1815 年英帝国史纲要》，第 59 页。

国贸易与生产的垄断）被废除，重商主义方略被自由贸易政策所取代，如此就更没有经济理由来维系对帝国的掌控。最后一条路则是找到一种中间方式，来调和结构上的矛盾。

帝国首先尝试的是第一条路。美国革命后，英国官员大体上得出的结论是，北美十三殖民地获得的自由太多，而不是太少，因而应该加强行政管控。然而，问题的根本在于，大英帝国的政治领导人无力解决帝国政制的核心困境，他们既不准备在议会至高无上的原则上妥协，也不能设想一个基于平等联合或伙伴关系原则之上的帝国。英国当时的对策，是借人事政策来控制地方。具体而言，就是增总督之权，以昭彰存在，与世家共治，拉拢、分化地方。

这套方法的范例与效果在加拿大表露得最明显。1791 年，英国提出《加拿大法案》，根据该法案，总督的权威大大增强，他直接向英国主管殖民事务的部门负责，可以否决立法，可以解散地方议会，其薪俸也不受地方议会控制。在实际操作中，为了稳固总督的权威，总督任命一小群地方高层人士主持行政与立法委员会，主导殖民地事务——这是为了培养殖民地的亲英"贵族"阶层。这些人多半出身世家，是国教上层人士以及有英国联系的大商人和地主，他们借总督权威把持地方，总督也要依赖他们才能顺利行政。

在该法案中，原魁北克被划分成了上、下加拿大两个殖民地，下加拿大的主体居民是本地的法裔，上加拿大则交给了效忠派。正如上面提到的，这两个殖民地虽然都有民选议会，但是行政权和立法权实际掌握在总督所任命的（由政治寡头所组成的）行政委员会和立法委员会手中。同日后德意志帝国议会一样，殖民地议会是一个"没有政府的议会"。

到了 19 世纪早中期，这两个殖民地都出现了政治改革运动，要求在本地建立"责任政府"（responsible government），即本地政府向本地负责。[1] 最激进的一批改革者，在上加拿大是威廉·莱昂·麦肯齐（William Lyon Mackenzie），在下加拿大是路易斯—约瑟夫·帕皮诺（Louis-Joseph Papineau），他们甚至打算完全脱离英国的统治，建立一个共和国。

随着时间的过去，改革派越来越感到沮丧与失望。1834 年，帕皮诺起草了一份决议（Ninety-Two Resolutions），列出了改革派的种种不满，提出改革计划，并在末尾含蓄地威胁要效仿美国革命。1837 年，英国政府终于做出回应（Russell Resolution），断然拒绝了改革派的每一项要求，这使得激进分子断定，再也无法通过和平手段实现宪政改革。[2]

使情况变得更糟糕的是，那几年的经济形势并不太好。下加拿大的农业状况形势严峻，这使许多农民负担了债务，引发了仇恨和不满。掌握本地政治领导权的法裔领主们希望能够把农民的怒火转向英国官方，以免农民攻击本地的领主土地制度。法裔农民

---

1 下加拿大的情况同上加拿大还有不同。在民众 / 寡头之争中还掺杂了分量很重的族群冲突色彩。英裔人群在该地是少数派，站在总督与行政机构一方，法裔人群是多数派，站在议会一方。

2 战争与殖民部大臣约翰·罗素（John Russell）在英国议会中如此说道："如果加拿大人坚持认为，一个服从于议会的民选立法委员会和一个行政委员会是绝对必须的，那么不用多久，他们还将会有一个他们自己任命的总督。如果这就是下加拿大议会的提议，那它无异于要求这些殖民地从母国的完全独立。"转引自张本英《自由主义与加拿大宪政改革》，《安徽史学》2004 年第 6 期，第 7 页。

本来就敌视英国移民和商人，视之为可恨的竞争者。专业人士则担忧英国文化的入侵。[1] 在上加拿大，伐木业和货币危机也接踵而至（尽管没有下加拿大那么严重和顽固）。到 1837 年英国政府做出回应的时候，整个加拿大的经济正好处于谷底。这些因素都被转移到了政制层面，改革派与保守派的地方冲突变得越来越极端与频繁。

　　激进分子们觉得自己别无选择，只能发动起义。但是他们并没有一个统一的起义目标。有的人对英国彻底失望，认为除革命外别无选择。有的人则认为要以打促和，通过诉诸武装叛乱迫使英国修改其殖民政策。接下来的场景非常像历史中的美国革命——在下加拿大，首先是城市与农村地区的大型集会（在集会上，激进分子散发《人权宣言》），接着是种种进口商业抵制行动（包括走私），最后则是暗中集结武装志愿者。起义者们的组织名称也颇类似美国革命，名为"自由之子协会"。

　　起义分别于 1837 年的 11 月和 12 月发生在下加拿大和上加拿大。但说老实话，无论麦肯齐还是帕皮诺都不是革命领袖的料（两地也没有协同与配合），尽管两地对政府有很深的不满，但是他们的组织与策略都极为粗疏（各自组织了几百武装低劣的人马），面对政府军的镇压一触即溃，革命领导层也随即逃亡，起义就此失败（尽管麦肯齐之后曾组织人员多次从美国出发骚扰边境）。

　　同之前的革命呼声比起来，具体的革命过程可以说是典型的

1　Oueliet, Fernand. "The Insurrection," in Francis, R. Douglas, and Donald B. Smith, eds. *Readings in Canadian history: Pre-confederation. Vol.* 1, Nelson Thomson Learning, 2002.

虎头蛇尾。一方面，效忠于王权的传统仍然植根于加拿大各殖民地社会之中，这使得总督能够轻松动员足够多的保王党民兵进行镇压。另一方面，英国对加拿大的统治其实并不严苛，上下加拿大几无赋税可言。这使得革命还只是一种"手段"，而不是"目的"本身，革命者本身并不坚决。

然而，这些同其他革命相比近似玩笑、在军事层面微不足道的暴动，却在相当程度上震动了英国当局，因为这是在美国革命之后发生的第二次重要的殖民地抗议活动，标志着美国革命后的帝国政治实践（经济松、政治紧）再次破产。

应该承认，这些政治家是睿智老练的，不会因为"有兵在"就放下全部的忧虑，也不会认为暴力是维系国家的有效方式。帝国必须寻找一条新路。

这条新路从德拉姆勋爵（Lord Durham）被任命为英属北美的大总督与高级专员开始。德拉姆勋爵是世家子弟，贵族中的贵族，富翁中的富翁，但他选择成为一名自由主义政治家，帮忙起草了1832 年的改革法案（扩大选举权），有"激进杰克"的外号。

据说其人很不好相处，专断、虚荣。但时人都觉得他会当上帝国首相。所以加拿大起义爆发后，时任帝国首相的墨尔本勋爵认为，需要将德拉姆勋爵送到加拿大去，以免他在政治上造成什么麻烦。在犹豫多时后，德拉姆勋爵才接受了这项任务。他在加拿大待了5个月，然后因为在处置叛乱者的问题上同内阁起了龃龉，愤而辞职。在就任期间，他与其助手已经完成了《关于英属北美事务的报告》

（*Report on the Affairs of British North America*，*Durham Report*）的大部，在归国之后就在报刊上予以发表。

后世的政治家与史家都对其赞不绝口，认为德拉姆勋爵的这份报告是帝国转向的关键点，也是日后英联邦的理论源泉。这份报告内容繁杂，涉及多个方面，大致说来有两个主要关注对象，一是英法裔人群在下加拿大的争端，二是加拿大各殖民地政府体制的弊端。

在该报告总结部分，德拉姆写道：

> 我已经描述了社会构成中所存在的不幸分裂因素的运作情况，也描述了由不健全的宪法体制所造成的混乱……我没有必要费心去证明，这种状态是不能持续下去的。……英国体制有力量来纠正现有的罪恶，并给这些地方创造一种任何其他国家都无法给予的福利。不是在法律的恐怖中，也不是在我们军队的威力中，才能找到安全和体面的联系纽带。它存在于那些英国制度的有益运作之中，这些制度将自由和文明的最大发展与英国世袭君主制的稳定权威联系在一起。……我毫不怀疑，如果英国政府选择不惜任何代价保住其殖民地对其的依赖关系，它能够实现其目的。我相信它有办法征召一部分人民对抗另一部分人民，并用正规部队驻守加拿大，足以威慑一切内部敌人。但即使这样做，也需要付出巨大的代价，也万分冒险。……如果我们的政府体制不改变，现在盛行的不满情绪就会蔓延和发展。随着保留这些殖民地的成

本增加，它们的价值将迅速减少。如果通过这种手段，英国民族满足于保住一个贫瘠的、有害的主权，它只会冒着外国侵略的风险，让一个遥远的附属国面对一个强大而雄心勃勃的邻国——侵略者将不会遇到抵抗，而是更可能得到一部分常住人口的积极合作。

……我认为，不是通过削弱而是通过加强人民对政府的影响，不是通过扩大帝国当局对殖民地事务细节的干预，而是将其限制在比迄今为止规定的还要窄得多的范围之内，就能在长期存在分歧的地方恢复和谐，就能在这些省的行政管理中引入一种全新的稳定性和活力。……王国政府必须服从代议制机构的必要后果，如果它必须与一个代议制机构一道执行政府任务，那么它就必须同意通过该代表机构所信任的人来执行之。

……我知道有人坚持认为，在母国建立了和谐、良好政府的原则不适用于殖民地。有人说，殖民地的行政管理必须由个人来执行，而不必考虑殖民地人民的意愿。殖民地必须执行国内当局的政策，而不是人民的政策。如果殖民地能任命所有行政官员，实际上将不再是附属的。我承认，我提议的制度实际上会把殖民地的内部行政交到殖民者自己的手中。我们长期以来已经把制定法律的权力完全交给了他们，因此，我们应该把执行法律的权力交给他们。我非常清楚我们殖民地所具有的价值，也非常清楚我们与他们保持联系的必要性，与此同时，我不知道在什么方面值得我们干涉他们的国内立法，而不影响他们与祖国的关系。那些跟我们相关的事务是很少的。政府的宪法形式、对外关系，以及与母国、其他英国殖民地和外国的贸易，还有公共土地的处置，才是母国需要控制的几件事。帝国立法机关的权威、殖民地从我们这里得到的保护、我们的法律为其贸易提供的有利条件，以及英明的殖民制度将给予殖民地的互惠利益，现已充分确保了这种控制。在这些方面，殖民地继续与帝国保持联系而获得的利益就会保障它居于完全从属地位。母国政府的无理干预，颁布法律管理殖民地的内部事务，或挑选执行这些事务的人员，当然没有得到加强，反而大大削弱了（殖民地对母国的依附关系）。

……我很清楚地知道，许多人，无论是在殖民地还是在国内，都对我所建议的制度相当警惕，因为他们不信任那些最初提出这一制度的人，他们怀疑这些人有不可告人的意见——这些人敦促采纳这一制度，只是为了使他们能够更容易地颠覆君主制度，或主张殖民地的独立。然而，我认为，这些不可告人观点存在的程度被大大高估了。我们不能把每一个对失望之情的鲁莽表达都看作是对现有宪法的固有厌恶。我自己的观察使我确信，北美殖民地所有英国人的主要感情是对祖国的忠诚。我认为，无论是人民的利益还是感情，与一个明智和普遍管理的殖民政府都是相容的……[1]

---

1 Lucas, Charles Prestwood., ed. *Lord Durham's Report on the Affairs of British North America*. Vol. 2, Clarendon Press, 1912, pp. 277-282.

大体而言，德拉姆勋爵在这个问题上的建议是：一，本地的行政事务应该向本地议会负责，总督在殖民地的角色向英国国王看齐，其任命的官员应获得本地议会的认可、承认，即实现某种责任制政府（Responsible Government）[1]；二，中央管辖事务应该跟地方有所分离，除外交、对外贸易与公共土地的分配之外，其他事务都应该交给地方处理，中央不再干预。

史家多指出，德拉姆勋爵这份报告尽管在后世受人推崇，但在当时却反响寥寥。一是这份报告中所提出的政治解决方案（授权加分权）并不是什么新鲜概念，辉格党在之前就已经多次鼓吹；二是无论在英国本土，还是在加拿大，这份报告都面临相当多的反对意见，其中一个重要的反对意见是，德拉姆勋爵的想法虽好，但实际上却有一些漏洞，使之无法操作。

漏洞之一。德拉姆勋爵认为总督应该任命本地议会认可的行政助手，但这会带来一个问题：总督的责任对象不明。1843 年，维多利亚女王的丈夫阿尔伯特亲王指出："如果总督在宪法上被要求根据责任政府的建议行事，他又怎么能遵照女王政府认为适宜的指示呢？"[2] 罗素则说得更明白："这样，就可能发生总督同时接到女王指示和殖民地行政委员会建议的事，而两者完全是不同的。

1　"一个责任制政府（也可被称为内阁或代议制政府）制度中，正式的国家元首，不管是国王（或女王）、总督还是副总督，必须始终根据部长们的'意见'（即指导）行事。"参见彼得·W. 豪格著、甄树青译《加拿大责任制政府》，《外国法译评》1996 年第 2 期，第 50 页。

2　转引自 Martin, Ged. *The Durham Report and British Policy, A Critical Essay* (Cambridge Commonwealth Series.)，Cambridge University Press, 1972, p. 54。

如果他遵从来自伦敦的指示，他就完全没有履行自己的宪法责任；如果他服从来自行政委员会的建议，那么他就不再是一个从属的官员，而是一个独立的君主。"[1]英国政治家乔治·康沃尔·路易斯爵士（George Cornewall Lewis）在 1841 年的论文中也写道："如果母国政府治理其依附地，（依附地）的代表机关就不能实质上治理它，反过来也是这样，如果代表机关在实质上治理依附地，那么母国政府就不能在实质上治理它。"[2]简言之，他们都认为，一仆不能侍二主。

　　漏洞之二。德拉姆勋爵建议把帝国事务与殖民地事务分离，前者交给英国政府全权处理，后者则由殖民地自己负责，认为这样就能消弭中央与地方的争执。但这实际上也是做不到的。拿对美关系来说，如果纯由帝国处置，必定会引起与美国接壤的英属北美各殖民地的不满，因为对美关系与各殖民地的内政息息相关。此外，即使能够分离开来，又如何保证殖民地议会不会扩张其权限到"帝国事务"上来呢？毕竟并不存在一个帝国成文宪法，也没有一个帝国宪法法院来从制度上予以约束。历史上，当加拿大建立责任制政府之后，确实很快就突破了德拉姆勋爵设置的这些界限：1846 年，加拿大实际上获得了自定关税的权力；1853 年，帝国放弃了对殖民地公共土地的分配权；1854 年，加拿大建立了民选上院，实际上有效地控制了其政治体制的设计。在这些议题上，英国政府实际

1　转引自 Wood, Anthony. *19th Century Britain, 1815-1914*, Longmans, 1960, p. 207。

2　转引自 Martin, Ged *The Durham Report and British Policy, A Critical Essay*, p. 54。

上都采取了保全面子，但实质上退让的做法。

　　德拉姆勋爵认为，"帝国立法机关的权威、殖民地得到的保护、英国法律为其贸易提供的有利条件，以及殖民制度给予殖民地的互惠利益"，自然会保证殖民地对英国的依附关系及英国的上级地位。英国历史学家格德·马丁（Ged Martin）却在其著作中尖刻地批评说：德拉姆勋爵有些想当然，"帝国立法机关的权威"不过是场面话；英国在殖民地土地制度上的作为在相当程度上推高了殖民地的土地价格，从而导致了殖民地人民的不满；英国为加拿大提供的安全保护（主要是针对美国）利弊难知。唯一说得上的就是英国跟加拿大的经济联系确实能够维系双方关系，但是英国并不是唯一能够给加拿大提供市场的国家，因为加拿大旁边就有一个新兴的经济大国——美国。实际上，德拉姆勋爵自己就在报告中一再点出加拿大人对美国繁荣的艳羡之情。

　　综上所述，德拉姆勋爵所提出的"责任制政府"解决方案确实问题重重。尽管他和他的同志做了辩解，[1] 但老实说，这些辩解都不算成功。一个核心难题始终都没有办法得到回答：如果地方获得了对自己立法、行政近乎全面的控制权，帝国该怎么保证地方对中

1　殖民地政治的改革派对这些批评有一个在我看来不成熟的反驳，是这样的：既然反对者说如果一个殖民地议会拥有对本地的行政领导权就相当于独立的话，那么当初就不应该设立议会，因为议会就是用来治理本地的。既然有了议会，就要赋权给它，否则就等同于愚弄，只会激起更多的冲突。此外，虽然现在说是帝国在治理殖民地，但是地方遥远，而中央又与殖民地非常隔膜，这导致帝国对殖民地的领导权被殖民部和殖民地方的权贵所篡夺。参见 Burroughs, Peter. *Colonial Reformers and Canada, 1830-1849*. No. 42, McClelland and Stewart Limited, 1969, pp. 148-150。

央的依附关系，以及该怎么安排两个权力中心之间的关系呢？

吊诡的是，这么一个在理论上充满漏洞的方案，居然在几年之后就实施了下来。1846 年，格雷伯爵（Earl of Grey）出任殖民部大臣，他指示新斯科舍殖民地的总督在责任制政府的原则上组织政府。1848 年，新斯科舍与加拿大（由上、下加拿大合并而成）均成立了责任制政府。随后，爱德华王子岛（1851 年）、新不伦瑞克（1854 年）和纽芬兰（1855 年）也相继确立了此项制度。那么问题就来了，为什么英国实施了这个在逻辑上行不通的方案？

对前述第一个问题，最正统的一个答案就是英国贸易政策转变导致的"帝国冷漠"[1]。在一系列著作中，学者们（C. A. Bodelsen, 1924; R. L. Schuyler, 1945 ; T. O. Lloyd, 1984）认为，引入责任制政府是英国采用自由贸易政策的必然结果。

19 世纪 40 年代，英国正处于工业革命的全盛期。自 1832 年议会改革以后，一个新的政治力量已经上台，他们代表的不是地产、

1　另一个传统答案是，正是一系列英国激进主义者解放殖民地思想的传播导致了英国帝国观的改变。他们认为殖民地如同子女，早晚要成熟离开家庭，帝国的分裂是迟早的事情。这一答案很早就受到广泛批评，认为其夸大了当时激进主义者的影响力。参见 Burroughs, Peter. "The Determinants of Colonial Self-Government. " *The Journal of Imperial and Commonwealth History,* 6. 3(1978), pp. 314-329。还有一个传统答案是约翰·曼宁·沃德（John Manning Ward）提出来的，认为是英国当时的宪政改革使得国王和议会之间的权力平衡发生变化，英国本身的责任制政府据说是在 19 世纪三四十年代才正式形成。英国人接受了，就不能反对殖民地也根据同样的原则成立政府。在我看来，这个解释也不够。原因是在英国本土，责任制政府解决的是议会与国王之间的关系，但是在加拿大，责任政府则主要针对的是母国与属地之间的关系。一个民主政府完全可以在母国采取民主制度，而在属地施加专制统治，其作为并不必然一致。参见 Ward, John Manning. *Colonial Self-Government: the British Experience, 1759-1856,* Springer, 1976。

金融和航运集团的利益，而是新兴工业集团的利益。当这些英国实业家看向帝国，他们看到的不是国家荣耀，而是旧利益集团的专营垄断，是重商主义对市场的扭曲，以及高价的进口原料。

新兴工业集团这么认为是有理由的，在此之前，英国对其殖民地奉行重商主义政策，打压殖民地的某些产业，扶植另外一些，目的并不全在建立某种母国－殖民地差序经济格局（殖民地成为母国的原料产地和市场），也在尽可能内部化经济活动，使国内各产业互补。这是那个举目皆敌的争霸年代的自然产物。后来，殖民地的某些产业实际上成了横跨英国／殖民地的某种联合利益集团，其盈利在相当程度上要依靠帝国的关税保护，比如西印度群岛上的蔗糖业、好望角的葡萄酒业、英属北美的航运木材业等。从新兴工业家的角度来看，这些自然是要取缔的对象。

对老人来说，帝国意味着统治荣耀和儿子的海外就业机会，但对新人来说，帝国则是一笔亏本买卖。从 1841 年开始，当权的皮尔政府开始进行关税改革，取消所有保护关税，到了 1846 年，重商主义时代宣告终结。这么做的后果自然是削弱了殖民地与英国之间的经济纽带，也使得英国在殖民地保持行政控制变得不那么必要。

1848 年，威廉·莫尔斯沃斯爵士（Sir William Molesworth）在议会中的发言很好地解释了这一理路：

> 假设他们（加拿大诸殖民地）从我们这分离出去，组成独立的国家，甚至加入美国，他们难道不会比现在（对我们来说）更有利可图吗？……从每个方面来说，跟其他的殖民

地加在一块相比，美国对我们都更有用处。1844年，我们
向美国出口了价值800万镑的制造品，相当于我们同其他殖
民地的出口总和，为了管理他们，我们一年要花400万镑费
用。……目前，人们认为殖民地主要是为我们的产品提供市场，
为我们的人口提供出路。很明显，在这两个方面，独立的殖
民地和依附的殖民地一样有用。……如果我们被迫在继续目
前的巨额开支和放弃这些殖民地之间做出选择，那么很明显
从经济的角度来看，后一种选择是更有利可图的。但是我坚
持认为，如果我们按照我们应该管理他们的方式管理我们的
北美殖民地，严格遵循责任制政府原则，让他们管理自己的
事务，不受殖民地办公室的控制，我们就可以安全地减少我
们的军事力量和开支，他们也愿意继续成为我们的同胞。[1]

　　从这个角度讲，既然英国人自己对帝国都不太在乎，那么实
施一个增大地方独立性的方案，就不是什么难以想象的事情。

　　这样一个正统答案却有一个重大缺陷：它太笼统，仿佛帝国
政治结构的变化只是贸易自由化的当然产物，认为从经济自由政
策必然能推导出政治自由。问题在于，自由贸易只提供一个背景、
形势与可能，实现帝国政治自由化则需要一个过程。反帝国主义的
思想是否在当时的英国舆论中占据主流，放松帝国管制的政策如何
在英国政治中胜出，保守党和帝国主义者的考虑是什么，以及他们

1　转引自 Burroughs, Peter. *Colonial Reformers and Canada, 1830-1849*, pp. 178-179。

是怎么被说服或者被压制住的，这些都是需要回答的问题。

英国历史学家约翰·加拉赫（John Gallagher）和罗纳德·罗宾逊（Ronald Robinson）在 1954 年尖锐地问道：如果说由于自由贸易政策，英国患上了帝国冷漠症，那又该怎么解释在 1841 年到 1851 年间，帝国仍然开拓、占领或兼并了新西兰、黄金海岸和旁遮普等多个地方（在之后的 20 年里，帝国还在持续攻城略地）？如果说授予殖民地责任制政府体制是由于维多利亚时代中期英国对帝国的"漠不关心"，那为什么这种政策会在维多利亚时代晚期继续存在？当时的英国政治家对维护帝国统一可是非常上心的。

他们的见解是，英国授予各白人殖民地以责任政府体制，并非由于"帝国冷漠症"和激进主义者解放殖民地的思想，而是一个主动的政治动作，是"将欲取之，必先予之"的政治智慧，是"非正式控制"对"正式控制"的取代，是一种新的帝国构建策略。[1]其他一些历史学者也都赞同这一判断（如，John Manning Ward, 1976；Peter Burroughs, 1978）。

我们该怎么描述这种新的帝国构建策略呢？

我们首先应该看到，将行政控制交还给殖民地确实会对帝国的统一形成挑战。关于这点，殖民政制的改革者们自己也不否认。他们的辩解之一是：

1　Gallagher, John, and Ronald Robinson. "The Imperialism of Free Trade. " *The Economic History Review* 6. 1 (1953), pp. 1-15.

　　我们承认存在极端情况。每一种形式的政府都会遇到这种问题。英国也有过经验，在某些事件上不得不违反其宪法中最神圣的原则。但是没有一个明智的政治家会将这些特殊情况纳入一个政府的一般原则中去。他不会在宪法理论中为之列出专门条文，也不会修改宪法实践的日常规则来补救之，而是在不可预见的事态发生时随机应变。[1]

换句话说，他们乐观地相信帝国中央与殖民地地方之间的对抗将不会是常态，应该特事特办，凡事不能只朝最坏处考虑。

老实说，上面这个辩解是相当无力的，因为真正的理由，他们其实不太好讲出口。有些事是只能做不能说的，帝国可以容纳矛盾，但最好不要讨论矛盾。

根据这种新的思路，帝国统治的重点将从表面的制度之争转向私底下的谈判、妥协和利益交换。提倡者假定，即使双方不在法理上、制度上厘清统属关系，也不会妨碍殖民地愿意因为经济、社会和文化的联系留在帝国圈内。德拉姆勋爵的方案并不能解决帝国中心与边缘在法理上的冲突，但那又怎样呢？英国人的长处本来就不在学理探讨上，而是奉行实用主义，修修补补地过日子。这一政策并不要求明确帝国中心与边缘的法理地位，而是希望能够在实际的互动中探索双方权力的边界。帝国中心大可以凭借自己在政治、经济和文化上的优势，暗中影响殖民地的人事和政策，

1　转引自 Burroughs, Peter. *Colonial Reformers and Canada, 1830-1849*, p. 161。

用不着明火执仗地要求服从。日后的英国首相格拉德斯通（William Ewart Gladstone）就认为，帝国在暗地里的退让是不会摧毁帝国一统的，"女王陛下的政府建立在一个更大更坚实的基础上，……基于一方提供军事保护，另一方自由而忠诚的予以回报，基于过去的共同传统和对未来的希望，基于起源、法律和生活方式上的相似性，……以及物质利益，这一切注定不会阻碍，只会促进……更紧密、更健康地结合在一起"。[1]

为什么英国人逐渐接受了这个"非正式帝国"呢？澳大利亚历史学家约翰·曼宁·沃德（John Manning Ward）认为，这同另外一个帝国观的出现是有关系的。如果说之前的英帝国是一个以英国为中心的"小帝国"，那么，在19世纪40年代，一种新的"大帝国"观逐渐开始征服政治精英和大众的头脑。当时的埃尔金勋爵（James Bruce, 8th Earl of Elgin）担任加拿大总督（1847—1854年

---

[1] 转引自 Ward, John Manning. *Colonial Self-Government: the British Experience, 1759–1856*, p. 241。当时有许多政治家与他共享一套理念。比方说, 殖民大臣格雷伯爵（Albert Grey, 4th Earl Grey, 正是在他的任期内加拿大各殖民地建立了责任政府）是英国殖民主义的热心倡导者和帝国命运的坚定信徒。他赞同新的乐观主义／扩张主义帝国观。他推断, 对海外的英国社会实行慷慨的地方自治, 最终可能会将英国和殖民地团结在一个基于血缘、文化和共同制度的持久、有价值和自愿的联盟中。"自由要比屈从更能培育出忠诚。"格拉德斯通在1846年也说道："现在我承认, 任命的殖民地议会与行政机构并不是帝国权威的防护物, 而是混乱、衰弱、分裂和不忠诚的源泉。"加拿大总督埃尔金伯爵则说道："有一件事是不可缺少的：你不能对殖民地说殖民地仅是一种临时的存在, 你必须让殖民地相信, 不隔断它们同大不列颠的联系, 它们也可以达到成熟的程度。"他在给一位朋友写信时说道："我拥有这样的想法, 那就是可以在北美的领土上保持与英国的联系以及英国的体制, 只要我们毫不犹豫、慷慨大方地将后者授予（本地人民）。"Leacock, Stephen. "Responsible Government in the British Colonial System," *The American Political Science Review*, 1. 3 (1907), p. 392.

在职），正是其施政促成了加拿大责任政府的产生与巩固。他有句话非常能说明这个"大帝国"观：

> 英格兰的女王主掌的是什么样的帝国？是一个随着时间成长、扩张与壮大，深深扎根于新的土地，并从原始土壤中汲取新的活力的帝国吗？或者她只是大不列颠和爱尔兰的君主？[1]

这位勋爵很显然指的是前者。另外一位历史学家（以后也是殖民部的高官）赫尔曼·梅里维尔（Herman Merivale）说得更清楚："对我们所有人来说，这是一种本能的感觉，我们的名誉和国家的命运不在这里，不在我们所占据的这个狭隘的岛上。"[2] 日后，在极富影响力的《英格兰的扩张》（*The Expansion of England*）中，19世纪末历史学家西利（J. R. Seeley）也表达了同样的观点。

　　根据这种期待，成熟的定居殖民地被视为英国在海外的延伸和英国宪法实践的继承人，政治从属似乎不再必要或适当，帝国的权威可以安全地减少到少量监督权上。正是在这种"大帝国"观下，英国政治家开始超出英格兰本位来思考帝国的统治问题，主张用更柔性、更具平等合作精神的方式来处理帝国中心—边缘问题，就不是一件令人难以想象的事情。

1　转引自 McIntyre, William David. *Colonies into Commonwealth*, Blandford Press, 1974, p. 50。

2　转引自 Ward, John Manning. *Colonial Self-Government: The British Experience, 1759–1856*, p. 234。

老实说，我们很难断定是观念的转变导致了英国政策的转变。[1]
与其说是"大帝国"观缔造了一个无形帝国，倒不如说它是对一个
既成事实的承认与发展——既然管制不易，不如少管制。[2] 新西兰
历史学家威廉·戴维·麦金太尔（W. David Mcintyre）在《从殖民
地到共同体》（*Colonies into Commonwealth*）中指出："白厅的公
务员和部长们并不经常沉溺于帝国的幻想。他们只是在出现问题时
处理问题，他们很少提前思考、预先判断未来的问题。……英国政
治家抵制住了用精确的宪法公式来解决问题的诱惑，而是以实用、
非正式的方式，逐渐放松了帝国关系。"[3]

当时不少改革派也意识到，如果要赋权给殖民地，就还要紧
跟着在中央层面建立更密切、更正式的政治关系——通过让殖民
地在伦敦拥有某种代表权来确保帝国政治的协作，增加殖民地人民
对帝国的认同，拉近殖民地与中央的联系，避免诸权力中心之间
非常可能产生的对抗。最显而易见的方案是，让殖民地如同其他英
国地方一样，选举产生国会代表派往伦敦。但是，即使是改革派
也觉得这个方案行不通——派多了代表，国会会变得太大、太多
元（因为殖民地太异质的缘故），效率低下；派少了又不顶什么用。

1　因为此"大帝国"观完全也可以指向相反的政策方向——既然帝国已不再局限于不列
　　颠，那么就应该加强帝国建设，一统江山。

2　殖民地办公室的一位高级职员在 1857 年承认："母国政府在他们不准备承受的压
　　力面前，只是简单地退缩了。"参见 Burroughs, Peter. "Colonial Self-Government,"
　　in Eldridge, Colin C., ed. *British imperialism in the Nineteenth Century*, Macmillan
　　International Higher Education, 1984, p. 63。

3　McIntyre, William David. *Colonies into Commonwealth*, Walker, 1967, p. 125.

在 1846 年一份改革派的宣传物《殖民地公报》(*Colonial Gazette*)中，
又有人提出效仿美国成立联邦政体。[1]这一方案也不了了之。应该说，
这些正式化帝国中央—殖民地关系的方案纷纷无疾而终，只不过是
大英帝国一种历史旋律的一再重复（此前美国革命的时候也有过类
似提议，之后 19 世纪末帝国联邦运动时也出现过）。要构建一个
正式帝国，在英国的政治、社会条件及思想传统上实在是有太多的
困难，所以那些改革派们只能用"事情不会到那一步"来为自己的
主张辩护。

　　既然由于殖民地危机，帝国必须做出改变，但基于实际困难
无法构建一个基于平等原则之上的联邦实体（既不能从上到下进行
管制，也不能吸纳、联合地方），那么，将重心转向某种非正式的
帝国调控手段就势在必行（除非坚持强力镇压）。幸好，用"非正式"
（既非命令，也非明文制度）的手段来处理伦敦与各殖民地的关系
倒是非常符合英帝国的传统。

　　当然，不管英国政策的转变是由什么因素导致的，它的意义
是一样的：对主要由白人组成的殖民地，只要该殖民地成熟到出
现大众政治参与，英国倾向于不从制度上厘清帝国中央与该殖民
地之间的关系，而是保持某种模糊姿态，既肯定本地的自治权利，
又坚持帝国核心的管制权。简言之，不理会由此产生的法理矛盾，
代之以交往理性。

1　Burroughs, Peter. *Colonial Reformers and Canada, 1830-1849*, pp. 183-186. 相当一批改革
　派建议重新恢复殖民地代理人制度，让各殖民地往中央派出代理人，协调中央—殖民
　地关系。

加拿大之后，澳大利亚和新西兰的主要英属殖民地在 19 世纪 50 年代、南非开普敦殖民地在 1872 年也建立了责任政府，除此之外，还有一些殖民地在 19 世纪末也建立了责任政府体制，此处就不赘述了。

在各白人殖民地建立责任政府，可以看作维多利亚时代英国的一项重要帝国改革举措。这里还有另外一项举措，那就是在前述德拉姆报告中的另一个建议：帝国立法与地方立法分离。这指的是英国对殖民地事务的立法应该局限在政府体制、对外关系、贸易政策和公共土地管理几个领域中，除此之外的其他领域应该由地方自行处理。以前，英国始终保留着对地方所有立法的干预权，而到了 19 世纪四五十年代，既然英国已经承认了责任制政府原则，承认各殖民地议会对内部事务的统治权，那么顺理成章地就要通过立法厘清英国议会与各殖民地议会立法之间的关系。到了 1865 年，不列颠议会通过了《殖民地法律有效性法案》(Colonial Laws Validity Act)，该法案的规定包括：

> 只有用明确的语言和必要的解释表示该法能适用于殖民地的英帝国议会的法令，才能延伸适用于殖民地……殖民地法不因违背了英国的制定法或与普通法相矛盾而失效；每个殖民地应有权创立法院，每个殖民地的代议制的立法机关，就其管辖权控制下的殖民地而言，应该享有并且被认为一直享有制定有关该立法机构之构成、权力和程序的法律的充分权力。

简而言之，这意味着，第一，各殖民地议会制定的法律不再从属于英国法，而只从属于帝国议会针对各殖民地的特别立法；第二，各殖民地有权修改其宪法，比如，加拿大 1867 年宪法就是自己制定后送到英国议会走一个程序就通过了。这也意味着，英国议会在某种程度上承认了地方议会的平等地位。

责任制政府和有效性法案确立了各殖民地（后来改称为"自治领"）在法律上的某种独立地位。但这种独立如何跟帝国的统一相契合，帝国则置诸不论。如果说这之前的大英帝国是一个自然的非正式帝国，那么，从这一刻起，则正式变成了一个自觉的非正式帝国。

英国哲学家约翰·密尔在《代议制政府》中是这么评价这种自觉的非正式状态的：

> 大不列颠目前在理论上公然宣布并在实践上忠实遵守的政策的一项确定的原则是，它的属于欧洲种族的殖民地和母国同等地享有最充分的内部自治。……英国国王和议会的否决权，尽管名义上保留，实际上仅仅对关系到帝国而不唯独关系到该殖民地的问题才行使（而且很少行使）。……每个殖民地因此对它本身的事务具有甚至作为最松散的联邦成员所能具有的充分权力，并且比在美国宪法下享有的权力充分得多，它们甚至可以自由地对从母国进口的商品随意抽税。它们同大不列颠的结合是最松散的一种联邦，但不是一种严格地平等的联邦，母国保留着联邦政府的权力，尽管这些权力

实际上减少到极有限的程度。[1]

　　这个评论很好地描述了这种非正式状态的性质：一方面，各地方（自治领）拥有非常高的自治权；另一方面，英国也保留了非常的统治权，垄断着帝国事务，但又严格限制其使用。

　　大英帝国史表明，这种表面上相矛盾的做法确实在相当程度上克制住了帝国边缘属地容易产生的地方民族主义情绪。1837年上加拿大起义的领袖威廉·麦肯齐被赦免，他在回到家乡时说："如果我1837年时看到了我在1848年时看到的情形，那么，不管我们会犯下什么错误，一想到那种造反的念头我就会不寒而栗。"[2]帝国边缘地带容易出现的那种地方民族主义在加拿大并未出现，加拿大人普遍认为，他们的加拿大认同和英帝国认同并无冲突。[3]1847年，澳大利亚的亨利·帕克斯（Henry Parkes）还在羡慕地谈论美国革命，但到了1888年则宣称："（希望）这种最重要的亲缘关系将使我们与英国世世代代连接在一起。"南非的史末资将军（Jan Smuts）曾在第二次布尔战争中对英作战，但在1906年南非实现责任政府之后却说："四年之后，除了名字，他们把我们国家的一切还给了我们。这种信任和宽宏大量的奇迹以前发生过吗？"[4]从此，

1　约翰·密尔：《代议制政府》，第244页。
2　转引自霍金渊《加拿大1837年起义与责任制政府的建立》，硕士学位论文，山东大学，2007，第40页。
3　参考 Berger, Carl. *Imperialism and Nationalism, 1884-1914: A Conflict in Canadian Thought*, Copp Clark, 1969。
4　McIntyre, William David. *Colonies into Commonwealth*, p. 120.

他成为坚定的英帝国派。

在第一次和第二次世界大战中，数十万来自加拿大、澳大利亚、新西兰、南非的战士自愿为英国而战就是证据，还有什么比血税更能说明一个人的忠诚心呢？事实上，以"一战"参战人数比例而言，澳大利亚人是要远远超过英国本土的，400万人口中就有40万以上参战。

四　帝国联邦运动

1897年维多利亚女王登基60周年，普天同庆，帝国仪式巍峨壮丽。在大街上行进着四亿属民派来的代表。大海上，集结着165艘皇家海军的军舰，受阅舰队长达几英里，《每日电讯报》骄傲地声称，"它们的名字就显示出一个世界帝国的自信——胜利号、声望号、强盛号、可畏号、尊严号和战神号"。一般认为，这场典礼代表着大英帝国威力与尊严的巅峰。作家吉卜林（同时也是一个著名的帝国主义者）看到此景，却悚然惊动，写下《退场赞美诗》：

> 我们的海军消失在远洋，沙丘和海岬炮火已沉没。瞧，我们昨日全部的辉煌像亚述、腓尼基一样陨落！宽恕我们吧，万邦的主宰，让我们不忘怀，永不忘怀！[1]

1　此译文转引自江弱水《帝国的铿锵：从吉卜林到闻一多》，《文学评论》2003年第5期。

吉卜林的用意，旨在劝诫国人戒骄戒躁。当时的英国虽然是头号强国，但是相当多的有识之士已经看到了帝国的危机。

19世纪60年代之后的英帝国确实是非同寻常的。既然各地都有责任制政府，各地方议会也有独立立法之能，既然并没有一个帝国总议会、总政府，也没有一部帝国宪法，那么认真讲起来，各地方在法理上为什么仍然从属于不列颠，就是一件很不好解释的事情。

这种不好解释实际上反映的正是英帝国的尴尬状态。一方面，我们不能说相当的殖民地人民没有英帝国认同，他们确实认为自己是加拿大人、澳大利亚人、新西兰人或南非人，但他们同时也认为自己是英帝国公民。当时的人们已经能够把英国与英帝国分而看待，1774年，埃德蒙·柏克就告诉自己的选民："我们是这个伟大国家的成员，但这个国家本身又是一个伟大帝国的一部分。"后来温斯顿·丘吉尔也说了类似的话："英国不能被视为一个与世隔绝的国家。它既是一个世界性帝国和联邦的创始者，也是他们的中心。"在1915年，一位加拿大历史学家也认为，普通的加拿大人把自己既看作加拿大人，又看作英国人，因为帝国不是英格兰的帝国，英格兰充其量只是帝国内部众多民族中的一支。但另一方面，英帝国的政治结构中又确实难于安排英国与各自治领的合适地位。在之前我们已经讲述了英帝国建设一个正式结构所会遇到的政治困难，而这种政治困难并没有随着时间的过去稍有缓解。

19世纪末的世界正进入一个更激烈的经济竞争时代，很多英国人发现非常需要整合自己的帝国，使它更有形化，以应对列强的挑战。美国和德国作为新兴的联邦国家也起到了示范作用。1883 年，约翰·西利在《英格兰的扩张》中也指出，"在美国做来毫不费力的事情，它（英国）也能够照办，那就是将彼此相距遥远"的各个地区联结在一个联邦组织内：

> 如果我们还要怀疑是否可能设想出任何一种制度，能把彼此相距如此辽远的一些社会单位联在一起，那么回忆一下美国的历史却正当其时了。他们既然已经解决了这个问题，为什么英国不能照样予以解决呢？[1]

由于以上这些刺激，帝国联邦运动兴起。这是 19 世纪 70 年代之后在英国及自治领兴起的一种思潮与政治运动，目的在于统合帝国，为帝国提供一个正式的政治框架。

当时，英国也兴起了所谓"帝国主义思潮"，但是英国的帝国主义思潮有与其他殖民国家非常不同的一点，其重心不仅在于开疆拓土，也在于重塑帝国结构，让它更紧密、更正式。当时的人们声称："严肃的帝国主义者首先要关心的是把分散在世界各地的不列颠民族再联合起来，而不是征服非洲的土地。"[2]"在帝国主义者的各项纲领中，关键的问题是在英国及自治的各移民殖民地之间创建关系

1　转引自马里欧特《现代英国》，姚曾廙译，商务印书馆，1963，第 124 页。
2　P. J. 马歇尔：《剑桥插图大英帝国史》，樊新志译，世界知识出版社，2004，第 67 页。

更加密切的联盟。"[1] 他们想达成的目标,用时人的话来说就是,"(大英帝国应该是)在一个君主统治之下流淌着同样的血液的一系列自治民族之间更加紧密的有机联系。……从他们相互之间的关系来看,他们是讲民主的民族"。[2]

这个运动代表着自美国革命之后,英帝国又一次正式化其帝国的努力。因为这个运动并不是由一小撮无名之辈及帝国主义狂热分子搞起来的,正相反,它在英国及各自治领的高层当中都受到相当的欢迎。[3] 活动家出版了数百本书、期刊文章、小册子、演讲稿和散文。当时的人们还组织了一个"帝国联邦协会"(诞生于 1884 年,解散于 1893 年),英国、加拿大、澳大利亚、新西兰、巴巴多斯、英属圭亚那等各地都有它的分支,英国首相罗兹伯里(Lord Rosebery,1847—1929)不仅是这个协会的一员,还担任过一段时间的协会副主席。在协会解散之后,还有一位重量级的政治人物,

---

1 P. J. 马歇尔:《剑桥插图大英帝国史》,第 60 页。1888 年,英国著名政治家罗兹伯里演讲道:"我们所企求的这个联邦,乃是英王所统治的各自治领邦间尽可能最紧密的联合,它和全世界的英国臣民的民族自由发展的那种与生俱来的权力是相一致的,它是在同情心上、在对外行动上以及在国防上的最紧密的联合。"转引自张健《约瑟夫·张伯伦的帝国思想及其表现》,硕士学位论文,河南大学,2008,第 22 页。
2 P. J. 马歇尔:《剑桥插图大英帝国史》,第 52 页。
3 其中有名的人物有 John Robert Seeley, James Anthony Froude, James Bryce, Lord Rosebery, W. E. Forster, L. T. Hobhouse, J. A. Hobson, Alfred Tennyson, Joseph Chamberlain, W. T. Stead 和 Cecil Rhodes,等等。参见 Bell, Duncan. *The Idea of Greater Britain*, Princeton University Press, 2009, p. 12。

约瑟夫·张伯伦[1]，他也在孜孜不倦地推动这一计划。

1887 年，第一次殖民地会议召开，商讨各殖民地之间的合作，这在事先被视为"迈向更重大事情的第一步"。索尔兹伯里勋爵在开幕词中隐隐约约提到制宪方案。一位与会者评论说："我们总可以亲眼见到这种非正式的帝国会议……发展为一个协商机构，也许有一日会成为……一个立法机构。"[2]

帝国联邦主义者大体上提出了三种类型的方案。第一种，组织一个帝国事务顾问委员会，让一批高阶人士出来为帝国事务出谋划策（但其决议没有约束力）；第二种，让各殖民地向英国议会派出代表，使英国议会能够代表帝国利益；第三种，效仿美国，组织

1　同丘吉尔家世代荣华不一样，约瑟夫·张伯伦 1836 年出生于伦敦一个普通中产阶级家庭，16 岁就投身于工商业活动（也就是说，没有上过公学，也没有上过大学，无从与贵族交游），在伯明翰发家致富，32 岁（1868 年）投身政界。在地产贵族仍然掌握政治权势的 19 世纪，无论从哪个方面看，他都是一个标准的异类。他仪表堂堂，是新时代的第一个平民政治家，充满活力与魄力（也极具野心），敢于创新与转变观念。英国贵族政治家贝尔福比他小 12 岁，但是谈起他的时候，说道："乔和我的不同之处在于年轻人和老人的不同：我是老人。"（巴巴拉·W. 塔奇曼：《骄傲之塔：战前世界的肖像，1890—1914》，陈丹丹译，中信出版社，2016，第 57 页。）张伯伦几乎是自然而然地成了一名激进主义者，他在帝国的治理中看到了种种不合理之处，倡导大幅度的改革。他一开始成立伯明翰教育协会，推动建立公立教育体系。在当伯明翰市长的时候，他推进市政改革，主张政府介入民生，提供公共福利（他的反对者将他的所作所为称为"市政社会主义"）。他之后更宣扬普选权、财政改革、土地改革。他是如此激进而又受到底层民众的欢迎，以至于他的反对者把他看成是罗伯斯庇尔再世。（参考李季山《论约瑟夫·张伯伦的激进主义》，《史学月刊》1996 年第 3 期。）总的来说，他的主张在于推翻 19 世纪的"自由放任制度"，主张国家干预。换句话说，创制与行动。当他把眼光放到帝国本身之上时，他看到的同样是更古老的自由放任（消极无为）政策的一项遗迹。

2　马里欧特：《现代英国》，第 208 页。

一个超越英国与各殖民地之上的联邦政府。[1] 无论是哪种方案，都要求放弃原先的自由放任与模糊政策，将一个"非正式的"帝国转型为"正式的"帝国，将那个由感情与利益集合起来的共同体转型为一个法理上的帝国。

这些帝国主义者雄心勃勃，想要设计并创造一个全球政体（global polity）。同这些人的殷切希望和良好的势头相悖，在 19 世纪末 20 世纪初，帝国联邦运动连续遭遇了许多困难。

1897 年，借为维多利亚庆祝登基 60 周年的机会，时任殖民大臣的约瑟夫·张伯伦邀请 11 个殖民地的领导人汇聚伦敦，召开了第二次殖民地会议。他提出，要在帝国内部建立一个咨商机构，由各殖民地派出的德高望重之全权代表组成，负责提供"真正有效和有价值的建议"。以后这个咨商机构会逐渐发展成某种帝国议会。[2] 但各殖民地首脑对此并没有任何决议，而只是委婉地、一般性地表示目前的帝国关系还是令人满意的。

张伯伦并未气馁，1902 年各自治领总理来到伦敦参加国王爱德华的加冕庆典，张伯伦借机又召开了第三次殖民地会议。他在这次殖民地会议上对各殖民地代表说："我们的确需要你们的帮助。这个筋疲力尽的泰坦巨人同命运相搏斗的那个天地太广阔了。我们肩荷这个负担已经有很多年。我们想，这是我们的孩子们应该帮

---

1   Bell, Duncan. *The Idea of Greater Britain*, p. 14.

2   马里欧特：《现代英国》，第 215 页。

助我们来支撑的时候了。"[1] 在会上，他再次提出成立一个帝国议会，让各殖民地拥有对帝国政策的相应发言权。然而，殖民地代表再次加以拒绝，只是承认殖民地会议为帝国的一个常设机构，每三年召开一次，讨论事关帝国利益的一切问题。这对于加强帝国内部政治联系当然远远不够。

为什么各殖民地要拒绝张伯伦的提议？这并不是因为各殖民地对改革帝国政制不感兴趣。在 1887 年的第一次殖民地会议上，有些殖民地已经公开表示了改革帝国政治结构的要求。比如澳大利亚维多利亚殖民地的首脑抱怨："我们在帝国体系内却没有任何代表权……这种屈辱地位也为我们敏锐地觉察出来了。……殖民地利益的重要足可使我们……享有于必要时维护我们的权利的某些具体的手段。"另外一位代表则说："我们希望此后殖民政策能被看作帝国的政策。殖民地利益能被看作和感觉上是帝国的利益。"[2] 当时的殖民地人士也为帝国政制提出了若干方案，比如新西兰殖民秘书威廉·吉斯伯恩（William Gisborne）提出的方案包含以下五个要点：第一，重组英国议会，让殖民地派出代表进入下院，封若干殖民地领导者为贵族，使其进入上院；第二，英国议会与殖民地议会要明晰权责划分，英国议会要有征税与拨款的权力，而一切未说明的权利则归地方；第三，英国议会中的代表名额今后如何在英国和殖民地之间进行分配，由改组后的英国议会和各殖民地议会共同同意才

1　转引自张建《约瑟夫·张伯伦帝国思想及其表现》，第 24 页。
2　马里欧特：《现代英国》，第 206、207 页。

能决定；第四，英国议会与各殖民地的权责划分由改组后的英国议会和各殖民地议会共同同意才能生效，改动也要双方的共同同意；第五，英国议会对帝国各组成部分的征税比例需要得到改组后的英国议会和各殖民地议会共同同意，改动也要双方的共同同意。[1]

因此，与其说殖民地对一个正式帝国不感兴趣，不如说出现了宪法工程学方面的失败。

具体而言，殖民地的帝国方案同英国政界（或者具体一点就是张伯伦）的方案有差距。在研究者看来，许多帝国联邦主义者并不"联邦"。[2]从张伯伦的方案来看，他倾向的是上述第二种方案，即建立统一的帝国议会，按各地人口数选举帝国议会代表，各地方的原有议会（包括英国在内）将成为帝国议会的下属机关，只拥有有限的立法权，帝国的军事、法律、贸易与外交将统一起来。换句话说，这不是一个联邦式的分权/隔离架构，而是一个合并/中央集权式的方案。在此方案中，由于英国在人口、财富与税基方面的优势，即使按照人口平等分配议席，殖民地的代表都只会构成帝国议会中的少数，而英国会牢牢掌握该议会的领导权。我们可以看到，殖民地与张伯伦在意见上的分歧几乎再现了当初北美殖民地与英国的宪法争议。

此外，张伯伦遭受到的是两面夹击，许多英国政治人物也不赞成他的计划。一方面，这是由于英国保守主义传统所致。保守

1   Gisborne, W. *Imperial Federation*, LSE selected pamphlets, 1887, pp. 11-12.
2   Burgess, Michael David. *The Imperial Federation Movement in Great Britain, 1869-1893*, Leicester University, Ph. D. Thesis, 1976, p. 319.

主义者对用理性构建一个政治秩序并不置信。英国政治文化通常包含以下特点：对剧烈变化的谨慎与怀疑、对成文宪法的不信任。[1] 比如那个时代著名的历史学家戈德文·史密斯就对帝国联邦计划相当反对，对宪法工程学不予置信，认为政治秩序一定是自然长成的，强行去构建一个大政治共同体只会适得其反。他在"人为的团结"和"自然的团结"之间做了区分，认为强求一个正式帝国只会带来"混乱、不幸和虚弱"。现有的情况已经很好，"语言、文化、交流、历史、共通的习惯、体制和思考方式"足以保证帝国的统一，[2] 而政治上的一统只是形式、外表与后果，不足为据。帝国联邦主义者是在强求一个"客迈拉"（希腊神话中狮头、羊身、蛇尾的吐火女怪），这么做只会将各地的利益冲突显性化，从而疏离而不是加强了帝国。所以，邓肯·贝尔（Duncan Bell）在其专著中认为：

> 主要障碍似乎在于试图将模糊的全球统一理念，一个天意已定的大英国，转化为一个在知识和政治环境中被广泛接受的实际方案，而这种环境往往对激进变革持怀疑态度，并且不愿意将殖民帝国置于立法优先事项的首位。[3]

另一方面，还有相当一部分人从帝国联邦中看不到什么好处。

1　Bell, Duncan. *The Idea of Greater Britain*, p. 265.

2　Bell, Duncan. *The Idea of Greater Britain*, p. 185.

3　Bell, Duncan. *The Idea of Greater Britain*, p. 19.

比如维多利亚时代的政治巨人索尔兹伯里侯爵，虽然他在口头上支持帝国联邦计划，但认为帝国联邦计划"在细节上似乎不切实际"。[1] 1883 年至 1892 年间，英国对外国的出口从 2.15 亿英镑增加到了 2.91 亿英镑，帝国的出口则从 9,000 万英镑下降到了 8,100 万英镑。到 1902 年，它从国外的进口达到了 4.21 亿英镑，但是只有 1.07 亿英镑来自帝国内部。要建立帝国联邦就不可避免要建立一个帝国关税特惠体系，换言之，就是要对国外产品征收歧视性关税。索尔兹伯里认为，帝国联邦计划好归好，但是他不会拿英国强大的全球贸易地位来冒险。

更关键的是，在英国，帝国联邦运动尽管激起了许多人的热情，却没有赢得两个关键政治人物——索尔兹伯里和格莱斯顿——的支持。索尔兹伯里在经济上的担忧上面已经讲过了，不仅如此，他对帝国联邦计划给英国带来的政治束缚也非常警惕。1889 年，他在写信给一位澳大利亚通信者时说："（帝国联邦）会给英国造成巨大的牺牲，同时也会损坏它目前所具有的独立地位。"他相信，联邦对英国主权的损害，要超过将帝国焊接成一个超级大国所可能带来的任何经济优势。[2] 格莱斯顿本身就对帝国联邦计划相当排斥，他嘲笑帝国联邦计划是荒谬的。1893 年 4 月，帝国联邦协会提交了一份计划，被格莱斯顿当即拒绝，认为它既不具体，也有害于自由贸易。[3]

1　Bell, Duncan. The Idea of Greater Britain, p. 15.

2　Roberts, Andrew. Salisbury: Victorian Titan. Faber & Faber, 2012, pp. 682-683.

3　Bell, Duncan. The Idea of Greater Britain, p. 16.

当然，还有一些更现实的理由，比如爱尔兰问题。如果帝国联邦成立，爱尔兰究竟是联邦的一分子，还是继续从属于不列颠呢？鉴于当时英国人对爱尔兰的歧视，以及当时的爱尔兰自治运动方兴未艾，很多人把帝国联邦计划看成动摇爱尔兰局势的不稳定因素。

在这些反对之下，也由于南非战争的影响，帝国联邦运动就此停滞。但张伯伦并没有气馁，鉴于政治条件还不够成熟，他决定暂时搁下宪法工程学这块，先从旁入手，釜底抽薪。他所想的是，先从加强帝国内的经济联系着手，具体的实现方式就是在帝国内部建立一个类似德国那样的关税同盟，对外国产品征收同样的关税，而帝国内部产品则自由流通。此方案促生了帝国关税改革运动。[1]从一开始，帝国关税改革运动的目的就是政治性的。1896 年，在加拿大俱乐部年度聚餐会演讲时，张伯伦说：

> 我们有德意志帝国的建国这样一个很好的先例可资借鉴。那个帝国是怎样产生的呢？诸位都记得，最初它是以目前组成那个伟大帝国的两个邦结成商业关税同盟开始的。它们逐渐吸引其他各邦，于是那些邦也出于商业的目的而一一加入。它们成立了一个会议或联合议会来处理商业问题。在它们的商谈中，民族目的和政治利益逐步提将出来，就这样，它就

1　当然，加强帝国内的经济联系一直是当时大家关注的重心，在历次殖民地会议上都有讨论，并非张伯伦的原创，也不是 1903 年以后才兴起的思潮和运动，张伯伦只是借用而已，不过张伯伦确实是这一运动最有力的推动者。

以纯商业基础和商业利益为起点，继续发展下去，一直到成
为一种统一的维系和德意志帝国的基础。[1]

张伯伦的想法，有点类似于今日国际关系理论中论及地区合
作时的"功能主义"，最终的目的还是帝国。

关税改革运动如同帝国联邦运动一样，有一些同样致命的缺
陷。一方面，构建统一关税体系，英国本身在经济上其实是吃亏
的，这是因为根据帝国关税同盟的原则，英国必须放弃自 19 世纪
40 年代所持的自由贸易政策，对外国进口食品和原材料征收关税。
这种关税必将提高英国人的生活和生产成本，削弱英国与其他工业
国家竞争的能力。另一方面，虽然殖民地会由此增大母国市场的份
额，但是殖民地的新兴工业就会处于英国的强力竞争之下。而且各
个殖民地情况不一，张伯伦的计划并不能给每个殖民地同等好处，
比如加拿大的木材、澳大利亚的羊毛都未被纳入计划之中。张伯伦
自己愿意算政治账而不算经济账，他这样说："如果固守经济上迂
腐陈旧的原则,我们将失去殖民地提供给我们的加紧联合的机会。"[2]
但是，无论是在英国本土的群众及政治家中，还是在殖民地人士里，
他都缺乏支持者。张伯伦的关税同盟方案同他的联邦方案一样，过
于划一，过于理想化。事实上，关税同盟想要获得成功，至少需要
两个条件：第一，英国群众愿意为帝国牺牲英国的对外贸易；第二，

1　转引自张健《约瑟夫·张伯伦的帝国思想及其表现》，第 25 页。
2　转引自钟璇燕《约瑟夫·张伯伦与英国关税改革运动》，硕士学位论文，首都师范大学，
　　2007，第 14 页。

英国对各殖民地给予各种贸易特惠，但不要求殖民地做到这点。简言之，这样一个同盟必须建立一个倾斜的、歧视性的架构才能成功，帝国中心必须为了维持帝国而付出经济代价。这正是当时的英国群众所不愿意做的。

1906 年，保守党在大选中惨败，张伯伦本人也在七月中风因而退出政治舞台，这个计划就此寿终正寝。帝国联邦运动的失败，再次说明了组织一个正式帝国的困难。英国的国情与政治习惯并不支持英国从"Great Britain"向"Greater Britain"转化。这样，至少一部分大英帝国，在其最终崩溃之前，都以"非正式帝国"的面目出现。

五 社会隔离

我们前面谈到了大英帝国在三次重大事件中，在一部分地区，都选择（或被迫选择）不建立一套正式化、制度化的帝国体系。

当然，大英帝国显然不止是由白人垦殖殖民地构成，还包括印度和在亚非拉的大片领土。但很显然，19 世纪的英国人在这两者之间做了区分。比如，西利在《英格兰的扩张》中就明确把英帝国的白人定居殖民地和印度区分开来，认为两者虽然同属于大英帝国，却有截然相反的特性：前者属于同族，而后者只是由于被征服才同不列颠联系起来；从政治、经济与社会发展程度来说，前者进步，而后者停滞。因此，他提出，从长远来看，对英国的伟大来说，印度不如白人殖民帝国重要。[1] 弗劳德（Jams Froude）也提出："（白人）殖民地对我们来说比印度重要得多，因为英帝国的整个未来取决于我们能否利用这些属地提供给我们的机会。"[2] 从这种眼光来看，白人定居殖民地是英国国家的延伸，印度和其他殖民地却只是帝国的财产。

如果说在前一种地区，帝国推行的是某种"政治隔离"的话，那么在后一种地区，帝国推行的则是"社会隔离"。在前一种地区，妨碍帝国融合 / 一体化的主要困难是政制上的，帝国宪法难以为这些已经在政治上自成一体的地区留出空间。这样的政治困难在后一种地区并不存在。我们也会发现，大英帝国本部人群对社会统一的抵制，导致了政治统一的难产。

让我们以印度为例。在《新编剑桥印度史》中，作者梅特卡夫有一个观察：

> 英国人所虑及的印度，在相似和差异这两种理念之间存在着一种持续的张力……英国人对印度的看法从来没有呈现为一个单一而连贯的思路。有时，……英国人将印度人视为像自己一样的人，……另一些时候，他们又强调他们所确信的印度差异的持久特质。甚至有时候，他们同时让两种看法

1　Seeley, John Robert. *The Expansion of England: Two Courses of Lectures*, Macmillan, 1888, p. 11, p. 176.

2　Froude, James. "England's War，" *Fraser's magazine*, 3. 14(1871). p, 144.

共存于他们的思考之中。[1]

这种纠结并不是无因由的。简单来说，对印度人到底和英国人相似 / 差异到何种程度的认知，实际上关乎印度究竟在帝国内有何未来。如果认为两者相似，那么英国就负有文明教化之责，印度将按预期逐渐实现社会进步，与英国实施同样的法律与政治制度，获得"英国性"。如果认为两者有本质差异，那么就只能"汉法治汉，番法治番"，印度就只是一块异域。在这里，需要提醒一下的是，在实践中，这两种态度各有不同面向：前者不免虚伪，有屈尊纡贵之嫌，更有强制同化之义，同时未必切合实际；而后者虽则号称尊重地方习惯、文化，有时就只是种族隔离的别称。

梅特卡夫的结论是，在整个英国统治时期，最强有力影响着英国对印度认知的，仍然是差异思想。[2]在征服早期，英国的行政部门强调过对传统的印度习俗、法律和宗教加以尊重和容忍，也强调跟传统社会精英合作，利用既有的政治结构进行统治。这既是对政治与社会现实的尊重，同时也是"印度只配专制主义统治"认知的结果。[3]到了 19 世纪二三十年代，随着自由主义思想在英国逐渐占据上风，一部分自由主义知识分子和政治家也决定在印度实施改革，开始着手把印度人变成英国人。比如，辉格党历史学家、

1　托马斯·R. 梅特卡夫：《新编剑桥印度史：英国统治者的意识形态》，李东云译，云南人民出版社，2015，第 2 页。
2　托马斯·R. 梅特卡夫：《新编剑桥印度史：英国统治者的意识形态》，第 2 页。
3　托马斯·R. 梅特卡夫：《新编剑桥印度史：英国统治者的意识形态》，第 26 页。

政治家麦考莱（Thomas Babington Macaulay），在 1835 年呼吁对印度文化和社会进行彻底改造，以造就"在品味、观念、道德及思想方面的英国人"。[1]但是，1857 年印度大起义将这一想法一扫而空。在印度的某英国官员在回顾起义缘由时，这样写道："意图将欧洲政策强加于亚洲民众身上的这种致命错误……将来必须要加以纠正。"另一位在 1859 年执掌印度事务部的英国官员也说："在最慈善的情感的感召下，按照我们的正义与公正的观念，我们陷入的误区是，引入了一个对于民众的习俗和愿望来说是完全陌生的体制。"他的结论是："我们应该尽量采用和改进该国现存制度体系中那些可用的及对我们自己有利的东西。"[2]换句话说，英国人认为是过激的改革引发了叛乱，满怀的是"狗咬吕洞宾"式的委屈，他们决定一切复原。

早在 1857 年 9 月，《经济学家》杂志就已经告诉英国人必须做出选择："未来要将印度作为一个殖民地还是一块征服地来进行统治；我们是否要以严格而慷慨的司法来明智而仁爱地统治我们的亚洲属民……或者还是将印度教徒和伊斯兰教徒视为我们平等的公民同胞，适合托付于自治政府的治理。"[3]

英国人在印度选择了前者，回避注定辛苦和漫长的融合路径。

梅特卡夫指出，1866 年英国选举制度的改革，使几乎每个英国成年男子都有了选举权，但同时也推高了英国的种族主义思想。

---

1   托马斯·R.梅特卡夫：《新编剑桥印度史：英国统治者的意识形态》，第 36 页。
2   托马斯·R.梅特卡夫：《新编剑桥印度史：英国统治者的意识形态》，第 46 页。
3   托马斯·R.梅特卡夫：《新编剑桥印度史：英国统治者的意识形态》，第 57 页。

这倒不奇怪，在群体心理学中，内群体偏好与外群体歧视总是同步上升的。随着英国内部的社会团结程度不断升高，也有越来越多的英国人选择从种族政治的角度来观察外人，持有相当的种族主义偏见。这种种族主义思想体现在许多人的言辞和思想中，比如，费边社的记者格雷厄姆·沃拉斯（Graham Wallas）在 19 世纪末对印度人有这么一个评价：

> 真正的事实是，这些人和其他人是不同的动物种类——他们的身体和精神构成是非常不同的……他们的体质虚弱、瘦小，而且常常令人作呕。他们的性格是讨好上级、卑躬屈膝，欺凌下级，对同等者则以卑鄙欺骗待之。他们的总体性格水平都没有达到普通欧洲孩子的理性水准，而是充满怨恨与卑鄙。[1]

这位记者还是英国的开明人士之一呢。

与其说是种族主义思想导致了英国在印度所执行的"差异 / 隔离"政策，倒不如说是这种"差异 / 隔离"政策需要得到种族主义理论的辩护。

这种回避态度的一个非常明显的例子，就体现在英国对本地代理人的选择上。比起接受过英式教育的新人来说，英国人更喜欢跟传统的印度王公和柴达明尔地主打交道。他们为这些传统人物设立各种礼仪，授予特权，按照梅特卡夫的判断，其程度远远超过需

1　Rich, Paul B. *Race and Empire in British Politics*, Cambridge University Press, 1990, p. 27.

要。"印度的地主和王公已不仅仅只是脆弱的英国统治者的合作伙伴，他们现在成了'古老的、本土的、珍贵的'精英。"[1]寇松总督声称："他们不是'历史遗迹'，而是统治者，他们不是傀儡，而是'行政管理中的活跃因素'。"[2]

英国人为了有效统治，需要一批接受英式教育的人作为辅助行政人员，按道理说，更接受英国文化的人应该对英国认同也更高，英国人也应该更看重他们才对。但是，英国人将这些英式印度人蔑称为"巴布"（Babu）。

> 巴布对英国行为方式的模仿，提醒着英国人那种英印之间相似性的存在，而这种相似性是英国人一直力图否认的；而且，由于巴布精通英国的自由主义，他们即使没有直接宣称，但也含蓄地构成了对英国统治者合法性的挑战。[3]

到了 19 世纪的最后几十年，这些新精英组织了印度国民大会党，要求得到他们所认为的作为英国属民应有的权利。但是，在生活方面，英国人想方设法把这些人排除在自己的社交圈外，在吉卜林的小说中，巴布总是被嘲笑与愚弄的对象，是对英国人的拙劣模仿者，是脑子里装满了教条的小官僚，是女性化的、阴柔的，同男子气概的英国人恰成对比。在政治方面，英国既拒绝给予这批

1　托马斯·R.梅特卡夫：《新编剑桥印度史：英国统治者的意识形态》，第 182 页。
2　托马斯·R.梅特卡夫：《新编剑桥印度史：英国统治者的意识形态》，第 189 页。
3　托马斯·R.梅特卡夫：《新编剑桥印度史：英国统治者的意识形态》，第 102 页。

印度官员在人事上的同等公平对待[1]，也反对在印度实施代议制[2]，这实际上等同于堵塞了印度新精英在两个方向上的晋身之阶。

英国的这种态度，既可以说是被本土人群的种族主义情绪所推动，也可以说是在印度的英国官员对与印度精英的竞争而感到的恐惧所造成的。无论是哪种原因，这种态度都无助于维持帝国的统一。1935 年，温斯顿·丘吉尔在对英国下议院发表演讲时，直接把英国人说成是印度"许多征服者中的最后一个"。[3] 以征服者自居，并不是一个合格的帝国主义者的必备素质。

英国的这种态度，并不仅仅局限在印度。比如，1873 年，金伯利勋爵（Lord Kimberley）认为，在西非，"与受过教育的当地人无关"更好，"我只和世袭酋长谈判"。1886 年，殖民部非洲处的领导直接谴责"受过教育的土著人"是"西海岸的诅咒"。[4]

我们都知道，英国喜欢采取间接统治手段治理其海外殖民地，这主要指的是通过与土著精英或具有地方影响力的团体合作，招募和依靠这些人统治。通过这种策略，英国统治者与当地的权力结构和权力网络联系在一起，同时也使其统治合法化并持续下去。

1　到 1868 年，大约有 4,000 名印度人在印度公务员队伍中服役，但他们晋升到高级职位的进程缓慢而且不受欢迎。参见 Burroughs, Peter. "Imperial Institutions and the Government of Empire," in Andrew Porter ed., *The Oxford History of the British Empire: Volume III: The Nineteenth Century*, Oxford University Press, 2011, p. 183。

2　理由是代议制政府"绝不可能类同于由多个种族组成的印度帝国的特性"，"西方的输入品不符合东方的口味"。参见托马斯·R. 梅特卡夫《新编剑桥印度史：英国统治者的意识形态》，第 212 页。

3　托马斯·R. 梅特卡夫：《新编剑桥印度史：英国统治者的意识形态》，第 219 页。

4　Burroughs, Peter. "Imperial Institutions and the Government of Empire," p. 183.

这一统治策略的成功在很大程度上解释了大英帝国的长寿和相对稳定。如果没有本土人士的合作，一小撮英国官员是不可能统治这么多人的。

我们过去常常认为，这一统治策略的出现多是由于英国的特殊政制。在国会治下，在整个维多利亚时代，英国纳税人对殖民地给英国财政带来的压力都感到十分焦虑，要求政府负责、加强政府效率的诸多改革也刺激了财政支出的紧缩。历届内阁都例行削减殖民地预算，以及避免可能受到下议院谴责的新开支。在这种情况下，政府很难采用直接统治手段，因为这至少在短时间内必然大大增加开支。

从上面的描述中我们也可以看出，采取这种间接统治方略/手段不仅仅是为了降低统治成本，也是回避统治本身。否则，为什么英国不扶植/依靠新人来做代理人呢？即使更替时会产生成本，也完全可以放在长时间段内缓慢推行。不这样做，恐怕只有一个理由：英国避免接触/同化殖民地社会，以回避可能由交流产生的内在矛盾。这样，社会隔离所带来的结果就阻碍了帝国在政治上的统一。

在英帝国的全部时间里，它似乎非要采取非正式帝国的外形，才能维持下去。从观感到体制，英国与帝国的关系都是有所疏离的。对这样一个非正式帝国，英国人自己常用的一个说法是"有机团结"（organic unity），指的是国家的统一是一系列复杂的相互依赖关系的产物，就像一个活的生物一样。这个词的反面是"机械团结"，指的是由法令、制度构成的一致。这种做法有其来由。英国是没有成文宪法的国家，其政治传统在相当程度上推崇政治参与者的默契、私下协调、对传统的尊重与自我克制。换句话说，英国的国内政治在某种程度上就是"有机"的。我们发现，在绝大部分时期，这种眼光与手腕都同样被应用到了帝国政治身上。比如，美国革命之后，帝国极力避免母国和白人属地在主权原则上发生争论，各自表述／笼统表述，不争论，大事要化小，着重协调。除外交政策之外，不列颠在行使帝国权力时极为克制，一般都会事先同属地私下协调，并不强求帝国内的政策、立法一致，比如不列颠允许属地根据自身的经济情况自己控制关税，甚至是对母国课以歧视性的关税。[1]

在英国人的眼中，有机团结很显然是要胜过机械团结的。但是，正如我们上面所叙述的，英国人并不是完全主动采取"有机团结"方式的，在若干时期，他们也想构建更制度化的帝国结构，只是有些结构性力量一次又一次使帝国回到"有机团结"的非正式帝国模式。

如果我们从帝国压力的角度来考虑，就能理解英国人的选择。一个地方的主权从根本上来看有五个来源，分别是武力、法理、利

1　如果我们从更学理／抽象的角度来探讨这个问题，我们就会发现，"有机团结"其实是关系性契约对古典契约的替代。制度经济学家，如威廉姆森（Oliver E. Williamson），对人与人、组织与组织之间的契约做了划分。古典契约意味着所有的缔约条件在缔约时就得到明确的、详细的界定，并且界定的当事人的各种权利和义务都能准确度量。关系性契约则意味着当事人更关心契约关系的持续，并且认识到契约的不完全性和日后调整的必要性。

益、魅力、传统。[1]英国的政体使得其构建一个多元帝国时会面临根本的宪法困难。在处理其白人属地的时候，对这些困难，英国人的做派是用利益、魅力与传统来弥补其在武力、法理层面的缺失，虽然各殖民地与不列颠之间的法律关系仍然悬而未决，但是避免具体的争端由头之后，这种"缺陷"就会被隐藏；在处置其非白人属地时，英国人选择避免以进一步的社会融合来促进政治统一，这也是一种"逃避统治"。

这样一个非正式帝国，使得英国能够在相当程度上逃避帝国压力，但也有一个非常大的缺陷，那就是它在很大程度上依靠英国为这个帝国提供保护与吸引力，因此极度依赖英国的繁荣。一旦英国衰落，这么一个非正式帝国就难以为继。它不像正式帝国那样，可以依赖正式制度作为国家的维系纽带（虽然单靠制度本身也不足以维系一个国家），可以把帝国的压力与负担分散在各个单元之上，从而规避风险。英帝国在"一战""二战"后的历史遭遇突出体现了这一缺陷。1917 年，战时帝国会议承认了英国与各自治领同为帝国中的自治国家，这标志着以英国为主导的帝国走向主权国家联合体。1921 年，首相劳合·乔治在帝国会议上说："曾有唐宁街控制帝国的时代，今天是帝国控制唐宁街。""一战"后，英国彻底退出了对自治领事务的干预，而帝国外交政策也实施了所谓"整个帝国普遍同意"原则（即帝国外交政策由各国联合控制），这又

1　法理指政治体制的合法性，利益指的是该地在该国内享受到的好处，魅力指的是母国所具有的政治、经济、社会或文化上的吸引力（或曰软实力），传统则指的是该地管制的历史传承。

逐渐从联合控制走向自主控制。1926年,《贝尔福宣言》(Balfour Declaration) 发布, 澄清了各自治领的独立宪法地位。1931年, 英国国会通过《威斯敏斯特法》, 规定了英国与自治领内政外交上的平等地位, 实际上宣告了英帝国的解体(以英联邦代替之), 好合好散。

第三章

法帝国

你们不允许我们成为法国人，我们就会成为别的什么，因为我们必须成为什么。

——费尔哈特·阿巴斯（Ferhat Abbas），1937 年 1 月

上海人都知道，市里最洋气、最适合逛马路的地方是原来的法租界。那里的道路干净清爽，两边满是法式梧桐、花园洋房、咖啡馆与画廊。其实，从晚清到民国，法租界就已经是一个高档社区了。相形之下，英租界（公共租界）给人的印象就比较淡薄，外滩多的是高楼大厦、洋行商站，更像一个纯商业区。这里就有一个问题：同为租界，为什么英租界看起来就没有法租界那么宜人？

法国学者白吉尔（Marie-Claire Bergère）在《上海史：走向现代之路》中回答说，之所以如此，是因为英法两国在租界管制上的理念、做法完全不同。用白吉尔书中的话来说就是："公共租界采用大不列颠的自由主义制度，法租界则奉行雅各宾派的传统。一边

是商人寡头挖空心思维护自身的利益，另一边则是专制官僚自称要为共和理想服务。"[1]

　　大致来说，公共租界的管理方式是商人自治。对这些商人，英国领事告诫道："在华英商应该自强自立，要懂得依靠自己的力量。一旦放弃了这种态度，过多的依靠国家帮助，他们就不再是企业家……不再是英国人。"[2] 公共租界的领导机关是工部局，对市政建设兴趣寥寥。该租界的公共设施由私人投资，以盈利为目的，既不充足，也不普及，有也只供外国侨民使用，尽管在 19 世纪后期已经有大量的中国人选择在此生活。

　　法租界的情况就两样了，其奉行的是巴黎到上海的垂直行政管理。白吉尔指出，"如果说公共租界的地位更加接近于自由港的地位，那么法租界则像是一块受巴黎政府管辖的殖民飞地"。[3] 法租界公董局（法租界领导机关）董事会虽然经由纳税人选举产生，但要听命于法国领事。法租界的年度行政预算是在巴黎规划制订，由外交部直接派发，市政建设的经费也得到了法国国内的支援。相比英国商人，在沪的法国商人要少得多，行政官僚、医生和传教士居于侨区的领导地位，其主要活动并不是求取利润，也不具备同巴黎抗衡的动机与实力。相比工部局，公董局更像一个巴黎派出的政府机关，有"大政府"的气魄。

1　白吉尔：《上海史：走向现代之路》，王菊、赵念国译，上海社会科学院出版社，2014，第 101 页。
2　白吉尔：《上海史：走向现代之路》，第 73 页。
3　白吉尔：《上海史：走向现代之路》，第 105 页。

这当然是由于法国大一统与政府集权传统所致，但公正地说，法国人对其属民，确实也要比英国人来得更"一视同仁"。虽然屈尊纡贵，但是，公董局或多或少都表示出对整体利益（租界的中外居民）的某种关心。"例如，自1862年起，法租界就有计划地进行公共道路和堤岸的建设。反观公共租界所开辟的公园，直到1928年都禁止华人入内。"又比如，在公共租界，自来水由私人运营，向私人开放。在法租界，则是免费面向全体的。这是大革命时代共和理想的遗泽——人人平等、社会进步和理性规划。正是由于这种共和理想的普世性格，法租界在1914年就引入了两名中国士绅进入公董局担任咨询董事，这一举动比起公共租界要早12年。正是由于法租界的公共建设较好，所以当时有大批中国的富商、士绅搬到了法租界，为租界提供了大量的税源，这反过来又刺激了法租界公共建设的发展。正因如此，法租界才有了现在洋气宜人的外貌。

以上并不是要说，法租界的治理比英租界好，而是说，在某种程度上，法租界的治理模式呈现了整个法兰西帝国的特性。在本章中，我们将部分以英法对比的形式介绍法帝国的治理方略。

一　法帝国的源流与动力

在19世纪20年代和30年代的鼎盛时期，法国及其海外领土——有些人称之为"大法兰西"（La plus grande France），拥有1,100万平方公里的土地和1亿多居民。巴黎控制着世界第二大殖民帝国，领地囊括加勒比海、印度洋和太平洋上的岛屿，北非、西非和赤道非洲上的大片土地，以及印度支那半岛和马达加斯加。如果说英帝国领土上的太阳永不落下，那么法帝国也是一样。

这个帝国的发展并非一帆风顺，而是经历了不同的历史阶段，在每一个阶段的末尾，都会遭受一次明显的挫折，并出现大幅度退潮。我们可以大致将法帝国的发展分为三个不同的阶段：从16世纪初到1815年拿破仑战争结束；从1830年（征服阿尔及利亚）到1870年（第二帝国灭亡）；从1875年第三共和国时期到1962年阿尔及利亚独立（去殖民化浪潮的高峰）。

法兰西第一殖民帝国是从16世纪早中叶开始的，当时，在与西班牙、葡萄牙、荷兰和英国的竞争中，法国开始在北美、加勒比海和印度建立商贸点与殖民地。从一开始，法国人的殖民行为就跟英国人非常不同。日后德意志帝国的首相俾斯麦打趣说："法国有殖民地，但没有殖民者。"[1] 俾斯麦虽然评论的是他那个时期法国人的殖民行为，但追溯历史，这一说法也是非常准确的。托克维尔也曾说："法国，由于它的地理位置，它领土的范围，它的富饶，一直以来都位列大陆强权中的头等。陆地一直是展示它力量与荣耀的国家舞台。海上贸易只不过是它存在的附属品。海洋从未激起，也永远不会激起那些航海和商业民族对之会有的那种尊敬和国家情绪。海洋事业从未吸引法国的重视，也没有获得财力或人才方面的帮助。"[2] 除了少数商人与冒险家，很少有法国人愿意出海定居。

1 库马尔：《千年帝国史》，第369页。
2 库马尔：《千年帝国史》，第357页。

拿法国北美殖民地新法兰西的重要据点魁北克来说，1763 年，法国在"七年战争"中失败，并将之割让给英国人，当时魁北克的法裔人口总共才不过 5 万到 8 万（而其他地方最多才有 2 万人），而英国的北美十三殖民地总人口已经达到了 200 万，实在是众寡悬殊。商人其实也并没有表现得更好一点，为了开拓海外领地而建立的私人公司大都纷纷失败。法属西印度公司在 1664 年建立，只勉强维持了 10 年就被政府接管。法属东印度公司同样在 1664 年建立，维持的时间虽要长得多，但是其开拓的力度不大，只维持了几个贸易点，在 1769 年同样被政府接管。其他的公司也纷纷破产。

由于缺乏足够的殖民者和足够的商业与社会刺激，法兰西第一殖民帝国很脆弱。当英国人通过"以海养海"获得海上霸权之后，法国在一系列海外战争（从奥地利王位继承战争到拿破仑战争）中就一直居于下风，并逐渐丧失了绝大部分海外殖民地。

法国大革命及其后的欧洲战争几乎完全使法国把目光从海外收回。强势如拿破仑·波拿巴，考虑到法国在北美的大片领土并无人居住因此难于保卫之后，也只能无可奈何地将路易斯安那以极低的价格出售给新生的美国。有一次，他表示并不愿意出售路易斯安那，认为美国将在两三百年后成为欧洲的威胁，但是他并无闲暇为后人操心。他对印度倒是表现出了兴趣，但那多半是为了打击英国，以及向亚历山大看齐。在拿破仑统治的绝大多数时间里，拿破仑的目标都是在欧洲建立一个大陆帝国，而不是一个海外帝国。

拿破仑埋头建设自己的大陆帝国无暇他顾（其帝国旋起旋灭，无足道），等到拿破仑战败，法国剩下的一些殖民地也相继丧失。

法国留下的地盘只有加勒比海上的几座岛屿、纽芬兰附近的一个渔业基地、印度的几座商站、塞内加尔的四个老殖民城镇（被称为"四公社"），等等。

之后复辟的波旁王朝"坐守困城"，也没有什么海外作为。直到 1830 年，法国才几乎从零开始重启海外征服事业。在此之前几年，法国与奥斯曼土耳其帝国在阿尔及尔的藩属诸侯起了外交争端，到了 1830 年，法王查理十世内外交困，正面对一场可能的革命（七月革命），为此，他的首相建议他发动一场海外战争，来争取公众舆论的支持。于是，在该年 6 月，法军登陆阿尔及尔西部，并迅速击败本地的德伊，占据了阿尔及尔城。虽然这一胜利并没有挽救查理十世的政治生命（同年 7 月，法国人发动革命推翻了波旁王朝），但是法国在阿尔及尔就此盘踞下来，开启了法国对阿尔及利亚长达 132 年的统治。在接下来的 40 年时间里，法国进行了一场耗资巨大又漫长的征服战争，将法国的实际控制范围推进到突尼斯边境和撒哈拉沙漠的内陆地区，然后引入欧洲移民进行垦殖。这种由政治因素推动的征服，日后成了法兰西帝国的一大显著特征。

七月革命之后所建立的七月王朝（1830—1848 年）是一个目光内敛的政权。路易·菲利普一世（Louis Philippe I）是一位著名的资产阶级君王，他的首相弗朗索瓦·基佐（François Guizot）喊出的口号是"通过勤劳与节俭而致富"。他本人在 1842 年国民议会中发表演讲说："我坚信，总的来说，法国继续在远离本土的地区开拓新的大型殖民地是不合适的。"他认为，法国需要的是一些关键的贸易点，而不是殖民地。[1] 如此作为的原因在于，开拓与维持殖民地的费用高昂，非此时能够实现。

　　相较于他的资产阶级前任，拿破仑三世要激进得多。他的理想是实现"进步的君主制"。他和他的叔叔虽然都是法国大革命遗产的继承者，但他努力向旧王朝靠拢，做"驯服法国革命的人"。但是帝国的革命色彩使他得不到保守派的支持，皇帝这个头衔又使他与共和派反目。在没有确定社会阶层支持的情况下，皇帝陛下不得不依靠反复的借力打力与政治腾挪。他需要借助公决、普选产生的立法团体来表示自己受到了人民的拥戴，但又不能真的将之化为政治现实。为了应对这个两难局面，第二帝国需要一位张扬的君主，需要议题政治，需要皇帝陛下用宣传、游行、节庆、城市翻新和外交冒险来吸引他人的注意力，以掩盖他帽子下面那只拿着兔子的手。所以在他的时代，法国四面出击，几乎同时进行了很多场冒险，有些惨痛地失败了，比如他试图在墨西哥扶植奥地利的一位王子，有些则获得了成功，比如他在 1854 年占领了新喀里多尼亚，在 1854 至 1865 年间持续推动对塞内加尔的殖民化，在 1858 至 1870 年间相继占领了交趾支那和柬埔寨，与此同时，他也大大巩固了对阿尔及利亚的占领与改造。

　　拿破仑三世的冒险终于以他在德法战争中的惨淡结局收场。法国战败，割让阿尔萨斯与洛林给德国，巴黎公社起义，"一半人想要掐死另外一半"（福楼拜语）。令人吃惊的是，在分裂中新生

1　库马尔：《千年帝国史》，第 372 页。

的法兰西第三共和国被证明带来了法兰西帝国的黄金时代。在这一时期，帝国高歌猛进，迅速成长，帝国的面积增加十倍不止。在东南亚，法国在 1884 至 1887 年间，陆续占领越南中部、北部，成立了法属印度支那（1893 年老挝也被纳入其中）。在北非，法国以阿尔及利亚为基地向东西方向扩张，突尼斯于 1881 年、摩纳哥于 1912 年沦为法国保护国；在西非，法国以塞内加尔为据点，逐次将几内亚、达荷美（贝宁旧称）、科特迪瓦、马里、毛里塔尼亚直到尼日尔等地都囊括旗下（于 1895 年成立所谓法属西非）；在中非（赤道非洲），则是喀麦隆（从德国手上获得）、刚果、加蓬、乍得、中非等地（于 1910 年设立所谓法属赤道非洲）；在南非，马达加斯加岛则于 1896 年落入法国之手。

　　为什么帝国在第三共和国时期狂飙突进？可能有好几个答案。最简单的答案可能是，自法国大革命以来的政治动荡终于落下了帷幕。在此之前，法国始终有足够多的国内问题要处理，没有精力放在持久的海外事业上。

　　第二个答案则要归结于普法战争。这场大灾难大大刺激了法国人，甚至可以说彻底改变了法国人对海外帝国事业的态度。首先，法国人有迫切恢复大国地位、走出屈辱的心理动机。曾经两度担任法国总理的茹费理（Jules Ferry）是殖民事业的坚定支持者，1885 年 7 月 28 日，他在众议院为其殖民政策辩护，发表了一篇著名的演讲：

（法国政府是否要）沉溺于这些痛苦而无所作为？是否准备当一个看客，任由其他民族控制突尼斯和越南……掌控赤道非洲地区？……在我们生活的时代，一个民族是否伟大在于它遵循怎样的发展路径……（如果）没有实际行动，不参与世界事务……我保证这样的态度会使我们的国家很快走向终结……法国不能只是一个自由的国家，她也必须是一个伟大的国家，在欧洲的命运中行使属于她的所有影响力。她必须在世界各地传播这种影响力，带去她的语言、习俗、旗帜、武力和精神。[1]

在演讲后的第五年，茹费理出版了一本小册子，在其中，他给出了一个极短而有力的论断："如果一个人只是待在后院，就不能成为一个强大的力量。"[2]法国的众议院对茹费理报以热烈的掌声。茹费理的这些主张直接来自法国学者保罗·勒鲁瓦-波利欧（Paul Leroy-Beaulieu）于1874年发表的一篇论文，题为《现代国家中的殖民主义》（"La Colonisation chez les peuples modernes"），该文提出："殖民就是一个民族的扩张，权力的复制，将一个民族的语言、习俗、思想传播到世界的过程。拥有最多殖民地的民族是高等的民族，即便现在不是，有朝一日也会成为高等的民族。"[3]换言之，由殖民入手，恢复国家荣誉。

1　库马尔：《千年帝国史》，第382页。

2　库马尔：《千年帝国史》，第383页。

3　转引自库马尔《千年帝国史》，第387页。

其次，当时德国无论在人口还是出生率上都要远远超过法国（法国的人口年增长率为 0.3%，是整个欧洲最低的），法国需要在外部寻找人力资源充实自己。当时的普遍认知是，"为了拯救一个小法国，必须有一个更大的法国"。"一战"时，帝国动员数百万海外属民为法国而战，就证明了这一动机。

最后，由于普法战争耻辱性的失败，法国的军人也有挽回颜面的需要。库马尔在自己的著作中描述了法国军人的这一愿望："在撒哈拉沙漠和印度支那的丛林中，他们将消灭 1870 年至 1871 年的耻辱。此外，他们敏锐地感到这项任务降临到他们身上，他们既有最大的需要，也有最好的机会。他们经常主动采取行动，对巴黎文官政府的指令置若罔闻。"

那么，还有没有经济上的原因呢？

许多法国帝国主义者在为海外扩张提供理由时，确实提出了一些经济上的主张。比如，茹费理自己在 1884 年面对众议院说："在经济领域，我这里有统计数据的支持，向你们说明了为殖民扩张政策辩护的各种考虑，从需要的角度来看，欧洲工业化人口，特别是我们富裕和勤劳的法国人民越来越迫切地感受到了对出口渠道的需要。"[1]

问题在于，行动人物的理由可能并不是真实的动机，即使动机真实，行动是否符合动机是另外一回事。

---

[1]   Jules François Camille Ferry, "Speech Before the French Chamber of Deputies, March 28, 1884," https://www. thelatinlibrary. com/imperialism/readings/ferry. html.

比如，法国对一些殖民地的占领是很难用经济理由来解释的。北非的毛里塔尼亚，国土的 90% 都是一望无际的撒哈拉大沙漠。法国在赤道非洲所进行的征服，也肯定是亏本的。在尼日尔，灼热的沙漠，缺水，气温高达 50 摄氏度，农业或矿产资源明显缺乏，这些使得尼日尔极度缺乏经济吸引力。征服乍得时，带队的法国军官承认，乍得非常干旱，很难找到饮用水。他后来说："当我独自一人的时候，我对自己说，为了征服这样一个被遗弃的国家而杀死这么多人，付出这么多痛苦，这真是不值得。"20 世纪初，在整个乍得，只有 20 名欧洲人居住，其中只有一名法国商人。强迫劳动和对人民征收的各种税负所产生的收入只相当于行政费用的一半。[1]

宏观的经济数据也并不能支持茹费理的说法。1882 至 1886 年间，法国与殖民地的贸易只占法国对外贸易总额的 5.71%（1909—1913 年，上升到 10.2%），而同时期英国与其殖民地的贸易要占到总贸易额的三成以上。法国对外投资的重心是奥斯曼土耳其、东南欧、俄国和南美洲，而不是自己的殖民地。1900 年，法国对外投资的 71.1% 是在欧洲（俄罗斯就占了 25%），只有 5.3% 的投资是花在了法国自己的殖民地身上（1914 年，终于上升到 8.8%）。[2]

---

1 Aldrich, Robert. *Greater France: A History of French Overseas Expansion*, Macmillan International Higher Education, 1996, pp. 56-57.

2 库马尔：《千年帝国史》，第 383—384 页。当然，殖民地对法帝国的经济影响是比较复杂的。法国经济学家马赛指出，实际上，越到后来，殖民地对法国的经济重要性才越大。从 1917 年到 1927 年，法国对外国的出口增长仍略快于对帝国殖民地的出口增长；但是从 1928 年到 1936 年，对外出口下降了 65.8%，而对帝国殖民地的出口仅下降了 1.7%。按照另一种标准，直到 1928 年，这些殖民地仅占法国出口的 17.3%，到了 1958 年则占 37.4%。同样的模式也可以在法国的进口中看到。1928 年，（转下页）

通过观察是哪些人在推动法国的殖民活动，我们也许能够得到更准确的答案。

在法兰西第三共和国的政治圈子里，有一个非常强大的超党派集团，其由各个派别的人士组成，尽管在其他方面可能会互相敌对，但他们都有一个共同主张——海外扩张。茹费里就是这个集团的重要成员，其他成员有政府的高级官员、巴黎地理学会的探险家、重要军事将领、神职人员、学者和探险家，还包括一些商人和金融家。

他们提出了若干主张。殖民地应该为法国服务。它们必须提供有用的原材料、购买法国商品和吸引法国投资。海外业务将扩充逐渐饱和的国内市场，使法国在经济竞争加剧和保护主义抬头时获得有保障的贸易渠道。它们必须扩大法国的实力和威望，对抗国际竞争对手。此外，殖民地必须有助于解决民族问题。社会改革者希望至少有一些殖民地能够为无地农民、城市失业者甚至孤

（接上页注）法国进口的产品中有 7% 是殖民地产品，1958 年，这一比例为 27.5%。简而言之，无论是作为一个市场，还是原材料产地，帝国在法国经济中的重要性自 1930 年开始上升。不过话又说回来，如果按照茹费理所说的，殖民政策是工业政策之女，那么可以说殖民地主要充当的是法国那些夕阳产业的市场。法国的新兴工业从来没有发现帝国是一个好市场，因为它太穷，买不起太贵和太复杂的东西。所以，帝国实际上阻碍了法国资产运用的效率。过时的产业得以生存，资本和劳动力本可以流向更新、更有活力的产业，却被束之高阁，本部和殖民地的价格水平都高于世界水平。这样，尽管殖民地在法国经济格局中的分量上升，但是对法国经济却是有害的，到了 20 世纪 50 年代，殖民地实际上是法国经济的负担。参见 Fieldhouse, D. K. "The Economics of French Empire," *The Journal of African History*, 27.1 (1986), pp. 169-172。

儿提供家园。那些被判犯有刑事罪或政治罪的人可以被送往殖民地，以消除法国政体中的危险因素。帝国将复兴一个由于自我满足、懒散从而丧失民族意志的法国。传教士认为，当地人的福音化将会对抗日益增长的反教权主义和世俗主义。技术专家和工程师则把这个帝国看作一个巨大的桥梁、运河、港口和铁路工地。社会主义者梦想着建立模范定居点。道德家则说，帝国将为青春活力、男子气概和开拓精神的发挥提供一个平台。对军人而言，帝国将成为陆军和海军的训练基地。

尽管这些人有以上这些五花八门的主张，但不是所有人都真的投入了海外殖民活动。首先，普通民众对帝国似乎并不感兴趣。第一次世界大战前，居住在法国殖民地的法国人只有 70 万，其中 50 万还集中居住在阿尔及利亚。在有些法国殖民地，法国居民的人数甚至要少于其他欧洲人。第三共和国的政治虽然仍然动荡（换总理如翻书），但相对于其他国家来说仍属平稳、宽容，没有什么少数群体因受迫害需要出走。而且相对来说，法国所占领的那些殖民地也实在很难说是什么风景如画的肥沃之地，对移民的吸引力也小。

唯一的例外是阿尔及利亚，这主要是由于以下原因：1848 年革命之后，特别是在 1852 年拿破仑三世政变和第二帝国建立以后，政府将两万名以上的政治犯运到了阿尔及利亚；1871 年，法国被德国打败之后，阿尔萨斯和洛林部分地区的难民也被送往北非安置。此外，从西班牙、意大利和马耳他也涌来了很多外裔移民，他们抛弃了自己的贫穷国度，因法国政府的优惠安置政策而来到这个相对邻近的地方。1889 年，巴黎将公民身份扩大到外国移民在阿尔及利亚出生的子女，这极大地增加了"法国人"在阿尔及利亚的人口数量。[1] 这些因素都是不太可能复制到其他殖民地的。[2]

尽管商人、金融家和工业家对殖民地所能产生的收益非常感兴趣，但是法国政府才是殖民经济背后的发动机，到 20 世纪早期，这一点变得越来越明显。很少有殖民地可以做到自给自足，法国驻军和官僚机构是法国产品的最大市场，政府承担和资助的公共工程是许多殖民地最具活力的经济活动，政府的各种政策决定着投资盈利与否。[3] 正如数据所显示的那样，法国资本家对殖民地的投资并不多。所以，雷蒙·阿隆坚持认为，法兰西第二帝国的建立并非是法国企业界的功劳，因为它明显动力不足。另外一位法国作家则认为，法国的资产阶级想象力不足，他们追寻的是自己内心的反复无常或头脑的精明，对国家目的不屑一顾。[4]

真正具有冲劲和主动性的是两个群体——传教士和军队。法国国内，教权主义与世俗主义的斗争异常激烈，受此刺激，传教士希望能够在国外发展大批信众，反过来复兴法国的天主教信仰。拉维杰里主教（Charles Lavigerie）对法国的北非政策施加了相当的影响，一家意大利报纸中肯地评论："红衣主教拉维杰里在地中

1　Aldrich, Robert. *Greater France: A History of French Overseas Expansion*, pp. 144-145.

2　另一处例外是新喀里多尼亚，它的主要构成人口也是政治犯。法国人稍多的地方还有印度支那和塞内加尔，在"二战"前后各自有几万人。

3　Aldrich, Robert. *Greater France: A History of French Overseas Expansion*, p. 171.

4　Betts, Raymond F. *Assimilation and Association in French Colonial Theory, 1890-1914*, Columbia University Press, 1961, p. 22.

海的影响力超过了一支军队。"[1] 在很长一段时期里，传教士团体都
是各殖民地最大的民间组织。

至于军队，他们与海外征服的关系要更加密切。巴黎政府对
海外军队的控制似乎非常弱，而军官们从海外冒险中看到了相当的
机会。库马尔尖锐地评论说，在法国的帝国英雄万神殿中，商人们
是缺席的，他们的位置由士兵取而代之。[2]

利奥泰元帅（Marshal Hubert Lyautey）就是个中典型，他在
北非和印度支那服役，战功卓著。在印度支那半岛的时候，他写
道："在这里，我就像水中的鱼，因为操纵事物和人类就是力量，
是我所热爱的一切。"[3] 之后他被派到马达加斯加岛任南部地区的总
督，控制着将近法国三分之一的土地和 100 万人口，他甚至在给
父亲的信中自诩为路易十四。再之后他被调往阿尔及利亚。1903 年，
他未经巴黎政府的许可就移师摩洛哥。1911 年，他成了摩洛哥的
实际统治者，直到 1925 年去任为止。

军队的自行其是并不是从利奥泰元帅开始的，19 世纪 30 年代
指挥军队入侵阿尔及利亚的比若将军就说过一句名言："命令应该
烧毁，以免我们忍不住地想看。"他认为，"军队中的不服从现象
已经上升为一种艺术"。1862 年，海军上将波纳尔强令越南政府将
南圻的三个省割让给法国，1867 年，拉格朗迪埃完全征服了南圻，

1　Aldrich, Robert. *Greater France: A History Of French Overseas Expansion*, p. 129.

2　库马尔：《千年帝国史》，第 393 页。

3　Aldrich, Robert. *Greater France: A History Of French Overseas Expansion*, p. 137.

而这些都是指挥官罔顾命令、自行其是的结果。[1] 之所以军队能频频自行其是，恐怕与法国军界同政治的关系特别紧密是有关系的。英国史学家罗纳德·罗宾逊特别就此指出："在巴黎混乱的政治环境下，他们（军人）有机会将三色旗带去远方。法军的军官都是一只手抱着格林机关枪，另一只手书写着回忆录。英国的军官早在东印度公司统治印度时期就失去了这样的机会。"[2]

* * *

综上所述，我们可以得出一个结论：实际推动法国海外帝国扩张事业的，并不是殖民者所具备的社会与经济动力；真正的推动能量是政治性的，在很大程度上是出于威望或短期功利的考虑。克里孟梭在 1890 年辛辣地指出：

> 既然你们是伟大的殖民者，那么，请殖民吧！你说，有了这些殖民地，资本会流到那里去，殖民者也会去那儿，工业繁荣、贸易达成，也会发现新的市场。好吧，动手吧！但是到目前为止，你只是输出了一大堆花了我们很多钱的官员，他们除了阻碍上面这一切发生就别无任务。[3]

1　库马尔：《千年帝国史》，第 392 页。

2　转引自库马尔《千年帝国史》，第 392—393 页。

3　Roberts, Stephen H. *The History of French Colonial Policy, 1870—1925*, Frank Cass, 1963, p. 29.

这种帝国扩张模式在很大程度上决定了帝国的政治面貌。无论是军人也好，教士也罢，他们对特定的殖民地的兴趣往往都是短期的或单方面的，并没有在某一地长久扎根下去的打算。除了阿尔及利亚，法国人对海外定居、经商兴趣寥寥，也就不会生成一个强大的具有独特利益的海外社会群体。这样，如何支配与管理帝国各地方，基本上就是中央政府说了算。法兰西第三共和国自身，其实是一个被强大意识形态传统所支配的政体，这使得法国的帝国管理呈现出了某种空前的刻板性。

二　帝国的治理方针

讲法帝国，不能不同英帝国作比较，因为两者在帝国攻守策略上恰成对比。英帝国比较喜欢通过签订条约兼并领土（当然，这并不是说英国人不打仗），而法帝国则多依赖赤裸裸的军事征服。[1]

英国人管理其帝国，基本上是撒手型的：在白人移民垦殖型殖民地，允许殖民者组织责任制政府并自行立法（形同大英联邦一分子）；在其他殖民地和保护领内，则尽量与旧有的统治结构和人物合作治国。

让我们以"卢格体制"为例。卢格（Frederick John Dealtry Lugard）是19世纪末期英国著名的殖民活动家。1899年，他担任北尼日利亚保护国的高级专员，通过战抚并用，彻底征服了北尼日

1　Fieldhouse, D. K. *Colonialism 1870—1945*, Macmillan Press, 1983, p. 30.

利亚，并着手建立了一套被英国人称道并效仿的间接统治体制。其主要措施是保留土著政权，这是整个间接统治制度的基础。1907年颁布的《土著政权公告》，以法律形式确认了北尼日利亚各级土著政权的存在。各级土著官员由英国总督任命并授予委任状，作为附庸统治当地居民，其主要职责是维持治安、征收税款、执行总督的命令，还负责一些地方建设工作。他们通过传统的方式当选公职，只有在很少见的场合下才会遭遇殖民当局否决。1903年和1904年先后颁布的《土著收入公告》和《土地收入公告》，规定由英国官员协助土著首领确定各村、镇应纳的年度直接税额，由土著官员负责征收。土著政权可留取一部分税款用来支付地方官员的薪水和公共建设费用（在大多数情况下，份额在70%左右）。1900年颁布的《土著法院公告》，则授权驻扎官发给土著法院许可证，允许其对土著居民行使司法权。[1]大致而言，当地的税收制度和司法制度、原有的土王和酋长，以及政治结构都被维系下来，具有一定的自治空间，英国的宗主权主要体现为"统治统治者"。此外，每一个这样的殖民地，都有各自的立法机构（这些机构多多少少容纳了本地的政治人物）和宪法，至少在表面上都以最终实现自治为目的。在基层，传统政治人物往往也有较大的裁量权，受到一定的尊重。

　　法帝国却与英帝国大异其趣，往往以直接统治为目的和手段。

1　郑家馨主编：《殖民主义史·非洲卷》，北京大学出版社，2000，第423—426页；艾周昌、郑家馨主编：《非洲通史·近代卷》，华东师范大学出版社，1995，第775—776页；Crowder, Michael. "Indirect rule: French and British style." *Africa* 34. 3 (1964), pp. 197-205。

在印度支那是所谓的"杜美体制"，由保罗·杜美（Paul Doumer）在担任印度支那联邦总督时（1897—1902）改革完成。该体制有如下特点：一，总督集权，财政、人事、内政、防务都归总督掌握。总督由法国政府首脑任命，不受本地控制。地方会议只具咨询性质，各级官吏均向总督负责，地方自治权极少。二，印度支那三国被分成五大区，各大区再分设省、县、区、乡、村各级（中央行政机构向各级再派出直属机构），各层级官员要么由法国人充任，要么置于法国行政专员的监督之下。[1] 总的来说，在这一体制中，总督集大权于一身，驻各地的欧洲殖民官员和土著官员直接对总督负责，鲜少自治余地，从殖民政权的最上层直到最底层都是如此。

　　当然，在这一体制中，也存在着一些以土著人士为主的辅助性机构，如为笼络当地名流士绅而设立的土著咨询会议、贵族会议等。但是同英国治下的议会相比，这些机构在自治程度上不可同日而语。这些机构的成员从表面上看是经过选举或推选产生的，实际上都要经过殖民当局的严格挑选后才能当选，而且事实上也不能对政务多加关心。例如，在柬埔寨的咨询会议中，议员如果干

---

[1]　参考梁志明《论法国在印度支那殖民统治体制的基本特征及其影响》，《世界历史》1999 年第 6 期；梁志明主编《殖民主义史：东南亚卷》，北京大学出版社，1999，第十三章；陈康《二战以前法国在老挝的殖民统治及老挝社会性质浅析》，《河南师范大学学报（哲学社会科学版）》1988 年第 2 期；杨昌沅《法国在印度支那殖民统治机构的概述》，《中南民族学院学报（哲学社会科学版）》1989 年第 2 期；林泉《19 世纪末 20 世纪初法国对印支殖民统治的特点及其形成原因》，《史学月刊》1995 年第 2 期；李一平《论法国对印度支那殖民政策（1887—1940 年）》，《南洋问题研究》2004 年第 4 期。

预地方行政，实际上有遭到司法追究的危险[1]；安南和东京（越南北方地区）的土著人咨询会议甚至连讨论政治问题的资格都没有；而交趾支那中央大议会的议员所能做的，仅是就一些地方性的财政预算提出协商性意见。

在非洲，法国的布置也差不多。拿法属西非来说，其首脑是大总督，向法国中央政府负责；在他之下则是各领地的总督；再下一级是省和郡的两级法国行政官员，他们主要负责管理殖民地的日常事务；法属西非最底层的行政管理人员，则由土著官员组成。在很多地方，土著政治人物属于被重点打击的对象。除了直接的人身清除之外，法国还通过重新划分政区、控制土地与限制土著酋长政治功能等方式来对本地传统政治人物施加控制。法国人大量提拔了一批在传统社会中根基甚浅的新酋长，把他们只当作主要负责征税、征兵的办事员来用。一位英国的人类学家这样描写："理论上，这些地方酋长在当地行政官员的指导下统治，实际上，他们只是替罪羊，负责筹钱拉人。虽然他们享受行政官的宠爱，享有某些特权，通常是好房子和土地，在少数情况下还有补贴，但是除非他们完全屈从于行政官，否则他们就有被解雇、入狱和流放的危险。"[2]

1921 年，法属赤道非洲的大总督梅林（Martial Henri Merlin）承认："在西非及其他地区，我们犯了一个错误：全部摧毁了土著社会结构而不是改进它以便为我们的统治服务。"[3]或者用法属西非

---

1   Bell, H. *Foreign Colonial Administration in the Far East*, Edward Arnold, 1928, p. 238.

2   Crowder, Michael. "Indirect Rule: French and British Style." p. 201.

3   郑家馨主编：《殖民主义史：非洲卷》，第 472—473 页。

大总督沃伦霍芬（Joost van Vollenhoven）的话来概括就是："此区域没有两种权威——法国权威和土著权威。只有一种权威。地区长官一个人指挥，一个人负责。土著酋长仅仅是工具或附属人员。"[1]

按道理说，"以夷治夷"、以本地人管理本地方能够最大限度节省统治成本，法国人也不是没有间接统治的需要与资源，但是从法帝国的历史来看，法国人间接统治的实践虽然不能说没有，但往往都是暂时的和地方性的。[2]而且，英国历史学家迈克尔·克劳德（Michael Crowder）指出，英国的间接统治与法国所实施的间接统治并不是程度上的差异，而是类型上的差别。[3]在英国统治的地方，酋长的地位实际是上升的。在法国统治的地方，酋长的威望则日益衰微。法国人更在乎行政效率，而不太关心其统治是不是"合法"。

法国人如此处置是有原因的。首先，根据法国史家叙雷－卡纳尔（Jean Suret-Canale）的说法，法兰西帝国的属地多是由军事征

---

1 李安山：《法国在非洲的殖民统治浅析》，《西亚非洲》1991 年第 4 期，第 28 页。

2 1890 年之后，一些法国人提出了"联合"(association) 的概念。1910 年，法国著名学者哈默德对"联合"的概念有所解释，他认为："应该让土著人按自己的方式发展，保持他们每一个人的地位、职责和作用；不要过分地改变土著人的习惯和传统，并利用他们自身的组织来达到上述的这些目的。"这种联合政策得到了法国政府的支持。联合政策其实就是某种间接统治的翻版。但是，这些法国人出台联合政策主要不是因为他们对直接统治有什么不满，而是因为他们不赞同同化政策。这样，联合政策在某种程度上就缺乏政制上的实质内容。1917 年法国众议院通过一项决议，确立法国"将继续在殖民地推行联合政策，让殖民地民族进一步融合，让法国统治下的各个领土关系更加紧密"。融合和紧密，其实并不是间接统治应该追求的目标。我们将在后面再详细解释这个问题。

3 Crowder, Michael. "Indirect Rule: French and British Style." pp. 197-205.

服而来，而军事征服中的军队独断体制为许多殖民地的管理定下了基调；[1] 其次，即使在征服完成之后，许多法国官员对土著酋长仍持相当的怀疑态度。一方面，"一批早期殖民官员深受法国革命的影响，是一些共和思想的信仰者，对法国的贵族恨之入骨。他们或是左翼共和派，或是反皇室分子，或是反教权主义者。理所当然，对于非洲的传统贵族和宗教首领，他们也抱着怀疑或敌视态度，认为这些传统权威代表的是一股保守的反动势力"。[2] 他们给自己定位的角色是"解放者"，认为需要清除本地传统压迫者，以便获得本地居民的人心与爱戴。另一方面，即使不那么理想主义的法国官员也对土著酋长不无猜忌之心，担心他们会是"两面人"，或有谋反的念头／能力。不管他们当初在征服中是不是跟法国人站在一起，不少法国扶植上台的土著国王或酋长还是被捕或被迫隐退。[3] 比如，仅在尼日尔一地，1911 年到 1920 年之间，就有 52 名酋长被废黜；[4] 又比如，1905 年，一位地方酋长因为协助法国太过得力，在本地获得了"拉贝国王"的称号，然后被殖民政府诱捕流放。[5] 处置的力度是如此之重，以至于研究者得出结论："在 1900 年至 1910 年间，大部分本地统治者被消灭了，不管他们以前是朋友或敌人，有些还是法国殖民者扶植起来的。"[6] 对此，也许最简单的解释是，法国人

---

1   Suret-Canale, Jean. *French Colonialism in Tropical Africa 1900-1945*, Pica Press, 1971, p. 72.

2   李安山：《法国在非洲的殖民统治浅析》，第 30—31 页。

3   Suret-Canale, Jean. *French Colonialism in Tropical Africa 1900-1945*, pp. 73-74.

4   郑家馨主编：《殖民主义史：非洲卷》，第 468 页。

5   李安山：《法国在非洲的殖民统治浅析》，第 27 页。

6   Suret-Canale, Jean. *French Colonialism in Tropical Africa 1900-1945*, p. 73.

的强国家历史传统限制了法国人的政治想象力，使得他们在治理多元领土的时候显得更僵硬。

以上讲的是法国殖民地的地方政制。在整体的政制设置上，帝国也呈现出相当明显的集权特征。这意味着殖民地并不享有任何特别行政区的自治地位，它与中央的关系同普罗旺斯或科西嘉岛与巴黎的关系毫无差别，均被看作母国在海外的延伸。

法国国民议会是帝国的最高权力机关，有权对任何殖民地事务立法。既然作为一个共和国，其信奉主权在民，那么各殖民地在理论上是有权向国会派出代表的。实际上，那些被法国征服最久的殖民地（所谓的"老殖民地"，认为其已经被法国成功同化），如加勒比海、塞内加尔、阿尔及利亚、留尼汪岛、印度支那、印度和太平洋地区上的一些殖民地，确实也向国会派出了代表。问题在于，他们的人数太少。1848 年，750 名国会议员中只有 8 名殖民地代表。1936 年，612 人中只有 20 人。从"二战"结束到 1958 年间，600 人中也只有 80 人。著名的殖民史学家菲尔德豪斯（David K. Fieldhouse）指出，殖民地的代表数量太少，不足以形成一股势力来影响立法。而且由于"二战"之前各殖民地对选举权的限制，这些代表是不是能够代表整个殖民地也很难说。但是他们的存在确实在形式上符合了共和体制的要求，也为共和国对各殖民地立法的合法性做了背书。

作为一个具有悠久行政集权传统的国家，对殖民地的日常管理，还是掌握在共和国政府手中，换句话说，是在各部部长手中。[1] 巴黎的权力是压倒性的，它所制定的所有新法律自动适用于所有殖民地，对议会通过的法律以及总统根据各部部长建议所制定的法令，殖民地并没有置喙的余地。各种殖民地的议事 / 咨询机构并不能与中央分庭抗礼。事实上，共和国是不承认地方还有什么立法机关存在的。各种殖民地政策要么得到巴黎的批准，要么在巴黎制定。1889 年，法国创立了国立法国海外学校（École nationale de la France d'outre-mer），专门培训各殖民地行政官员。殖民地督察官（Inspecteur des Colonies）会巡视各殖民地，监督地方行政。在财政上，殖民地的预算也受到巴黎的严格控制，无权增加税收。

这样，法国的统治，从上到下，一而再、再而三地体现出对"郡县制"的偏好。与之相关，法国统治的另外一个特色则是"混一宇内"。

法国著名学者托克维尔曾经说："（在所有殖民者中，英国人是）最愿意使自己保持分离状态，并且是所有欧洲人中最傲慢的。"[2] 这在上一章中我们已经有所叙述，即英国人努力与被征服者保持社会隔离状态。在法兰西帝国这里，情况却正好相反。

菲尔德豪斯有一个广为接受的结论：

1　最开始的时候，从 1815 年到 1858 年，殖民地的直接上级是海军部（阿尔及利亚是一个例外，最初由陆军部控制，1848 年之后被视作法国的海外省，直接由内政部管理），在拿破仑三世时期短暂成立了一个殖民部，但是很快被废除，到了 1894 年，一个正式的殖民部才正式成立（突尼斯、摩洛哥由外交部负责）。

2　转引自珍妮弗·皮茨《转向帝国：英法帝国自由主义的兴起》，金毅译，江苏人民出版社，2012，第 335 页。

　　法国人处理殖民地与本土之间宪法关系的方法根源于
1789 年革命的共和主义原则。共和国是统一、不可分割的：
殖民地是共和国固有的一部分，应该在每一个特定层面上都
被收入其中……它倾向于消除殖民地与母国之间的所有差异，
殖民地仅仅被看作母国在海外的延伸。这不仅仅意味着一个
单一的关税体系，也意味着本土的地方政府模式和法律被应
用到殖民地上来，殖民地人民在法国国民议会中得到代表和
完全的文化上的同化。[1]

　　澳大利亚历史学家罗伯特·阿尔德里奇（Robert Aldrich）也
指出：

　　贯穿整个 19 世纪末期法国殖民政策的概念是"同化"，
这项政策旨在消除殖民地和本部之间的所有差异，赋予它们

1　Fieldhouse, D. K. *The Colonial Empires From The 18th Century*, Dell Publishing, 1966, p.
308. 同化在法国的政策和实践中有多种含义 / 面向，M. D. Lewis 指出至少 6 种：1. 从
总的方向来说，同化是法国的主要殖民政策；2. 作为反自治的同化，一体化 v. s. 权力
下放；3. 在立法含义上的同化，即授予子民母国议会中的代表权；4. 同化等同文明传播；
5. 同化意味着种族平等，而不是英国人那种肤色歧视；6. 同化是一种高度集中的殖民
地统治形式。Lewis, Martin Deming. "One Hundred Million Frenchmen: The Assimilation
Theory in French Colonial Policy."*Comparative Studies in Society and History* 4. 2 (1962),
pp. 129-153. 我们会发现，同化政策的不同面向虽然相互之间有关联，但也不是绝对
不能分开。对于同化政策，某个支持者可能是希望能够接纳殖民地臣民成为法国公民，
使其享有平等权利；另外一个支持者则可能认为同化政策的重心是使殖民地臣民能够
接纳法国文化，成为文化意义上的法国人，是否给予政治权利倒不是重点；还有一个
支持者可能觉得同化政策的重心应该是"八纮一宇"、改土归流，在政治上将各殖民
地地方牢牢纳入法国中央政府的掌握之中，却反对当地臣民的公民化。

> 与本部相同的行政、财政、司法、社会和其他制度，给予其居民充分的公民权利，并迫使他们承担与法国公民相同的义务。这项政策的目的是，从官僚主义的角度来看，使之成为海外的小法兰西，或许，在时机成熟时，将非洲人、亚洲人和岛民变成不同肤色的法国男人和女人。[1]

这两位学者讲的都是一回事。法国人主张，法国的主权延伸到哪里，哪里就是法国，哪里的人民就自动成为法国人，或者更准确地说，有望成为法国人。法国既要求政制层面，也要求文化和心理层面的融合。

尽管这种想法并不切合实际，因此也显得有些虚伪，但是同其他帝国比起来，确实有更多一视同仁的气派。其他的帝国始终会坚持某种等级安排。拿英国人来说，即使圣雄甘地受到再多的英国教育，有再多的英国认同，也不会授予他公民身份。法国人至少在理论上坚持了"赋权换认同，平等换忠诚"，在现实中也多多少少有些相应安排。

这首先体现为法国向某些受过法国教育、担任过一定时间公职、拥有一定财产或在服兵役期间受到奖励的非洲人提供法国公民权，同时给予他们选举代表进入共和国最高立法机关的机会。这明显是学习罗马帝国的做法，用公民权来奖励扈从，在被统治社会中制造分裂，以点带面进行统治。

1　Aldrich, Robert. *Greater France: A History of French Overseas Expansion*, p. 110.

公民权当然是有价值的。对地方而言，如果一个殖民地有大量公民存在，那就能升格，同本土人民一样享受言论自由、集会自由等一系列传统自由权利。如果只是臣民（获得公民权之前的状态）的话，就没办法向法国议会投票选举殖民地代表，也没有资格建立正式的殖民地理事会；对个人而言，这意味着可以获得法国法律的保护（免受土著法律的歧视性对待），以及晋升之阶。英国人类学家露西·梅尔在 1936 年惊讶地观察道：

> 法国对待当地人的态度是，法兰西文明是最高等级的文明，非洲人只需接受这一文明。只要接受了法国人的这一套，本地人就可以参与殖民地的任何事务。如果他确实被法兰西教育所同化，他可以从事任何职业，担任殖民地的管理职务，被法国社会接纳。这种对待受过教育的本地人的态度让英属殖民地的本地人极为羡慕。[1]

美国历史学家克里斯托弗·米勒（Christopher Miller）也有一个相似的观察："同化的真正含义是，如果你在文化上成为我们的一员，你将和我们享有同等地位。"[2]

法国授予公民权的顺序基本上是由老至新。最先获得公民权

---

[1] 转引自库马尔《千年帝国史》，第 401 页。

[2] Miller, Christopher L. "Unfinished Business: Colonialism in Sub-Saharan Africa and the Ideals of the French Revolution." In Klaits, Joseph, and Michael Haltzel, eds. *Global Ramifications of the French Revolution*, Cambridge University Press, 1994.

的是法国最老的那些残留至今的殖民地。1848 年以后，马提尼克岛、瓜德罗普岛、法属圭亚那和留尼汪岛、塞内加尔的四个殖民公社的土著居民都一定程度上获得了法国公民身份，并可以向法国议会派遣代表。这些权利在拿破仑三世时期有所反复，在第三共和国时期又得以恢复。对于其他殖民地，法国公民权可以由申请而来。通常要求申请人年满 21 岁，在法国军队或公共服务部门有若干年服役经验。在许多殖民地，还有一些其他条件，包括法语知识、品行端正、服务功勋，以及良好的经济条件。如果申请人是伊斯兰教徒，还要放弃自己的文化和习俗。所以，这些条件并不容易满足。[1]

在文化上，法国的同化政策就意味着普及法国文化教育。法国在非洲建立了一套公立教育体系，主要是在初等、中等、技术与职业教育范畴。土著学生学而优则仕，成为基层行政人员和技术人员，更优秀者则会被派到法国就读大学，鼓励他们与法国社会混合。茨威格在《昨日的世界》中曾经描述："非常漂亮的姑娘和一个漆黑的黑人或者一个眼睛细长的中国人挎着胳膊走进最近的小旅馆

1　比如，1912 年的《入籍法》规定，凡出生在法属西非、担任公职不少于 10 年、拥有一定财产、具备良好品质、受过法语教育或在服兵役期间获得奖赏者，可以成为法国公民。1937 年，以上 5 条资格条件扩大到 11 条，还增加了 7 条附加条件。一旦一个非洲当地人的身份成功地从臣民转为公民，他（她）及其配偶、子女便开始受法国法的保护，并不再受习惯法约束。不过这批人的数量很少，只有少数上层土著才能满足这些条件，只是在达喀尔、圣路易、吕菲克斯和戈雷岛这 4 个法国在塞内加尔的老据点，归化民才多一些。到 1918 年，整个法属西非获得公民权的黑人仅 24,997 人，其中 22,711 人居住在塞内加尔。到 1926 年，法属西非人口已达 1,349.9 万，而成为法国公民的非洲人仅有 97,707 人。参见洪永红、瞿栋《论殖民时期法国法在黑非洲的移植》，《西亚非洲》2006 年第 1 期，第 63 页。

时一点也不感到难为情。在巴黎,谁去关心什么种族、阶级、出身?"[1]
虽然比起英国殖民地来说,法国殖民地的文盲率较高,因为所有
的教育都以法语授课、讲授法语文化,教科书以"我们的祖先是
高卢人"开头,罔顾本地语言与风俗习惯,也缺少足够的法语教师,
但是对一小撮进入这个公立教育体系而被培养出来的土著知识精
英来说,这套文化教育体系确实在相当程度上培养出了他们的法国
文化认同。[2]

三　历史惯性与共和主义意识形态

之前我们讲到过,伯班克和库珀在《世界帝国二千年》中对
帝国的定义是:"帝国是一庞大的政治单元,是扩张主义的,或在
历史上扩张至广大领土上的,在兼并/整合新人群时仍维系区隔/
差异和等级制度的政体。"应该说,这个定义是人们对帝国的主流
认识。

1　茨威格:《昨日的世界:一个欧洲人的回忆》,舒昌善等译,广西师范大学出版社,
　2004,第64页。
2　比如在1939年,阿尔及利亚有125万6至14岁的儿童,其中只有11万人入学;
　1954年至1955年,也只有15%的学龄儿童入学,中学里只有6,260名非欧洲学生(其
　中超过五分之一是非穆斯林)。只有七分之一的穆斯林居民会说法语,十八到二十分
　之一的穆斯林居民会读写法语;在穆斯林妇女中,这一数字更低,只有一百五十分之
　一的人会读写法语。在印度支那半岛,1925年,超过200万学龄儿童中只有20万人
　入学,即使在学校条件最好的地区,也只有十二分之一的男孩和百分之一的女孩入学。
　他们中间又只有百分之十的人完成了五年学校教育。参见 Aldrich, Robert. *Greater
　France: A History of French Overseas Expansion*, p. 226。

　　法兰西帝国（尤其是第二帝国）与这种主流认识并不相符。如果说帝国是"多元"加"等级制"的结合，那么法兰西帝国则在相当程度上坚持"同化"与"大一统"。在所有这些帝国中，法兰西帝国似乎最有"天下"范儿，可谓"四海之内，莫非王土。率土之滨，莫非王臣"。如果说所有的帝国都努力在世界上复制自己的话，那么法国人的复制冲动是最显著的。我们将在之后再详谈法帝国的这种治理术及其后果，这里我们要解决的问题是，为什么法帝国会有这种"非帝国"的表现？

　　回顾历史，这似乎可以说是一种法国的历史惯性。从欧洲历史上看，法兰西无疑是最典型、最成功的民族建构案例。法兰西实际上是从北部一块地方（不超过现法国版图的一半）逐步扩张而来的，科西嘉人、布列塔尼人等等起先都是异族，直到近代才成为法国人。

　　大革命之后，法国的民族构建方略有二，其中之一是赋权，即赋予所有人平等公民权利与个人自由，废除各地的封建特权，实现社会阶层流动。在大革命中，革命者决定创造一种"法兰西人民"，用"共同意志"而不是血缘来定义民族。在 1789 年 11 月 23 日国民公会的辩论中，一位名叫克莱蒙（Clermont Tonnerre）的革命者在谈到犹太人地位时说："对作为个人的犹太人，我们给予（国民应有的）一切。"这种反封建、平等与自由的革命理想与实践确实能吸引很多人，阿尔萨斯和洛林地区的人就"在革命和战争的锤炼下逐渐倾向于法国"。尽管他们说德语，但在革命理想的感召下却发展出极大的法国认同。[1]

这种民族观一直是法国民族主义的主流意见。19 世纪著名的法国学者厄内斯特·勒南（Ernest Renan）在 1882 年于巴黎大学发表演讲《民族是什么》时，大力批评了德国人的文化民族主义思想，指出人种、语言、宗教、利益和地理因素都不足以构成民族，民族就是共同意识。[2]

赋权之外的第二方略，就是不承认地方族群的政治地位，这意味着否认那些古老的文化团体的自治权利。在那句"对作为个人的犹太人，我们给予一切"的名言之前，其实还有一句："对作为一个民族的犹太人，我们什么也不给。"正如厄让·韦伯在《从农民到法国人》中指出的那样，西部、东部和中南部的广大农村地带的法国化是到 19 世纪下叶才完成的。这一目标的达成，首先要归功于一个强有力的中央政府体制，在这个体制下，行政高度集权，全国划分成 100 个小省（每个省只相当于中国的一个县大小），几乎完全服从巴黎的支配。第三共和国再使用四种手段进行民族整合：普及义务教育、工业发展、政治参与、普遍义务兵役。随着强制法语教育的普及、全国市场的交融、以阶级为分野的党派政治动员出现，以及各地士兵进入军队这个大熔炉，上述地方才终于培养出了法国认同。

简而言之，法国的民族国家建设方略是赋权换忠诚，政府直

1　曾晓阳：《从"先生"的语言到公民的语言——试析近代法国统一民族语言的政治因素》，《史学集刊》2013 年第 6 期，第 88 页。

2　厄内斯特·勒南：《民族是什么》，《民族社会学研究通讯》第 113 期。

接接触民众，以国家主义、世俗化行政一视同仁地构造"想象的共同体"。这一方略是如此成功，以至于当进行海外扩张时，许多法国人信心满满地认为，如果学校和军队可以将农民变成法国人，他们就可以以同样的方式将土生土长的外国人变成法国人。他们认为，强大的中央共和国家可以克服族群认同的障碍，用共和政治认同取代地方认同，化多元帝国为统一国家。而且，法帝国内外的同化基本上是处于同一个时间段的，这样就更起着相互促进的作用。

　　人们通常也认为，官僚政治传统构成了法帝国"大一统"外貌的另一种历史惯性。迈克尔·罗斯金在《国家的常识》中曾经这样描述法国的政治文化："个体意义的法国人爱好自由，而公众意义的法国人却知道他（她）需要理性、秩序且非个人的规则。"[1]这个描述是许多法国人也承认的，比如法国历史学家皮埃尔·利奥特（Pierre Lyautey）在《法兰西殖民帝国》（L'empire Colonial Français）中说："每个法国人都有潜在的集权倾向。"[2]这一点在法国的国家结构上体现得分外明显。在旧制度下，法国就已经具有了政治与行政权力高度集中的特征。托克维尔在《旧制度与大革命》中指出，国家集权是从旧制度到共和国以来的共同传统。自大革命以来，法国的政治架构也始终保持着"统一和不可分割"的外形，法国的地方单位自治权相当稀少，中央直接插手地方政府的决策则

1　迈克尔·罗斯金：《国家的常识》，夏维勇、杨勇译，世界图书出版公司北京公司，2013，第 132 页。

2　转引自 Betts, Raymond F. *Assimilation and Association in French Colonial Theory, 1890-1914*, p. 22。

是常态，任何重大的项目与行动都需要得到中央政府的认可和财政支持。当进行海外扩张时，法国就自然而然地把这一传统带到了帝国管理习惯之中。

正因为如此，菲尔德豪斯才指出，大革命后的法国从启蒙运动和革命中继承了平均主义和对政治自由原则的关注，从旧制度和第一帝国中继承了行政中央集权和专制。[1] 正是这两者的结合最终塑造了法兰西帝国的基本面貌。

上面是事后静态的回顾分析，如果我们要进一步理解这种帝国"大一统"是怎么被这些历史惯性、国内政治因素所推动的，还需要回顾帝国的具体历史进程，以及当事者的讨论与意见，看看他们的想法和主张，看看他们被什么因素所推动。

在法兰西第二殖民帝国，人们一开始就在争论以下问题：法国是要建立贸易点，还是垦殖殖民地；征服一块土地之后，是建立保护国，还是彻底吞并；对殖民地的行政管理是应该委托给特许公司，还是交给巴黎任命的官员，又或移交给殖民者自己；法国是应该对其征服的人民进行彻底的同化，还是应该保持土著社会结构和文化，让被征服者自成一体，仅仅通过原有的土著精英与法国产生联系；殖民地的运行是必须依靠自己，还是从法国本土投入大量资源进行开发。简言之，帝国边缘应该怎么治理，其与本部的关系是什么样的？

1　Fieldhouse, D. K. *The Colonial Empires from the 18th Century*, p. 306.

　　早期的法帝国研究者（Arthur Girault, 1895; Stephan H. Roberts, 1929）认为，近代法国人面对的帝国政策选项有三：臣服（subjection）、自治（autonomy）、同化（assimilation）。[1]这些研究者共同的判断是，法国人几乎是一开始就自然而然地选择了第三个选项。"臣服"看起来是如此具有旧制度的气息，与人权是不相容的，而英国模式的自治与共和国的统一也是不相容的。

　　讲到这里，就不能不提到革命者所持有的启蒙主义思想遗产和共和主义革命理想。启蒙主义者相信人的理性、善良禀赋与社会的可改良性，他们视当时的世界为一个过度管制的世界，旧身份、旧制度与思想定见妨碍人们行动，阻碍世间幸福，因此"去身份"就是一个自然的解答。后来的西方自由主义者，如约翰·密尔等，无不继承了这个见识。加拿大学者威尔·金里卡指出，自由民主制度在一定程度上是作为封建主义的对立物而出现的，在封建主义下，个体的政治权利和经济机会由其群体身份而定。[2]从反封建的角度出发，启蒙思想家以及后来的共和主义者都企图打破身份限制，以社会契约作为政治的基础，并不认为个人必须受其族群、阶级或宗派的先天约束。卢梭在《社会契约论》中提出的公民概念是高度抽象的，家庭出身、经济状况、地理、文化、宗教和其他因素的差异，被视为无关紧要的因素被排除在公共政治领域之外。国家并不是生活在特定领域上的个人的总和，不是利益团体的组合，

---

[1] 后来又加上了联合（association）。

[2] 威尔·金里卡：《多元文化的公民权：一种有关少数族群权利的自由主义理论》，杨立峰译，上海译文出版社，2009，第34页。

而是一个公民的意愿联盟。"自由、平等、博爱"被看成国家构成的基础，此国家因此具有无限的延展性。

法国大革命将这种普世主义与理想主义推向实践的高峰。当时的革命者，颇有"全世界无产者，联合起来"的气魄。于是，"在革命的逻辑中产生了同化政策"。1794 年，革命者在《人权公约》中释放了奴隶，并规定，"居住在殖民地的所有人，不分肤色，都是法国公民，享有宪法保障的一切权利"。来自加勒比海诸岛和法属印度的代表被召至国民议会，共同议政。1795 年，"共和三年宪法"又宣布"殖民地是共和国不可分割的一部分"。

大革命后，共和政治与威权政治的反复震荡实际上起着巩固"同化"观念的作用。原因是，在 1875 年法兰西第三共和国巩固之前，每一代共和主义者都需要咬紧牙关同查理、菲利普和波拿巴们做斗争，他们需要不断重申共和主义政治理念，秉承意识形态的纯洁性。这使得同化观念和理想成了法兰西帝国的基调，在帝国的历史上一再浮现。美国史学家雷蒙德·F. 贝茨（Raymond F. Betts）在《法国殖民理论中的同化与联合》中指出，在每个时代，它都受到质疑，但一再以新的活力重新出现。[1]

与这个现象相联系的是，在法帝国的历史上似乎反复上演着"儒法斗争"：同化政策总是和共和政府产生联系，也随着共和政府的倒台而被废除。上台的威权人物，倒是比较像传统的帝国统治者，主张要灵活处置其臣民。在拿破仑的统治下，殖民地在法国

1　Betts, Raymond F. *Assimilation and Association in French Colonial Theory, 1890-1914*, p. 16.

立法机构中的代表权被取消。[1] 它的再次恢复要等到第二共和国出
现。共和国政府再次解放了奴隶，重建了殖民地代表制度，并通
过立法让塞内加尔四个殖民城镇的原住民获得了法国公民权。共
和国政府还将阿尔及利亚划分成三个省份，从此"阿尔及利亚就是
法国"（l'Algérie, c'est la France）。波拿巴三世则摇摆不定，比如
他对阿尔及利亚一开始也持同化主张，但是到了 1863 年，他宣布：
"阿尔及利亚不是一个殖民地，而是一个阿拉伯王国……我既是法
国人的皇帝，也是阿拉伯人的皇帝。"[2] 等到他下台后，第三共和国
再次恢复了殖民地的代表制度。

　　莱昂·甘必达（Léon Gambetta, 1838—1882）是第三共和国的
元勋，也是同化政策的热情辩护者。1881 年 5 月 5 日，甘必达在
纪念废除奴隶制的宴会上发表演讲，声称法国永远不会变得足够
大，人口也永远不会变得足够多。任何公民人数的增加都增加了
法国的荣耀。他从这一角度称赞了奴隶制的废除："正是在这一天，
法国人被创造出来了。"他提议为"海外法国"（Français d'outre-mer）
干杯，并说："人权宣言没有根据肤色或等级来区分人……正是这
给了它以庄严与权威……它并没有说'法国人和公民的权利'，而
是说'人和公民的权利'。"他称赞海外法国人对共和国所做出的

1　拿破仑认为，让殖民地享有同法国一样的法律，那么殖民地的居民和原住民就会控
　　制地方政府机器，继而颠覆殖民地的经济秩序。Betts, Raymond F. *Assimilation and*
　　Association in French Colonial Theory, 1890-1914, p. 17.

2　Lewis, Martin Deming. "One Hundred Million Frenchmen: The Assimilation Theory in
　　French Colonial Policy. " p. 135.

贡献，鼓励他们要求更多的同化：

> 你们和法国拥有一样的自由，你们可能认为这些自由还
> 不够完整，我相信，就目前而言，它们已经足够到可以迎来
> 剩下的自由，它们很快就会得到必要的补充。你们已经得到
> 了大部分你们所要求的同化。再努力一次，再投票一次，再
> 多一个代表，我相信海外法国和法国大陆之间将不再有任何
> 差距。只有一个法国，真正的、唯一的法国，只有一面旗帜。[1]

这种观念，正如法国殖民史的研究者史蒂芬·罗伯茨（Stephan
H. Roberts）所述："自由、平等和博爱弥漫在空气中，这都建立
在拿破仑法典和18世纪理性主义的正统观念上。法国只把帕皮提
（Papeete）、达喀尔（Dakar）和因苏拉（Insulah）看成是巴黎的远郊。"[2]

正因为共和政治已经胜利，因而有些共和原则就不一定再需
要坚守。而且，当共和政治已经安然无恙之后，同化理论的合理性
与各种实践之间的反差与矛盾就再也不可能隐藏了。

从纯粹理论上来说，同化政策是奠基在政治和族群归属分离
之上的（简言之，政治中立）。但是，这种"政教分离"式的设想
实际上极大地高估了人和人类社会的理性程度。"政"与"族"其

1　转引自 Majumdar, Margaret A. *Postcoloniality: the French Dimension*, Berghahn Books, 2007, p. 9。

2　Roberts, Stephen H. *The History of French Colonial Policy, 1870-1925*, p. 103.

实没有办法这么轻易分离。日后的研究者，如威尔·金里卡指出，规定一般人权的国家实际上做不到中立于各族群：

> 在多族群的国家里，哪种语言应该成为国会、行政机构、法庭和教育机构的公认语言？行政区域的划分是否应该使少数族群在特定区域内成为多数？政府权力是否应该从中央向地方转移？政府工作人员是否应该给少数族群一定配额？少数族群的传统家园是否应该有特殊保护？[1]

　　在没有规定集体权利的情况下，只设定个人权利平等往往意味着"数人头"的多数主义决策程序。对上述这些问题的回答，通常都会以族群为边界形成分歧（而多数主义决策程序对少数群体不利，尽管程序上合法）。这样，当社会中明显存在着异质人群时，"个人一律平等"的政策、制度只能消除外部可见的隔阂，人群与人群之间的紧张关系却不会因此轻易消失。当越来越多的"外族"成为国家公民之时，族裔间在社会分配方面的冲突就越来越有可能出现。在第三共和国之前，法国的海外领土尚阙，所辖人民尚少。等到帝国高歌猛进之时，主客矛盾的前景也就慢慢浮现在了远方。

　　从实践上来说，同化政策也有颇多问题。一个显著的问题就是同化政策的虚置与困难。虽然在理念上任何一个海外臣民经历一定

---

1   威尔·金里卡：《多元文化的公民权：一种有关少数族群权利的自由主义理论》，第5—6页。

程序、满足一定条件都可以成为法国公民，但在实践上却并非如此。即使到了"二战"之后，整个帝国中拥有法国公民身份的海外臣民应该也不超过 10 万人。同样，虽然在理论上，法国本土法律四海皆准，但为了治理的方便，殖民地地方当局会制定专门的殖民地法，本地也有自己的习惯法，这中间就颇有相抵触的地方。阿尔及利亚是一个显著的案例，它虽然在行政区划上是法国的三个省份，被当作本土对待，但是法国移民与本土居民对立严重，阿尔及利亚人不愿意归化，而法国移民也不愿意让利、接纳。在塞内加尔，白人、混血儿与本土黑人之间也发生了政治冲突。

一些有名望、有能力的殖民地地方长官也反对法国的直接统治，认为法国对本地旧有权力人物与结构的打击增加了法国统治的难度。日后，摩洛哥的第一任驻扎官利奥泰将军就是同化政策的坚定批评者之一："不要去扰乱任何传统，不该改变任何习惯，每一个社会都有一个天生的统治阶级，没有它一事无成，要利用它来为我们的利益服务。"[1] 这种意见代表了相当一批务实官员的意见。

还有一个问题是经济上的。19 世纪 80 年代，法国的经济疲软和出口市场消失成为当时人们忧心忡忡的问题。殖民游说团体的首领尤金·艾蒂安（Eugène Etienne）也希望法国能从生意人的角度去考虑殖民地，转换殖民地的统治方式，把它当成企业来经营，以便为法国提供足够的原料和商品市场，而"引进外国思想只会刺激出代价高昂的争斗，因为本地人会经常反对外国统治的这一方面。

---

1 李安山：《法国在非洲的殖民统治浅析》，第 26 页。

因此，同化政策无异于制造麻烦，阻碍殖民地的经济发展，导致
母国丧失在该地区的特权地位"。[1] 同时，法国的共和政治观念和
法律确实在某种程度上阻碍了殖民当局对本地资源的压榨、攫取。
有些法国帝国主义者相当露骨地说，欧洲制度对本地人来说过于
发达，不应适用："文明人的任务是通过工作来促进原始人的进化，
并把他提升到一个意识到自己义务和尊严的人的高度，而不是通过
一种愚蠢而毫无结果的慈善行为来抛弃他们。"[2]

　　于是，人们对同化政策的异议开始聚集起来。1889 年 7—8 月，
法国举办了殖民地国际大会（Congres Colonial Internationale），同
年 12 月和第二年的 2—3 月又举办了两次殖民地全国大会（Congres
Colonial National）。在这些会议中，同化政策的反对者和捍卫者发
生了激烈争论。[3]

　　争论的主角之一是古斯塔夫·勒庞，他是一名多产的作家，
其作品在法国引起广泛争议，其人也颇受爱戴。他相信社会进化论，

1　Betts, Raymond F. *Assimilation and Association in French Colonial Theory, 1890-1914*, p. 141.
2　Betts, Raymond F. *Assimilation and Association in French Colonial Theory, 1890-1914*, p. 144.
3　当时，殖民地的繁荣，而不是教化，被列为文明的使命的优先事项。人们认为，荷兰、
特别是英国的经验表明，注重殖民地增长、尊重本土制度的政策是成功的，而法国追
求同化的努力失败了。法国作家甚至注意到，种族歧视已成为英国殖民思想的核心，
也是推动英国伟大进步的另一个成功因素。科学思想，特别是社会心理学，对法国殖
民理论的影响也越来越大。社会心理学家古斯塔夫·勒庞（Gustave Le Bon）反对启蒙
运动的哲学家，后者肯定了人类的统一和人类的普遍平等，勒庞则声称人民或种族在
根本上是不平等的。不平等源于社会和智力发展的差异，历史是民族或种族特征的产
物，各民族的特征是永久固定的。在将他的理论应用于法国殖民政策时，勒庞得出结
论："我们必须把同化或法国化任何劣等民族的想法看作是一种危险的幻想。把他们
的习俗、制度和法律留给当地人。"

认为普世平等不过是一个幻想，民族有自己的遗传性格与精神，而且有着高低之分。[1]他在殖民地国际大会上提交报告，猛烈抨击同化政策：

> 在我们看来，我们当前的制度总是最好的，而我们的性情，明天将导致我们彻底推翻它们，今天却迫使我们把它们强加于每一个人。这些理论观点已经引导我们，把我们的殖民地组成法国省份。……那些黑人，没有得到过解放，他们的大脑发育程度与我们石器时代祖先几乎完全相同，但他们已经跳进了我们强大的现代行政机器的所有复杂性中。[2]

从种族主义观念出发，他认为"适用于文明人的那种教育根本不适于半文明人"，英国人在印度与其培养的印度精英之间的遭遇，为他提供了论据："在印度，几乎没有一个英国行政官员不坚信，所有在英国学校接受教育的印度人，都是英国权力不可调和的敌人。""我所接触过的所有受教育的阿拉伯人都证明，我们教育的唯一结果就是使他们的同胞堕落，给他们认为的需求，却不给他们满足的手段，最后使他们痛苦不堪。"[3]

---

1 Betts, Raymond F. *Assimilation and Association in French Colonial Theory, 1890-1914*, pp. 64-68.
2 Lewis, Martin Deming. "One Hundred Million Frenchmen: The Assimilation Theory in French Colonial Policy." p. 138.
3 Lewis, Martin Deming. "One Hundred Million Frenchmen: The Assimilation Theory in French Colonial Policy." pp. 138-139.

　　来自瓜德罗普岛的参议员亚历山德拉·伊萨克（Alexandra Issac）对此言论感到难以置信。伊萨克是一名混血儿，致力于殖民地管理改革，增加更多的开放性，也是法国人权联盟的创始成员之一。他回应说：

> 也许我自己就是那些不应该接受欧洲教育的土著之一。……我不能理解，在革命一百年后，……怎么会有人认为教育是一件坏事，怎么会有人认为殖民地居民和殖民国家人民之间的关系只应该是统治 / 被统治关系，怎么会有人认为欧洲各国的习俗、语言和知识是一种被专门保留的遗产，本地人不应该被允许接触之。

　　这种想法使他想起了旧制度下的殖民实践，他问道，难道欧洲人自己没有受过旧制度之害吗，难道人权宣言只为他们而颁布吗？"如果说在欧洲统治下的国家，有必要保持人民的无知……这种说法是对欧洲文明本身的指责。"[1]

　　塞内加尔的前总督瓦隆（Aristide Louis Antoine Vallon）也不同意勒庞的意见，他认为黑人与白人的智力、天赋是相当的，教育当地人不仅是法国的道德义务，也符合法国的利益。"我们对待这些有色人种的态度和对待农民的态度是一样的。我们应该教育前

1　Lewis, Martin Deming. "One Hundred Million Frenchmen: The Assimilation Theory in French Colonial Policy. " p. 139.

者，也应该教育后者。"他讽刺地补充说："有些人认为，送我们
的农民上学，我们正在使他们成为社会的敌人。"[1]

对同化政策的怀疑态度继续维持到了殖民地全国大会上。全
国大会虽然在伊萨克的主持下继续认可同化政策，但是做了许多修
正，比如承认同化并非一蹴而就，而是需要渐进行事，不会寻求整
体归化，等等。[2] 但是，对同化政策的攻击还是在进一步发酵。就
在上面这些大会上，有位代表提出了一个尖锐的问题，他自问自答：
"假如大多数的选民的种族与法国本土的种族不同，法国会变成什
么样子？……总有一天，殖民地的代表会在我们的议会中占多数。
阿拉伯人、安南人、非洲海岸的部落会对我们的法律发号施令。我
们的殖民事业只会导致我们的自愿奴役。"[3] 如果是这样，到底是谁
殖民了谁呢。对这样一个问题，同化政策的支持者们实际上无法回
答。所以，世纪之交之后，反对者最后集合在一个新的政策概念旗
帜下——"联合"（association）。

"联合"政策的鼓吹者认为，同化政策过于僵硬，具体的殖民
政策应该按照特定地区的地理、种族特征和社会发展状况灵活处
置。这种政策由于包容性强，可以做多方理解，迅速得到了多方支
持，在世纪之交后几乎成为法国的官方政策。

1　Lewis, Martin Deming. "One Hundred Million Frenchmen: The Assimilation Theory in French Colonial Policy. " p. 140.

2　Lewis, Martin Deming. "One Hundred Million Frenchmen: The Assimilation Theory in French Colonial Policy. " pp. 141-146.

3　Lewis, Martin Deming. "One Hundred Million Frenchmen: The Assimilation Theory in French Colonial Policy. " p. 152.

在有些地方，联合政策意味着法国要更尊重原有政治秩序与政治人物，注重地方自治。比如 20 世纪 20 年代的西非大总督之一指示，酋长"再也不仅仅是一种'工具'，而是土著所信任的代表，在某种程度上，他们将恢复到我们来这儿之前的样子，就是说恢复他们的酋长地位"。在赤道非洲，殖民政府在 1941 年也宣告，"我们必须在任何情况下确认、尊重和促进土著政治机构"。[1] 应该说，这些宣言确实不仅仅是宣言，有一些地方的法国殖民官员确实在相当程度上改善了对传统政治机构的态度，村社传统受到了更多的尊重，地方酋长享受了贵族待遇。

法国人这么做的理由之一是经济性的。早在 1897 年，让·德·拉内桑（Jean de Lanessan），法国博物学家和政治家，就在自己的著作中指出，要发展殖民地的经济就要尊重本地人的习俗和行政机构。[2] 法国那种大政府的做派、太大的行政花销，以及不足的殖民地经济产出，是很多人都有所诟病的。

这种放松却并不意味着法国的直接统治会转换成英国的间接统治，从此无为而治了。因为法国的放松管制基本上发生在行政基层，在各殖民地整体的政治构架上，法国的统治权并没有发生大的改变。儒勒·哈曼德（Jules Harmand，旧译为何罗芒），博物学家、行政官员、联合概念的提出者，他有一个相当直截了当的解释：

1　李安山：《法国在非洲的殖民统治浅析》，第 29 页。
2　Betts, Raymond F. *Assimilation and Association in French Colonial Theory, 1890-1914*, pp. 139-140.

现实而明智的联合政策以不可动摇的坚定性保留了所有的支配权……它并不试图准备实现或实现平等，这是永远不可能的。这一政策远远不是为了削弱统治，而是想使之有较少冒犯性，少使人厌恶，从而增强它。[1]

这种态度就牵扯出联合政策的另一个层面。据说，它是使法国殖民者与殖民地土著居民做各自擅长的事情，土著居民可以遵循自己的地方传统，保留自己的生活方式，法国只负责总体上的管理，并不寻求用法国文明重组土著社会。据说这样，土著人和法国人将成为伙伴，法国人负责提供"智慧"，本地人提供"肌肉"，各得其所。可能有些现代人会为这种想法迷惑，觉得这似乎近似于现代多元主义，但其实这和南非的班图斯坦制度的内在逻辑是一致的。[2]

---

[1] Betts, Raymond F. *Assimilation and Association in French Colonial Theory, 1890-1914*, p. 141.

[2] 在殖民时代，南非白人政府的做法跟美国一样，为本地土著划定了一些保留地（占全国土地面积的 12.7%）。1948 年，当赢得大选之后，信奉种族隔离的南非国民党开始为黑人的"自决"和"独立"奔走。1951 年，南非政府通过《班图权力法》（Bantu Authorities Act），在保留地上建立了 632 个黑人"自治单位"。南非政府特别下令，这些自治单位的基础必须是黑人部落，目标是"重树土著法律与习俗的权威"。1959 年，政府又制定了《班图自治法》（Promotion of Bantu Self-Government Act），将所有保留地逐渐合并为 8 个班图斯坦（至 1979 年扩至 10 个）。各班图斯坦各自设立议会和自治政府。1963 年通过《特兰斯凯班图斯坦宪法法》（The Transkei Constitution Act），使特兰斯凯成为一个"黑人国家"。进而，在 1976 年宣布特兰斯凯独立（自此先后有 4 个班图斯坦独立），并把其他尚未独立的班图斯坦改称为"未独立黑人国家"。从表面上看，南非政府放手让黑人"独立"，拥有自己的国家，而且积极"帮助"他们进行民族建设，维护"传统文化"，怎么还能说人家不尊重黑人的集体权利呢？但在事实上，无论是黑人自己，还是许多外部研究者，都不认为南非政府此举做到了这点，而是认为这是一种极虚伪的做法。这是因为，南非政府将班图斯坦的各级政府工作交给了世袭的部落酋长们。南非政府教训南非的黑人要尊重自己的政治传统，（转下页）

　　我们可以看得很清楚，联合政策的另一个目的，同许多英国人在印度的所作所为一样，是实现社会隔离。对此，19 世纪的另外一名法国政治作家奥古斯特·比亚尔（Auguste Billiard）表达得非常赤裸裸："我们引进我们殖民地的既不应该是哲学理论，也不应该是只适应特殊条件的社会制度，就应该只是我们的制造品。"[1]另一位政治家和作家沙耶-贝尔（Chailley-Bert，他是法国殖民联盟的创始人和主席）则说得更巧妙一些："联合政策基于这样一种观点，即土著人至少暂时低等于欧洲人，或者至少是不同的。他们有他们的过去，他们的习俗，他们的制度和他们所信奉的宗教。即使有教育的帮助，他们的头脑也不能更快理解和接受我们的理念。但是，强者有责任引导弱者，帮助他们发展他们自己的文明。"[2]

（接上页注）在传统的部落制下面生活，不要寻求什么政治参与和民主管理。在部落已经稀释或混杂的地方，南非政府甚至会重建部落。由于把酋长变成政府雇员（由南非政府支付他们薪水），同时赋予他们治理其同胞的名位，南非政府就在班图斯坦中培养了一批个人利益同白人政府一致的既得利益阶层。比如，特兰斯凯是模范班图斯坦。形式上，特兰斯凯也有自己的议会，一共是 109 位议员，其中 45 人是选举产生的，其他 64 人则是由南非政府任命（并从南非政府处获得薪水）的各部酋长。在这个安排中，白人政府和部落酋长们各取所需。南非政府要应对国际舆论，要彻底实现种族隔离，酋长们要谋取个人利益（除了经济利益之外，也要对抗部落民主管理的呼声），他们没有民主制度下所会拥有的大众支持，本身也必须依赖外部的持续扶持。我们可以说，班图斯坦制度其实是一种共谋。这里出现的情况是集体虚置。在名义上南非黑人有了自己的"国家"，但是这个国家却只是一个"想象的"共同体。谁来把这个共同体落到实处，通过什么样的程序形成集体意愿，而不是"被代表"，就是一个问题。南非政府曾经向监狱中的曼德拉许诺说，只要他承认特兰斯凯是一个独立国家并且搬到那里去，就释放他，给他自由。曼德拉拒绝了。曼德拉正确地看出，当个人权利缺位的时候，集体权利就成为攫取和篡夺的对象。

1　Betts, Raymond F. *Assimilation and association in French colonial theory, 1890-1914*, p. 142.

2　Betts, Raymond F. *Assimilation and association in French colonial theory, 1890-1914*, p. 152.

换句话说，法帝国的臣民们应该安于自己的"传统文化"和"传统政治结构"，共和国与共和制度并不适合他们。这实际上是对普世主义的否定。哈曼德很直白地承认，法国有必要抛弃关于"人的自然权利"的幻想。[1]

如此一来，我们就很难说，联合政策是对同化政策的改进。哈曼德自己也说，联合政策不应该被解释为"狂热的自由主义"，并非要使本地人"与我们有同等的地位"。[2] 如果说老的同化政策兼具压迫和解放双重性质[3]，是法国的共和政体与帝国政治之间冲突的产物，那么联合政策的解放性质要少得多，但极力避免让土著居民接触"权利"概念的心态却很强。

联合政策同共和主义之间的冲突却还是令很多法国人感到不安。他们虽然也对接纳大批殖民地臣民成为法国公民的可行性持怀疑态度（他们担心会被法国殖民地数百万土著的投票所淹没），但是因此而否定共和主义的普世性质似乎也过于激进。于是，他们寻求折中的方法。由于"联合"政策的支持者对地方自治其实持相当工具性的态度，他们并不真的反对从巴黎出发的中央控制与行政大一统，所以"联合"和老的"同化"政策也确实有一些基石可以共享（比如，联合政策的支持者可以取同化政策中的"中央集权"，

1　Lewis, Martin Deming. "One Hundred Million Frenchmen: The Assimilation Theory in French Colonial Policy."p. 148.

2　Lewis, Martin Deming. "One Hundred Million Frenchmen: The Assimilation Theory in French Colonial Policy."p. 149.

3　它坚称法国文化的优越性，法国种族的优越性，但是开放参与资格给"劣等种族"。它一方面否认地方社会的独立性，拒绝地方自治，但在另一方面却也有天下一家的气魄。

弃其"公民纳入"）。折中的结果是，文化同化与政治平等作为一种目标仍然保留在官方意识形态中，只不过要"缓步前行"。

1917 年，法国的众议院通过一项决议，确定"（法国）将继续在殖民地推行联合政策，确保他们渐进融入国家统一，并加强所有悬挂法国国旗的领土之间日益紧密的联系"。[1] 如此表述的联合政策，颇有些"形左实右"的味道。

四 帝国治理的后果

法国的治术效果如何？如果说法国的统治，一是"郡县制"，二是"书同文，车同轨"，那么，对这个问题的回答似乎也可以从两个层面着手。让我们先来看看中央集权一体化的后果，再来看看同化政策的成败。

集权的影响：尼日利亚与尼日尔

首先，从理论上我们可以说，法国的直接统治在各殖民地引入了一个强有力的行政体制。有些学者（比如亨廷顿和福山）认为，一个强大的国家是经济与社会发展的前提。[2] 但现有的一些对帝国

1　Lewis, Martin Deming. "One Hundred Million Frenchmen: The Assimilation Theory in French Colonial Policy."p. 150.
2　塞缪尔·亨廷顿：《变化社会中的政治秩序》，王冠华、刘为译，上海人民出版社，2015；弗朗西斯·福山：《政治秩序与政治衰败：从工业革命到民主全球化》，毛俊杰译，广西师范大学出版社，2015。

遗产所进行的研究并不支持这种理论上的推导。学者们的一般意见是，在去殖民化之后，前英国殖民地的经济表现普遍要比前法国殖民地好。

罗宾（Robin M. Grier）在对 63 个前殖民地国家从 1961 年到 1990 年的经济表现进行对比之后指出，前英国殖民地的经济表现明显要比前法国殖民地好。在把比较对象缩减到 24 个非洲国家时，这项规律仍然成立。他发现，决定这些国家不同经济表现的主要因素是独立时人力资本的多寡。在这方面，法属殖民地要明显劣于英国殖民地。直到 20 世纪 60 年代后期，法属黑非洲地区高达 95% 的人口仍然是文盲。在法属殖民地，只有三分之一的一年级学生能够读满六年小学，而在英国殖民地中，这个数字是四分之三。这是因为英国人通过用本地语言教学，有意识地避免疏远本土文化，对培训土著教师颇为用力。法国人只用法语教学，师资始终不足，而学生同乡土之间颇有距离，同本土社会隔离开来。[1]迈克尔·克罗德在 1968 年的著作中也谈到了此点：

> 法国体制更关心说服儿童接受殖民制度和法国文化的优点……它旨在生产"非洲法国人"，保证这些人忠于法国，对本地民族主义漠不关心……英国人不太喜欢哲学……他们关心的是教育的性质要适合非洲的情况……英国试图培养的是

1　Grier, Robin M. "Colonial Legacies and Economic Growth. " *Public Choice* 98. 3 (1999), pp. 317-335.

"非洲的非洲人"。[1]

其他多项研究肯定了罗宾的发现。比如，为了进行更精细的对比，亚历山大与肯尼斯（Alexander Lee，Kenneth A. Schultz）对喀麦隆做了研究。喀麦隆在"一战"期间被英法占领，西边一块地方归英国，东边归法国。结果发现，原英属殖民地部分的经济、社会表现就是要比法属部分好，在财富水平和公共产品上都是如此。原因是，英国部分受益于间接统治体制（以及没有强迫劳役政策），这促生了更有活力的地方机构，这些机构又反过来对本地的经济与社会生活产生了正面影响。[2]还有一些学者（Rafael La Porta 等）认为，英式普通法体系与鼓励经济增长的政策之间存在着强烈的联系。他们发现，在普通法国家，对投资者的保护比大陆法国家更强，而且相对来说，腐败程度也要更低。这是因为普通法更接近社会、更少大政府气质。英属殖民地由于继承了英国的普通法传统，因此要比继承法国民法传统的各法属殖民地的表现要好得多。[3]

以上这些比较研究都指出，从社会结构上来说，前英国殖民地要比前法国殖民地来得更健康而有活力。

1　Crowder, Michael, *West Africa Under Colonial Rule*, Northwestern University Press, 1968, pp. 378-380.
2　Lee, Alexander, and Kenneth A. Schultz. "Comparing British and French Colonial Legacies: A Discontinuity Analysis of Cameroon. " *Quarterly Journal of Political Science* 7. 4 (2012), pp. 365-410.
3　La Porta, Rafael, Florencio Lopez-de-Silanes, and Andrei Shleifer. "The Economic Consequences of Legal Origins. " *Journal of Economic Literature* 46. 2 (2008), pp. 285-332.

还有一项研究值得着重指出，美国政治学家威廉·F. S. 迈尔斯（William·F. S. Miles）在 1994 年出版的《分裂中的豪萨之地》（*Hausaland Divided：Colonialism and Independence in Nigeria and Niger*）中，结合政治学和人类学的方法，对英法殖民统治做了比较。他在尼日利亚和尼日尔分别选择了一个豪萨人的村子进行观察。这两个村子原本同属于豪萨王国（Hausaland）。到了 19 世纪，原豪萨王国（当时豪萨王国已被新起的富拉尼帝国吞并）的土地被英法入侵者分割，北方归法国（尼日尔），南方归英国（尼日利亚）。这两个村子分别坐落在边界线两侧，因为地理位置相近，可以看作是初始社会条件一致的同一地方群体。也就是说，它们所发生的变化，基本上可以用英法的殖民统治差异来解释（在英法退出后，继承国家基本上维系了旧殖民统治方式）。

在尼日利亚，弗里德里克·卢格爵士实行的是所谓卢格体制，一种典型的间接统治。本地埃米尔的治权实际上没有发生多大变化，用卢格自己的话来说，"酋长是行政机构的一个组成部分，不是两套统治者——英国人和土著人——分别或协同在这里工作，而是一个单一的政府，其中，土著酋长有明确的职责，与英国官员有同等的地位"。在另一处，他也说道："（英国的）政策是支持本土自治，而不是在土著酋长的支持下强加某种形式的英国统治，这是两件非常不同的事情。"[1] 英国在 1960 年离开尼日利亚时，地方首领

1　Miles, William FS. *Hausaland Divided: Colonialism and Independence in Nigeria and Niger*, Cornell University Press, 1994, p. 92.

埃米尔的权威仍然是至高无上的，英国人对地方行政的兴趣主要集中在杜绝贪污上。在尼日尔，法国实施的则是一整套中央集权官僚体制。当英国人竭力保留传统的豪萨—富拉尼酋长国的形式时，法国则分裂传统的行政单位，代之以人造的行政区，由法国行政人员出任长官，任意处置地方酋长。

老实说，豪萨人并不反感英、法的统治，这两者都带来了一定的秩序、和平、自由与财富（同过去"自己人"的统治相比较）。[1]但英国的统治明显较松弛、较少压迫性，而法国的统治则死板、严厉。[2]豪萨人觉得英国人纾解了农民的困境，而法国人则压榨农民的劳动力（法国的行政长官以强迫劳动为人们所铭记）。豪萨人更害怕法国人（法国行政官员留下的负面形象居多）。但是相应地，法国人确实带来了一套更强有力和严密的国家管理体制，尼日尔的村民会为尼日利亚人缺乏对权威尊重的程度表示惊讶。

无论尼日尔，还是尼日利亚，对英法两国来说都没有什么经济重要性可言。两国都鼓励本地生产一些欧洲市场上用得到的经济作物（如花生），区别只是，英国人利诱（利用自由市场经济），而法国人威逼（官僚体制强行推行）。在征税方面，法国方面的税负明显要比英国方面高且呆板（单一税率，做不到因人而异），相应地，英国发行的货币在豪萨人那里更受欢迎。在尼日利亚那边的

---

1 迈尔斯指出，有不少豪萨人对殖民统治时期实际上是有所怀念的。参见 Miles, William FS. *Hausaland Divided: Colonialism and Independence in Nigeria and Niger*, pp. 99-100。

2 这种严厉不一定是坏事。当津德尔（Zinder）苏丹的一位收税官为了收税烧毁村庄、杀死村民之后，法国人直接枪决了他。在英国那边，就不一定能有这个反应。Miles, William FS. Hausaland *Divided: Colonialism and Independence in Nigeria and Niger*, p. 97.

豪萨人村子里，市场经济明显规模更大，也更活跃、多元。

在教育方面，正如我们之前就提到过的，英国的殖民地教育更接地气，为本地提供了更多的人力资本。但是，法国的教育体制却有另外一个好处——它在学校的正规化、精英化方面要超过英国一方。迈尔斯观察到，在尼日利亚，传统的宗教教育同世俗教育并行不悖（豪萨人信奉伊斯兰教），教师同社区融为一体；在尼日尔一方，世俗教育则占主流，而教师则被看作社会精英（他们隶属于公务员体系），薪水高于尼日利亚的同侪，其社会地位高于本地社区传统权威。这种差别其实反映的是法国那种"学而优则仕"的理念。

在这里我们需要岔开来说一些关联知识。英国人所培养的欧化精英普遍都有点挫折情绪，原因是这样的。他们接受了西方式的教育，也培养出了新的价值理念，即一个人的成就应该由自身的作为决定，而不是任由出身支配。但是在英国殖民地中，一方面，欧洲人把持着最重要的职位，另一方面，旧有的人身依附式政治结构与政治人物也作为英国间接统治的手段与合作伙伴被保持下来，继续在社会生活中占据重要地位。而且，英国官员通常要更认同非洲的酋长和印度的王公，而非这些自己培养起来的新知识分子，这是因为这些官员多来自英国的中产阶级或下等阶级，从文化上来说通常更尊重贵族和社会出身。同时，他们也担心这些新知识分子对自身职位的威胁。[1] 在本地社会之外，英国的高层政治与社会

---

1 Fieldhouse, D. K. *Colonialism 1870—1945*, p. 34.

也并没有给这些新精英提供一条晋身之道。这样，这些新精英自然就感受到了排挤，既没有办法完全融入新社会，在传统社会又无立身之所，所以很多人就只能自行其是，领导一个面向现代的民族主义运动，创造一个属于自己的国家。尼赫鲁与恩克鲁玛等人就是这样一批知识分子的代表人物。法国方面就没有英国这样的问题。在去殖民浪潮中，法国殖民地的领导人通常也都出自这些新精英。在法国制度下，教育被认为是国家体制的一部分，存在一个"学而优则仕"的人才选拔过程，优秀的土著青年在学校接受精英教育后，就会进入公务员体系或职业生涯，其地位要高于传统权威人士。更优秀的人则入法留学，法国政坛的大门也向他们敞开。欧化精英阶层借此向上流动。他们对法国统治的认同程度，其实要远远超过自己的英国同侪。[1]

总之，迈尔斯的研究大体上验证了上述比较研究的结论，即英法不同治术确实造成了不同的影响，但同时也指出，如果说法国的统治相对来说没有惠及大众（同英国比较而言），但是在经营新精英层的认同方面，确实要比英国用力。

---

[1] 就拿尼日尔和尼日利亚来说，尼日尔的首任总统是哈马尼·迪奥里（Hamani Diori），其父亲是一名殖民地行政官员。他就读于塞内加尔的一所教师培训学院，1936 年至 1938 年在尼日尔担任教师，后来在巴黎担任外语教师。1946 年，他当选为法国国会议员，1956 年再次当选并成为国会的副议长。在 1959 年的公投中，他的党派站在法国一方，赞成留在法兰西共同体内。尼日尔独立之后，他仍然保持了同法国的良好关系。尼日利亚的首任总统是本杰明·阿齐克韦（Nnamdi Azikiwe），他的父亲也是一名殖民地官员，在受教育之后短暂成为财政部的一名秘书，遭受歧视之后去职，至美国就学，成为专栏作家，颇有声名。几番求职失败后（包括国王学院的一份教职），他成为尼日利亚几份报纸的编辑，鼓吹激进的民族主义与黑人自豪，成为独立运动的领导人之一。

同化政策之后果：塞内加尔与阿尔及利亚

接下来我们讨论的是法国同化政策的效果。在这里，一个典型的案例就是塞内加尔，因为正是在该地，法国人的同化政策实施得最为完整，同化政策的影响也表现得最为清楚。[1]

法国对塞内加尔的殖民活动可以追溯到 17 世纪，当时的法国商人在塞内加尔海岸上建立了四个商站性质的殖民城镇——圣路易斯（Saint-Louis）、达喀尔（Dakar）、戈雷（Gorée）和吕菲斯克（Rufisque）。18 世纪末，圣路易斯有 7,000 名居民，其中 600 人是欧洲白人，其他都是混血儿和自由黑人。法国大革命之后，在 1833 年，一项皇家法令规定"任何生来自由或依法获得自由的人在法国殖民地都享有公民权利和法律规定条件下的政治权利"，大约有 12,000 名非洲人因此获得了法国公民权。[2]1848 年革命则进一步将选举国会议员的权利授予了这些殖民城镇（同时规定只要在这

---

1 如果说中央集权式的政治同化、文化灌输式的文化同化，法国是到处实施的，但是对公民权的授予，法国却非常迟缓。到了 1921 年，象牙海岸才有 308 人成为法国公民，达荷美 121 人，上沃尔特 17 人，整个尼日尔只有 9 人。到了 1936 年，整个法属西非中的 1,500 万人口中，如果排除塞内加尔，只有 2,186 名法国公民。转引自 Crowder, Michael. *Senegal: A Study in French Assimilation Policy*, Oxford University Press, 1962, p. 5. 相对来说，在 1918 年，塞内加尔获得公民权者有 22,711 人，到了 1926 年，上升到 48,973 人。同时，也正是在塞内加尔，出现了一批有全帝国影响力的黑人政治家（1848 年就有一个混血儿被选为国会议员，Blaise Diagne 是第一个黑人议员，在 1914 年当选，后来在法国内阁中担任了殖民事务的次官），对殖民地的本地控制权确实也由本地白人转移到了黑人手中。这说明塞内加尔的同化政策确实相对来说实施得较深。

2 Crowder, Michael. *Senegal: A Study in French Assimilation Policy*, p. 13. 1830 年 11 月 5 日的一项枢密令使法国民法典适用于塞内加尔，宣布该殖民地为法国不可分割的一部分，并赋予居住在那里的任何自由出生的个人以法典赋予法国公民的权利。1833 年 4 月 24 日的一项法律进一步承认了这一特许权，赋予自由出生的人以及合法获得自由的任何个人以公民权利和政治权利。

些城镇住满 5 年就能自动获得法国公民权）。虽然拿破仑三世当政时，这项权利被取消，但后来又被法兰西第三共和国所恢复。

1854 年，塞内加尔迎来了一位能干的新总督，路易·费代尔布（Louis Faidherbe），他通过一系列军事行动将法国的殖民统治从河口、海岸上的少数几个据点延伸到了塞内加尔内陆。为了征服，他组建了一支黑人部队，即著名的塞内加尔步兵团。之后，法国开始效仿他的做法，大量征召土著士兵加入法军战斗序列。对此，有学者评论说："法国人做了其他殖民列强不敢做的事情：武装和训练大量有可能反叛的殖民地臣民。"[1] 当然，这种说法并不确切，因为英军也征召了大量的印度士兵。但是法国确实给予殖民地部队以更多的信任，这主要体现为 1912 年的《入籍法》，该法规定，在服役期间获得奖赏者可以获得法国公民权。

如前所述，第三共和国的建立代表着过去近百年的政治斗争终于告一段落，在其早期，共和主义者确实企图用同化政策将共和体制与帝国缝合在一起。1872 年，圣路易斯和戈雷获得了法国公社地位（类似于全权市，拥有地方自治权），吕菲斯克在 1880 年、达喀尔在 1887 年也做到了这点。相比于其他西非人，出生、居住在这些公社中的塞内加尔人自动享有公民权，他们受法国民法典的约束和保护，其他人则受制于土著法典（Code de l'indigénat），会被强迫劳动。法国在圣路易斯设置了一个总理事会（general council），作为塞内加尔日常事务的决策机关，本地的土著也能被

1　转引自郑家馨主编《殖民主义史：非洲卷》，第 507 页。

选进议事会。1879 年到 1920 年，共有 97 人被选进了议事会，其中有 53 名白人，占大多数，此外还有混血儿 28 名、本地的非洲人 16 名。[1] 法国还在这里设置学校，为整个法属非洲培养土著干部，同时向法国输送土著留学生。

塞内加尔在 1960 年独立后，首任总统列奥波尔德·塞达·桑戈尔（Léopold Sédar Senghor）的侄女同一位访谈者描述过自己在殖民时代的感受："在那个时候，即使是被同化的法国四公社也是享有特权的人民……来自达喀尔、圣路易斯、戈雷和吕菲斯克的人都是法国公民，他们被赋予了特殊的地位；因此，除了一些歧视（那也不算什么）以外，我和一个年轻的法国妇女没有什么区别。"[2]

当时有一种情况非常普遍，那就是塞内加尔内地的孕妇会在怀孕末期迁移到四个公社之一去。一旦这位母亲到达目的地并生产，新生儿就自动成为法国公民。[3] 这种在今日世界也屡见不鲜的身份移民现象，说明了在四公社内，种族因素确实不构成社会天堑。

从种种迹象上来看，本地人并不排斥（或者更公平一点说是认同）"法国化"。除了历史传承之外，还有三个因素颇有助力。首先，塞内加尔人实际上也是由若干差异较大的族群构成的。塞内加尔于 1960 年独立建国后，除被立为官方语言的法语之外，还有其他

1　Idowu, H. Oludare. "Assimilation in 19th Century Senegal." *Cahiers d'Études Africaines* (1969), p. 201. 这一理事会在相当程度上运作正常，种族关系融洽。

2　Kwang Johnson, Nancy. "Senegalese Into Frenchmen? The French Technology of Nationalism in Senegal." *Nationalism and Ethnic Politics* 10. 1 (2004), p. 140.

3　Kwang Johnson, Nancy. "Senegalese Into Frenchmen? The French Technology of Nationalism in Senegal." p. 141.

六种官方语言（Diola, Malinké, Pulaar, Serer, Soninké, and Wolof）。其中，最大的族群沃洛夫人（Wolof）现在也只占人口的 43%。法语，作为一种外来语言，倒是起着一种平衡作用。其次，法国在塞内加尔与他处格外不同，对本地的旧法律、习俗还是比较尊重的。在四公社里面，既有地方法院采用习惯法，也有穆斯林法庭处理婚丧、遗产、赠予等民事事宜。由于公民归化并不以其放弃文化传统为条件，这样，惹来的反感就少。再次，塞内加尔人其实是法国殖民非洲的代理人与合作者，塞内加尔步兵团跟随法国长官南征北战，塞内加尔学校出身的行政官员在整个西非任职。这种较有优势的社会身份，确实有助于他们接受"现实"。

如前所述，世纪之交，法国人实际上从旧有的共和主义原则上后退，同化政策中的部分内容被搁置。在塞内加尔，法国公民权的自动授予始终被限制在四公社内，没有向内地扩展，就是例证。但是，随着非洲裔公民受教育程度的逐渐提高，欧洲人对本地市镇议会和总理事会的控制权不断削弱，混血儿和土著居民开始逐渐获得了控制权（1907 年出现了第一位土著地方政治代表）。对这一阶层而言，法国推行的联合政策就是一个威胁（在塞内加尔，这一政策的体现之一是企图剥夺出生公民权，代之以文化资格）。为了应对这个威胁，他们坚决拥护旧有的同化政策。比如，1912 年总理事会要求，无论何种肤色，所有公民都有服兵役的义务。在其他帝国，这是被统治者千方百计要逃避的血税，但是在塞内加尔，则是土著居民坚持履行的责任。理由是，只有这样，他们才能确保自己享有作为法国公民的权利。

　　1914 年，布莱斯·迪亚涅（Blaise Diagne）成为第一个进入法国众议院的土著代表，在圣路易斯的竞选集会上，他大声疾呼："他们说你们不是法国人，我也不是法国人！我告诉你们，我们是，我们有同样的权利。"[1] 他的政纲之一就是支持不分种族与肤色的义务兵役法。当时，法国正准备参加第一次世界大战。大战方起，法国本土的人力被迅速吞噬，为了获得人力，法国政府制定了 1916 年公民法，承认了四公社的出生公民权。布莱斯·迪亚涅后来出任共和国驻黑非洲的征兵专员，官方地位同西非大总督平齐（这招致了法国地方官员的不满，但得到了中央政府的支持），他所招募的兵员数超出了共和国的要求。

　　布莱斯·迪亚涅代表着一批塞内加尔人的想法，那就是"以效忠换赋权"。[2] 在 1921 年的第二届泛非大会上，他拒绝"支持任何关于黑人解放的革命理论"，他说："我们法国土著人，希望继续成为法国人，因为法国给了我们一切自由。"[3]

　　这个战时契约是否得到了履行？答案是，履行了一部分。一方面，在塞内加尔，法国公民权的获得条件确实更加宽松。到了 1939 年，非四公社的塞内加尔人也有权选举总理事会的代表。但是在另一方面，"一切自由"却也并不是现实，更多的教育设施、为非洲人预留的政治与经济职位等等迪亚涅之前的要求并没有得

1　Crowder, Michael. *Senegal: A Study in French Assimilation Policy*, p. 27.
2　布莱斯·迪亚涅在去世之前，于 1931 年至 1932 年担任了内阁中负责殖民地事务的次官。他的子孙也留在法国生活。
3　Crowder, Michael. *Senegal: A Study in French Assimilation Policy*, p. 31.

到满足。

到了 20 世纪二三十年代，塞内加尔明显出现了第二代黑人政治家（列奥波尔德·塞达·桑戈尔是其代表），这一群体往往有法国留学经历，在法国社会生活中日益发现了自己的"黑人性"（Negritude）。[1] 假如说第一代黑人政治家比较类似我们这边的第一代进城务工人员，从农村进入城市，尽管遭受歧视，但由于自身境遇的改善与背景文化，仍然对社会秩序抱有相当满意态度，那么，第二代黑人政治家就好像这些务工人员的子弟，他们在城市长大，对歧视与不公正就要更敏感一些。

列奥波尔德·塞达·桑戈尔在法国留学，先后任教于图尔和巴黎的大学，其法语诗歌可称一绝。他就是"Negritude"（黑人性）一词的发明者，主张黑人文化的独特贡献、价值观和特性。值得注意的是，在当时，这种"黑人性"与"法国性"并不冲突。在1935 年出版的小说《卡里姆》（*Karim*）中，塞内加尔早期小说家奥斯曼·迪奥普·索塞（Ousmane Diop Socé）（也是留学生）写道："阿卜杜生来是一个穆斯林和东方人，曾在一所法国学校接受教育。他的思想受到欧洲思想和逻辑的熏陶，他的心是在《古兰经》、法国诗歌和欧洲音乐的奇特框架中形成的。他是一个矛盾的人。他既能跳探戈，也能跳塔姆舞。他喜欢黑人音乐和黑人女孩，但也梦想着多维尔、巴黎和某个电影明星——一个金发碧眼的维纳斯。"[2]

1　留学生群体在法国觉察到自己的"黑人性"并非偶然现象，正是在社会融入与交往中才容易出现这种"他者感"。

2　Crowder, Michael. *Senegal: A Study in French Assimilation Policy*, p. 36

可见，这一群体实际上并不是在整体上反对同化政策，而是主张要有所扬弃，在政治权利上平等赋权，在文化上相互尊重（即抛弃过去同化政策中那些强制的因素）。"二战"中桑戈尔本人在法军服役，他所在的部队被德国人俘虏，德国人把该部队里所有黑人拉出来，准备当场处决。在这个生死关头，桑戈尔高呼的口号是："法国万岁！黑非洲万岁！"[1]这说明了他的政治态度。

"二战"中，由于法国本土被纳粹占领，所以戴高乐派竭力争取法属非洲的支持。1944 年，戴高乐派与法属非洲殖民地代表在刚果（布）的布拉柴维尔举行了一次会议，重新议定"二战"后法国与其非洲殖民地的关系。会议一方面排除了殖民地独立的可能性，另一方面也决定要加强殖民地与法国本土的融合与政治平等关系，会议催促各殖民地派出代表参加第四共和国的制宪会议，也同意各殖民地建立自己的地方议会（换言之，行政权力下放）。实际上，也正是在布拉柴维尔会议上，法国人开始考虑将一个以法国为中心的等级式帝国转型为某种联邦政体，后来这一拟议中的联邦被称为"法国联盟"。

布拉柴维尔会议唤起了塞内加尔人参与帝国政治的希望。1944 年，桑戈尔和拉明·盖伊（Lamine Guèye）共同当选为国民议会的代表，参与了法兰西第四共和国宪法的制定过程。[2]1946 年，法国

1　马丁·梅雷迪思：《非洲国：五十年独立史（上册）》，第 57 页。

2　盖伊也是上述群体中的一员，他留学法国，获得了律师资格，于 1924 年成为圣路易斯市的市长，又在 1937 年成为法国社会党塞内加尔支部的领袖，主张全体法属非洲人都获得法国公民权。他后来成为法国参议员。

国民议会立法，授予所有海外属民以法国公民权，该法被人称为拉明·盖伊法，大约 100 万法国属民因此获得了选举权。[1] 这又进一步促进了整个帝国的自由化。

对这些塞内加尔政治家来说，战后发生的这些变化无疑是向好的方向发展。在塞内加尔，臣民与公民之间的差别不再，强迫劳动也被废除。塞内加尔政治家与帝国本土之间也有了更多的交流与融合，桑戈尔本人后来再度当选为国民议会代表，先后在法国政府中担任国务秘书、内阁部长等职务，并负责起草了第五共和国宪法。

结果是，在相当长的一段时间里，面对当时已经铺展开来的去殖民化浪潮，相当多的塞内加尔人，尤其是桑戈尔本人，其实是相当抵制的。他们主张的是地方自治，而不是独立。1955 年，桑戈尔说道："我所担心的，就是……我们可能脱离法国。我们必须留在法国，不仅留在法兰西联邦，而且留在法兰西共和国。"[2]1957 年，在另一处，他也说道："在非洲，当孩子们长大后，他们会离开父母的小屋，在小屋旁边建造自己的小屋。相信我，我们不想离开法国营地。我们在其中成长，在其中生活是美好的。我们只是想建造自己的小屋。"[3] 这些说法并不是桑戈尔本人一时的机会主义言

---

1   尽管有许多进步，但该法规定选举权只限于那些被认为有足够政治知识的人，如退伍军人、公务员、文化人或富人等。属民获得了公民权，却还没有获得普选权。

2   马丁·梅雷迪思：《非洲国：五十年独立史（上册）》，第 58 页。

3   Nugent, Paul. *Africa Since Independence: A Comparative History*, Palgrave-MacMillan, 2004, p. 7.

辞，因为在塞内加尔独立之后，他仍然坚持与法国保持相当密切的联系，而法国也始终给予他相当的尊重。[1]

回顾起来，同化政策在塞内加尔的运作虽有缺陷，但从大体上来看，确实是成功的。这种成功主要是政治上的，即塞内加尔人并不是被动接受法国的统治。在文化上，情况则比较复杂，大多数塞内加尔人并没有接受法国文化与语言，但同时也有一部分人发展出了某种混合文明形态。[2]

用一位塞内加尔研究者自己的结论来总结可能更令人信服：

> 谴责同化政策是乌托邦式的、不切实际的和种族主义的，这太容易了。事实上，这是法国所能提供的最好的行政管理制度，代表了法国殖民政策的文明方面。……在塞内加尔，同化是认真实施的，而不是虚假的。尽管四社区中塞内加尔人在这一时期并不十分强大，但他们不能被任意管理；法院和选举议会可以随时保护他们的利益；许多有权势的黑白混血家庭始终密切关注地方行政当局的所作所为。塞内加尔人无论是作为选民、政治家，还是作为行政官员、士兵或商业雇员，都为法国地区在塞内加尔和西非的扩张做出了贡献。虽然他们小心翼翼地保留了自己的文化特性和个人地位，但

1　2001 年他去世时，法国总统若斯潘没有参加他的葬礼，这在法国引起了轩然大波，《世界报》（*Le Monde*）上因此登出了一篇名为"我很羞愧"的社论。

2　Idowu, H. Oludare. "Assimilation in 19th Century Senegal." pp. 211-212.

他们赞赏并决心保留其作为法国公民的优势。[1]

面对法国的同化政策，桑戈尔在某次演讲中说，要"同化，而非被同化"。这种主动的选择与靠拢，代表了相当多塞内加尔人的呼声。[2]

如果说塞内加尔是法国同化政策的成功案例，那么，很显然，阿尔及利亚就是一个失败案例。阿尔及利亚在 1848 年就作为法兰西共和国的省份，被直接纳入法国本土范畴之中。之后的阿尔及利亚独立战争（1854—1962）在法国掀起了轩然大波，直接导致了第四共和国的覆亡，原因无他，"阿尔及利亚就是法国"（l'Algérie, c'est la France）。[3] 阿尔及利亚确实没有被看作一个殖民地，而是法国的本土省份。

在许多层面上，阿尔及利亚发生的事情与塞内加尔并无两样。

1　Idowu, H. Oludare. "Assimilation in 19th Century Senegal." p. 217.

2　Idowu, H. Oludare. "Assimilation in 19th Century Senegal." p. 218.

3　阿尔及利亚战争是"二战"后去殖民浪潮中最血腥也最动荡的一幕。在其他地方，前殖民者的撤出都是相对迅捷且无损失的，但阿尔及利亚却是一个特例。在这块 900 万人居住的土地上，法国派遣了 50 万人的军队，镇压有 35,000 人的叛军游击队，40 万到 150 万人在这场战争中死亡。从很多标准来看，这都是一场内战，理由如下：一，大量死亡事件发生在正规战场之外，各种恐怖袭击、拷打、虐杀使之闻名于世，私人武装之间彼此报复；二，作战对手界限模糊。阿尔及利亚民族解放阵线的主要打击目标，除了外国人，就是那些穆斯林中的温和派，而法裔居民自己也组织了地下武装对部分法国政府官员和警察发动攻击；三，政治震撼严重。不仅连续几届法国内阁都因为阿尔及利亚问题倒台，法兰西第四共和国体制也因此瓦解，几乎出现了军人专政。力挽狂澜的戴高乐，三番四次遭到法国激进分子的刺杀。如果阿尔及利亚战争只是普通的殖民战争，很难想象法国的政局会变成这副模样。

法国一样抱着"文明"使命来到这里，维克多·雨果曾有名言："我们来到这片古老的罗马土地，不是为了给我们的军队灌输野蛮，而是为了给整个民族灌输文明；我们来到非洲，不是为了带回非洲，而是为了把欧洲带到那里。"[1] 法国在阿尔及利亚推行身份同化的对象，首先是在阿尔及利亚的欧洲移民（他们主要来自西班牙、意大利、马耳他等南欧地区，少部分人来自德国、比利时和瑞士），以及本地的犹太人（比如 1870 年的一项法令规定犹太原住民集体入籍）。接着针对的是本地的穆斯林，逐步用法国法律取代本地的伊斯兰教法，鼓励阿拉伯人成为定居者，建造房屋、公共设施（浴室、市场）和水坝，引进新技术和作物（包括土豆和葡萄藤）使本地农业现代化，兴办学校，鼓励本地人学习法语，待其符合条件后再归化成法国公民；在阿尔及利亚也出现了"桑戈尔"式的人物，比如费尔哈特·阿巴斯（Ferhat Abbas），一位相当有影响力的阿尔及利亚知识分子，曾任法国众议院议员，娶了一位法国太太，日后成了阿尔及利亚共和国的首任总统。1936 年，他在自己创建的一份周刊上发表了一篇文章《我是法国》，阐述了自己对阿尔及利亚民族主义的观点："假如能让我看到，阿尔及利亚确实存在一个民族国家，我就会变成一个民族主义者。但……这样一个国家并不存在……任何人都不会在虚无的基础上构建大厦。"[2]

法国在阿尔及利亚却远远没有在塞内加尔那样成功，无论本

---

[1] 转引自 Belmessous, Saliha. *Assimilation and Empire: Uniformity in French and British Colonies, 1541-1954,* Oxford University Press, 2013, p. 127。

[2] 马丁·梅雷迪思：《非洲国：五十年独立史（上册）》，第 7—8 页。

地的柏柏尔人，还是阿拉伯人，对成为法国公民并没有塞内加尔人
那么热心，法国也设置了更多的障碍（主要是不允许像四公社那样
集体入籍），所以在整个殖民地时代，只有 6,000 名本地穆斯林归
化成了法国公民。[1]

　　为什么此处失败而彼处成功？如果说是因为文化差异太大，
可塞内加尔和阿尔及利亚同为伊斯兰文化圈，为什么在塞内加尔
成功而在阿尔及利亚就推广不下去呢？如果说是因为缺乏推广"法
国化"的人手，那就更不对了，在阿尔及利亚的法国人要远远多
于在塞内加尔的法国人（阿尔及利亚有法国海外最大的移民社会）。
统观下来，两地最大的社会差别其实在于，在阿尔及利亚，可用于
法国化的人手太多了，而非太少。这里存在一个庞大的法国移民群
体，在塞内加尔没有。

　　自征服以来，有大批移民来到了阿尔及利亚。根据 1886 年的
人口普查，在阿尔及利亚有近 22 万名法国人、20 万名其他欧洲人
和 376 万名穆斯林本地人。[2]19 世纪末，法国人达到了 50 万，而到"二
战"之后则上升到了 100 万人以上。

　　尽管有种观点认为，同化的有利条件之一是紧密的社会接触
与融合。但凭借常识即可得知，假如这种接触是以某种结构化的歧
视为前提的，那么反而会造成人群之间的疏远。

1　Belmessous, Saliha. *Assimilation and Empire: Uniformity in French and British Colonies, 1541-1954*, p. 139.

2　Belmessous, Saliha. *Assimilation and Empire: Uniformity in French and British Colonies, 1541-1954*, p. 139.

在阿尔及利亚发生的事情似乎就是如此。同塞内加尔不同，阿尔及利亚经 40 年军事征战而来，所以，移民与本地人之间从一开始就有浓厚的敌意。

除开这一初始条件，本地人还遭受了许多结构性歧视。首先，是政治上的歧视。1945 年以前，本地人不仅在国民议会中没有代表，在地方议会中的代表也严重不足，[1]以移民为主的地方行政当局和国民议会的 27 名议员会阻挠或推迟哪怕是最温和的改革。这导致了许多恶果。比如，在 1909 年，占阿尔及利亚人口 90% 的穆斯林缴纳了 70% 的直接税，占总税收的 45%，但他们的收入却只占阿尔及利亚人口总收入的 20%。[2]又比如，在 1892 年，花在欧洲儿童身上的教育开支是穆斯林的 5 倍多，尽管穆斯林的学龄儿童人数是前者的 5 倍。[3]在 1889 年，只有不到 1.9% 的穆斯林儿童得以入学(包括穆斯林学校)，而欧洲儿童的入学率则是 84%。[4]其次，是经济上的排斥。殖民当局大规模没收本地人的土地，再将其转让给移民，到后来，移民拥有大约 30% 的可耕地，包括大部分最肥沃的土地 / 灌溉地。[5]再次，是社会上的歧视。在阿尔及利亚有所谓的土著法

1 本地人在地方议会中的代表不足，而且要么是由行政当局指定的，要么出身显贵，能投票的当地人尤其少。

2 Horne, Alistair. *A Savage War of Peace: Algeria 1954-1962*, The Viking Press, 1978, p. 63.

3 Horne, Alistair. *A Savage War of Peace: Algeria 1954–1962*, pp. 60-61. 根据一项估计，在 1870 年，只有不到 5% 的阿尔及利亚儿童上过任何形式的学校。直到 1954 年，只有五分之一的穆斯林男孩和十六分之一的女孩接受了正规教育。

4 Belmessous, Saliha. *Assimilation and Empire: Uniformity in French and British Colonies, 1541-1954*, p. 147.

5 Horne, Alistair. *A Savage War of Peace: Algeria 1954–1962*, p. 62.

典（régime de l'indigénat），其对本地人非常苛刻。比如，在言行上不尊重当权者、拒绝执行行政当局要求的强迫劳动、未经批准旅行、未经批准举行会议、未经批准举行宴会等都会引来刑罚，而这些是绝对不会用在法国人身上的。有意思的是，本地有些人群其实并不信仰伊斯兰教，但还是会被认定为穆斯林，以便整齐划一地被排除在移民社会之外。

拿破仑三世曾希望调停移民与土著之间的关系，保护土著阿拉伯人的土地所有权和政治结构，但移民对此相当不满。在明面上，他们既反对维持土著政治权威（认为这是某种"种族隔离"，是弃民于酋长之手）[1]，又反对旨在让土著人集体入籍的计划（认为这不公平，想要成为公民必须以接受法国世俗文化为前提）。[2] 法兰西第三共和国在相当程度上响应了这些移民的政治呼声，收回了拿破仑三世给予土著的一些照顾。但从总的层面来看，法国本土对改善土著人境遇的兴趣明显要比阿尔及利亚的移民社会更大，而移民则坚决抵制（并成功阻碍了）中央政府与地方总督的诸项改革计划。[3]

对这些移民来说，由于地处帝国边缘与多族群生活的环境中，他们有更强的自尊心和更深的被威胁感，在阿尔及利亚不时发生的土客冲突也强化了他们的信念。实际上，阿尔及利亚的法国移民社

1　这也许是正确的看法。

2　Belmessous, Saliha. *Assimilation and Empire: Uniformity in French and British Colonies, 1541-1954*, pp. 137-138.

3　Belmessous, Saliha. *Assimilation and Empire: Uniformity in French and British Colonies, 1541-1954*, p. 157.

会要比本土社会更具种族主义倾向（在阿尔及利亚，反犹主义情绪一直都非常强烈）。[1] 由于其规模，他们自成一体，也能对本土政治产生切实影响。第三共和国错综复杂的政治现实使得中央执政者很难有实力或意愿违背移民社群的愿望。

到了 20 世纪初期，法国本土对同化政策的兴趣减弱，导致阿尔及利亚的上述表现更甚。在法语教育上，阿尔及利亚当局甚至也丧失了兴趣，但这个时候，法国之前教育所培养起来的土著知识阶层却开始对成为法国公民更感兴趣，他们同自己的塞内加尔同侪一样，要求"同化，而不是被同化"。他们自称阿尔及利亚青年党（Jeune algérien），并于 1911 年在报纸上发表了一系列要求，其中包括扩大政治权利（扩大穆斯林在殖民地议会和法国议会中的代表权，给予退伍士兵公民权）、改进司法（废除土著法典）、改革经济（税收和预算平等，保护土著财产权），以及促进社会进步（扩大学校教育等）。

"一战"之后，阿尔及利亚本地居民的境遇有所改善，但是法国移民社群仍然成功抵制了土著居民的集体入籍计划（他们担心土著居民由于人数优势而获得政治优势）和连续几任阿尔及利亚总督的其他改革计划。莫里斯·维奥莱特（Maurice Viollette）在 1925

---

1 Belmessous, Saliha. *Assimilation and Empire: Uniformity in French and British Colonies, 1541-1954*, p. 151. 事实上，阿尔及利亚移民社会的这种种族主义排外倾向一直遗留到现在，还在对法国政治与社会产生影响。国民阵线的前主席、著名的极右翼政客让-马里·勒庞（Jean-Marie Le Pen）尽管出生在布列塔尼，但是在阿尔及利亚战争期间，他加入了外籍军团，被控有滥施酷刑的形迹。等阿尔及利亚独立战争结束，回到法国的阿尔及利亚移民团体是他的主要支持者之一。

年至 1927 年出任总督，在经历挫败（他打算给予本地中产阶级以
政治权利）回到巴黎时，他这样说：

> 继续把他们当作属民来统治是一个致命的错误。那个律
> 师，那个商人，他很清楚自己是谁，除了他的外表和发型，
> 与欧洲人没有什么区别，当他的公民和政治能力受到质疑时，
> 他感到了羞辱，也因此羞辱而难受。这些人中的 60% 都准备
> 毫无保留地把法国当作他们的祖国，但如果法国拒绝接受他
> 们，如果成为法国人的要求如此之高以至于他们无法达到，
> 他们就会建立自己的祖国，而我们就是自食恶果。[1]

他的判断是正确的。1922 年，哈立德·伊本·哈希米（Khaled
ibn Hashimi），青年党人的领袖之一，对来访的法国总统亚历山
大·米勒兰（Alexandre Millerand）说："所有人，不分宗教和种族，
都是法国的孩子，在法国享有平等的权利……我们想要在法国内
部创造一个配得上我们也配得上法国的地位，这就是最好的证明，
证明我们是优秀的法国人，只希望加强我们与祖国的联系。"[2] 在这
个时候，阿尔及利亚的欧化精英们确实寻求的还只是文化上的自治

---

1   Belmessous, Saliha. *Assimilation and Empire: Uniformity in French and British Colonies,
     1541-1954*, p. 165.

2   转引自 Belmessous, Saliha. *Assimilation and Empire: Uniformity in French and British Colonies,
     1541-1954*, p. 164. 哈立德在 1923 年流亡到了叙利亚。他流亡的理由比较复杂：改革
     运动失败，他对法国本土帮助不力感到失望，而且法国政府答应只要他流亡国外就帮
     忙偿还他的债务。

与独立，而不是其他。

　　事实上，所有人都越来越清楚地认识到，阿尔及利亚的政治和社会现状不可能永远维持下去，必须采取措施防止怨恨和绝望的积累所引发的爆炸。同时，阿尔及利亚也确实存在着一些有利于同化的因素，如阿尔及利亚人并没有国家历史，在过去也没有国家观念，法国的文化与共和政治观念确实能吸引很多受过教育的人，本地社会确实存在相当的封建因素阻碍社会进步，等等。但是，相应的改革就是没有出现。1936 年，法国的社会党内阁曾经提出一个谨慎的改革计划，包括在阿尔及利亚组建一个单一的选举团（过去是双选举团制，移民借此控制了大部分议席），在不放弃其民事权利的情况下（即不否认其信仰），授予两万名以上土著精英人士公民身份。但这遭到了移民社群的坚决抵制。第三共和国内阁转换如走马灯，这项改革就搁置了。

　　本地人不能理解共和主义的法国如何能够无视其建国原则，于是在 20 世纪 30 年代，土著领导人开始越来越多地使用革命语言，把自己类比于旧制度下被剥削的法国臣民，逐渐出现了民族主义独立运动的苗头。时人这样描写：

　　　　我们记得在 1936 年，阿尔及利亚人民曾经有过一个巨大而混乱的希望，这个希望令他们痛苦万分。在动摇了大众的灵魂之后，就像风暴掀开了水面一样，它留下了相应的觉醒。你看到它沉默，你相信它屈服了……可怕的绝望在被踩躏的灵魂中结晶，它准备采取绝望行动……人们随时准备跟随任

何人进行冒险，在那里他们将带着他们所有的公正的、未得
平息的怨恨狂奔。[1]

革命的种子就此种下。"二战"后，随着法国威望的降低与阿
尔及利亚移民社群再一次成功抵制改革，这颗种子得以继续发芽
成长。当时阿尔及利亚的本土政治领袖之一是费尔哈特·阿巴斯，
他仍然不主张分离主义，他希望的是帝国的自由化重建，以及阿
尔及利亚的自治（通过将帝国转变为拥有自己公民身份的多个自治
政治实体的联邦）。他强烈谴责那些鼓吹穆斯林民族主义的人，声
称"穆斯林民族主义是不合时宜的"，并敦促阿尔及利亚青年在法
国的指导下为国家的现代化而努力。[2]

1954 年，一场叛乱开始了，而阿尔及利亚当局和法国军方的
态度是，"我们必须毫不犹豫地找到有效的手段，尽管他们可能不
符合常规，也要不留怜悯地实施"。[3] 这意味着大规模非法监禁与
法外滥刑。到了这个时候，以阿巴斯为代表的改良派也都认识到，
分裂已经不可避免，于是，他们加入了阿尔及利亚解放组织（FLN）。
这标志着法国在阿尔及利亚的同化政策彻底失败。

1　Belmessous, Saliha. *Assimilation and Empire: Uniformity in French and British Colonies,
　　1541-1954*, pp. 192-193.

2　Belmessous, Saliha. *Assimilation and Empire: Uniformity in French and British Colonies,
　　1541-1954*, p. 200.

3　Merom, Gil. *How Democracies Lose Small Wars: State, Society, and the Failures of France
　　in Algeria, Israel in Lebanon, and the United States in Vietnam*, Cambridge University
　　Press, 2003, p. 126.

五 法帝国的终结：帝国改革计划的失败

一个帝国的本质，也可以从帝国终结的方式上判断。今人回顾去殖民化浪潮，总觉得这是已成型的诸民族得以从帝国桎梏中解脱出来。但这是以今日之果反推昨日之因。从法帝国解体的过程来看，事实并非如此。"二战"结束之后，法帝国的未来如何，其实处于某种量子状态。

美国学者弗里德里克·库珀（Frederick Cooper）是著名的非洲帝国史研究者，他在其著作《帝国与民族之间的公民》中描述了一件奇怪的事情："二战"后，法国开始和法属非洲诸地的领导人共商帝国改革事宜，假如战后是一个帝国向民族国家过渡的时代，那么戴高乐就应该坚持旧的等级帝国模式（法国居中，控制所有殖民地），而非洲领导人应该鼓吹独立，但实际上并不是这样。[1]

法国许多政治人物，如戴高乐，他们的主张是成立某种允许各地有自治之权的联邦政体，而非洲领导人（阿尔及利亚除外）在很长的一段时期里都普遍表达了留在法国的意图。我们之前已经讲过，塞内加尔首任总统列奥波尔德·桑戈尔在万隆会议（1955年）之前曾说："我所担心的，就是……我们可能脱离法国。我们必须留在法国，不仅留在法兰西联邦，而且留在法兰西共和国。"[2]科特迪瓦首任总统费利克斯·乌弗埃—博瓦尼（Felix Houphouet-

---

1 Cooper, Frederick. *Citizenship between Empire and Nation: Remaking France and French Africa, 1945-1960*, Princeton University Press, 2014, p. 2.

2 马丁·梅雷迪思：《非洲国：五十年独立史（上册）》，第 58 页。

Boigny）是他们中间最保守的忠诚派，他在 1951 年说："让我们在这崭新的一页写下一个誓言：将非洲变成法兰西联邦中最美好、最忠诚的领地。"1957 年，新独立的加纳总理恩克鲁玛出访科特迪瓦时，乌弗埃-博瓦尼还跟他打了一个赌："这是在两块国土上进行的一场赌博，一个已经选择了独立，而另一个宁可走一条艰苦卓绝的建设道路，与法国本土一起，建设一个人人享有平等权利和责任的社会……让我们抱着对我们邻国的实验充分尊重的态度，开始我们自己的实验。十年之后，我们再来比较两者的结果。"[1] 这些人并不只是说说，1958 年，戴高乐让法属非洲诸国公投选择留在法国还是独立，结果 13 个国家中只有几内亚选择了独立。

　　法属非洲国家想要继续留在帝国内当然是有多种原因。不管法国的同化政策有多么虚伪，但是它在相当程度上确实培养出一批人的法国认同。同时，这些人口几十万到几百万的非洲国家，在离开法国的资金、技术与人才之后，确实会遭遇到相当的困难。对此，弗里德里克·库珀指出：

> 非洲政界人士在一定程度上从实际角度考虑（这个问题），法属非洲各地领土太小（不像印度或阿尔及利亚），太穷，无法作为民族国家生存下去……他们认为自己是一个相互依存的世界的一部分。经过改革的帝国为非洲人提供了一个机会，不仅与一个富裕的国家（法国）联系在一起，而且能相互联系。

1　马丁·梅雷迪思：《非洲国：五十年独立史（上册）》，第 62 页。

他们也认为法国的遗产是宝贵的，特别是人权和公民权的传统。这些活动家坚持认为，如果非洲人民要在战后的世界找到自己的道路，他们需要结合与发展法国和非洲所提供的最好的传统。[1]

他们构想的是一个政治联合体，在此联合体中，主权是可以分割、共享的。马马杜·迪亚（Mamadou dia）是法属西非的主要政治活动人士之一，后来成为塞内加尔的首任总理，他干脆地说，民族国家既不现代，也不可取。[2]

那么，既然双方都有维护法帝国（或法兰西共同体）的需求，那为什么帝国到最后还是分裂了呢？

1945 年至 1960 年间，双方其实都同意走出旧的殖民帝国，试图创造一种新的政治形式，既保留某种形式的集合，又给予前殖民地一定程度的自治。问题的关键在于，他们无法就新帝国的具体组织方式取得共识。

帝国在此时其实是由不同种成分组成的，这包括法国本土和阿尔及利亚；老殖民地（包括加勒比海、太平洋上的诸岛屿，以及塞内加尔四公社）；新殖民地（法属非洲各地，包括法属西非、法属赤道非洲两个大总督区级单位）；保护国（包括摩洛哥、突尼斯

1 Cooper, Frederick. *Citizenship between Empire and Nation: Remaking France and French Africa, 1945-1960*, p. 9.

2 Cooper, Frederick. *Citizenship between Empire and Nation: Remaking France and French Africa, 1945-1960*, p. 1.

和法属印度支那）；以及托管地（多哥和喀麦隆）。如何把帝国的这些成分都安排在一个多元联邦中，平衡其立法与执行权，如何安排各部分的公民身份，这些其实都是极费思量的事情。在这些问题上，并没有一个大家一致认可的方案。

各邦的自治权有多大，联邦政府如何构成，法国本土应不应该在联邦中享受超然地位，对这些问题可谓众说纷纭。比如桑戈尔主张一个三级体制的联邦，但没有得到法国和其他一些非洲领导人的同意。[1] 除此之外，还有公民地位问题。有人希望实现单一公民身份，有人希望实现双重公民身份。如果是前者，各邦对其他邦的居民一视同仁。作为统一共同体的公民，自然可以自由迁徙，享有平等的政治、社会与经济权利。如果是后者，则大家共享一个法国联盟／共同体的身份，但是各邦之间则互不通约（比如，一个塞内加尔公民并非法国公民，但是他们都是法国联盟的组成公民）。

很多非洲领导人希望能有这样的一个体制：在这个体制下，各地方能够有相当的自治权利，能够表达民族情感，照顾该地区多数人民的利益，同时又希望法国能够负担起经济与社会援助之责。但是一个被限权、需负责的法国为什么还需要这个帝国呢？

法国则很显然地面临着一个两难处境。它首先要调整各殖民地在帝国中的法律地位并给予一定援助，使得各殖民地仍然有兴趣

1　在此三级体制中，首先是各殖民地自治，然后法属西非各地（再加上其他愿意加入的各邦）组成一个非洲联邦，然后再与法国本土联合而成一个法兰西共同体。桑戈尔认为，只有这样，才能起到联合非洲各邦，与法国本土分庭抗礼的作用。乌弗埃—博瓦尼则是此主张的反对者。

待在一个新帝国内，但是又不能过分牺牲法国本土的利益，让海外的政治参与压倒本土人群（当时的法国本土人口是 4,000 万，海外属民是 6,000 万），从而丧失所谓"法国性"（Frenchness）。它如果采取一个更紧密联系的体制，让海外属民和政治家在中央拥有足够的发言权，就有可能引发法国本土的恐慌（本土人群担心被海外多数压倒）。但它如果采取一个更松散的体制，那么法国对新帝国的控制又从何谈起呢？

弗里德里克·库珀相当正确地指出，法国联盟面临着帝国异质性的挑战，由于这种异质性的存在，自治与民主有时是相互矛盾的。[1]

在 1946 年法兰西第四共和国的宪法文本中，法国联盟仍然体现为一个中央集权控制版本的新帝国。法兰西共和国总统是法国联盟的领袖，联盟大会是其代表机关（法国本土出一半代表，其他领土出另外一半），但只有协商功能。各地有自己的理事会，但选举的时候仍然是双名册制度（本地人选一部分代表，殖民地的欧洲人选另一部分代表，以便本地人不至于压倒欧洲人）。[2] 1946 年至 1958 年间，大体发生的事情是权力由巴黎向各殖民地和平转移（社会党内阁居功甚伟），各地产生了自己的议会与责任政府，选举也由双名册制改成了单名册制。1958 年，第四共和国垮台，第五共和国成立，戴高乐一手打造了新宪法，根据该宪法，法国及其海

1　Cooper, Frederick. *Citizenship between Empire and Nation: Remaking France and French Africa, 1945-1960*, p. 85.

2　参见 https://en. wikisource. org/wiki/French_Constitution_of_1946。

外领土将组成一个法非共同体，每块非洲领土都将成为一个自治共和国。法非共同体的立法与行政机关是共同体参议院和理事会，法国和非洲将会大致平等地参与其中。法非共同体的性质在相当程度上等同于一个邦联。[1]

在这种权力转移中发生的事情是，越来越多的法国人觉得新帝国是累赘而不是资产，每年从本土吸走大批援助资金而没有回馈，而非洲领导人所希望的那种多元文化式的联邦政体与法国既有政治实践之间的冲突越来越大。弗里德里克·库珀的结论是，"法国人和非洲人一再被夹在他们想要的政治和他们能得到的政治之间"。[2]

接下来发生的事情几乎是顺理成章的。1960 年，一个又一个非洲国家宣布独立，法国则从一个又一个殖民地主动撤退。正因为这种独立与撤退几近于双方的共识，所以即使是在法帝国崩溃之后，各法属殖民地对法国的依赖也并没有随着独立而结束。即使到现在，法国本土已经不再使用法郎这种货币，但是西非和中非的14 个国家仍然在使用法郎（由法国财政部提供担保），法国军队仍然驻扎在这些国家的军事基地里。前西非、赤道非洲殖民地至今还是以法语作为官方语言。在北非三国（摩洛哥、阿尔及利亚、突尼斯），虽然官方语言是阿拉伯语及柏柏尔语，并没有法语，但实际上法语是行政以及教育系统使用的语言，三国分别有 32%、40%

1　参见 https://en. wikisource. org/wiki/Constitution_of_the_Fifth_French_Republic_(original_text)。

2　Cooper, Frederick. *Citizenship between Empire and Nation: Remaking France and French Africa, 1945-1960*, p. 433.

和 64% 的人口使用法语。[1] 所以有人说，非洲仍然是法帝国的最后堡垒。[2]

比较公允地说，相比英国，法兰西第二帝国的统治是相当正式的，它有一个高度集权的中央政府，有一个"郡县化"的帝国管理体制。即使是在联合政策取代同化政策的那些年月中，法国对地方传统权威人物的态度也只是从"打击"转变为"利用"而已，其殖民地的整体权力架构并没有发生大的改变。

相比之下，法兰西第二帝国所推行的社会同化政策却发生了大的游移。由于其共和主义与革命体制的底色，帝国的正式意识形态是普世主义的、理性主义的，其社会向被征服者开放，有类罗马帝国。随着法国民主体制的巩固，其社会的开放性逐渐收缩。但是，即使其同化政策是"虚伪"的和带有压迫性质的，其有限的实践仍然在相当程度上使被征服地方的部分人群产生了对法国的认同。

但是，公允地说，法国的同化政策确实也是失败的，并没有达到它预想中的那种在海外"化夷为夏"的效果。这其中有很多因素在起作用，比如，第一，从最简单的物质因素角度来说，教化成本太高，而殖民地从来没有给法国以大的经济回报，这使得相当多

---

1 徐晓飞：《法语非洲：旧日帝国的最后堡垒》，《澎湃新闻》2018 年 7 月 5 日，见 https://www. thepaper. cn/newsDetail_forward_2142929。

2 本尼迪克特·安德森说"帝国与民族不相容"。以前我们大家的理解多半指的是，帝国与被征服的民族不相容，但其实从近代史上看，应该是帝国的主体民族与帝国不相容啊。

的法国人认为在殖民地追加（物质或精神上的）投资是不明智的；第二，在有大量欧洲人存在的殖民地（如阿尔及利亚），欧洲移民同本地人的关系相当差，正因如此，官方政策并没有得到民间社会的响应；第三，相当一批殖民地官员与法国本土人士对同化的态度不一，有些人可能更希望维持"差序"格局，不愿意将共和政治原则（平等与自由权利）在殖民地付诸实施。他们将殖民地人民视为劣等人，认为他们只配被统治。[1]

可以说，"文化上尊重，政治上平权"的做法从来没有成为法国同化政策的主流，相反，文化同化与政治歧视倒是常常结伴而行。对此，殖民史学家马丁·刘易斯（Martin Deming Lewis）有一个比较有意思的评论：

> 同化政策出错的地方，与其说它不合逻辑、不现实或者不可能做到，倒不如说人们就没有做出过认真的努力来把它执行下去。[2]

1　Lewis, Martin Deming. "One Hundred Million Frenchmen: The Assimilation Theory in French Colonial Policy. " p. 152. 参考 Raymond F. Betts, *Assimilation and Association in French Colonial Theory, 1890-1914*。

2　Lewis, Martin Deming. "One Hundred Million Frenchmen: The Assimilation Theory in French Colonial Policy. " p. 153.

第四章

奥地利—哈布斯堡帝国

我们必须使所有的民族都处于同等的、温和的不满之中。

——奥匈帝国首相爱德华·塔弗伯爵

（1879—1893 年在任）

有些人也许还记得《茜茜公主》这部电影，讲的是巴伐利亚的贵族之女茜茜，巧遇奥地利王子弗兰茨，因爱成婚，并克服诸多皇家文化礼仪障碍、度过宫廷岁月的故事。"美目盼兮，巧笑倩兮"的美人用自己的风采征服并安抚王子、宫廷、异国与属民，这自然是本片的亮点。但是，它在不经意间也给我们展示了奥地利哈布斯堡王朝及其帝国（以下简称"哈布斯堡帝国"）的风貌：任何一个人，哪怕他对那段历史一无所知，也都能在电影中看到，宫廷内矛盾重重，帝国内部民族党争不断（茜茜公主本人就偏爱匈牙利人）。

在历史上这确是实情，自 17 世纪以来，帝国下辖若干人群，其领土涵盖今日的中欧、东欧与东南欧的一大片地方。1913 年，

帝国 5,200 万人口中，只有 1,200 万德意志人，其余的则是 1,000
万匈牙利人、850 万捷克人和斯洛伐克人、550 万克罗地亚人和塞
尔维亚人、500 万波兰人、400 万乌克兰人，以及 130 万斯洛文尼
亚人。[1]这些民族之间怎么相处，自然是一件难事。

一个初来乍到的人观察这个帝国，大概会觉得它是一件百衲
衣，其政制、宗教、经济与社会都有很强的拼凑气质。

有个 1902 年来过奥匈帝国的法国人论道，在这帝国里，
样样东西，包括钞票，都是"二元并立"。奥匈帝国的克朗纸
钞的正反两面以不同文字印行：奥地利那一面以德文和内莱
塔尼亚其他八种语言(波兰语、意大利语、捷克语、塞尔维
亚语、克罗地亚语、斯洛文尼亚语、罗马尼亚语、乌克兰语)
的文字标出币值；匈牙利那一面，则只以马扎尔语标出币值。[2]

正是这种拼凑性使得帝国难以命名和形容。历史上，这个帝

1　杰弗里·瓦夫罗：《哈布斯堡的灭亡：第一次世界大战的爆发和奥匈帝国的解体》，黄
　中宪译，社会科学文献出版社，2016，第 29 页。

2　杰弗里·瓦夫罗：《哈布斯堡的灭亡：第一次世界大战的爆发和奥匈帝国的解体》，第
　19 页。当时奥匈帝国被分割成由德意志人治理的内莱塔尼亚地区和由匈牙利人治理
　的外莱塔尼亚地区。内莱塔尼亚是奥匈帝国的北部与西部领土的泛称。内莱塔尼亚意
　为莱塔河以西，与莱塔河以东的匈牙利王国的外莱塔尼亚相对。内莱塔尼亚由哈布斯
　堡家族以奥地利皇帝之名统治。内莱塔尼亚的首都设在维也纳。1910 年，其人口有
　28,571,900 人；外莱塔尼亚，又称圣斯蒂芬王冠领，是奥匈帝国内匈牙利王国负责统
　治的领土部分。圣斯蒂芬王冠领是 1867 年奥地利与匈牙利妥协的产物，之后匈牙利
　成为哈布斯堡王朝治下双元奥匈帝国的构成国。按照 1868 年克罗地亚—匈牙利妥协协
　议，圣斯蒂芬王冠领同时还包括了克罗地亚—斯拉沃尼亚王国，首都是布达佩斯。

国有很多种称呼，哈布斯堡王朝、哈布斯堡帝国、奥地利帝国和奥匈帝国等等，但是没有一种称呼能让所有人心悦诚服。即使到了帝国的最后阶段，奥地利人和匈牙利人仍然对帝国应该被称呼为"K. K."（皇帝–国王的）还是"K. U. K."（皇帝的和国王的）而争执不休。这里需要解释一下，在 1867 年之后，这个帝国通过协议成为双元帝国，奥地利一方对帝国的称谓是"K. K."，即皇帝–国王的，匈牙利一方则偏爱用"K. U. K."，即皇帝的与国王的。匈牙利这么用是为了强调匈牙利的独立性，哈布斯堡王朝的皇帝是作为匈牙利国王来治理匈牙利的，而非其他。

在政治生活的其他方面，帝国也呈现出一定的模糊性，一位小说家对此有所描述：

> 按其宪法它是自由主义的，但它受教会的统治。它受教会的统治，但人们过着自由思想的生活。在法律面前所有的公民都是平等的，但是并不是所有人正好都是公民。人们有一个议会，这议会如此强暴地使用自己的自由，以至人们通常都将它关闭；但是人们也有一个紧急状态法，凭借着它的帮助，人们没有议会也能行，而每一回，一旦大家已经对专制政体感到不愉快了，王室便会命令重新实行议会统治。在这个国家里有许多这样的事件，那些国民争斗也属于这些事件之一，它们理所当然地引起了欧洲的好奇心，而今天人们却对它们做了完全错误的描绘。那些争斗是如此激烈，以致国家机器因此每年停止运转好几次，但是在这些间歇的时间

里以及国务活动停顿的时间里，人们相处得好极了并且装出一副仿佛什么事也没发生的模样来。也是没发生什么实实在在的事嘛。[1]

也许正是由于这种百衲衣特征，也由于哈布斯堡帝国在 19 世纪末 20 世纪初明显的窝囊与衰败，以及它在"一战"中的无能与战后解体之彻底，使得无论是当时还是现在，都有许多人对它心怀藐视，称之为"中世纪残留的帝国古董"。

如果我们不以成败论英雄的话，无论是现在，还是当时，都还是有很多人觉得这个帝国并不是一无可取，也并不一定会走向崩溃。在前，茨威格在《昨日的世界》里面回忆自己的昔日母国，其中不乏"岁月静好""稳定进步"之类的观感。捷克作家米兰·昆德拉则认为，当时的中欧，实由哈布斯堡王朝所定义。他叹说，"深怀不满的其他中欧民族在 1918 年将它们的帝国四分五裂，它们未曾想到这个帝国尽管有种种不当之处，却是无可取代的"。[2] 哲学家卡尔·波普尔提出，多民族的奥匈帝国较民族国家而言，其实代表着一个更高的发展阶段（后来也有人说，奥匈帝国其实是欧

---

1 转引自库马尔《千年帝国史》，第 171—172 页。

2 Kundera, Milan. "The Tragedy of Central Europe By Milan Kundera, Translated from the French by Edmund White." *New York Review of Books* 31. 7 (1984), pp. 33-38. 这里使用了陈通造的翻译，特此致谢。又，米兰·昆德拉的这一发言，实际上反映了相当多捷克人对帝国的怀旧之情。见 Slačálek, Ondřej. "The Paradoxical Czech Memory of the Habsburg Monarchy: Satisfied Helots or Crippled Citizens?" *Slavic Review* 78. 4 (2019), pp. 912-920。

洲多元共同体的前身）。在后，匈牙利著名历史学家亚西（Oszkár Jászi）在《哈布斯堡王朝的解体》（*The Dissolution of the Habsburg Monarchy*）中指出，从客观条件上来说，帝国东西部之间的经济结构是互补的（西部工业 / 东部农业），帝国内的宗教信仰矛盾也并不大，因为都以天主教为主。在匈牙利、波兰和克罗地亚等民族中有大量贵族阶层心向帝国。[1] 著名英国历史学家霍布斯鲍姆在《帝国的年代》中也指出："在 20 世纪最初 10 年，虽然帝国中绝大多数人民毫无疑问已经意识到自己属于某个民族，但他们之中却很少有人认为这一点和对哈布斯堡君主政体的支持有任何矛盾。"[2]

　　到了现在，史学界流行的修正主义解释则更进一步，认为帝国晚期实际上是一个进步时代，国家也在日趋巩固。荷兰历史学家彼得·贾德森的《哈布斯堡王朝》，是该修正主义解释的典范之一。他指出，哈布斯堡帝国始终是在演化之中的，并不僵化。他描述了玛丽亚·特蕾莎（Maria Theresia，1717—1780）和约瑟夫二世（1741—1790）时代的开明专制改革，谈起了帝国内各族人民对帝国本身的忠诚之心（即使对王朝有这样那样的不满），讲到了弗兰茨·约瑟夫一世（1830—1916）统治时期，皇帝最开始所推行的中央集权改革虽然窒息着政治，但在社会和经济上却是一个自

1　转引自高晓川《奥匈帝国民族治理研究》，时事出版社，2017，第 145 页。

2　埃瑞克·霍布斯邦（霍布斯鲍姆）：《帝国的年代》，贾士蘅译，国际文化出版公司，2006，第 195 页。顺便说一下，茨威格、波普尔和霍布斯鲍姆这三人都是奥地利犹太人流亡者，他们三人对帝国的认识也许代表着一个"国际民族"对奥地利多元国家的缅怀。

由化的时代（政治上的纷争不能掩盖帝国经济上的突飞猛进），最终推动帝国进行了政制改革——普选、国会、法治与地方自治——最终使奥地利成为一个"自由帝国"。

有些研究者认为，帝国内部民族主义兴起继而拆散帝国不过是必然之事，但贾德森则说：不，不是这样。帝国与民族之间并不是敌对互斥关系。我们不能因为一个国家由多种文化、语群、宗教成分构成就自然认为必须"定于一"，否则就会被撕裂。难道同时代的法国、英国、德意志、意大利和西班牙不是由多种语言和文化构成的吗？意大利政治家不是在 1861 年说过"我们创造了意大利，我们还要继续创造意大利人"这么一句名言吗？[1] 现在的瑞士还是由多种人群组成，但也相安无事。贾德森提出："民族主义冲突不是奥匈帝国社会多语化特质不可避免的产物，而是帝国制度造就的结果。"[2] 而且，这一冲突在可控范围内。

孰对孰错呢？

一 帝国的由来与诸次改革

在《奥地利史》这部著作的开始，作者史蒂芬·贝莱尔就写道："奥地利人可以说是一个没有历史的民族，奥地利历史则是一段没有民族的历史。"[3] 可以说，这句话恰如其分地还原了历史真实：直

1　彼得·贾德森：《哈布斯堡王朝》，第 261 页。
2　彼得·贾德森：《哈布斯堡王朝》，第 262 页。
3　史蒂芬·贝莱尔：《奥地利史》，黄艳红译，中国大百科全书出版社，2009，第 1 页。

到 1918 年之前，居住在阿尔卑斯山区哈布斯堡王朝世袭领地（大致相当于今天的奥地利）的德意志人只是奥地利人中的一支，在很长的一段时期内，这些德意志人的主要认同并不是民族认同，而是王朝认同。同样，在奥地利治下，还有若干其他民族，如匈牙利人、捷克人、克罗地亚人等，德意志人既不构成奥地利国家的主要人群，也没有垄断国政。费孝通先生过去讲历史上的中国是"多元一体"的格局，这个描述用在奥地利身上可能更为合适。

1278 年，德意志的哈布斯堡家族（他们的老家在今天的瑞士）夺得了对（现有的）奥地利地区的统治权。在接下来的三四百年间，哈布斯堡家族的君主们通过王朝联姻的手段获得了大片领地，一度涵盖西班牙、勃艮第和意大利，又通过选举成为神圣罗马帝国的皇帝。到了 1521 年，其所要治理的领域是如此宽广，不得不在家族内部进行分割。现在的奥地利（加上部分的意大利与斯洛文尼亚地区）被当时的家长查理五世当作安慰奖交给了家族的一个分支（查理五世的弟弟费迪南）。这个分支相对专注于在中欧的统治，一般人们在讲哈布斯堡王朝的时候，指的就是这个分支。

我个人觉得，奥地利的哈布斯堡王朝史可以分成三个阶段：第一阶段起于 16 世纪早期，终于 18 世纪晚期约瑟夫二世改革。这一阶段是哈布斯堡王朝奠基并囊括几乎所有领土的成型期。第二阶段则从法国大革命开始，终于 1867 年的奥匈分治。这一阶段是哈布斯堡王朝诸君主应对革命挑战的时期。第三阶段是弗兰茨·约瑟夫一世统治年代（1848—1916）的中后期，在其 68 年的统治中，帝国进行了多次改革，国体和政制都发生了大幅度的变化。

第一阶段

1526 年，匈牙利国王（同时身兼波希米亚王国国王）路易二世在与奥斯曼土耳其的战争中战死沙场，由于其家族与哈布斯堡有双重联姻关系与协议，费迪南宣布继承路易二世的两个王位（次年又接受了克罗地亚的王位）。当时两国都面临土耳其的严重威胁，所以大部分贵族都几乎心甘情愿地接受了哈布斯堡家族的统治，在之后的选举过程中确认了这两国的归属（按传统，匈牙利和波希米亚的王位要得到贵族选举会议的认可）。

一开始，哈布斯堡在这两国的统治，几乎完全仰仗地方贵族的配合。哈布斯堡君主似乎也没有把自己看成是德语人群的君主，在一段时间里，他们干脆把首都迁到了布拉格（这多半因为波希米亚是帝国中最富庶的地方）。使事情起变化的是中世纪末期在欧洲各地兴起的宗教冲突。波希米亚一方多信奉基督教新教，而哈布斯堡家族一方是天主教。在三十年战争（1618—1648）中，新教诸侯与天主教诸侯互相攻伐，哈布斯堡在西班牙的帮助下对波希米亚发起了一场征服战争，其结果是波希米亚一方彻底屈从于帝国。

现在回过头来看，这也许不是什么好事，因为从此这个君主国就从三头变成了两头。请允许我暂时偏离叙事主线，对此讨论一二。一般认为，哈布斯堡君主国主要由三个部分构成。第一部分是奥地利本部（包括部分意大利地区），很多地方的地势跟瑞士差不多，阿尔卑斯山贯穿它的西部和南部。山地占国土面积的 70%，唯一的一块平原盆地在东北部维也纳附近。这个地方可能是旅游胜地，但在古代条件下，养不了太多人。第二部分就是波希米亚（今捷克）地区（包括摩拉维亚和部分西里西亚）。这个地方群山环抱，中间是肥沃的丘陵盆地，加上河流纵横，自古就是北欧和南欧间的通商要道。这种优越的地理条件使它成为重要的经济基地（税赋之要在），甚至到了 19 世纪，整个帝国 80% 的工业都集中在此地。第三个部分是匈牙利（包括斯洛伐克、部分罗马尼亚和克罗地亚），基本上是一马平川，占地极广（到 18 世纪约占帝国整个领土的45%）。在相当长的时间内（直到 18 世纪初），这个地方都是与奥斯曼土耳其直接冲突的军事前线，遍布边地尚武的军事贵族。日后（1741 年）特蕾莎女王遭到腓特烈大帝的猛击，险些失位，她怀抱婴儿逃到匈牙利（在匈牙利议会上演了一出"哭秦廷"），向匈牙利贵族恳求经济与军事支援，如此才得以转危为安。我们可以看到，这三个地方各自有各自的优势。

在一个帝国里，假如本部十分强大，分支不过是可有可无，那自然用不着讲究平衡。但是在哈布斯堡君主国这个例子里，情况却并非如此。对政治学稍有了解的人都知道，两元体制是不如多元体制稳定的。这是因为两元体制很容易陷入僵局与对抗之中，而多元则往往存在着动态均衡。但自从波希米亚被征服之后，哈布斯堡君主国就隐隐约约有两元对立的先兆，其弊病在 19 世纪大众民族主义时代出现之后就越来越明显。

如果从政制与国体的角度上讲，在这一时代，哈布斯堡王朝组织得比较松散。在很长一段时间里，哈布斯堡对其君主国各领地的统治都是封建私人性质的（担任奥地利国王与匈牙利国王的只是恰好是同一个人，并不代表奥地利和匈牙利有什么关系），直到 18 世纪早期，人们才意识到帝国各部分的联合需要有一个法律基础。匈牙利最不情愿这么做，直到 1722 年，匈牙利议会才投票通过了一份文件（被称为《国是诏书》），承认哈布斯堡君主国的联合王国性质。直到特蕾莎女王和她的儿子约瑟夫二世（1741—1790）时期，这个联合君主国才有了更多的组织。这两位开明专制君主的手段跟其他地方的绝对主义君主没有两样——推行法治，建立中央集权官僚机构，削弱地方贵族势力，直接插手社会，普及教育，进行经济改革。地方贵族自然不满，在抵抗中央集权的过程中，他们逐渐发现地方的民族认同可以成为一种政治工具。在特蕾莎和约瑟夫二世一方，也相应推出了超民族的"祖国"概念。当然，这些斗争都还只是处于萌芽阶段。

这一时期的帝国扩张塑造了直到 20 世纪为止帝国的基本民族形势。对此，学者基本上有一些共识，虽然帝国治下的人群众多，地域复杂，但这种多元与复杂在帝国的初、中期并不构成对帝国统一的挑战。

德意志人自然是哈布斯堡帝国中最大的单一人群（大概占总人口的 20% 以上）。在帝国中，德意志文化发挥着首要影响力。德语是宫廷、军队高级军官和市镇人民的语言，各地的商人、知识分子和贵族通常也会讲德语。他们并没有局限在奥地利本土，而是广泛分布在帝国不同地区，同其他族裔的人口混居在一起。亚西在《哈布斯堡王朝的解体》中也指出，这是中世纪德意志殖民进程的结果：德意志殖民者为中欧地区带来了更复杂的农业技术和城镇生活，也引进了更发达的西欧文明。这些殖民者有时以征服者的姿态出现，但更通常的是应本地统治者的邀请而来。[1]

正如我们已经知道的，对一个帝国来说，挑战最大的永远不是边缘地方的分裂主义，而是主体人群的封闭心态。幸运的是，在很长一段时期内，德意志人都没有显露出民族主义倾向，更多的还是王朝认同。相当长的一段时期内，在哈布斯堡帝国，"德意志人"基本上是由文化定义的（而非血缘、种族），谁能讲德语、熟悉德意志文化，谁就能归化为德意志人。而且，直到 19 世纪末，德意志人在看待自己与其他人群的差别时，通常认为这是一个文明发展问题，而不是种族特性问题。正是由于德意志人这种"帝国民族"的特性，使得帝国具有了一定的包容性。

在统治者一方，哈布斯堡的君主们也有相当的超民族自觉。其中一位成员，阿尔伯特大公（弗兰茨·约瑟夫一世的堂兄），曾经说："在一个由许多种族和民族居住的多重帝国中，王朝绝不允许将自己专门分配给其中一个。就像一个好母亲一样，它必须对所有孩子表现出同等的爱，不去疏离任何一方。这就是它存在的理由。"[2] 尽管阿尔伯特大公说出此话时，已经是帝国末期了，但这确实能代表哈布斯堡王室既有的思想传统，亚西对此的评论是："哈布斯堡家族以一种超民族的方式感受和思考，这是由他们极其复杂的血统混合、他们的天主教信仰，以及其王朝极其多

1　Jaszi, Oscar. *The Dissolution of the Habsburg Monarchy*, University of Chicago Press, 1929, pp. 38-40.

2　Kumar, Krishan. *Visions of Empire: How Five Imperial Regimes Shaped the World*, Princeton University Press, 2019, p. 184.

样化的种族构成所造成的。"[1]

在约瑟夫·罗特的小说《拉德茨基进行曲》中，冯·特罗塔家族出身于斯洛文尼亚地区的偏远农村，先祖在偶然的情况下在战场上救了皇帝性命，于是被封为男爵，子弟也受到特别照顾成为地方官。"地方官本人从来没有想过去看看父亲的家乡，他是一个奥地利人，是哈布斯堡王朝的奴仆和官员，维也纳的皇家宫殿才是他的家乡。……在给儿子那封至关重要的信中他写了这样一句话：'命运使我们这个边区的农民家庭成了奥地利人。我们要永远地做奥地利人。'"这虽然是小说家言，却也描写出了帝国统治结构的开放性，不因族裔出身而发生变化。

匈牙利人在 1910 年占帝国总人口的 19%，是第二大人群。如前所述，匈牙利贵族发达，他们对帝国的感情是非常复杂的。一方面，贵族们有自己骄傲的历史传承，掌握着地方的治理，而这越来越受到维也纳中央集权和理性行政的压力；另一方面，匈牙利的高层贵族在很大程度上是哈布斯堡家族一手扶植起来的，他们与帝国宫廷有千丝万缕的联系，常常出任帝国高级官吏，依赖帝国的财政支持。1843 年，匈牙利的自由主义领导人米克洛什·韦塞莱尼（Miklós Wesselényi）发表宣言："如果不存在哈布斯堡帝国的话，就有迫切的需要马上创造一个。"[2]

帝国其余 58% 的人口主要是其他斯拉夫人——捷克人、克罗

---

1 Jaszi, Oscar. *The Dissolution of the Habsburg Monarchy*, p. 136.
2 Kumar, Krishan. *Visions of Empire: How Five Imperial Regimes Shaped the World*, p. 196.

地亚人、波兰人、斯洛文尼亚人、罗马尼亚人和鲁塞尼亚人[1]，等等。大体来说，这些人群虽然分布不同，但并不生活在地理隔离状态中，彼此之间的差异也并不比他们的共性少多少。[2]到19世纪，由于中央/地方冲突的刺激，它们也出现了各种地方民族主义，但是在这些地方民族主义者心中，哈布斯堡帝国之外的选择并不多，他们对俄国和奥斯曼土耳其持相当负面的态度，认为哈布斯堡帝国虽然是种束缚，但也是一种保护力量，因此他们的民族认同与帝国认同之间没有什么大的冲突。比如说，在过去，克罗地亚人以对奥地利的忠诚而闻名，拿破仑的将军马尔蒙就曾夸奖道："克罗地亚人投身于军事服务，且忠于国家，一旦出现任何威胁奥地利的变化，他们就会立刻出发去保卫奥地利。"[3]这是自中世纪起克罗地亚人与哈布斯堡家族长期合作共同抗击外来入侵的结果。

此外，还有几件事也有助于改善帝国内部各人群之间的关系。首先，各人群的地理分布与行政区划并不一致。在帝国下属各王国、地方中，往往分布着若干不同的族群，没有哪一个族群能够独占一块地方，也没有哪一个族群没有分散在若干政区之内，这就隐隐约约地达成了某种平衡。表4.1是1911年人口普查时的人群分布数据。

1　鲁塞尼亚人是乌克兰人在哈布斯堡君主国中的别称。

2　Kann, Robert A. *The Habsburg Empire: A Study in Integration and Dis-Integration*, Praeger, 1957, pp. 46-47.

3　转引自理查德·巴塞特《以上帝和凯撒之名：奥地利皇家军队的崛起和消亡》，毛岚等译，天地出版社，2019，第280页。

表 4.1 奥匈帝国人口组成（按语言）

内莱塔尼亚 (Cisleithania)

地方	主要语言	其他（多于 2%）
波希米亚 (Bohemia)	捷克语 (63.2%)	德语 (36.8%)
达尔马提亚 (Dalmatia)	塞尔维亚－克罗地亚语 (94.6%)	意大利语 (2.8%)
加利西亚 (Galicia)	波兰语 (58.6%)	鲁塞尼亚语 (40.2%)
下奥地利 (Lower Austria)	德语 (95.9%)	捷克语 (3.8%)
上奥地利 (Upper Austria)	德语 (99.7%)	
布科维纳 (Bukovina)	鲁塞尼亚语 (38.4%)	罗马尼亚语 (34.4%)，德语 (21.2%)，波兰语 (4.6%)
卡林西亚 (Carinthia)	德语 (78.6%)	斯洛文尼亚语 (20.7%)
卡尼鄂拉 (Carniola)	斯洛文尼亚语 (94.4%)	德语 (4.9%)
萨尔兹堡 (Salzburg)	德语 (99.7%)	
奥地利属西里西亚 (Austrian Silesia)	德语 (43.9%)	波兰语 (31.7%)，捷克语 (24.3%)
施蒂利亚 (Styria)	德语 (70.5%)	斯洛文尼亚语 (28.4%)
摩拉维亚 (Moravia)	捷克语 (71.8%)	德语 (27.6%)
蒂罗尔 (County of Tyrol)	德语 (57.3%)	意大利语 (42.1%)
奥地利滨海区 (Austrian Littoral)	意大利语 (39.6%)	斯洛文尼亚语 (29.5%)，塞尔维亚－克罗地亚语 (18.8%)，德语 (3.1%)
福拉尔贝格 (Vorarlberg)	德语 (95.4%)	意大利语 (4.4%)

外莱塔尼亚 (Transleithania)

地方	主要语言	其他（多于 2%）
匈牙利王国	匈牙利语 (54%)	罗马尼亚语 (16.1%)，斯洛伐克语 (10.5%)，德语 (10.4%)，鲁塞尼亚语 (2.5%)，塞尔维亚语 (2.5%)
克罗地亚－斯洛文尼亚王国	克罗地亚语 (62.5%)	塞尔维亚语 (24.6%)，德语 (5.0%)，匈牙利语 (4.1%)

数据来源：https://en.wikipedia.org/wiki/Ethnic_and_religious_composition_of_Austria-Hungary

在这里，还值得提一下的事情是，在帝国各地，都有大量的人群、家庭其实是双语或者多语使用者。

其次，帝国境内的主要人群虽然有多种信仰，但是天主教仍然是帝国境内的首要宗教。表 4.2 列明了 1911 年人口普查时人群宗教信仰的分布情况。

表 4.2　奥匈帝国各宗教占比情况（%）

宗教	帝国整体	内莱塔尼亚	匈牙利	克罗地亚-斯洛文尼亚
天主教	77.2	91.0	60.3	72.3
新教	8.9	1.9	21.4	24.9
东正教	8.1	2.3	12.8	
犹太教	3.9	4.7	5.0	
伊斯兰教	1.1			

数据来源：Kann, Robert A. *The Habsburg Empire: A Study in Integration and Dis-Integration*, pp. 41-42

天主教是帝国统一最有力的支柱之一。长久以来，罗马天主教会就与哈布斯堡王朝有相当紧密的结盟关系，用自己全部的精神权威去支持哈布斯堡家族的统治。亚西指出："罗马天主教会作为一个整体远离任何德意志民族主义倾向，并相当倾向于亲斯拉夫政策。"[1] 天主教的这种倾向是如此明显，以至于到了帝国末期的时候，帝国内的德意志民族主义者甚至发起了所谓的"远离罗马"

[1] Jaszi, Oscar. *The Dissolution of the Habsburg Monarchy*, p. 157.

运动(Los-von-Rom-Bewegung)，鼓励奥地利的德意志人转信新教。[1]

　　除此之外，军队、贵族和官僚也各自提供了面向帝国的向心力。军队一直以哈布斯堡家族军队的面目出现，讲究的是对皇帝的私人忠诚。这支军队并不以军事效率见长，其包容性却非常显著。匈牙利历史学家伊什特万·戴阿克（István Deák）说："在哈布斯堡王朝的历史上，军队公开积极地表示对民族主义的抵制……他们受到的教育是，任何民族情绪的流露对于一个军官而言都是不合适的，甚至有叛国投敌之嫌。"[2] 亚西则指出，军官阶层本身构成了某种"国民阶级"（national caste），甚至其私人生活也是去民族化的。[3] 哈布斯堡家族的末代皇帝卡尔一世也说："帝国所有人都在军中找到了家。"[4] 皇帝的评论可谓恰如其分，奥地利军队中最伟大的两位将军——华伦斯坦和欧根亲王——一个是来自波希米亚的捷克新教徒，一个则是一名意大利-法国亲王（只能说一口结结巴巴的德语）。

　　贵族在帝国之中自成一个社会阶层，他们与其他人在社会经济地位上的差别使得他们天然具有某种超民族意味。在哈布斯堡家族吞并匈牙利的初期，有些匈牙利贵族曾经起兵反叛，但是起义领袖之一拉科齐亲王（Francis II Rákóczi）在战败之后抱怨：相当多的匈牙利贵族娶了奥地利出身的妻子，在维也纳受教育，在奥地利、

1　Jaszi, Oscar. *The Dissolution of the Habsburg Monarchy*, p. 159.

2　转引自库马尔《千年帝国史》，第185—186页。

3　Jaszi, Oscar. *The Dissolution of the Habsburg Monarchy*, p. 144.

4　理查德·巴塞特：《以上帝和凯撒之名：奥地利皇家军队的崛起和消亡》，毛岚、罗帅、李慧译，天地出版社，2019。

施蒂利亚或摩拉维亚边界拥有世袭领地，大约有一半最富有的家庭总是住在维也纳，他们一直与皇帝的意图和秩序息息相关，因此他们衷心地支持奥地利人，以免危及其财产。[1] 帝国境内的贵族多半如此，而哈布斯堡家族自然也会投桃报李，帮助维系这些贵族的社会与政治地位，等同结盟。

相比贵族，哈布斯堡王朝官僚机构的"去民族化"程度当然更胜一筹。赫尔曼·巴尔（Hermann Bahr）是帝国末期一位能干的批评家，他在 1907 年出版了一本名为《维也纳文学》的小书，在这本书中，他对哈布斯堡王朝的官僚有如下的讽刺与描写：

> ……这些生物，只有在帝王恩典的气息中才能有生命力的外表（且其得失全执于帝王之手）。这是一群没有祖国、没有家园、没有根基的人，昨天还是无名之辈，今天就突然被一只看不见的手抬举起来，悬在空中，仿佛是在持续的恐惧中，悬在帝王恩典的绞刑架上。……这里也是一个新的殖民地，皇室的殖民地。这里也产生了一个新的种族，弗兰茨皇帝的"爱国者"。[2]

这些话虽然意在贬斥，但也说明了一些东西。另外一名同时期的评论家、经济学家克莱因韦希特（Friedrich Kleinwächter）则

1　Jaszi, Oscar. *The Dissolution of the Habsburg Monarchy*, p. 150.

2　Jaszi, Oscar. *The Dissolution of the Habsburg Monarchy*, p. 163.

没有那么刻薄，他的说法是："一个理想的奥地利官员是一个完美地掌握了德语却没有任何民族意识的人……一个盲目地奉献给王朝的人，没有任何批评精神。"[1]

正是因为以上这几方面的合拍，在较长的一段时间内，哈布斯堡帝国并没有出现大的民族问题。

第二阶段

法国大革命结束后，奥地利力行的是保守主义政治。这一时期帝国的一切政治目的都是保住王朝专制主义。1821 年，皇帝弗兰茨一世对一个教师说："周围的新观念是我不能，也绝不会赞同的。……任何为我服务的人都要按我的命令从事教育，任何不能这样做的人，或者与新观念有牵连的人，都可以离开，否则我就安排他离开。"[2] 政府虽然允许各地的"文化生活"继续存在，但却取缔和压制各种"政治生活"。著名的梅特涅时代（1821—1848）是一个鸦雀无声的年代。史蒂芬·贝莱尔指出，梅特涅的主要打击目标是"革命"，而自由主义革命的中心是城市中产阶级，这个阶层是最容易形成统一的、超民族的、全国范围内的公民政治文化的。对他们进行打压的结果是，一个本来可以在文化层次上掌握领导权、话语权的公民社会无法形成，而他们，在一个即将到来的大众政治年代，本来是能起到一定统合作用的。

---

1   Jaszi, Oscar. *The Dissolution of the Habsburg Monarchy*, p. 164.
2   史蒂芬·贝莱尔：《奥地利史》，第 110—111 页。

在这一时代，人们对帝国并没有什么太大的不满，但对王朝则有了越来越多的怨言。公允地说，在历史上，这是哈布斯堡王朝治下的人民第一次努力想要把一个多元帝国和王朝区分开来。

这在1848年革命中表现无遗。1848年3月13日，一群学生在维也纳向政府提交改革请愿书，遭到军队镇压，抗议随即变成了一场革命，而这场革命又迅速蔓延到了帝国其他地方。贾德森在描写这段历史的时候指出，1848年革命是几种革命的复合体，一种革命是贵族精英试图通过取得政治自治来扩张他们在地方上的权力，从而与官僚化的帝国对抗；另外一种革命则试图缔造一个用来监督国内官僚的宪政帝国，让帝国的官僚体系服从于社会意志。[1]前一种革命主要发生在匈牙利，后来演变成一场分裂主义运动，后一种革命则发生在帝国其他地方。贾德森指出，大体上，革命是亲帝国的，许多革命者自诩为哈布斯堡王朝真正理念的守护者，他们的目的是改造帝国为己所用，而非摧毁帝国。

这里有一个显著的例子。捷克人弗兰蒂泽克·帕拉茨基（František Palacký）在1848年接到了德国法兰克福国民议会[2]的邮件，邀请他共襄盛举。帕拉茨基回复说：

> 你们大会的明确目的是在现有的君主联盟的基础上建立一个德国人民联盟……阻止我参加你们审议的原因是，从迄

1　彼得·贾德森：《哈布斯堡王朝》，第四章。

2　这是在德意志1848年革命期间成立的全国性议会组织，计划以民主方式统一德意志。

今为止发表的关于你们的目的和观点的一切来看，你们势必打算削弱奥地利作为一个独立帝国的地位，甚至使其无法存在——而这一帝国的存在、完整和巩固极其重要，不仅仅对于我的人民是如此，对于整个欧洲、人类和文明来说都是如此。……你们知道，欧洲东南部沿着俄罗斯帝国边界居住着几个在起源、语言、历史和文化方面截然不同的民族……他们中没有一个民族本身强大到今后能够成功地抵抗东方强大的邻国；只有当一个单一和坚定的纽带将他们所有人团结起来时，他们才能做到这一点。多瑙河是各国人民这一必要联盟的真正生命力所在：因此，它的中心力量如果希望并保持其有效性，就不能离这条河流太远。如果奥地利国家这么多年并不存在，我们就必须为了欧洲甚至人类的利益而努力尽可能快地创造它……当我的目光越过波希米亚的边界时，我被自然和历史的原因所驱使，不是指向法兰克福，而是指向维也纳，在那里寻找一个自然的中心，为我的人民确保和平、自由和正义。[1]

帕拉茨基的这一信念有相当的延续性，20年后他仍然认为："我们在其他地方不会比在奥地利更好地保存我们的历史-政治实体，我们特定的民族、文化和我们的经济生活……我们没有愿望，

---

[1] F. Palacky, "Letter to the Frankfurt Parliament Committee of Fifty, April 1848," https://www. age-of-the-sage. org/history/1848/palacky_letter. html. 值得注意的是，帕拉茨基也解释道，许多小民族不可能转投布达佩斯，因为"不可能自愿加入这个宣称一个人首先必须是一个马扎尔人，然后才是一个人的国家"。这提示说许多人拥护奥地利，是因为匈牙利实在不是一个好选择。

也没有政治企图来超越奥地利。""300 年前，如此不同的人群缔结自由协定，形成了奥地利帝国，我认为这是天意在祝福所有的人。"[1]历史学家汉斯·科恩（Hans Kohn）认为，这种观念是 19 世纪帝国内斯拉夫人的共同信念。[2]

帝国各人群对革命持相当欢迎态度，"当时弥漫着高涨的乐观主义，几乎所有的群体都期待着自己的解放，并认为这是全人类解放的一部分"。[3]各人群都主张革命兄弟情谊。一个波兰革命者后来在回忆录中描述了革命时维也纳的各民族庆祝活动，波兰、德意志和匈牙利的旗帜并肩而立，"我们都仿佛活在一个美丽的梦里"。

这里还有一个例子，能够表明至少在一段时间内，大多数人也具有一定的帝国认同。1848 年革命中，除了匈牙利之外，其他地区都相对稳定，没有乘机谋求分离。这些地方并不是没有被革命波及，无论在波希米亚、克罗地亚，还是蒂罗尔，都发生了革命，但革命者的目标都是宪政意义上的，而非地方独立自主。一份捷克语的革命小册子这样宣称："斯拉夫人和德意志人，为了更高的共同事业，倒在维也纳的土地上。让我们跟随先烈的步伐，让他们的鲜血成为我等手足情的纽带。"一份维也纳的刊物也这样建议读者："告诉你们的读者，他们不只是匈牙利人、德意志人、

1　Kohn, Hans. *The Habsburg Empire, 1804-1918,* Princeton: Van Nostrand, 1961, pp. 51-53.

2　Kohn, Hans. *The Habsburg Empire*, 1804-1918, pp. 49-57.

3　史蒂芬·贝莱尔：《奥地利史》，第 119 页。

斯拉夫人或者意大利人，他们还是一个奥地利宪政国家的公民。"[1]

可以说，当时帝国各地人群的目标是要把哈布斯堡君主国改造成一个君主立宪的联邦国家，而不是要分解它。革命后成立的第一届民选议会在制宪时提出，权力将在三个层次上分享：中央政府、历史上形成的省，以及省内根据族裔原则划分出的区（Kreise）。这里要注意的是，制宪会议拒绝了按照语言标准将帝国分成八个自治区的建议，还是按照传统的地方划分来建立联邦单位。比如，摩拉维亚人虽然和波希米亚人同为捷克语族，但是摩拉维亚议会派出代表的时候，坚决反对摩拉维亚与波希米亚合并，而是坚持自己独立行政区的地位。

1848 年革命却最终在保守势力（就是茜茜公主的丈夫弗兰茨·约瑟夫一世）的反扑下失败了，联邦宪法被废弃。我们无法假设若 1848 年革命成功，哈布斯堡帝国就能维系下来，但是也许奥地利确实丢失了一个宝贵的机会。

我们可以将奥匈帝国与它的邻居瑞士做一对比。瑞士，在历史和现状上，都是一个多族群的国家，那里的人讲不同的语言，信奉多种宗教教派（天主教与新教）。根据 2000 年的资料，德语人口占总其总人口的 63.7%，法语人口占 20.4%，意大利语人口占 6.5%，罗曼什语（一种土著语言）人口占 0.5%。持这四种语言和两种教派的族群分布在 26 个州（Canton）之内。在民族身份庞杂这一点上，瑞士其实也是中世纪遗产的残余。那为什么瑞士能活过

1　彼得·贾德森：《哈布斯堡王朝》，第 194—195 页。

民族主义时代，没有被同时代在其他国家肆虐的种族民族主义撕裂呢？一个非常可能的答案是，它很幸运，在奥地利失败的 1848 年革命却在这个国家成功了。

瑞士各州的边界，有时是按照宗教划定，如瓦莱州（Valais）和弗里堡州（Fribourg），有时是按照语群划定，如提契诺州（Tessin）。同一个族群，会同时分布在好几个州里。这其实是中世纪的遗留。这非常类似哈布斯堡帝国的民族格局。瑞士人幸运的地方在于，他们就是以这么一种中世纪遗留的姿态直接建立了一个联邦共和国，国内较小的、分散的多元成分还没来得及凝聚成几个较大的以语言、血缘划分的政治团体，而是以地域认同为主进入了公共政治，从而很幸运地避免了民主化过程中通常会发生的族群政治撕裂公共领域的情况。

历史无法假设，我们不知道成功的 1848 年革命会不会保存帝国（至少是帝国的一半）。新皇帝弗兰茨·约瑟夫一世决定尝试另外一种维系帝国的方法，他在 1851 年撤销了宪法，开始在全国推行一种赤裸裸的官僚集权主义。以前旧有的地方自治机构一律被废止，一切政治活动均被禁止。这种新专制主义的设计者与推行者，先是施瓦岑贝格亲王（1800—1852），后是内政部长巴赫（1813—1893）。时人说，这两人治理国家依靠的是四支军队：一支走路的军队（士兵），一支坐着的军队（官僚），一支跪着的军队（教士），一支爬行的军队（密探）。

鉴于帝国在 1848 年革命中差点由于匈牙利的叛乱而分崩离析，施瓦岑贝格和巴赫决定用一整套理性、现代化的官僚机构取代原有的松散治理体系。他们废除了帝国境内（尤其是在匈牙利）所有的传统行政单位，划定新的边界，代之以新的行政区划分。政府从维也纳向全国各地派遣了一大批说德语的政府官员（他们被当地人称作"巴赫的骠骑兵"）来执行中央政策。在前述四支军队的帮助下，政府权威直插社会基层，哈布斯堡帝国全境第一次被一种单一力量所支配。弗兰茨·约瑟夫皇帝宣称："所有在旧的、历史上的，还是全新头衔下的土地，都将与奥地利联合起来，成为奥地利世袭君主国之不可分割的一部分。"[1]

吊诡的是，哈布斯堡王朝在政治上全面收缩的同时，在经济和社会方面却在进行一场全面的自由化改革。它废除了封建制度的残余，终止了行会特权，废止国内关税，建设公共道路，保护财产，保证人们在迁移、择业方面的自由，强调法治，改良教育。这些自由化政策反映在经济上，就是19世纪50年代哈布斯堡帝国经济的迅速成长。对外贸易较之前增加了四倍，经济繁荣惠及了大量的城市职业阶层和中产阶级，帝国境内的自由贸易也使维也纳成了重要的金融与商业都市。[2]帝国指望经济与社会方面的繁荣能够绥靖人民。

巴赫指望的是，通过从上到下有效回应社会的需求，改革就可得到大众的认可。一个强大高效、官员勤勉为国、理性的现代官僚体系将有效管理奥地利这个多元社会，用进步的现代社会来取代

1　彼得·贾德森：《哈布斯堡王朝》，第 208 页。

2　Gingrich, Simone. "Foreign Trade and Early Industrialisation in the Habsburg Monarchy and the United Kingdom—Two Extremes in Comparison." *Ecological Economics* 70. 7 (2011), pp. 1280-1288.

各民族的落后文化，从而整合帝国。巴赫曾经很自信地说，只要上面这些改革能够持续下去，"我们一定会成为赢家"。

讽刺的是，从事后来看，新专制主义的改革并没有使帝国变得更稳定，而是埋下了帝国覆亡的祸根。其原因是多方面的。首先我们需要指出，指望用增强国家力量来驯服不同民族的做法大概起了反作用。第一，派向地方的官僚主要来自德语人群，为了方便行政管理，行政语言也被设为德语。这些人一般也把德语文化看作一种高级文化。对相当的匈牙利、捷克等族群人民来说，如果说以前突出的是官民矛盾，现在他们更容易把国家的管制看作一种族群／文化压迫。第二，奥地利政府为了便于行政管理，在各地消灭自治，重新设置行政区，并对居民进行了语言识别。这些事情都促成了地方民族主义的兴起。历史学家泰勒（A. J. P. Taylor）在《哈布斯堡君主国：1809—1908》中指出，在匈牙利，奥地利政府中央集权的后果是把匈牙利均一／单一化，原来地方自治机构被削平，权力向布达佩斯集中，一个统一的匈牙利社会开始形成。在某种程度上，普通匈牙利人是被巴赫强行聚拢在一块并引入公共政治生活的。[1] 行政官僚们在民族地方进行的语言识别也有类似的功效，在帝国境内，大多数人民实际上是使用双语或者多语的，但为了行政管理的方便，居民们被强制选择一种语言，也就被强行

1　Taylor, Alan John Percivale. *The Habsburg Monarchy, 1809-1918: A History of the Austrian Empire and Austria-Hungary*, University of Chicago Press, 1976, pp. 86, 105.

赋予了特定的民族身份。[1]

巴赫体制的另外一个意外后果是王朝反对派的分裂。由于帝国的经济改革非常成功（扩张的官僚机构也给了德意志中产阶级们工作机会），这导致许多德意志的自由派开始认为王朝本身已经采纳了自由主义原则（那些仍然不满的则远渡重洋去了美国，其他人则忙着赚钱）。[2] 巴赫体制对地方自治权利的压制被看成是进步对封建的胜利。[3] 于是，许多原来的革命者开始认为王朝已经走出了"历史三峡"，可以通过渐进改良的方式与王朝共存。1857 年，曾是重要革命理论家的恩斯特·冯·施瓦泽（Ernst von Schwarzer, 1808—1860）发表文章宣称，"那些心怀不满的反抗者和乌托邦幻想家一度尝试用政治和社会革命达成的目标，如今在政府的协助下，通过法律和经济改革变成了现实"。[4] 这是那个时代的"告别革命"。但是对德意志自由派反对者"利好"的改革，在捷克、匈牙利等族群的自由派看来，却是赤裸裸的压迫。于是，他们各自向本民族的封建贵族靠拢（以放弃部分自由主义主张为代价），以求在民族内部形成统一的反对力量，这样就更增添了他们与德意志自由派之间的裂痕。这样，1848 年那个跨民族的革命者同盟就逐渐趋向于瓦解。

---

1 Scheer, Tamara. "Ethnic Boxes: The Unintended Consequences of Habsburg Bureaucratic Classification." *Nationalities Papers* 46. 4 (2018), pp. 575-591.

2 彼得·贾德森：《哈布斯堡王朝》，第 235—237 页。

3 Taylor, Alan John Percivale. *The Habsburg monarchy, 1809-1918: A History of the Austrian Empire and Austria-Hungary*, p. 112.

4 彼得·贾德森：《哈布斯堡王朝》，第 229 页。

　　巴赫体制给奥地利多民族国家还埋下了一个重要隐患。过去哈布斯堡帝国一直注意在属下各民族间制造一定矛盾，拉一派打一派是帝国的运作诀窍。比如，塞尔维亚人、斯洛伐克人、罗马尼亚人和克罗地亚人一直同匈牙利人不和，所以在 1848 年革命中，克罗地亚人支持王朝复辟以打击匈牙利人。但是随着巴赫体制的建立，帝国一视同仁地对下属民族进行管制，这在实际上迫使以前相互敌对的族群开始相互靠拢，以便反对帝国的中央集权。

　　上述这个官僚乌托邦的一大问题是"太费钱"。军队、官僚、教士、暗探与经济建设需要大量的金钱投入，对国家财政来说，这是一个严重的负担。百姓税负沉重，在匈牙利，1848 年到 1857 年，直接税收增长了十倍。帝国在这个时期的外交政策更是为财政困难添砖加瓦。1859 年，法国与撒丁王国联手击败了在意大利的奥地利军队，帝国遭遇了大规模的货币与财政危机。

　　经济危机和外交失败迫使弗兰茨·约瑟夫一世要做些政治让步。1860 年，他写信给自己的母亲："我们确实需要一个小小的议会政府，不过权力仍然掌握在我的手里。"[1]

　　政治让步的第一步是让巴赫引咎辞职。第二步是向地方贵族伸出橄榄枝。皇帝在 1860 年 12 月发出《十月敕令》（October Diploma），宣布恢复各地方的传统自治（即各州的议会 Diet），由贵族把持的各州议会选代表到帝国议会（该议会只有有限立法权）。这是一个保守主义色彩极浓的贵族联邦主义方案。但国家的两大政

―――――――――

[1]　彼得·贾德森：《哈布斯堡王朝》，第 241 页。

治力量（地方贵族和中产阶级）均对这个方案不满：匈牙利人觉得这个方案没有突出匈牙利的特殊地位，而德意志的中产阶级嫌这个方案的立宪和自由权利的味道太少。既然这步走不通，皇帝的第三步就是转向德意志自由派，任命前革命家施默林（Anton von Schmerling，1805—1893）做了首相。施默林在 1861 年制定了所谓的《二月特许状》（February Patent），收回了《十月敕令》中给予各州议会的立法权，使其降格为选举机构（也有一定的行政管理权）。公正地说，这个改革比起上一个来说更具立宪气质。这是因为，第一，它提供了有限选举权，使国会有了更多立宪底气；第二，它制定了帝国市政法，建立了地方自治体系。[1]

也由于有限选举，德意志人在国会中占据了不成比例的多数席位。[2] 于是，帝国中的其他民族，比如说捷克人、匈牙利人和波兰人，抵制了这个制度，不向议会派出代表，或者中途撤回。这样，帝国就再次陷入僵局。这种反复出现的僵局，实际上说明帝国政治中出现了一个致命问题：王朝本身已经失去了统合这个多民族国家的能力，但是反对者们也做不到，德意志自由主义者同地方联邦主义者彼此冲突，没有办法形成合力，给出一个稳定的政治替代方案。于是，帝国就仍然只能凑合着过下去。

同以前一样，施默林体制的终结是因为奥地利的外部危机。

---

1 Deak, John. *Forging a Multinational State: State Making in Imperial Austria from the Enlightenment to the First World War,* Stanford University Press, 2015, pp. 138-174.

2 比如说在摩拉维亚，主要由德意志人组成的 43 万城市居民有 13 个国会代表，而主要由斯洛伐克人组成的 160 万农村居民只有 11 个代表。

正如梅特涅所说，对一个"国际"国家（international state）来说，最大的威胁永远是国际战争。1866 年，奥地利与普鲁士为了争夺对德意志的领导权而爆发了战争，结果奥地利战败。哈布斯堡王朝既大失脸面，也变得非常虚弱。皇帝极需要同自己过去的主要敌人——要自由的德意志人和要独立的匈牙利人——和解。对德意志人，他给予了一个立宪政府，皇帝虽然还手握行政、外交与军事大权，但是把部分立法权限让给了帝国议会（Reichsrat），从此举凡税收、教育、铁路及国内其他事宜，他不得不与议会分享决策权力。对匈牙利人，他打算给他们最想要的东西：自治与部分意义上的独立。

在匈牙利人一方，他们的领导者在当时是费伦茨·戴阿克（Ferenc Deák，1803—1876），当他听到奥地利战败的消息时说："我们输了战争。我们现在胜利了。"[1]他知道奥地利现在一定会让步，但是戴阿克不同于他的革命前辈科苏特（Lajos Kossuth，1802—1894），他认为，留在哈布斯堡帝国内，借助与奥地利的联系，才能维系匈牙利人对克罗地亚、斯洛伐克和罗马尼亚的支配地位。科苏特曾经希望匈牙利同塞尔维亚、克罗地亚和罗马尼亚联合构成一个联邦，戴阿克则回答说："宁愿要维也纳，不要贝尔格莱德。"[2]

1867 年 2 月 1 日，在大臣议事会上，失势的前首相贝尔克雷迪伯爵（Richard Belcredi，1823—1902）对帝国体制的新转向表示

1　Oscar, Jaszi. *The Dissolution of the Habsburg Monarchy*, p. 106.
2　Taylor, Alan John Percivale. *The Habsburg Monarchy, 1809-1918: A History of the Austrian Empire and Austria-Hungary,* p. 122.

不满，主张君主不应该依赖某些特定的民族，应超越于所有民族之上，而且君主肯定不应该忽视这个国家的斯拉夫人（这指的是同匈牙利人妥协会把那些与匈牙利有冲突的斯拉夫民族置于匈牙利人的管辖之下，肯定会引起怨恨）。帝国新首相博伊斯特（Friedrich von Beust，1809—1886）答曰："政府不可能始终对所有民族都公平相待，因此我们必须依靠那些最有活力的民族的支持……这就是德意志人和匈牙利人。"弗兰茨·约瑟夫皇帝最后做了裁决："贝尔克雷迪伯爵提出的方案也许是最不容反对的，但博伊斯特男爵的方案应能更快达到预期目标。"[1]

于是，在1867年稍后，奥地利与匈牙利签订协议，将哈布斯堡帝国改造成一个双元帝国，以莱塔河为界，帝国被分割成由德意志人来治理的内莱塔尼亚（帝国西部）和由匈牙利人来治理的外莱塔尼亚（帝国东部）。匈牙利的领地包括克罗地亚、斯洛文尼亚和罗马尼亚的一部分，而奥地利的领土经乌克兰的布科维纳、加利西亚、波希米亚和奥地利，一直到亚德里亚海岸，形成一个大弧形。这个新帝国的精神，用当时的帝国首相博伊斯特对匈牙利人讲的话来说，就是："你们管好你们那边的野蛮人，我们管好自己这边的。"[2]

第三阶段

1867年改革之后，帝国进入了一个新的阶段。历史学家们一

1　史蒂芬·贝莱尔：《奥地利史》，第138页。

2　Miller, Stuart Tindale. *Mastering Modern European History*, Macmillan International Higher Education, 2016, p. 263.

般都承认王朝是真的在做出政治让步：在政体上，帝国进入了某种宪政阶段，议会和党派确实掌握了一定的政治权力；在国体上，帝国一分为二，成为某种"共主体制"。但事后的历史证明，这两个让步都不足以解决帝国面临的困境。

　　根据协议，哈布斯堡帝国将一分为二：匈牙利和奥地利。在中央，弗兰茨·约瑟夫以匈牙利国王和奥地利皇帝的身份成为两邦共主（匈牙利人常骄傲地只当弗兰茨·约瑟夫是匈牙利的国王，只不过偶然还兼着一个奥地利皇帝的身份）。在外交、国防和有限的财政事务上两国组成联合部门予以处理。每年从两国议会中各选出 60 名代表来讨论并批准联合部门的要求，商量税收和军队建设。每十年重新修订一次协议的财政条款，安排关税和货币事务。在地方，两邦分立。匈牙利王国有自己的政府、议会、司法体系，克罗地亚、斯洛文尼亚和特兰西瓦尼亚（罗马尼亚的一部分）等地被交给匈牙利治理。在许多斯拉夫人看来，这是一种出卖。一位斯洛文尼亚民族主义者愤怒地说，这是"无功之民族进行统治，而无过之民族沦为臣仆"。[1] 如果之前哈布斯堡帝国作为欧洲之必需的功能是居中调节诸民族争端，同匈牙利分治帝国这件事则实实在在地让那些仰望维也纳的小民族失望透顶，同时也暗忖，"匈牙利通过顽固阻挠帝国议程能够办成的事情也许我们也能学习"。

　　如果说皇帝希望用让权的方式来换取匈牙利对帝国事务的投入，那他注定失望。奥匈帝国在责任上呈现出明显的不对称。匈牙

1　彼得·贾德森：《哈布斯堡王朝》，第 253 页。

利所管辖的东部帝国人口占总人口的五分之二，但每年只需要负担帝国总税收的三分之一。自 1889 年起，匈牙利一直拒绝增加奥匈帝国军队数量并拒绝提供预算，这导致帝国陆军的兵力只有法德的一半、俄罗斯的四分之一，[1] 而正是因为武备松弛，奥匈帝国才在第一次世界大战中被打得那么惨。

更关键的是匈牙利对帝国立宪改革的阻挠。这是因为，匈牙利即使获得了相当的独立，也不会忘记这份独立实际上是外部压力的赠予，而不是帝国自发改革的成果。因此，他们小心谨慎地企图维持某种帝国"均势"的存在。比如，在 1878 年，民族叛乱席卷奥斯曼土耳其帝国在东南欧的省份，俄国介入叛乱并击败了奥斯曼土耳其。德国首相俾斯麦召开柏林会议予以调停。为了制衡俄国，他曾经想过把波斯尼亚和黑塞哥维纳划入奥匈帝国。匈牙利坚决反对，原因是匈牙利认为，吞并这两个地区将带来数百万斯拉夫人，这将更加削弱匈牙利对东部帝国的控制。俾斯麦大为惊叹："我听说过有人不肯吃他们的鸽子，除非有人把鸽子射杀，替他们烤好，但我从没有听过有人非要人把他的嘴掰开，把鸽子强行塞进他的喉咙，他才肯吃。"[2]

为了维系这一均势的存在，匈牙利并不希望帝国内的德意志

1　原因是匈牙利人相当怀疑皇家军队可能会被用来对匈牙利施加压力，他们的这一担忧，不能说没有道理。

2　杰弗里·瓦夫罗：《哈布斯堡的灭亡》，第 41 页。1878 年柏林会议之后，波斯尼亚和黑塞哥维那被奥匈帝国占领，但在 1908 年被吞并之前，它在法律上仍是奥斯曼帝国的一部分。由于奥地利政府和匈牙利政府的竞争，它成为哈布斯堡帝国中的一个另类地区，既不属于奥地利，也不属于匈牙利，而是交给了联合财政部管理。

人与其他民族改善关系，这尤其体现在德意志人与捷克人的关系上。

自中世纪以来，大量的德意志人移民到了波希米亚和摩拉维亚。到 1700 年左右，民族边界固定下来，形成了很大规模且联成一体的德意志人聚居区（约占本地人口的三分之一到五分之二）。

波希米亚三面环山，中心地带则相对平坦，德意志人主要定居在周边的山区，从事采矿业（随着 19 世纪中期奥地利开启工业革命，又迅速发展出了各种工业），捷克人则在中心地带务农（但德意志贵族是大地主）。德意志人在社会、经济地位上都要较捷克人优越，控制着本地的工商业和城镇。

到了 19 世纪的最后三四十年，相当多的捷克人从农村迁入城镇寻找新的工作。据估计，在 1880 年至 1990 年间，有 50 万捷克人迁徙到了德意志人占绝对主导的地区。[1] 城市的工作条件和社会环境对于这些移民并不友善，而他们的雇主往往是德意志人或是犹太人。于是，阶级冲突就跟族群认同联系在了一起（这些工人开始要求民族平等，要求在公共生活中使用捷克语和建立捷克学校）。帝国从 19 世纪 50 年代以来的教育扩张也为德捷矛盾贡献了力量。19 世纪 60 年代，大学里面 50% 的学生是德意志人，20 年过后，就下降到了 40%。受过教育的捷克人希望能够在官僚机构及其他有利可图的部门任职。奥匈帝国由于此前的专制性质，政府几乎控制一切资源，这就为各民族的争抢提供了动力。到了 19 世

1　Campbell, F. Gregory. *Confrontation in Central Europe: Weimar Germany and Czechoslovakia*, University of Chicago Press, 1975, p. 20.

纪七八十年代，新一代的捷克人（号称"青年捷克人"）兴起，不仅在政治上比起老捷克人（比如帕拉茨基）更咄咄逼人，而且比起对俄罗斯，他们对帝国怀有更大的恶感。[1]

本来，匈牙利人阻挠帝国议程这件事明眼人一看便知，而要挫败匈牙利，就必须改善德意志人与捷克人之间的关系。1871 年，新的内阁企图与捷克民族主义者达成一个协议（被称作"基本条款"）。根据这个协议，波希米亚议会将承认帝国的主权，而帝国将给予波希米亚类似于匈牙利的自治权，让捷克语与德语成为平等的行政语言，并把波希米亚划分成捷克语区与德语区。这样等同于再造一个联邦单位，把帝国从两元改为三元。更有甚者，帝国也有意向加利西亚（波兰地区）伸出相似的橄榄枝。

老实说，这个协议如果成立，后果未可知：有可能会把捷克变成第二个愿望满足但离心离德的匈牙利，但也很可能会在帝国内部促成某种真正的均势。假如说下奥地利（现在的奥地利）地区是帝国的政治中心的话，那么捷克就是帝国的经济中心。捷克地区的人口约占帝国的 35%，1716 年到 1739 年，帝国财政收入是 1.66 亿盾，捷克贡献的税赋就有 1.26 亿盾。到 1870 年，捷克承

1　帕拉茨基在 19 世纪 60 年代成立了捷克国家党（Czech National Party），后来被称为老捷克党。他们主张在联邦化的奥地利内为捷克人实现政治和文化自治。很快，党内就出现了两个派别：老捷克人和青年捷克人。他们争论的主要领域如下：捷克政党应该在多大程度上与保守的土地所有者合作，如何最好地界定和推进波希米亚国家权利，是否消极地抵制君主制的中央集权，以及如何对待俄罗斯帝国内波兰的一月起义。青年捷克人更具底层气质，更激进，认为老捷克人过分姑息大地产所有者，他们更热衷于反教会与反独裁，认为应该更积极地进行政治动员，而不是消极地抵抗。

担了帝国境内近 42% 的直接税和近 45% 的间接税（到 1909 年各为 34% 和 63%）。[1] 捷克地区与下奥地利同为工业社会（匈牙利则务农），捷克地区内部也有更多的德意志人，但捷克与匈牙利也同为边区，所以也许能够起到中间调停的作用。

匈牙利人首先反对这个方案，他们认为 1867 年协议赋予了他们对帝国宪制安排的单方面否决权。生活在捷克地区的德意志人也不满，他们占本地人口的三分之一，向来居于本地社会经济的上游，不愿意让捷克人由于人口占多数就占据政治主动地位，从而危害到他们的利益。最重要的是，皇帝本人也不喜欢。因为谈成这个协议的人是德意志自由派（他们在 1867 年至 1879 年负责主持国政，当然大权还在皇帝手中），比起匈牙利人，皇帝本人更害怕德意志自由派同捷克人联手进一步针对王朝。所以皇帝最后否决了这个协议，放任双元结构继续摧毁他的帝国。

1867 年后的十数年里，德意志自由派控制着内阁。他们继续推行一系列自由化改革，同皇帝争权。但是德意志自由派的根基并不牢固，在帝国西部，德意志人只占总人口的 37%，受惠于施默林所设计的有限选举制度，他们才能在国会中占据多数。自由派同地方民族主义者的历史纷争以及自由派对中央集权的坚持，导致他们缺少盟友，只能单打独斗。捷克人则长期抵制帝国议会，不予出席。

1873 年，奥地利爆发经济危机并曝出政府腐败丑闻，自由派

1　高晓川：《奥匈帝国民族治理研究》，第 93—94 页。

遭到严重打击，相当多的德意志人放弃了自由主义原则，转向对国家的依赖。1878 年，自由派在国会投票反对吞并波斯尼亚，这激怒了皇帝，也给了皇帝以借口。1879 年，皇帝任命自己的童年好友爱德华·塔弗伯爵（Eduard Taaffe，1833—1895）担任首相，塔弗的执政策略是联合少数民族及保守派组成一个联合执政集团，又被称为钢铁集团（iron ring），来对抗德意志自由派。他颇有作为，到他下台的时候（1893 年），德意志自由派已经从一个大党被削弱成一个小派别。

塔弗的问题是，他集合起来的党派集团个个只关心狭隘的民族利益和集团利益。国家政策没有一致性，而是各利益集团交易的产物。以后的人将其称之为"菜市场政治"，这并不奇怪。政府为了收买各民族，大肆扩充官僚队伍（封官许愿），花在官僚上的钱在特定年份要超过军事开支的 5 倍以上。

这种交易既带来妥协与合作，也带来了更多的政治冲突。从19 世纪 80 年代到"一战"前夕，尽管一些研究哈布斯堡王朝的历史学家指出，这是一个基础设施、法治、民权与社会都兴盛的进步时代，但是不可否认的是，这种兴盛同中央层面的政治僵持并行不悖。奥地利逐渐进入了大众政治时代，选举权一步一步扩大并最终在 1907 年实现了普选，但几乎所有的政党都以某个民族与族群为基本盘，竞相争取国家好处，彼此争斗不休。其争斗的缘由，除了旧怨之外，也正如美国历史学家艾维尔·罗什瓦尔德（Aviel Roshwald）所指出的，"整个帝国的现代化进程并不平均；它对双重君主制的各个地区、民族和社会阶层产生了程度不同的影响，并在他们之间引发了强烈的怨恨"。[1]商业与农业的发展使波兰人和马扎尔人的地主与乌克兰和斯洛伐克的小农户冲突频频，捷克工人同德意志工厂主之间争斗不断。1908 年 11 月，为了语言教育问题，布拉格城内两万德意志和捷克暴民相互攻击，300 人丧命，600 人受伤。正是这类冲突为这些民族主义政党的争斗提供了充足的燃料。

　　于是，这种菜市场政治就从两方面削弱了人们对帝国的信心。一方面，议会内缺少稳定的多数，议会政治常常因为些许的政策矛盾停摆。帝国宪法第十四条规定，当帝国议会休会时，皇帝可凭敕令颁布紧急立法。这种敕令时刻越来越多，1897 年到 1904 年期间，敕令被动用了 97 次之多。在 1903 年至 1905 年期间，议会干脆没有通过任何预算案。各政治派别由于达不成交易，争相同官僚机构勾搭，整个帝国似乎又回到了过去的官僚绝对主义时期。另一方面，这种菜市场政治为民族主义者的动员做了充分的舆论和心理准备。奥地利历史学家洛塔尔·霍贝尔特（Lothar Höbelt）指出，在帝国议会，"议员们可以安全地反对不受欢迎但必须的措施，因为他们知道，无论如何这些措施都会被（官僚政府）强加于他们，他们不会因此受到任何指责。既然政党领导人不能占据政府高位，那又为什么要触怒自己的选民呢？"[2]换句话说，议员们杯葛议程，

1　Aviel Roshwald, *Ethnic Nationalism and the Fall of Empires: Central Europe, the Middle East and Russia, 1914-23*, Routledge, 2002, p. 16. 在这里，我们要考虑到奥地利在 19 世纪晚期的迅速发展。在 1850 年，布拉格的人口只有 15.7 万人，到了 1900 年，已经有 51.4 万人。迅速发展的社会往往也是一个竞争激烈且失范的社会。

2　Höbelt, Lothar. "Well-Tempered Discontent: Austrian Domestic Politics." in Mark Cornwall ed., *The Last Years of Austria-Hungary*, University of Exeter press, 2002, p. 48.

只是因为他们不用对后果负责，而既然不用负责，那彼此争吵、竞相用狭隘利益讨好选民就是必然选择。

这里有个小故事。罗伯特·埃尔哈特（Robert Ehrhart）是一名奥地利公务员，1906年，他在冯·贝克（Baron Wladimir von Beck）内阁当差。就在那一年，他接到一个奇怪的任务。当时，在国会里有一个激进的捷克党派决定就某煤炭短缺问题杯葛议会日程，贝克内阁问这个党派，究竟要怎样他们才肯罢手。这些激进分子回答，他们打算就这个问题向政府发起质询，只要政府优先回答他们的质询（当时还有其他的捷克党派打算发起相似的质询），他们就愿意罢手。换句话说，该党希望借此赢得一次公共宣传，希望通过谴责政府而在媒体和选民中获得好处。如果政府能够帮助他们这样做，那就更好了。罗伯特·埃尔哈特受命撰写了政府对该项（还未发生的）质询的回答文件，然后拿给这个党派的代表人物看，以便在质询发生之前有所沟通。这些代表的回答是："这个文本写的很好，真的很好。你能帮我们写一份同样正式的质询草案吗？"[1]意思就是，答案你已经写了，不妨连问题也帮忙写了吧。

德意志人，过去被称为"国家民族"，是帝国最忠诚的拥护者，这个时候由于王朝与少数民族的妥协勾搭，怨气冲天。他们不仅在口头上抗议，同时也诉诸行动。

正如我们之前所描述的，除了三个同质化的德意志省份（上、

1　Deak, John. *Forging a Multinational State: State Making in Imperial Austria from the Enlightenment to the First World War*, pp. 215-216.

下奥地利和萨尔茨堡），内莱塔尼亚的其他省份都是由异质族群混合而成，并没有单一少数族群占据一省。在这些省份中，民族冲突的热点是加利西亚（波兰人对鲁塞尼亚人）、卡林西亚和施蒂利亚（德意志人对斯洛文尼亚人）、蒂罗尔（德意志人对意大利人）、滨海奥地利（意大利人对斯洛文尼亚人、克罗地亚人），以及波希米亚和摩拉维亚（德意志人对捷克人）。其中，德意志人与捷克语人的争斗是最激烈的，因为他们的生态位最接近。德语人群与捷克语人群对政治主导权的争夺成为帝国末期最引人注目的事实。[1] 1897年，奥地利当时的首相巴德尼颁布法令，要求在未来的几年里，波希米亚和摩拉维亚的公务员必须能够同时使用德语和捷克语工作。这个命令酿成了帝国末期最严重的政治危机，引来德意志人铺天盖地的反对。这是因为德意志人多半只会德语，而有志于成为公务员的捷克人则多半是双语使用者，这就等于把该地区的行政体系交给了捷克人。到最后，巴德尼只好辞职了事，该项法令也被废除。

这种争夺为德意志民族主义提供了充足的燃料。有位外交官写下报告："德意志元素，始终是奥地利境内最强的胶黏物，如今却已成为促成奥地利分解的最有力东西。"[2] 兴起的德意志民族主义政党吸引了大批德意志人。比如 1882 年的所谓林茨计划（Linz

---

1　除此之外，由于波希米亚和摩拉维亚在政治地缘上和经济上都可以说是帝国的核心，它的稳定是帝国的重中之重，它的波动自然也到了"堂上蹀躞脚，屋外站不稳"的地步。而且，此地的冲突为帝国其他地方定调并提供了相应模式。Lieven, Dominic. *Empire: The Russian Empire and Its Rivals*, Yale University Press, 2002, p. 182.

2　杰弗里·瓦夫罗：《哈布斯堡的灭亡》，第 42 页。

Program），起草人除了有国家社会主义党的格奥尔格·舍内勒（Georg Schonerer，顺便说一下，这个人被他的拥护者尊称为"元首"，是煽动街头暴力的一把好手），还有社会民主工人党的维克多·阿德勒（Victor Adler，奥地利共和国未来的外交部部长）。这两个人一左一右，在意识形态上处于对立的两极，却能够共同起草这份文件（起草人甚至还包括一位犹太历史学家，尽管他本人就是舍内勒认为要排除出奥地利的对象），这本身就说明这个计划在德意志民间有高度共识。[1]

这个计划的主要主张，是再德意志化奥地利。这意味着主动收缩，包括将加利西亚等地让给匈牙利以及干脆切断与匈牙利的国家间制度联系，也包括在内莱塔尼亚地区保持德意志霸权 / 主导权。在宣言中，起草人说："我们抗议一切将奥地利变成斯拉夫国家的企图。我们将继续支持保留德语作为官方语言，并反对扩大联邦……我们坚定地支持与德国的联盟以及帝国目前奉行的外交政策。"[2]

舍内勒把德国皇帝而非哈布斯堡帝国的皇帝称作"我们的皇帝"。帝国议会里面的有些德意志下院议员跟他一样，每听到霍亨索伦家族（德国皇帝的家族）的名称就欢呼叫好。他们也逐渐放弃了把德意志性看成一种高级文化的态度（这种态度固然自高自大，但也不乏开放性，因为不管是谁接受德语教育，也就被认为是德意

---

[1] 由于舍内勒鲜明的反犹色彩，后来温和的德意志民族主义者、基督教社会主义者和社会民主党最终同舍内勒割席断交。

[2] Roman, Eric. *Austria-Hungary & the Successor States: A Reference Guide from the Renaissance to the Present*, Infobase Publishing, 2003, p. 512.

志人），开始从血缘上来看待民族。最明显的表现就是德意志反犹主义的兴起。生活在奥地利的犹太人一般说德语，也自认是奥地利人，具有很强的德意志认同。但是随着现代化和大众民主的兴起与冲击，很多德意志人倾向于把自己的困境归咎于"外来者"的竞争，而犹太人首当其冲。反犹主义最猖獗的地方就在维也纳，维也纳市长卡尔·卢埃格尔（Karl Lueger, 1844—1910）领导的基督教社会党，把民粹主义、社会主义与反犹主义揉为一团。希特勒的青年时代正好生活在维也纳，他日后在《我的奋斗》中说，他崇拜卢埃格尔，为他的去世悲痛欲绝："维也纳是而且仍然是我一生中最艰难、最彻底的学校。我进城的时候还是一个小孩，但离开的时候已经是一个男人了，变得安静而严肃。在那里，我获得了一种哲学的基础，也获得特定政治观点，后来我只需要对它进行详细补充，但它从未离开过我。"[1]

当相当多的德意志人在心理上抛弃了这个多民族帝国时，这个帝国的根基实际上已经开始消逝了。有种说法是，19世纪80年代到"一战"之前的30年，是帝国躺在床上苟延残喘的30年，帝国在"一战"中遇到重大挫折后就相当平静地分崩瓦解，这不过是自然而然的事情。这种说法也许过激了些，但也确实反映了部分实情。

---

1 Miller, Stuart Tindale. *Mastering Modern European History,* p. 271.

二　集权－隔离政治

我们已经发现，哈布斯堡家族在管理这个帝国的时候尝试了很多种方法。作为一个最经典的王朝国家（它几乎完全依据王朝原则而生存），它处置民族问题的自由度相当之高。也许正因如此，人们对这个帝国的认识就因其多变而有不同。有些学者，如菲利普·J.豪（Philip J. Howe），将此帝国看作协和民主的先驱，[1]加里·科恩（Gary B. Cohen）说："一个政体，容纳了蓬勃发展的民族主义政治运动、大量政党和利益集团以及多种多样自信的政治新闻媒体，并在许多方面助长之，不可能如此僵化或瘫痪。"[2]另外一些学者，如艾维尔·罗什瓦尔德，则反驳说："许多人开始怀旧地看待它，认为它是一个高尚的国际主义实验，不知何故失败了。然而事实上，从来没有进行过这样的实验。相反，这是一个越来越绝望的统治集团所进行的一系列尴尬的即兴表演，做出的不令人满意的妥协，加剧了其下属民族之间的挫败感和敌意。"[3]

到底谁说的对呢？我个人觉得，倒不必这么斤斤计较于帝国统治者的用心（是善意的通盘设计也罢，是尴尬的步步应对也罢），

1　Howe, Philip J. "Imperial Austria as a Precursor to Consociational Democracy," in A. Pasieka, D. Petruccelli, B. Roth eds., *Rethinking European Politics and History*, IWM Junior Visiting Fellows' Conferences, Vol. 32.

2　Cohen, Gary B. "Nationalist Politics and the Dynamics of State and Civil Society in the Habsburg Monarchy, 1867-1914. " *Central European History* 40. 2 (2007), pp. 242.

3　Roshwald, Aviel, *Ethnic Nationalism and the Fall of Empires: Central Europe, the Middle East and Russia, 1914-23*, p. 10.

我们更需要看的是弗兰茨·约瑟夫们的策略与行动所塑造的结构。在这里，我的个人判断是，在帝国晚期，它呈现出一个"隔离帝国"的特征，帝国统治者有意识地在各个族群之间划出政治、社会界限，实施间接统治，分割治理。

这也不是什么新鲜事，每一个古典帝国都有"以夷治夷，分而治之"的经验（社会条件所限，所有的帝王都需要与地方贵族分享自己的统治权）。哈布斯堡帝国作为一个联姻所造就的帝国，皇帝对各地方族群尤其要有所优容。当然，一个多民族帝国的帝王也不会让自己的臣民彼此过于熟悉。弗兰茨一世曾说："我的臣民们彼此越陌生越好，我可以派马扎尔人到意大利，派意大利人到匈牙利，这样就可以从他们的仇视中产生秩序，从他们的仇恨中产生和平。"梅特涅也有相似的言语，他对朋友说，帝国抵御革命有多种手段，如果马扎尔人起义，就派捷克人去镇压，因为他们相互仇恨。[1]

随着时间的过去，到了奥匈帝国时期（也即哈布斯堡帝国的晚期），哈布斯堡王朝内部的政治安排到了非常繁复的程度，于是这种"隔离"超越了"术"的层面，而进入了某种"道"的境界——从一种帝王术成为某种带有政治、社会契约性质的国家政制方针。

此种隔离，最明显的表现自然是奥匈帝国的双轨制。根据泰勒的说法，从特蕾莎女王时期开始，哈布斯堡王朝就已经是明显的双元形态。[2]匈牙利王国有自己的议会与宪法，也有自己的独特

---

1 转引自高晓川《奥匈帝国民族治理研究》，第76—77页。

2 Taylor, Alan John Percivale. *The Habsburg Monarchy, 1809-1918: A History of the Austrian Empire and Austria-Hungary*, p. 98.

名称——"圣斯蒂芬王冠领"，对维也纳的法令一向颇具抵制姿态。
1844 年，匈牙利议会甚至通过了一项法律，规定匈牙利语是该王
国的唯一官方语言。在 1848 年革命中，匈牙利王国也是唯一企图
从帝国脱离出去的地区。这些都可以看成匈牙利在帝国内部享有
特别行政区地位（也有能力实现之）的表现。当然，1867 年后，
双元帝国使得帝国的隔离形态更为明显。这个帝国的结构如图 4.1
所示。

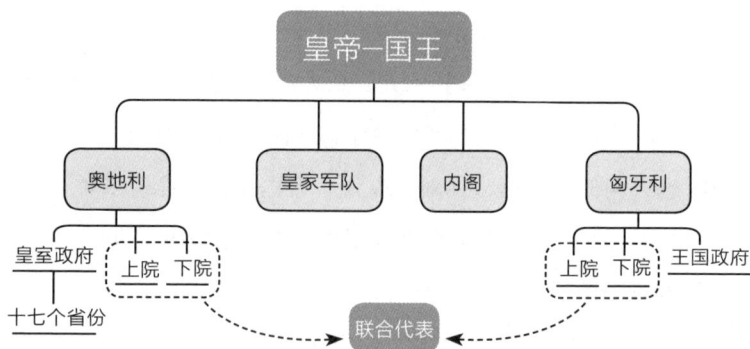

图 4.1　奥匈帝国政制

　　如上文所述，在奥匈帝国中，奥地利和匈牙利基本上可以看
成两个独立的国家。在经济、教育和选举制度等内政问题上，两
国的政策有很大的差异，比如匈牙利议会在很长时间内不承认奥地
利银行作为中央发钞行，经过协商，才成立了奥地利-匈牙利中央
银行，其职员由两国平等推选。即使在军事领域也是如此。按理说，
该领域是奥皇的专属，但在匈牙利的宪法文本中，却对军队的改

编、扩大和调动附加了许多限制条件。两国每十年一次的关税谈判，更是经常性地引发危机。因此，如果只看奥地利—匈牙利关系的话，奥匈帝国在相当程度上是非正式且隔离的，说它非正式，是因为这种关系是一种中世纪式的共主体制，甚至都称不上邦联，因为除了共同的皇帝／国王之外，两国并无常在的中央行政和立法当局。

　　哈布斯堡王朝君主能够行使全部权威的地方在内莱塔尼亚。奥匈帝国的体制是相当怪异的，从大的方向来看，这个双元帝国组织松散，可以看成奥地利和匈牙利两个国家的国家联盟，但是具体到奥地利这个邦国（内莱塔尼亚），又是一个组织相对严密的多民族近代国家。正是在这块地方，才完整显现出哈布斯堡王朝族群治理方略中的隔离性质。因为，如果说奥地利和匈牙利的社会隔离是因为奥地利人力有不及只能分割治理的话（换句话说，由于帝国的非正式结构，所以才有政治／社会隔离），那么，在内莱塔尼亚，则完全不是如此。由此，此种隔离可以看成是哈布斯堡王朝对多民族地方的一种主动思路与方略。

奥地利帝国的正式性

　　我们首先需要探讨内莱塔尼亚地方的政制形态。在下面，我们会看到，哈布斯堡王室对这一地方的控制是相对紧密的。

　　内莱塔尼亚（奥地利）的政制结构，如图4.2所示。

　　在中央，此政制也许可以被称作"较低限度的宪政体系"。它有宪法，有一个拥有财权的议会（议会能够行使相当的立法权）。但是，奥地利的君主却很像是一个"超级总统"，下院的立法需要

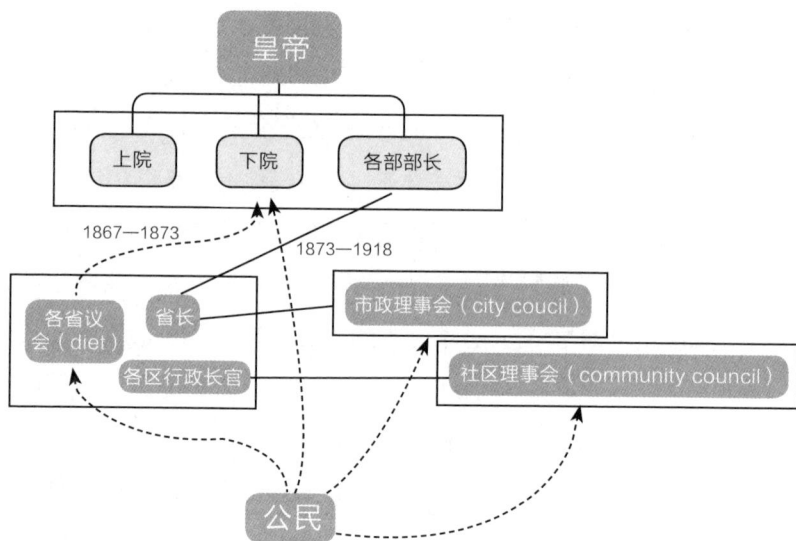

图 4.2 奥地利帝国政制

得到皇帝和（由皇帝任命产生的）议会上院的批准，皇帝有权召
集和解散国会，各部部长由王室任命产生，不对议会负责。另外，
皇帝可以在议会闭会期间颁布临时立法。此外，军权、外交和其他
一切强力部门自然也在皇帝的掌握之中。

　　从中央—地方关系看，这一体制的中央集权性质非常明显。所
以，这一体制并非联邦制度（但也许有点类联邦性）。首先，上院
代表的并非地区 / 族群，而是阶级，即所谓的贵族院，其首要目标
是维持保守主义政治与社会秩序，而非地方与族群的平衡。其次，
中央对地方施加了较强有力的控制。各省的行政长官是由帝国任
命的，他们跟地方议会（Diet）之间的权力关系同皇帝与国会之间

的关系差不多。尽管 1867 年宪法使各省的自治地位与权限都有所提高和增加，但是各省仍然无法跟美国或者瑞士的邦国相提并论。本来根据 1867 年宪法，下议院的代表要从各省议会的议员中选出，但是 1873 年奥地利进行了选举改革，实行了直接选举，因此就绕开了各省政治机构。专家经常指出，与维也纳的帝国议会的重要性相比，省级议会的立法权是非常有限的。

　　奥地利历史学家安德烈亚·康洛西（Andrea Komlosy）指出，哈布斯堡王朝实际上有一套动态而复杂的国家建构方式和过程。这包括：一个由地方、各州、各省和中央多级构成的国家复合管理制度；一支统一的多民族军队及一套征兵制度；单一市场与工业化；国家对内外移民的有效控制；广泛实施的义务教育和高等教育体系；国家规划和支持的交通、通信基础设施建设；旨在消除各省法律程序差异的司法一体化,其主要步骤是 1811 年所制定的《民法典》和 1867 年的《宪法》。[1] 这些加在一起，构造了一个具有相当管治能力 / 基础性权力的国家。

　　口说无凭，数字为证。迈克尔·曼在《社会权力的来源》第二卷中对 19 世纪欧洲现代国家的兴起过程有一个详细的比较分析，其中，他将奥地利、英国、法国、德国—普鲁士与美国五国的税收、财政开支与政府人员规模做了一些对比。他认为，这些数字能够向我们解释国家权力的运行情况、总体规模，以及在多大程度上国家

1　Andrea Komlosy, "Imperial Cohesion, Nation-Building and Regional Integration in the Habsburg Monarchy, 1804–1918," in Stefan Berger, and Alexei Miller. eds. *Nationalizing Empires*, Central European University Press, 2015, pp. 369-427.

渗透或隔离于民间社会。表 4.3 是迈克尔·曼给出的各国中央政府支出在其国民产值中的比例。

表 4.3   各国中央政府支出占国民收入／国民生产总值的百分比

年份	普鲁士—德国 国民收入	英国 国民收入	奥地利 国民生产总值	美国 国民生产总值	法国 国民生产总值
1760	35				12
1770	23				7
1780	22		17		8
1790	24		27	2.3	12
1800	23	19		2.4	9
1810		27		1.5	10
1820	19	20		2.9	7
1830	17	16	9	1.8	7
1840	12	12	9	1.7	8
1850	9	10	11	1.7	9
1860	8	11	11	1.9	9
1870	15	7	11	4.5	10
1880	4	8	12	2.9	13
1890	5	7	13	2.9	14
1900	5	9	15	2.8	12
1910	6		17	2.5	11

数据来源：Mann, Michael. *The Sources of Social Power: The Rise of Classes and Nation-States, 1760-1914.* Vol. 2, Cambridge University Press, 1993, p. 366, 有所删减

根据迈克尔·曼的解释，从 18 世纪中期到 20 世纪早期，各国中央政府活动在国民经济中的分量实际上是在下降的（曼的说法

是"下降趋势几乎是毋庸置疑的")。这跟拿破仑战争之后,整个西方世界进入了一个"长和平"时段有关系,各个国家的军事开支都在比例上有所下降,如此便降低了政府支出在国民经济中的分量。但是从表 4.3 来看,奥地利和法国(尤其是奥地利)在 19 世纪实际上构成了某种例外。除了部分时刻,它们在 19 世纪中后期虽都经历的是和平年月,但都保持了相当程度的政府支出(没有下降,反而有所上升)。

假如说在 19 世纪后半期奥地利经历了持久的经济衰退,那么相同的开支也会在比例上显示出上升。但情况并非如此。经济学家一般认为,在整个 19 世纪后半期,奥地利的经济经历了一个漫长的增长期。比如戴维·古德(David Good)认为,在 1870—1910 年间,奥地利的经济增速要高于大多数西欧国家。[1]1913 年,奥地利的人均国民生产总值是 681 美元(以 1960 年美元计),与法国(689 美元)差不多平齐,少于德国(743 美元)、英国(965 美元),但明显高于意大利(441 美元)和俄国(326 美元)。[2]

那是不是奥地利受生存危机困扰,在和平时期也将大量资金投入到军备建设之中呢?迈克尔·曼的数据显示,情况并不是这样(参见表 4.4)。

1　Good, David F. *The Economic Rise of the Habsburg Empire, 1750-1914*, University of California Press, 1984.

2　Paul Bairoch, "Europe's Gross National Product：1800-1975," *Journal of European Economic History*, 5（1976）, pp. 286-297.

表 4.4   民用和军用支出在奥地利政府预算中的百分比

年份	奥地利中央政府	
	民用	军用
1780	28	51
1790	21	62
1800	14	61
1810	15	57
1820	33	35
1830	35	33
1840	35	33
1850	34	47
1860	39	51
1870	46	24
1880	45	19
1890	39	19
1900	47	17
1910	60	16

数据来源：Mann, Michael. *The Sources of Social Power: The Rise of Classes and Nation-States, 1760-1914. Vol. 2*, p. 373

可以看出，进入 19 世纪 70 年代之后，军用开支在政府预算中的比例就在急剧下降，同时民用开支的比例却有大幅度的提升。既然是这样，那么唯一合理的解释就是，在整个 19 世纪中晚期，奥地利都维系了一个较大规模的政府，或者进行了较大规模的公共

表 4.5 各国政府雇佣人员占其国总人口百分比

年份	中央政府占比					中央＋地方政府占比					军事人员占比				
	奥	法	英	德	美	奥	法	英	德	美	奥	法	英	德	美
1830	0.35		0.17		0.09	0.37					1.38	1.23	1.01	1.15	0.09
1840	0.37	0.26		0.11	0.11	0.41		0.29			1.56	1.02	1.10	1.05	0.13
1850	0.40	0.41	0.24	0.20	0.11	0.45	0.84	0.41	0.33		1.56	1.09	1.20	1.04	0.09
1860				0.55	0.12	0.57		0.41	0.47		1.60	1.23	1.74	0.82	0.09
1870		0.60			0.13	0.50	1.11	0.53	1.15		0.86	1.66	1.14	0.98	0.13
1880		0.87			0.19	0.53	1.53	0.46	1.56		0.73	1.40	0.96	0.96	0.07
1890	1.06	0.91	0.32		0.25	2.92	1.83	0.99	1.70		0.79	1.47	0.96	1.07	0.06
1900	1.14	1.10	0.40		0.31	3.30	1.80	1.66		1.36	0.88	1.59	1.51	1.12	0.17
1910	1.17	1.40	0.64		0.42	3.15	2.14	2.60	1.57	1.68	0.86	1.65	1.04	1.05	0.15

数据来源：Mann, Michael. *The Rise of Classes and Nation-States, 1760-1914. Vol. 2*, p. 393, 805

建设。[1]

迈克尔·曼对各国政府规模的估计证明了前者（参见表 4.5）。

从上述数字可以看出，19 世纪中晚期，相较于其他近现代国家，奥地利所雇佣的政府工作人员数量，在比例上看是最大的，无论中央还是地方都是如此。

迈克尔·曼对奥地利政府民用开支项目的研究则证明了我们在上面的第二个假设（参见表 4.6）。

表 4.6　奥地利政府的民用开支项目

种类	奥地利中央政府	
	1870—1910 年 上升百分比	1910 年国家预算中所占百分比
行政管理/法律和治安	11	6
教育	67	3
运输	398	29
其他经济服务 （环境、农业与工业津贴等）	14	2
邮政与电报	74	6
其他		14

数据来源：Mann, Michael. *The Sources of Social Power: The Rise of Classes and Nation-States, 1760-1914. Vol. 2*, p. 379

1　曼同时指出，在奥地利，大量的民用开支是发生在中央政府层级，而非区域性政府。这就意味着在维也纳的哈布斯堡中央政府相对于地方来说，仍然掌握着大部分权力。这体现了该国的中央集权性质。参见迈克尔·曼《社会权力的来源》（第二卷·上），第 411—412 页。

从这些数据我们可以看出，奥地利政府开支的大头花在了对国内交通运输和信息基础设施的投资上。这里还有其他一些数字，到 1913 年，奥地利帝国和匈牙利王国的铁路总长达 43,280 公里，仅次于德国的 63,378 公里，高于法、英、意等国（如果换算成铁路密度，那么也跟法国、意大利相差仿佛）。[1]1913 年，奥地利有24,713 所小学，463 万学生，考虑到内莱塔尼亚只有约 2,850 万人口，这一密度相当惊人。[2]前面我们已经说过，厄让·韦伯在《从农民到法国人》中讲述了 19 世纪中晚期法国政府对法国社会的渗透与改造，他用公路和铁路的建设长度、雇佣的学校教师和其他地方国家代表的数量等数据来衡量国家对社区的渗透与控制力度。奥地利在这些基础设施上的投资并不逊于法国。换句话说，奥地利国家对社会基层其实发展出了相当的掌控能力。

　　总之，根据以上的数据，我们可以看出，至少到 19 世纪中晚期，奥地利有一个相对来说庞大的官僚机器，也发展出了较强的基础性权力。1911 年，帝国内阁任命了一个高级委员会，探讨行政改革事宜。在其中一份报告中，该委员会指出，现有的中央—地方行政管理体制仍然是建立在中央集权的原则之上的。[3]改革的目标是使地方行政管理人员摆脱维也纳的监护，加强其自主性，认为奥

1　Broadberry, Stephen., O'Rourke, Kevin H. *The Cambridge Economic History of Modern Europe: Volume 2, 1870 to the Present,* Cambridge University Press, 2010, p. 80.

2　参见 https://en. wikipedia. org/wiki/Austria-Hungary。

3　Boyer, John W. "The End of An Old Regime: Visions of Political Reform in Late Imperial Austria. " *The Journal of Modern History* 58. 1 (1986), p. 177.

地利行政管理制度的基本目的是从"行政干预"转向检查和监督。[1]
这个报告也从反面说明了帝国的官僚国家性质一直持续到了帝国
末期。

制度隔离

如之前所述，正因为奥地利从过去继承并发展出了一个强大
的、干涉主义的官僚机构（它不仅拥有众多的国家官僚，同时也能
深深渗透到社会基层），那么它在处置国内众多人群时的宽容态度，
就可以看成是一种既定方略。

这种宽容，当然可以从政府姿态上看出一二。比如弗兰茨皇
帝的审查员禁止上演一位德意志剧作家作品中的部分内容，只是因
为剧中有几幕对捷克人无甚恭敬之词。在 19 世纪 80 年代长期担
任首相的塔弗伯爵，则乐于在宫廷中推广捷克语和斯洛文尼亚语。[2]
但是，这种宽容又不仅仅是统治者个人的体谅，而是一种结构性的
政治社会安排。哈布斯堡王朝并没有如法国一般"化农民为奥地利
人"的意思，而是承认其国内存在多元人群这个现实，并不强求统
一。奥地利历史学家彼得·哈斯林格（Peter Haslinger）指出，"奥
地利的政治制度鼓励将其人民转化成分离的民族社群（segmented
national communities）"。[3] 简而言之，以隔离减冲突，求稳定。

1　Boyer, John W. "The End of An Old Regime: Visions of Political Reform in Late Imperial Austria." p. 180.

2　Stone, Norman. *Europe Transformed: 1878-1919. Vol. 1,* Wiley-Blackwell, 1999, p. 229.

3　Haslinger, Peter. "How to Run a Multilingual Society: Statehood, Administration and Regional Dynamics in Austria-Hungary, 1867–1914." Augusteijn, Joost., and Eric Storm, eds., *Region and State in Nineteenth-Century Europe*, Palgrave Macmillan, 2012, p. 124.

这种隔离首先体现在帝国的语言政策上。在 1867 年宪法中有一个后来相当著名的条款（第十九条），其文如下：

> 帝国的所有种族都享有平等的权利，每个种族都有保持和使用自己的民族和语言的神圣权利。国家承认在学校、办公室和公共生活中所有习惯语言（landesüblich）的平等性。在几个种族居住的领土上，公共和教育机构的安排应使每个种族在不被强制学习第二种官方语言（Landessprache）的情况下都能获得必要的以其自己的语言进行教育的手段。[1]

语言问题成为一个政治问题，是因为自从约瑟夫二世时代以来，虽然没有法律规定，但德语一直是政府（也是法院、军队和其他公共机构）的通用语言。无论在上、下奥地利，还是在波希米亚和加利西亚，所有的法律条文都是用德语出版的，所有的图书和通信都也用德语保存。因此，除非能说会写德语，否则没有人能在政府中占有一席之地（唯一的例外是在意大利地区）。[2]

从正面角度讲，第十九条自然是对帝国内劣势族群语言和文化的一种保护（这同时也意味着德语使用者不用学习其他语言）。但从另外一个角度看的话，在该条款的实践过程中，其也意味着将

1　Headlam, James Wycliffe (1911). "Austria-Hungary." in Chisholm, Hugh. ed. *Encyclopædia Britannica*, Cambridge University Press, 1911, pp. 2-39. 应该说，对语言平等的关注早就出现在 1867 年之前。第十九条只不过写出了一种孕育了几十年的政治与社会共识。

2　这并不意味着政府及其他部门的人员不会说其他语言，很显然，在加利西亚或者达尔马提亚这些地方，公务员是必须掌握多门语言才能与被统治者进行沟通的，而各省的省、市议会也可以自行选择语言。

不同人群的政治和社会生活区隔开来，使之自成一体。

　　这首先是因为要实现"不被强制学习第二种官方语言"，就要先确定"谁是谁"（换句话说，"分类"在"平等"之先），而"谁是谁"在帝国中却是一笔糊涂账，因为帝国中有大量的居民在日常生活中实际上是双语甚至多语使用者。强行将这些居民归纳到某一个语言范畴中，并建立相应的教育、行政机构来应对他们，实际上起到了隔离社会、加强族群边界的作用。

　　比如从 1880 年开始，奥地利居民不得不在人口普查表格中申报他们的日常使用语言，所有人只能在九种语言（德语、波希米亚－摩拉维亚语－斯洛伐克语、波兰语、鲁塞尼亚语、斯洛文尼亚语、塞尔维亚－克罗地亚语、意大利语、罗马尼亚语和匈牙利语）中任择其一。在分类之后，孩童被各自送到由某种语言进行教学的专属学校，往往接受民族主义教育。[1] 这样，语言政策就成了"语言盒子"，不同语言、方言被排除在外，民族认同由此产生。比如，一位著名的斯洛文尼亚民族主义政治家约瑟普·塞纳克（Josip Sernec）实际是在德语／斯洛文尼亚语双语家庭长大的，他只是在中学时才"意识到自己是斯洛文尼亚人"，如果他没有被归类为斯洛文尼亚人并被分到一个斯洛文尼亚班，他很可能不会形成斯洛文尼亚人的身份

1　"1884 年新修订的教育法制定了一系列保证基础教育普及率的具体措施，如在每一个地方行政区内，步行一小时以内的一个或几个村镇如果有超过 40 名学龄儿童、必须设立公共学校；此外，在某一行政区内如有至少 40 名某一民族的学龄儿童，也必须为其设立公共学校，以此来保障公立教育的覆盖面。"转引自高晓川《奥匈帝国民族治理研究》，第 95 页。

认同。这种分类不仅仅发生在学校里，也发生在军队中，其效应也大致相同。

　　哈布斯堡王朝将其居民按语言进行分类，也普及了这样一种观念：每个人归属于一个单一的、客观决定的、内部同质的民族群体。在这一过程中，它就帮助民族主义者建立和加强了族群之间的边界。洛克和塔玛拉（Rok Stergar and Tamara Scheer）因此指出，"伴随着哈布斯堡现代化的分类努力，实际上是建立、促进和延续民族认同类别的关键"。[1]奥地利历史学家博里斯·库茨马尼（Börries Kuzmany）也认为，"尽管人口普查数据在本意上是描述性的，但事实上在界定民族群体方面具有高度的规范性"。[2]

　　此处的问题是，一旦少数民族被识别出来，如何还能限制它们仅仅停留在实现"文化平等"这个目标上，而不会进一步要求实现"经济、社会和政治平等"呢？何况，德意志人自己也日益希望通过更进一步的隔离来维系自己的所得，寓排斥于隔离之中。这两方面的合力所造就的结果就是，这种隔离最终并非仅仅局限在语言/文化政策上，在其他社会/政治生活中也逐渐成为现实。历史学家本诺（Benno Gammerl）在比较英国和哈布斯堡王朝的族群管理政策时，就指出：

1　Scheer, Tamara. "Ethnic Boxes: The Unintended Consequences of Habsburg Bureaucratic Classification." pp. 575-591.

2　Kuzmany, Börries. "Habsburg Austria: Experiments in Non-Territorial Autonomy." *Ethnopolitics* 15. 1 (2016), p. 44.

起初，主要是非霸权民族的社会和文化精英要求文化承
认，并积极寻求统一和同质化各自的民族集体。这些民族化
进程实际上破坏了民族中立的国家主义理想，因为这种中立
性暗中依赖德语人口的霸权。之后，主张国家的超民族性的
人也落入了民族化运动的车轮下。[1]

这样一种语言政策的后果是，王朝实质上承认了各民族的法
律实体地位，并着手为各个民族提供专属社会服务。比如在 1873 年，
波希米亚议会通过了一项法案，规定在有捷克语和德语学校的社
区，将为每所学校设立单独的学校董事会（由单一民族成员构成），
以避免多数压倒少数。这是帝国首次在法令中宣布政府职位应该依
据族群归属而定。接下来发生的事情是，在行政机构、法院和学
校里，甚至在救火队中，各个族群都开始要求自己的份额。到了
1890 年，波希米亚的省级教育委员会分成了捷克语和德语两部分，
强制性规定了其成员的族群归属。1891 年，另一个波希米亚理事
会（负责农业事务）紧随其后。1882 年，布拉格大学已经被分成
了两所大学，一所是说捷克语的，一所是说德语的。波希米亚医
师学院在 1894 年，波希米亚药剂师助理协会在 1912 年，也开始
按照民族划分。在奥地利的其他地方，这种事情也变得越来越常
见，比如，1910 年，在西里西亚，省农业事务委员会被分为德意

1   Gammerl, Benno. *Subjects, Citizens, and Others: Administering Ethnic Heterogeneity in the British and Habsburg Empires, 1867-1918. Vol. 7,* Berghahn Books, 2017, p. 74.

志、捷克和波兰三个部分，1913 年，奥地利工程学院也有了同样的划分。

到了帝国末期，各省政府债务疯涨，有很大一部分就来源于多语言省份必须同时建立若干平行教育及行政管理机制的耗费。帝国末期的财政专家恩斯特·米施勒（Ernst Mischler）指出，"每一个政党，在处于其民族主义霸权的时期，尽其所能满足自身民族主义的需求，这样的案例并不少见（譬如在摩拉维亚的一些地区）。这些'需求'从民族角度来看，每个民族都要得到相似的或加倍的满足，这就往往导致过度的消耗。"[1] 1890—1911 年，奥地利的年行政支出遂从 400 万克朗增至 1,800 万克朗，这可以看成对上述叙事的一个例证。

这种分离最终顺理成章地蔓延到了政治代表领域（省议会、国会）。早在 1867 年，阿道夫·菲施霍夫（Adolf Fischhof），一位犹太自由主义政治家，就提出了一个建议：在少数民族占人口不少于五分之一的省份，当选的省议员应该在议会中组成民族"库里亚"（curia），以便就某些民族关切事项进行表决。[2] 到了 19 世纪末期、20 世纪早期，这一建议开始被有些地方采纳。在这里，值得一提的就是 1905 年的摩拉维亚协议和 1909 年的布科维纳协议。

1　贾德森：《哈布斯堡王朝》，第 350 页。

2　Stourzh, Gerald. "Ethnic Attribution in Late Imperial Austria: Good Intentions, Evil Consequences," in Stourzh, Gerald ed. *From Vienna to Chicago and Back: Essays on Intellectual History and Political Thought in Europe and America*, University of Chicago Press, 2010, p. 159.

　　1905 年，在摩拉维亚，经王室的协调，德语人群和捷克语人群达成了一项妥协协议。[1] 根据这项协议，省议会的席位按份额被分配给捷克人和德意志人。为了保证这一席位分配，摩拉维亚被划分成若干捷克人选区和德意志人选区，每个选区都只能投票给指定民族的代表。[2] 同时，对立法程序的限定，也使得德意志人和捷克人都能享有在关键问题上的否决权。该项协议还要求按照各民族的人口比例分配公职。另一个相似的协议则发生在布科维纳（相比摩拉维亚，布科维纳在民族组成上要更为混杂）。1909 年，该省议会通过了新的选举法，使罗马尼亚人、鲁塞尼亚人、波兰人、德意志人和犹太人分割议席。省政府的职位也按固定配额划分给了各民族。1910 年在波斯尼亚，1914 年在加利西亚，也有一些相似的安排——把地方上的居民划分到某个民族、教派的登记册上，然后为该民族、教派确定一个固定份额的议会代表 / 公职人数。[3]

　　关于摩拉维亚协议，有件事值得岔开来提一提。根据约定，摩拉维亚的学校系统被一分为二，捷克人和德意志人各自控制相应民族的学校。在谈判的时候，捷克的民族主义者特别要求学校只能招收那些能讲流利教学语言（在德语学校，就是德语）的学生。

1　之所以在摩拉维亚而非波希米亚达成这个妥协，原因在于摩拉维亚相对于波希米亚来说并不发达，民族主义情绪不强，摩拉维亚的教士、地主阶层仍然在相当程度上控制着整个地区。

2　当然，作为一个王朝国家，大地产所有者有单独的席位和选区，无论其民族归属为何。

3　Kuzmany, Börries. "Habsburg Austria: Experiments in Non-Territorial Autonomy." pp. 43-65.

这是为了防止捷克父母把自己的子女送进德语小学就学（一般认为，德语学校水平要更高一些，也有更多的特权）。1910 年，有家捷克学校的董事会就因此从某德语学校要回了 16 个学生，认为这些学生的父母没有道理自称是德意志人。行政法院判决此举合法，也就是说，一个人的民族归属不能由自己说了算，而是应该由其他人来评估(尽管以前承认人们自由选择族籍的权利)。[1]换句话说，个人要从属其民族群体，而无脱离之权。这项裁决的一个后果是 1912 年的莱哈尔案。约翰·莱哈尔（Johann Lehar）是一个杂货商，他想把六岁的女儿安娜送到德语学校。在被问及他的民族/种族归属时，他自称是一个德意志人，是他所在城镇的德意志消防队的一员，还参加了另外一个德意志人协会。但他承认，他过去曾登记成捷克选民。他争辩说，这是因为他的杂货店里有捷克客户，他

1　1879 年，波希米亚王国当时的皮尔森市 (Plzeň) 议会（捷克代表占多数）选举了一个人成为本地德语学校的董事会成员，结果引来了一些德国议员的质疑。他们认为这个人其实是捷克人，是一只“特洛伊木马”。这个人是双语使用者。当时法院的结论是，“一个民族的语言和风俗习惯也可以适用于陌生人，因此，这些特征本身不足以确定一个人的民族归属”，“因此，在具体情况下，如果一个人的族籍受到怀疑，如果缺乏民族意识的外在表现，就有必要询问他的族籍，并根据他自己的声明将他视为他所属的族裔的一员”。到 1887 年，在波希米亚的另外一个城市 (Schüttenhofen)，发生了同类事件，维也纳的行政法院做出了相反的裁决。1900 年，普拉哈季采 (Prachatitz) 的捷克人质疑当选为当地捷克学校董事会成员的三个人的资格，认为只有这三个人自己的声明是不够的，人们还必须考虑他们的家庭关系，必须考虑到他们的行为，他们过去在民族问题上的言行。换句话说，自我认可已经不再是族裔归属的标准。参见 Gerald Stourzh, "Ethnic Attribution in Late Imperial Austria: Good Intentions, Evil Consequences," in Stourzh, Gerald. *From Vienna to Chicago and Back: Essays on Intellectual History and Political Thought in Europe and America*, University of Chicago Press, 2010, 162。

被失去捷克客户的风险吓到了。然而，维也纳行政法院得出结论，莱哈尔是捷克人，于是他被迫将女儿送到了捷克学校。[1]

　　除了这些地方上的安排，奥地利中央议会的选举，基本也遵循了族裔间的比例原则（这实际上体现了社会的隔离程度）。表 4.7 展示了 1907 年议会选举的结果。

表 4.7　1907 年议会构成

族裔	席位	席位百分比	人口百分比（1910 年）	席位 / 人口比
捷克人	107	20.74	23.23	0.89
德意志人	233	45.16	35.78	1.26
意大利人	33	6.39	2.84	2.25
马扎尔人 / 亚美尼亚人	0	0.00	0.04	0.00
波兰人	24	4.65	16.62	0.28
罗马尼亚人	5	0.97	0.9	1.08
鲁塞尼亚人	13	2.52	13.17	0.19
塞尔维亚 / 克罗地亚人	82	15.89	2.77	5.74
斯洛文尼亚人	19	3.68	4.65	0.79
总计	516	100.00	100.00	

数据来源：Howe, P. J. *Well-Tempered Discontent: Nationalism, Ethnic Group Politics, Electoral Institutions and Parliamentary Behavior in the Western Half of the Austro-Hungarian Monarchy, 1867—1914.* PhD dissertation article, University of California, 2002, p. 180

　　从表 4.7 中，我们发现，虽然有些族裔代表比例高，有些低，但是基本上没有哪个族裔能够控制议会多数。顺便说一句，议会各

1　Stourzh, Gerald. "Ethnic Attribution in Late Imperial Austria: Good Intentions, Evil Consequences," pp. 170-171.

党派通常都以某一族裔为基本盘，很少有跨族裔的党派。虽则社会民主党是一个例外，但是社会民主党所占的席位在 1907 年最高峰时也没有突破总席位的两成（87 席 /516 席）。[1]

　　总之，如果我们要总体评价晚期哈布斯堡君主国的民族策略的话，那么奥地利史学家杰拉尔德·斯托日（Gerald Stourzh）的一个结论完全适用——这是"通过分离达成和解"（pacification by separation）。[2] 这种分离并不是地域上的，而是制度上的：越来越多的人认为，应该在奥地利社会内部执行某种民族认定程序，国家政策的制定、财政与社会资源的分配应该考虑民族因素，以区分 /隔离民族的政治、社会和经济生活。

　　很奇妙的是，是奥地利的社会主义者给了上面这种想法以最好的论证。奥地利社会民主党是帝国晚期少数几个跨族裔组织之一，为了避免始终存在的族群对抗和国家解体的威胁，这个党投入了大量的智识和政治努力，以设计新的族群政治方案。社会民主党的领袖卡尔·伦纳（Karl Renner，日后是奥地利共和国的第一任总理）在 1899 年发表《国家与民族》一文，提出了所谓"文化自治"（或者说"非区域自治"）的主张。顺便说一下，伦纳的这一主张最后被人称为"民族文化自治"模式，在世界上获得了相当大的影响力。

1　Lothar Höbelt, "Well-Tempered Discontent: Austrian Domestic Politics." in Mark Cornwall (ed.), *The Last Years of Austria-Hungary*, University of Exeter press, 2002, p. 58.

2　Gerald Stourzh, "Ethnic Attribution in Late Imperial Austria: Good Intentions, Evil Consequences, " in Stourzh, Gerald. *From Vienna to Chicago and Back: Essays on Intellectual History and Political Thought in Europe and America*, University of Chicago Press, 2010, p. 160.

这一概念延续到了第一次世界大战之后，在 20 世纪 20 年代，爱沙尼亚立法实施了此模式。冷战之后，罗马尼亚、俄罗斯都进行了此类实验。在当代，比利时也有一些类似安排。

伦纳认为，要避免帝国因为民族资产阶级和封建贵族的煽动而解体，唯一的解决办法在于实施"个体原则"（personality principle）。[1] 伦纳将其与现代民族国家所特有的"领土原则"进行了对比。伦纳是这样描述领土原则的："如果你生活在我的领土上，你就要服从我的统治、我的法律和我的语言。"根据伦纳的说法，这意味着统治，而不是权利平等。

他的想法是，帝国的实情是民族分布星散，这导致地域民族自治成为一件难事（不论在什么地方，总有多数民族与少数民族的争斗）。既然如此，那就要保证在同一区域内各民族各行其道，互不干涉。所以，这一模式假定，在多民族国家，族群可以作为自治单位组织起来，而不必考虑居住地域。在大多数传统理论中，民族自治要求自治民族有一个领土基础，或者至少有意建立某种作为领土基础的"自治家园"。相比之下，伦纳的理论基于"非领土民族自治"的理念。这意味着，无论自治社群在多民族国家中有什么样的居住地，它们都可以被组织成一个法律/主权集体。伦纳认

---

1 伦纳和党内的首席思想家奥托·鲍尔（Otto Bauer）的想法是：第一，资产阶级煽动的民族斗争，是认真开展经济和社会重建工作的主要障碍；第二，这些民族斗争有利于资产阶级对抗无产阶级，必须强调各民族无产阶级的团结；第三，必须维护国家的经济和政治统一，以保证资本主义的健康发展，这是马克思主义社会主义的前提；第四，多民族的奥地利的主要任务应该是建立适当的地方政府体系，以便在不破坏国家统一的情况下，实现民族愿望中的合理内容。参见 Jaszi, Oscar. *The Dissolution of the Habsburg Monarchy*, p. 178。

为，就像天主教徒、新教徒和犹太教徒可以在同一个城市共存一样，不同民族机构也可以和统一国家组织共存，只要他们不宣称自己的领土有排他性。[1] 此外，伦纳也假定民族之间冲突的主要来由是文化上的（跟语言、教育和其他文化权利有关），因此，完全可以像"政教分离"那样"政族分离"。

他的具体主张则是，所有公民在达到投票年龄时申报其族籍。每个民族的成员，无论其居住地为何，都将组成一个单一的公共机构或协会，享有宪法赋予的集体权利、法人资格和主权，以处理所有民族文化事务。例如，这些协会将处置其成员的教育、司法，以及所有其他具有民族性质的问题。国家的基层行政机构是州（kreis），假如一州之内有多元族群存在，那么其行政管理体系将由两者构成：区域性的市政管理体系和各族群文化管理体系。还会有一个联合委员会，它在可能会引发族群争议的问题（譬如警务）上行使职能。这两种管理体系都会各自对上授权，在国家行政各层级复制自己。国家将会设立一个联合法庭来监督宪法的严格执行，并在有争议的案件中进行裁决。这里的想法是，严格分离政府职权，以及建立一个联合司法机构以监督与仲裁，将会消除族群之间的竞争。[2]

1　Nimni, Ephraim. "Nationalist Multiculturalism in Late Imperial Austria as a Critique of Contemporary Liberalism: The Case of Bauer and Renner. " *Journal of Political Ideologies* 4. 3 (1999), pp. 289-301.

2　Nimni, Ephraim. "National–Cultural Autonomy as An Alternative to Minority Territorial Nationalism. " *Ethnopolitics* 6. 3 (2007), pp. 346-348; Jaszi, Oscar. *The Dissolution of the Habsburg Monarchy*, pp. 178-180.

三　制度隔离的效果

这种一方面维持一个半民主的中央集权国家，但在另一方面
又"以分离求和平"的民族治理方略效果如何？或者说，帝国中
的不同族群是如何看待它的呢？是否认为这种举措满足了自己的
需求？

之前我们已经讲到，彼得·贾德森是哈布斯堡帝国史修正主
义的重要人物。他承认："一个要求为某一种语言的使用者争取法
律、社会或制度性权利的政治计划，就会鼓励生活在同一地的人们
从语言角度把自己和他人归属于不同族类。"他也承认，帝国在 19
世纪八九十年代的政治操作，为各种民族身份的发展以及随之而来
的文化斗争提供了广阔的空间。但是，贾德森辩护说："奥匈帝国
的政治活动中存在的民族主义运动和民族主义冲突，并没有对这个
国家造成致命的削弱作用，而它们也不是奥匈帝国在 1918 年崩溃
的元凶。"[1]1880 年至 1914 年的政治喧闹，是那个时代奥地利在经济、
人口和社会的巨大转型，以及快速进行的政治自由改革所带来的
瞬时、大量群众参与所造就的。[2]种种争斗不过是民主化初期表面

1　贾德森：《哈布斯堡王朝》，第 374—375 页。
2　贾德森指出，"在 1890—1910 年的 20 年间，维也纳、布达佩斯、布拉格、利沃夫、
　　切尔诺夫策、札格雷布、因斯布鲁克、阜姆、克卢日以及波拉等大城市的人口增
　　长都超过了 60%；的里雅斯特、德布勒森（Debreczen）、蒂米什瓦拉（Temesvar /
　　Timosoara），以及摩拉维亚北部与西里西亚工业区的人口增长紧随其后，其增长比例
　　也有 50%。来自本地农村和帝国其他地区的移民们涌进这些制造业、贸易和行政中心，
　　使它们的人口迅速膨胀。到了 1900 年，差不多近 40% 的奥匈帝国国民离开了他们的
　　原籍，迁移到位于这个君主国其他角落的现居地。"贾德森：《哈布斯堡王朝》，第 326 页。

的噪声、国家整合时溅出的火花。广大群众在被民族主义动员起来时也由于技术、生活与社会的改进而对帝国日益忠诚（很奇怪，贾德森却没有详谈这种忠诚的表现形式）。因此，过去的研究者不免以偏概全了。

那为什么哈布斯堡帝国最后还会瓦解呢？贾德森认为这只是第一次世界大战的意外后果，是帝国统治者的失策所导致的。在第一次世界大战中，帝国政府无限期休止国会和各州议会，停止公民宪法权利，将整个国家置于军事专制之下。官僚对国内的少数民族横加猜疑，物资困乏与战争失败磨灭了人们的爱国热情，这才导致了帝国的崩溃。换言之，这是术的失误，而非形势所逼。因此，贾德森实际上否认了哈布斯堡帝国崩溃的必然性，也否认了帝国民族治理方略的失败，而是认为在19世纪中晚期，一切都在未定之中，在合适的条件下，帝国制度完全可以演化，从而应对与包容新兴的民族主义挑战（也初步做到了），只是惜乎未得其时而已（恰逢第一次世界大战爆发）。

老实说，我觉得这种修正主义叙事虽有一定道理，但也并不非常令人信服。首先，从奥匈帝国加入"一战"的原委来看，就不能说帝国的瓦解只是战争的后果。当初帝国之所以要对塞尔维亚开战，是因为害怕塞尔维亚成为"巴尔干的皮埃蒙特"（意大利统一运动的发起者）。但是帝国内的南斯拉夫人有700万，远比塞尔维亚的210万为多。按理说，应该是塞尔维亚怕帝国才对。但实际上，帝国境内的南斯拉夫人是因为遭到匈牙利的打压，又由于帝国政治结构的局限，没有办法组成一个独立的邦国，将帝国改造成奥地利—

匈牙利—南斯拉夫联邦，所以才心向塞尔维亚。因此，战争的起因本身就是帝国身患"重病"的结果。

其次，许多独立运动的领导人的思想和决心也并不是在战时才形成的。比如捷克领导人托马斯·加里格·马萨里克（Tomáš Garrigue Masaryk，1850—1937），他是查理大学哲学教授，对波希米亚和整个帝国的传统、现状和未来都有很深的研究。他多次当选为帝国议会的议员，是帝国晚期最重要的捷克政治家之一（日后成为捷克斯洛伐克首任总统）。[1] 在其政治生涯的早期，他的目标曾经是帝国范围内的捷克自治。"尤其是在 1907 年以后，我越是了解奥地利和哈布斯堡王朝，越是迫使我反对它。这个王朝……看上去如此强大，道德上和物质上却在退化。于是对我来说奥地利成为一个道德和政治问题。"[2] 因此，马萨里克是在战前就有了去奥地利化的念头。

最后，从帝国统治者自身的感观来说，也不能说帝国是被外来"疾病"所打倒的。弗兰茨·约瑟夫皇帝自己在 1914 年参战之前，其实已经对帝国的前途失去了希望，那年 7 月，他对近臣说："如果这个君主国一定要死去，那它至少也应该死得体面。"[3]1898 年，

1　捷克这个地方似乎容易出知识分子政治家，帕拉茨基和马萨里克都是如此。帕拉茨基是一名历史学家，而马萨里克则先后执教于维也纳大学和布拉格的查理大学，教授哲学。可能同其学术背景有关系，当帕拉茨基在看捷克政治的时候，喜欢从历史着眼，既强调捷克人的历史权利，也承认捷克人与王朝共生的事实。马萨里克则喜欢讨论捷克人的"自然权利"。他在 19 世纪 90 年代是捷克青年党的一分子，后来又脱离青年党，于 1900 年组建了捷克现实主义党（Czech Realist Party）。
2　威廉·M. 马奥尼：《捷克和斯洛伐克史》，陈静译，东方出版中心，2013，第 132 页。
3　史蒂芬·贝莱尔：《奥地利史》，第 179 页。

卡尔·施瓦岑贝格亲王曾做出如下发言："必须削减所谓的个人自由。那些认为车轮不会调头的人不适合（执行这项干预任务）。以我的观点，奥地利除了采用现代化的专制主义，决不能团结一体。"五年之后，他又抱怨"处处都是堕落的景象，你无处寻找当下亟需的坚定意志和雷厉风行的强硬态度"。奥斯瓦德·图恩−萨尔姆（Count Oswald Thun-Salm）伯爵则更加直言不讳："在我们的国家，乐观主义者应当自杀。"1902 年，一度担任过奥地利首相的弗兰茨·图恩－霍亨施泰因伯爵（Count Francis Thun-Hohenstein），则抱怨民族主义激进分子的公众影响力太强，乃至当下已经没有可供"理智的人"活动的政治空间。[1]简而言之，皇帝和他的大臣们也不看好帝国。

　　从以上三点来看，贾德森的叙事确实有值得再商榷的地方。简而言之，帝国的崩溃恐怕不仅仅是帝国管理层的战时处置失误所造成的，结构性的诱因还是存在的。这种结构性的诱因也许有很多，但至少我们可以合理猜想，"以分离求和平"的策略并没有像很多现代学者所认为的那样起到了相当大的安抚效果，可以让各党各派今后只在鸡皮疙瘩般的小事上有龃龉。

　　让我们还是以前面提到过的捷克的重要政治人物马萨里克的反应为例。他在帝国末期受到了多个捷克党派的推崇。1893 年 3月 20 日，他在帝国议会中做了如下发言：

1　贾德森：《哈布斯堡王朝》，第 376 页。

让我简要地告诉你们捷克问题是什么，它的本质是什么。它可以非常简单地表达出来。一个拥有600万人口的民族……无法忍受继续接受托管。……一个自觉的、规模庞大的民族，一个受过教育的民族，一个历史悠久的民族，不能长期容忍不能主宰自己政治命运的局面。……我们不仅希望被倾听，我们还希望拥有与所有其他奥地利民族一样的政治权利［按：此处显然指的是匈牙利］……

……先生们，我们反对中央集权的斗争、我们反对宪法的斗争是建立在捷克人民及其所有政党对我们国家权利（state right）的坚定信念上的。……主席阁下在开场白中劝告我们的人民和所有其他人民不要扰乱宪法，并表示我们的自由发展得到了很好的照顾。我们不相信。……我们相信，你们的宪法并不真正合宪。……

你们是一个以保持现状为政治纲领焦点的政党。我们正好相反，因为我们仍然必须获得我们的自然权利和历史权利。我们的计划是积极的；它不会停滞不前。我们的口号必须是：前进！一定是：权利先于权力！所以，先生们，我们彼此对峙。你们是保守的一方，拒绝放弃任何实质性的东西；就我们而言，我们必须要求你们给我们权利。……

在我们的土地上，你们与我们相比是少数，在摩拉维亚也是如此。在西里西亚，你们在我们和波兰人眼里是少数。因此，在波希米亚、摩拉维亚和西里西亚，以及整个奥地利王国，这实际上是一个少数民族的问题。在整个奥地利，你们都是少数。我很理解你不愿意放弃你已经获得的东西。与此同时，即使出于至善好意，我们也无法做出任何让步，除了保证所有少数民族，无论大小，包括奥地利境内的德意志人，都不会被"主宰"。……

你可以放心，就像我们在波希米亚实现了我们的自然和历史权利一样，……我们也会在摩拉维亚和西里西亚实现我们的权利。尽管做你想做的事情，先生们，我可以向你们保证，我们一定会把摩拉维亚和西里西亚从你们手中夺走。我们将利用我们掌握的一切手段，使这两块土地上的斯拉夫多数人获得其自然和历史权利。……再重复一遍，你们和我们之间的问题归根结底是这样的：你们想把你们的不义之财还给我们吗，把理应属于我们的东西还给我们吗？这是问题的核心。不要来我们这里谈论民族语言课程和类似的事情。这种纯粹的伎俩可能足以在……古印度建立一个中央集权的国家，但捷克人民将大力抵制所有这种阴谋。[1]

从这个发言我们可以得知，在 1893 年，马萨里克坚持的是捷克的"自然和历史权利"，[2] 对所谓"文化／非地域自治"持相当批

---

[1] Wellek, René. *The Spirit of Thomas G. Masaryk (1850-1937): An Anthology*, Macmillan, 1990, pp. 53-59.

[2] 此处所说的自然权利和历史权利各有所指，自然权利指的是捷克作为一个民族应该享有的政治自治权，历史权利则指的是波希米亚王国在历史上的独立地位。许多捷克人认为，根据历史传承，捷克人应该拥有对整个波希米亚王国的支配权（尽管德意志人已经占据了波希米亚五分之二的土地和三分之一的人口）。

评意见，认为这是骗人的把戏，暗示德意志人并不真的想分享治权，而是想继续推行德意志化（他在之后的多个场合也表示要对"德意志化"保持警惕）。

实际上，德意志人比马萨里克所预想的要保守、消极得多。比如 1899 年，奥地利社会民主党在布吕恩（Brünn）召开会议，出台了一个"布吕恩方案"。这个方案建议各"王冠地"（crownland）上的各民族设立自治区，王冠地的立法和行政机构应该在族裔划分的基础上平等、直接地选出；某一民族的自治区可以合并起来成为一个统一实体，在民族事务上自我管理。在德语中，这个被叫作 Zweiteilung（分治）。[1] 同年，一些德意志右翼党派也联合推出了一个相似的方案。[2] 这些方案其实预示着相当多的德意志人在文化自治之外，还愿意更进一步——在地域上也同其他族群隔离开来，各扫门前雪。实际上，民族分治在帝国末期成为许多德意志人的一个重要主张，这既是为了进一步的绥靖，也是出于某种保障既得利益的消极防御心态。

对此，捷克人的主流政治意见仍然是坚持波希米亚的"国家

---

[1] 这个方案也主张割除一部分斯拉夫土地，以便在内莱塔尼亚地区形成德意志人的人数优势。做到这点之后，它准备让其他民族在行政分离的前提下享受平等待遇。这个方案也同样主张在波希米亚进行民族地域划界。Aldorde, Nicholas. *German-Czech Conflict in Cisleithania: The Question of the Ethnographic Partition of Bohemia, 1848-1919.* Diss, Portland State University, 1987, pp. 54-59.

[2] 到了 1903 年，帝国最后一位得力的首相埃内斯特·冯·库尔贝尔 (Ernest von Koerber) 还提出了另外一个补丁方案——既然德意志人和捷克人在波希米亚是"大聚居、小杂居"的状态，在混居地带发生了最多的争议，那就把混居地带单独抽出来，交给维也纳监管，从而有效地将德意志人和捷克人隔离开来。

权利"，要求获得整个波希米亚地方的政治主导权。[1] 捷克人将整个波希米亚王国看成祖先遗产，"地方分治"被看成分裂波希米亚王国的险恶企图——在他们看来，德意志人是外来者和移民，是跑来争产的讨厌私生子，而不是在历史中形成的本地族群，因此无权分割地方。

马萨里克和他的少数同伴对分治方案倒是有明显的兴趣。马萨里克的同志爱德华·贝奈斯（Edvard Beneš，日后的捷克斯洛伐克总统）在某处说："在捷克阵营中有些人的观点同一些德意志人比较接近……认为分治并不是那么坏。"在另一处，他又说："分治很显然并不能完全消除争斗，但是可以消除掉许多冲突的原因。""（国家权利）极好地反映了捷克人的愿望和梦想，但是毫无实践与现实价值……如果三分之一的人口（捷克境内的德意志人）准备以一切手段来抗争的话，想要建设一个捷克国家是不可能的。"[2]

马萨里克和贝奈斯等人对"文化/非地域自治"还是有很大的抵制意见，他们认为，"文化/非地域自治"将会造成行政机构的臃肿，也会造成巨大的社会不公，因为捷克人和德意志人处于不同的社会经济地位，各自提供公共服务的后果就是捷克人一方将严重处于劣势。此外，他们还认为，从政治上来说，"文化/非地

1　Kann, Robert A. *The Multinational Empire: Nationalism and National Reform in the Habsburg Monarchy, 1848-1918, vol 1*, p. 205.

2　Kann, Robert A. *The Multinational Empire: Nationalism and National Reform in the Habsburg Monarchy, 1848-1918, vol 1*, p. 212.

域自治"是有利于德意志人的，是德意志人用来破坏各族群自治的借口。贝奈斯指出："德意志人在这个君主国里面广泛分布到一定程度，导致他们不能用领土重组的原则来确定自己的地位，与此同时，其他的民族则可以在地域上自成一体。"[1]马萨里克则认为，尽管"文化 / 非地域自治"在有些场合下有利于某些少数族群（使其免于被同化），但对波兰或者捷克这样有民族核心地域的民族来说，就是不利的（它削弱了波兰和捷克人对自己土地的掌握）。马萨里克认定，这些做派都是为了维持德意志 / 匈牙利人的"人为优势"。这里要着重指出的是，马萨里克做如此想，并不是他过于猜忌。日后，匈牙利历史学家亚西在对此做出评价的时候（当时他在评论伦纳的主张），也有相似的看法，他认为："显而易见，这个方案，特别是它的意识形态是对大奥地利思想最彻底的肯定，也是对德意志在奥地利国内霸权的间接（虽然不是直言不讳的）肯定。"[2]

不管如何，捷克人始终没有接受德意志人的提议，于是政治僵局继续存在。马萨里克在 1895 年还在其所撰写的《捷克问题》中说："尽管之后发生了宪政改革，我认为帕拉茨基所构想的奥地利仍然是可靠的参照……我在表达自己的政治观点时依然比照着他的思想，如果不是奥地利强有力的保护，我们的政策绝不可能成功……在文化与政治上付出的努力，让整个奥地利及其政治体制的发展进步满足民族的期望与需求。"到了 1909 年，马萨里克还在说："我

---

1   Kann, Robert A. *The Multinational Empire: Nationalism and National Reform in the Habsburg Monarchy, 1848-1918, vol 1*, p. 214.

2   Jaszi, Oscar. *The Dissolution of the Habsburg Monarchy*, p. 180.

们要的是奥地利联邦。"[1]日后哈布斯堡王朝的研究者们，如加里·科恩，多次指出，"在第一次世界大战之前，绝大多数政党和政治组织争取在一个经过改革的多民族哈布斯堡国家内获得更大的权力，而不是争取独立"[2]，但是，由于缺少一种得到共同认可的妥协方案，使得一个统一的奥地利联邦国家的共同体认同始终没有落到实处，这就让奥地利国家的存在始终受到威胁。帝国并没有能够解决帝国内部诸民族离心离德的远景，也没有提供一个得到大家认可的多元共同体国家认同。

直到大战到来，这层窗户纸被捅破了。

解释

一般我们认为，在一个民族混居的地方，分割政府职权、让不同的族群之间有所隔离，不失为一条可以使多方满意的出路（也通常是对弱势族群的某种照顾）。[3]现在在很多地方，如加拿大和比

1　转引自库马尔《千年帝国史》，第 192 页。

2　Cohen, Gary B. "Nationalist Politics and the Dynamics of State and Civil Society in the Habsburg Monarchy, 1867-1914." *Central European History* 40. 2 (2007), p. 242.

3　很多现代学者认为，绥靖任何可能发起分离主义运动的地区、宗教、种族或其他团体的要求，实施特别的政制安排——比方说肯定性行动（affirmative action）、多元文化自由主义、联邦主义、自治、权力分享等等——就能够消除他们的分离主义欲望。这里的想法是，如果政府能够正面回应少数群体的要求，少数群体就会感觉到更安全，更愿意合作，这样就能在维护中央政府的主导地位的同时，防止分裂。用艾伯特·赫希曼在其名著《退出、呼吁与忠诚》中的逻辑来说，通过提供发表意见的机会以及效忠的理由，就可以减弱退出的动力。见 Lustick, Ian S., Dan Miodownik, and Roy J. Eidelson. "Secessionism in Multicultural States: Does Sharing Power Prevent or Encourage it?" *American Political Science Review* (2004), pp. 209-210。

利时等，都能看到相似的安排。[1] 那为什么在哈布斯堡君主国内莱塔尼亚这里，这套法子却没能成功呢？

答案也许有很多个。比如，已经有现代学者提出，绥靖少数族群，授予它们自治地位，或建立联邦政体，不仅不会获得善意回应，反而有可能为少数族群中的分裂主义团体提供进行群众动员和发动分离主义斗争所需的政治资源，从而助长分离主义。[2] 科利尔和赫夫勒（Collier and Hoeffler）就认为，所有的分离主义运动都可以从利害和资源的角度考虑："我们发现，经济上的不平等和政治上的压迫，在统计意义上并不显著……高度的不平等、政治压迫、族群与宗教分歧可能会引发部分人群的不满，但是，在大多数情况下，人们没有机会发动一场叛乱……在一个各种叛乱条件成熟的地方，总是会有一些团体被激励起来诉诸暴力，不管他们的怨气是真是假，是薄是浅。"[3] 简而言之，他们认为，少数族群受没受到委屈，

1　Dalle Mulle, Emmanuel. "Belgium and the Brussels Question: The Role of Non-Territorial Autonomy. " *Ethnopolitics* 15. 1 (2016), pp. 105-124; Chouinard, Stéphanie. "The Rise of Non-Territorial Autonomy in Canada: Towards a Doctrine of Institutional Completeness in the Domain of Minority Language Rights. " *Ethnopolitics* 13. 2 (2014), pp. 141-158.

2　Cornell, Svante E. "Autonomy as a Source of Conflict: Caucasian Conflicts in Theoretical Perspective. " *World Politics* (2002), pp. 245-276; Hale, Henry E. "The Parade of Sovereignties: Testing Theories of Secession in the Soviet Setting. " *British Journal of Political Science* (2000), pp. 31-56;Mozaffar, Shaheen, and James R. Scarritt. "Why Territorial Autonomy is not a Viable Option for Managing Ethnic Conflict in African Plural Societies. " *Nationalism and Ethnic Politics* 5. 3-4 (1999), pp. 230-253;Roeder, Philip G. "Soviet Federalism and Ethnic Mobilization." *World Politics: A Quarterly Journal of International Relations* (1991), pp. 196-232.

3　Collier, Paul., Hoeffler, Anke., *The Political Economy of Secession*, Development Research Group, World Bank Report, 2002, p. 9.

有没有得到回应其实并不重要，重要的是他们有没有能力发起一场反叛，看不看得到反叛的收益。[1] 满足少数族群的政制要求，也许也会让他们获得相应的资源、能力与野望。如果这种情况属实，那么少数族群的合作态度就不会因为获得了政府的善意回应或自治权而增加。相反，有研究人员指出，民主化与严重的种族暴力和分离主义的爆发之间存在明显的相关性。[2]

　　当然，还有一些研究者认为，对少数族群让步与少数族群做出何种回应之间并没有什么确定无疑的关系。比如埃什特和奥卡默托（Hechter and Okamoto）在 2001 年的一份研究报告中指出，"在什么样的政治机制能够控制住民族主义这个问题上很少有共识"。[3] 他们的结论是，对少数民族赋权与少数民族的回应之间的关系是非线性的、复杂的，且对背景高度敏感。

1　这跟社会运动研究的演进趋势是一致的。赵鼎新在《社会与政治运动讲义》中提到，"传统的社会运动理论均强调个人的心理状态（如剥夺感、挫折感和压抑感）在产生社会运动中的作用……新一代的社会运动研究者指出，决定社会运动和革命消长的因素是社会运动组织能够获取的资源总量或者是政治机会的多少。一个社会中能为社会运动所利用的资源或政治机会越多，社会运动发生的可能性就越大，该社会运动的规模也就越大。因此运动所能利用的资源的多少或者政治机会的有无才是社会运动产生与否的关键。"赵鼎新：《社会与政治运动讲义》，社会科学文献出版社，2006，第 181—182 页。

2　Fearon, James D., and David D. Laitin. "Ethnicity, Insurgency, and Civil War." *American Political Science Review* (2003), pp. 75-90. 美国学者阿图尔·科利（Atul Kohli）有一个调和性的观点，他认为，如果中央政权很强大，但愿意对少数群体的要求作出回应，那么结果可能是民族政治动员活动会在短期内增加，但从长期看，国家所面临的分离主义威胁会降低。弱小但包容的国家则面临更多的和平分裂的可能性。Kohli, Atul. "The Bell Curve of Ethnic Politics: The Rise and Decline of Self-Determination Movements in India." *Self-Determination and Self-Administration: A Sourcebook* (1997), pp. 309-36.

3　Hechter, Michael, and Dina Okamoto. "Political Consequences of Minority Group Formation." *Annual Review of Political Science*, 4. 1（2001），p. 203.

我个人偏向于后一种看法，即政府或多数族群对少数族群的赋权只是达成族群间合作的众多条件中的一个而已，族群间合作是一个谈判／讨价还价的过程，涉及很多因素。比如美国政治学家利普哈特曾经列举九个有利于一国建立成功的协和民主制的条件，分别是：一，各族群的精英有相互合作、妥协的历史，他们能够意识到族群对立带来的危险；二，族群之间存在交叉性分裂；三，存在某种共同意识形态能够凝聚人心与忠诚；四，各族群之间的社会经济差异不过大；五，各族群之间能够达成一种势力均衡状态（Balance of Power），不至于有一个强势族群能够压倒所有其他族群；六，存在外部威胁，从而激发内部团结与合作；七，各族群在地理上是分开居住的，这样有助于他们建立有效的内部自治；八，构成一个国家的族群不要过多，否则它们之间的谈判会相当地棘手；九，国家比较小，人口比较少。这样有利于减轻协和民主下的决策负担。[1]

把哈布斯堡的情势带入利普哈特设定的这些条件中，我们就会看出，到了19世纪末期、20世纪早期，哈布斯堡君主国存在很多缺陷，并不满足以上条件。

第一，由于皇室控制着行政权力，议会空心化，各党派精英实际上缺乏相互合作的动力。马萨里克对此有一个说法，"分裂都起源于维也纳，维也纳统治和管理，帝国议会和省议会由政府和王室控制，所以政党没有真正的责任，政府也不在乎他们是否

---

1 Lijphart, Arend. *Democracy in Plural Societies: A Comparative Exploration*, pp. 53-103.

分裂"。[1]

第二，如前所述，帝国政府的语言政策实际上是在鼓励单一民族意识，减少社会间交叉。

第三，正如许多人所指出的，原来将哈布斯堡君主国凝聚在一起的核心，就是王朝本身。但是，在 19 世纪中期以后兴起的大众政治中，王朝原则越来越缺乏相应的吸引力。弗兰茨·约瑟夫皇帝本人却仍然赞同这样的观点："哈布斯堡王朝要想生存，只能保持与臣民的隔绝，超脱于一切阶级与民族。绝不可鼓励军队效忠于'国家'这一'自由派的抽象概念'，而必须效忠于'奥地利家族，这才是祖国的化身，也是臣民为之流血牺牲的对象'。"[2]换句话说，帝国本身就在抵制意识形态，这样就更谈不上以一个共同抽象的意识形态求统合了。

第四，帝国内各族群的经济差异还是颇大的。表 4.8 列出了 1910 年内莱塔尼亚地区够条件支付个人所得税的人口百分比。从中可以看出，德意志人所在的地区要远远比其他地区富庶得多。如果不论地区，论族群的话，那么截至 1900 年，占内莱塔尼亚人口不到 36% 的德意志裔帝国臣民缴纳了 63% 的直接税，这一数字是捷克裔和意大利裔相应份额的两倍多，是波兰裔的四倍多，是南斯拉夫裔的七倍多。[3]

1　Capek, Karel., and Michael Henry Heim. *Talks with TG Masaryk*, Cat Bird Press, 1996, p. 136.

2　转引自库马尔《千年帝国史》，第 196 页。

3　Kann, Robert A. *The Habsburg Empire: A Study in Integration and Dis-Integration,* p. 98.

表 4.8　个人所得税纳税人口百分比

地方	纳税人数百分比
波希米亚（Bohemia）	10.65
达尔马提亚 (Dalmatia)	4.58
加利西亚（Galicia）	3.04
下奥地利（Lower Austria）	27.59
上奥地利（Upper Austria）	11.81
布科维纳（Bukovina）	5.45
卡林西亚（Carinthia）	7.49
卡尼鄂拉（Carniola）	5.65
萨尔兹堡（Salzburg）	14.37
奥地利属西里西亚（Austrian Silesia）	9.11
施蒂利亚（Styria）	10.39
摩拉维亚（Moravia）	9.33
蒂罗尔（County of Tyrol）	6.57
奥地利滨海区（Austrian Littoral）	13.75
福拉尔贝格 (Vorarlberg)	12.39

数据来源：Kann, Robert A. *The Habsburg Empire: A Study in Integration and Dis-Integration*, p. 97

　　第五，19 世纪末期，内莱塔尼亚各族群之间虽然处于某种势力均衡状态，却有很强的冲突预期。原因是，人数较少但居于较强的社会、经济地位的德意志人选择了紧跟同族的德意志帝国，在某种程度上，哈布斯堡帝国实际上成了德意志帝国的附庸国。王室虽然尚在，但日渐失去有效仲裁族群间事务的能力。由于强大的德意志帝国作为外部干预力量的存在，使得人数较多，但处在劣势的社会、经济地位上的其他族群始终担心"德意志化"的威胁。一个稳定的均衡预期并不存在，这造成了某种"安全困境"。这样，双方虽各有所据，但这种凭仗反而成为冲突的刺激因素。[1]

1914 年 12 月，马萨里克与帝国的前首相埃内斯特有过一个对话，马萨里克问："如果奥地利赢了的话，那么维也纳是否会推行必要的改革呢？"库尔贝尔的回答是这样的："不！胜利将加强旧体制，年轻人（查尔斯大公）统治下的新体制将不会比旧的更好。士兵们将占据上风……他们将进行中央集权和德意志化。这将是带有议会修饰的专制主义。"[2]这种对未来的预期，是捷克走向独立的重要刺激。

第六，专制的俄罗斯帝国原本是一个强大的外部威胁，一如帕拉茨基所言，能有效促进哈布斯堡帝国内各族群的精诚团结。但是，至少到 19 世纪末期的时候，许多人已经不再把俄罗斯看成威胁。比如捷克重要政治家卡雷尔·克拉马日（Karel Kramá）就是泛斯

---

1 戴维·莱克和唐纳德·罗斯柴尔德在《控制恐惧：族群冲突的起源于管理》一文中将族群冲突主要归结于三个因素：信息失真、对于有效承诺的怀疑和族群的安全困境。首先，每个族群都会多多少少歪曲己方和他方的信息，以便进行族群动员。但是这种信息失真也会使其他族群产生错误判断。在政府权力没有弱化时，这种信息失真可以由于政府的干涉而被避免，但在政府权力弱化后，族群间的相互猜疑就会加剧；其次，如果要维持族群间的和平关系，必须达成契约，并为契约提供某种保障，比如权力分享机制或强有力的中立政府等。但是，当形势发生变化，族群就会怀疑对方合作的诚意或现有契约的可执行性，这也会恶化族群间关系；最后，随着国家权力的弱化，无政府状态随之出现，为了保证族群自身的安全，族群间不得不展开某种"军备竞赛"，而这种竞赛很容易走向失控而导致冲突。参见 Lake, David A., and Donald Rothchild. "Containing Fear: The Origins and Management of Ethnic Conflict." *International Security* 21. 2 (1996), pp. 41-75。19 世纪末期、20 世纪初期的哈布斯堡君主国也符合以上三点。

2 Masaryk, Thomas Garrigue. *Making of a State: Memories and Observations, 1914-1918*, George Allen and Unwin Ltd, 1927, p. 27.

拉夫主义的忠实拥趸，他热爱俄罗斯文学与艺术，把1905年革命后俄罗斯进行的改革看成俄罗斯自由化、民主化的征兆，后来居然设想过将一位俄罗斯大公送上波希米亚王国的王座。

第七，哈布斯堡君主国内各族群的行政区划边界与族群边界并不一致。帝国人口较繁、族群较多，国家也较大，这些都给帝国内各族群的边界划分与谈判带来了相当的困难。

以上这些因素似乎都能解释为什么内莱塔尼亚各族群之间会存在谈判与合作困难。但是，撇开这些，帝国为诸民族提供的初步解决方案本身就有一些问题。正如之前已经提到的，帝国要求建立一个"族裔"人口或选民登记制度，迫使个人从预先指定的狭窄范围中选择认同／身份，这样既会扭曲或过分简单化个人特征从而造成族群边界固化，也可能带来以前不存在的政治分歧，并可能消除那些中间群体（本来这些群体可能成为分裂社会的桥梁）。对有些人来说，这种分界与隔离本身就是束缚，而不是保护。

当然，各族群党派的领导者可能并不在乎这些后果（从自私的角度考虑，族群边界越是明显，越是对他们有好处），但是，正如马萨里克所思考的，如果一个族群在经济条件上不如另外一个族群，那么"文化／非地域自治"后很可能会出现的是"隔离但不平等"（除非占优的那个族群能够对劣势族群有所补贴）。这样，"自治"的结果就是劣势族群的日益边缘化。换句话说，"文化／非地域自治"并不如人们所料想的那么中立。

也许最关键的问题是，当存在着一个强大的中央集权王朝国家的时候，"文化／非地域自治"看起来确实有点可疑。在一个普通人对政府没有什么期待的前现代社会中，也许集权政府加上社会隔离确实能够稳定社会秩序，也不会引发什么政治不满，一如奥斯曼土耳其帝国中的"米勒特"制度所起的作用。[1] 但是随着大众政治的到来，大众不仅要求消极地维持自己的社会与文化生活，而且也在积极要求控制政府，并要求其提供各种投资与服务。这样，国家越是中央集权，就越容易成为各族群争抢的对象。此外，"文化/非地域自治"能够给少数族群提供的保护其实是远远不如"地域自治"的，王朝的权力越大，就越是让人不放心。换句话说，若各族群的大众并不能通过政治程序掌握对中央政权的控制权，"文化/非地域自治"并不能带给人们以足够的安全感。在第一次世界大战中所发生的事情表明，这种不安全感是有真实基础的：1916年，帝国中所有的德意志党派提出要求，要"坚持在法律上承认德意志人的政治、文化和种族优越性"，[2] 尽管皇帝拒绝了这一要求，但仍然在波希米亚禁止了所有的公共集会，逮捕了两万人。如果王朝真的能够做到族群中立，就不会出现这种事情。简而言之，王朝不可恃。

1　"米勒特"指的就是非穆斯林宗教团体。在不损害帝国利益并承担捐税的基础上，米勒特拥有专门的宗教、文化和教育机构，可以保持本民族语言文字，实行内部自治。当初，一群突厥—伊斯兰圣战战士杀入安纳托利亚地区，摧毁了拜占庭帝国，也继承了拜占庭帝国的采邑制度。这群圣战战士对社会管理并不感兴趣，政府除战争、税收与司法之外别无职能，于是奥斯曼苏丹许非穆斯林宗教团体自建"米勒特"，自我管理其社区。这些米勒特自行选举牧首或教长和首领，自行收税，自我教育，自建法庭处理内部事务。只要这些异教徒社区按时交税，不生事端，奥斯曼苏丹乐得不去多管闲事。

2　Aldorde, Nicholas. "German-Czech Conflict in Cisleithania: The Question of the Ethnographic Partition of Bohemia, 1848-1919." p. 74.

公平地说，哈布斯堡帝国并不是没有优点，它的消逝最后造成了很多灾难。问题似乎出在王朝的历史选择上，在好几条可能会统合国家的路径上，它似乎都做出了错误的选择：没有能够在德意志、捷克与匈牙利之间建立足够的平衡；建立绝对主义统治的时间过晚（18 世纪而不是 16 世纪和 17 世纪），已经不能在民族主义兴起之前完成社会统合（如英、法）；镇压了 1848 年革命，没能让地方主义遏制住民族主义（如瑞士）；为了王朝利益，首先通过绝对主义消灭了可平衡民族主义的各地方势力，接着又利用民族主义来抗衡德意志自由派；当民族主义兴起的时候，1867 年建立的共治体制又不是一个真正的联邦方案，反而封闭了帝国联邦化的真正可能。总而言之，王朝不得其法。

也许最根本的弊病是，王朝高踞帝国之上。在过去，王朝的存在是帝国之所以存在的前提条件，但是到了 19 世纪中后期，王朝的统治心态成为帝国转型的根本障碍。

实现社会隔离（以调节族群冲突）是帝国存续的最后一个希望。帝国非常先进（或者说非常复古）地构想出了某种协和机制，将政府的一部分权力分享给了地方族群。但是，这种协和机制只在一半的意义上是真实的，王朝提供的只是一个最低限度的立宪国家，即使各地方族群能够有效地与他族隔离、享受自治，但是由于缺乏对中央政府及地方政府的控制，也感觉到不安全。于是，这一希望也破灭了。

第五章

俄罗斯帝国

感谢上帝，我，叶卡捷琳娜二世，莫斯科、基辅、弗拉基米尔、诺夫哥罗德和全俄罗斯的女沙皇和独裁者，喀山女沙皇、阿斯特拉罕女沙皇、西伯利亚女沙皇、陶里德—切尔尼泽［克里米亚］的女沙皇，普斯科夫勋爵和斯摩棱斯克女大公，爱沙尼亚、利沃尼亚、卡累利阿、特维尔、尤格拉、彼尔姆、维亚特卡、保加利亚等国的女君主。

——叶卡捷琳娜沙皇（1762—1796 在位）

一 没有"帝国民族"的帝国

同英、法和哈布斯堡帝国比起来，俄罗斯帝国的一个显著特征是，在很长一段时期里，在此帝国内，并不存在一个"帝国民族"。所谓帝国民族，指的是在一个帝国内部，存在某个在政治、经济、社会和文化上占据主导地位的族群团体，帝国在某种程度上是属于他们的。也许会有人立刻反驳：怎么会呢，俄罗斯帝国难道不是属于俄罗斯人的吗？俄罗斯人难道不是这个帝国的主体人群吗？

不，并不是这样的。在说明这个道理之前，为了叙述完整起见，有必要对俄罗斯帝国的扩张过程做一个简单的叙述。

俄罗斯帝国的前身是基辅罗斯（860—1240），也曾是东方大国，繁盛一时。后来国家分裂割据，分为若干公国，有点咱们东周春秋的模样。13世纪初，蒙古入侵，原有各公国或灭或降，基辅罗斯灭亡。数十年后，乘着罗斯人的虚弱，波兰/立陶宛（1568年两国正式合并）也从西方入侵，逐次吞并了绝大部分现白俄罗斯和乌克兰的土地。至此，罗斯的东西分裂之势已成。

莫斯科公国原本是基辅罗斯东北部的小邦，由于离欧亚草原较远，没有直面蒙古兵锋，得以残存。在之后的一个世纪里，它作为蒙古的仆从国得以逐渐壮大，之后又反戈一击（1380年），击败蒙古金帐汗国，成为一方霸主。到15世纪末、16世纪初，莫斯科公国已经一统东北罗斯，于是当时的君主伊凡三世号称自己是全罗斯的君主。之前（1472年），他娶了拜占庭帝国末代皇帝的侄女为妻，如此便号称自己继承了罗马的统绪（以后以"第三罗马"自许）。

16世纪50年代，这个新兴国家讨伐吞并了南方欧亚草原上的喀山汗国和阿斯特拉罕汗国。这一超出原罗斯范围的征讨，可以看成俄罗斯帝国事业的初始（同时期，俄罗斯在北方同瑞典、波兰/立陶宛的争霸战争则归于失败）。[1] 有相当一批鞑靼贵族投诚，被吸

1　Lieven, Dominic. *Empire: The Russian Empire and Its Rivals*, Yale University Press, 2002, p. 231.

收进俄罗斯贵族行列。但是，由于雷帝伊凡四世的残暴统治伤了这个国家的元气，在 1598—1613 年期间，俄罗斯帝国进入了一个混乱时期（Trouble Time）。在此期间，伪帝频出，外敌入侵，农民起义，这种无政府状态直到 1613 年全俄缙绅会议选出米哈伊尔·罗曼诺夫为新帝才告终结（罗曼诺夫王朝开始）。至此，俄帝国才又重新恢复了对外扩张的势头。

新扩张的尖兵是哥萨克（由鞑靼人、俄罗斯人、立陶宛人和波兰人组成的混合人群），他们组成了若干独立自治的准军事社区，活动在俄罗斯帝国的南部边界。他们有点类似中国东汉时的乌恒、南匈奴部族，受雇为国家提供军事服务。向西，从 1581 年到 17 世纪中期，哥萨克、商人、逃亡农奴和冒险家群体横跨整个西伯利亚，打垮了原住民的反抗，在本地驻扎下来，做起了毛皮生意。

当时，大批哥萨克生活在波兰—立陶宛、俄罗斯和克里米亚汗国之间，在今之乌克兰占据大片土地。1648 年，哥萨克首领赫梅尔尼茨基同波兰人起了龃龉，发动起义/叛乱，企图建立独立哥萨克公国，并在战败之际向沙皇求援（之前向克里米亚汗国求援未成）。1654 年，双方签订协议，哥萨克向沙皇称臣（不过与此同时，赫梅尔尼茨基也向奥斯曼土耳其帝国称臣，继任首领则与波兰亲善）。之后，俄波开战，俄罗斯大致占领了东乌克兰，在击破几次哥萨克叛乱之后，又将哥萨克收归麾下羁縻起来。

彼得一世（1672—1725）是俄罗斯帝国事业的极大推动者。他最大的成就之一是北向夺得波罗的海沿岸地区。从 1700 年开始，经过 21 年的战争（1700—1721），爱沙尼亚、利沃利亚（Livonia,

大致相当今天的拉脱维亚）以及部分芬兰，落入俄罗斯之手。这样，有相当的欧洲族群进入帝国。这个时候（18 世纪早期），帝国面积从莫斯科公国时期的区区 43 万平方公里增加到了 1,000 万平方公里以上，人口则从 300 万人增加到 1,500 万人。其中，俄罗斯人占帝国总人口的 70% 以上，乌克兰人占 12% 多，白俄罗斯人占 2.4%，波罗的海沿岸族群（拉脱维亚人、爱沙尼亚人、立陶宛人、芬兰人、德意志人和瑞典人）占 4% 以上，穆斯林人口占 4%。[1]

向北开拓波罗的海出海口增强了俄国的国力，这有助于它进一步向南、向北、向西扩张。在南方，叶卡捷琳娜二世（1762—1796 年在位）在俄土战争（1768—1774）中，先是击败奥斯曼土耳其帝国，将克里米亚汗国变成自己的属国，然后在 1783 年正式吞并了克里米亚汗国。顺着黑海海岸向巴尔干半岛方向，俄罗斯进一步（1806—1812）兼并了比萨拉比亚（Bessarabia，今摩尔多瓦大部）。向高加索方向，1783 年，俄罗斯将格鲁吉亚纳为保护国，又在 1800 年将之兼并。在随后的 30 年里，又陆续兼并了亚美尼亚和阿塞拜疆；在北方，1808—1809 年，瑞典将整个芬兰割让给了俄国；在西方，在 1772、1793 和 1795 年，波兰—立陶宛联邦逐渐被普鲁士、哈布斯堡帝国与俄罗斯瓜分，立陶宛、白俄罗斯与剩余乌克兰、利沃尼亚落入俄罗斯之手。1815 年拿破仑战争之后，拿破仑所建立的波兰王国也被并入俄罗斯，于是俄国也占领了相当

1　Kumar, Krishan. *Visions of Empire: How Five Imperial Regimes Shaped the World*, Princeton University Press, 2017, p. 238.

一部分波兰核心区域。

帝国的最后一次大兼并发生在中亚。从 18 世纪中叶到 19 世纪中期，哈萨克汗国在俄罗斯帝国的堡垒战术下步步后退，于 1847年灭亡。然后是中亚其他汗国的末日：1876 年，浩罕汗国被消灭；1866 年，布哈拉汗国成为保护国；1873 年，则轮到希瓦汗国被"保护"。1873—1895 年，俄罗斯人又对土库曼人发动长期战争，最终获胜。

这样，随着 18 世纪和 19 世纪俄罗斯帝国的大规模扩张，在第一次世界大战前夕，帝国面积达到了 2,100 万平方公里以上，人口超过 1.7 亿，俄罗斯人在帝国总人口中的比例则下降至不到 45%，乌克兰人占 18%，白俄罗斯人占 4%，波兰人占 6% 以上，犹太人（主要在立陶宛、乌克兰和白俄罗斯）也占 4.2%，格鲁吉亚人占 1%，德意志人占 1.4%，波罗的海沿岸各族群占 4% 左右。此外，穆斯林人群（各高加索和中亚部族）加在一起占了约 15%。[1] 这使得帝国的第二大宗教不再是罗马天主教，而是伊斯兰教。表 5.1 列出了 19 世纪末俄罗斯人在本部之外地域中的分布。

总的来说，直到 19 世纪末为止，绝大部分俄罗斯人（86%）仍然居住在 1646 年前的故地范围内。除了在西伯利亚和内高加索（即今天的车臣、印古什一带），在绝大部分 18 世纪后才被纳入帝国范围的地域中，俄罗斯人都不超过本地人口的 10%。这些数据大概说明了一件事，那就是俄罗斯帝国并不是一个多么"殖民"的帝国。这是由帝国扩张政策的性质相对保守所决定的：俄罗斯的扩

1　Kumar, Krishan. *Visions of Empire: How Five Imperial Regimes Shaped the World*, p. 239.

表 5.1   1897 年俄罗斯帝国的人口形势

地区	俄罗斯人在该地区的比例（%）
比萨拉比亚（Bessarabia）	8.1
立陶宛与白俄罗斯	5.6
爱沙尼亚与拉脱维亚	4.8
乌克兰	8.3
波兰	2.8
芬兰	0.23
中亚	7.6
外高加索	4.3
内高加索	42.2

数据来源：Mironov, B. N. "The Price of Expansion: The Nationality Problem in Russia of the Eighteenth-Early Twentieth Centuries." In Oue, Kōichi, and Tomohiko Uyama, eds. *Quest for Models of Coexistence: National and Ethnic Dimensions of Changes in the Slavic Eurasian World.* Slavic Research Center, Hokkaido University, 1998, pp. 197-230.

张主要是由政治与战略考虑所主导的，而非经济因素。帝国虽然在大幅度扩张，极富侵略性，但是一旦征服完成，并不强求政令规划一致，也不强行移民实边，而是在相当程度上尊重现状。[1]

---

[1] 这种尊重并不意味着帝国统治精英意识到帝国作为一个多民族国家的现实，他们将俄罗斯文化的中心地位、东正教的至高无上地位看成是自然而然的。他们的多元做派不是来自调和民族矛盾的想法，而是对政治现实的体认。至少在帝国末期以前，民族很少进入帝国统治精英的认知范围。正因如此，《剑桥俄国史》才指出，"俄罗斯帝国并没有'拥抱多样性'——这样的想法在沙皇和他们的仆人看来是荒谬的。他们理所当然地认为俄罗斯文化（包括语言）和俄罗斯东正教在帝国内部占主导地位。但是，俄罗斯帝国也缺乏资源，甚至缺乏意愿，无论是通过教育还是更暴力的方式，都无法实施一贯的、积极的全国同化或'种族清洗'方案"。Perrie, Maureen., Dominic Lieven, and Ronald Grigor Suny, eds. *The Cambridge History of Russia: Imperial Russia, 1689-1917. Vol. 2,* Cambridge University Press, 2006, p. 27.

　　大体上来看，帝国对待属下各族的态度是有内外差别的（我在这里先讨论 19 世纪 60 年代之前的举措，之后的容后再提）。对俄罗斯人自己，帝国的征服政策最为刚硬。莫斯科国家在征服罗斯旧地的时候，对各俄罗斯城邦共和国的打击最为严厉。以诺夫哥罗德、普里科夫为例，这些城邦的市民会议被废除，地方世家被迁移至外地居住，土地被分配给外来的莫斯科官员，人民也被"郡县化"。

　　对外族来说，如果说沙皇自诩俄罗斯是"第三罗马"的话，帝国的治理术反倒真有几分罗马的风采。这指的是俄罗斯并不是一味粗暴吞并，在很多情况下倒是能够有节制地保留本部之外各地方的自治权，予以区别对待（至少在征服的早、中期是这样，对西方被征服者尤为优容），同时相当注意拉拢、吸纳被征服者的上层阶级，进行阶级合作。这些都是老式帝国的标准做派。

　　鞑靼贵族在很早之前就进入了俄罗斯贵族的行列。在伊凡四世死后，一度执掌国柄、后被立为沙皇的鲍里斯·戈东诺夫（1598—1605 年在位），就是一位皈依东正教的鞑靼贵族。在征服各鞑靼汗国之后，帝国除了最初一段时间搞了一些宗教同化、剥夺与镇压之外，在确保统治之后，基本上是以清静无为为先，有相当多顺从帝国统治的鞑靼贵族保留了自己的特权与土地，并被纳入世袭贵族行列。[1]

　　在乌克兰，1654 年哥萨克首领赫梅尔尼茨基与帝国签订协议，该协议规定俄罗斯将尊重哥萨克的自治权利。哥萨克盖特曼（哥萨

1　Kappeler, Andreas. *The Russian Empire: A Multi-Ethnic History*, Routledge, 2014, pp. 24-32.

克首领的称谓）类似于割据政权，军权、政权、财权一把抓，直到叶卡捷琳娜二世时期，盖特曼的自治权才被取消。不过，叶卡捷琳娜二世的手法也颇巧妙，她在 1785 年颁布贵族特权诏书，宣布乌克兰上层贵族在权利上与俄罗斯贵族等同，这样东乌克兰被帝国兼并的过程几乎是波澜不惊的。

帝国在西方和北方的政策最为宽松。沙皇亚历山大一世（1808—1809）全获芬兰之后，立刻向芬兰人保证将尊重该地的宗教、传统法律及其他特权（顺便将以前征服的芬兰领地还给了芬兰）。1810 年，亚历山大一世在写给芬兰总督费比恩·施泰因海尔（Fabian Steinheil）的信中说："我的意图是让那个国家的人民成为一个政治存在（a political existence），这样他们就不会认为自己是被俄罗斯征服的，而是由于他们自己的利益加入其中。"[1] 他的这一绥靖意图体现为允许芬兰有自己的议会、行政机关和司法系统（到了 19 世纪 60 年代，芬兰还有了自己的关税体系、银行、货币，甚至还包括一支小军队），不受帝国中央政府的领导（算是直属于皇帝）。俄国在芬兰倒是有一个总督，但这个总督职权相当有限。

这样，芬兰就成了获得自治权最充分的地区，这大概是因为帝国对芬兰的需要主要是战略和安全意义上的（需要有一块地方来抵挡可能来自北方的入侵），无意多加干涉。芬兰过去是处在瑞典统治之下的边远穷省份，向来不受重视，改换门庭实则所获甚多，所以芬兰人一直对帝国保有相当的好感。

1　Kirby, David. *A Concise History of Finland*, Cambridge University Press, 2006, p. 76.

抱有同样好感与忠诚之心的，还有波罗的海沿岸的德意志人。
彼得一世在北方战争中获胜之后，对波罗的海沿岸的德意志人格外
留情。因为他既将德意志人看成共同对抗天主教波兰的盟友，又
认为德意志人的技能与知识极有价值。他将德意志贵族纳入俄罗
斯贵族行列（许多德意志移民也获得了贵族身份），保留了各城市
的所有特权和自治管理体制。德意志人信奉新教的宗教自由得到
保护，德语仍然是法院和行政机构的语言。双方的合作是如此紧
密，以至于我们可以将俄罗斯帝国看成一个德意志–罗斯的贵族联
盟。据历史学家约翰·阿姆斯特朗（John A. Armstrong）估计，德
意志贵族在帝国的高级官僚（也包括军队和宫廷官员）中占了相
当大的比例——18% 到 33%。[1] 在 1812—1917 年间，有八成以上的
时间（105 年中有 97 年），俄罗斯帝国驻英使馆都是由德意志贵族
所主持的。亚历山大三世在 1880 年指出，波罗的海沿岸各省份是
"最忠诚、最值得信任，也最文明的省份，这些省份提供了最有能
力和最值得信赖的部队和人员"。[2]

　　帝国对德意志人的重用其实是帝国"海纳百川"用人政策的
一个表现。帝国最出名的将军之一，亚历山大·苏沃洛夫将军，是
拥有瑞典血统的贵族，另一位伟大的战将彼得·巴格拉季翁亲王，
则出身于格鲁吉亚皇族。据统计，在 1700—1917 年占据最高职位

1　Armstrong, John A. "Mobilized diaspora in tsarist Russia: the case of the Baltic Germans."
　Soviet Nationality Policies and Practices (1978): p. 75, 88.

2　Armstrong, John A. "Mobilized Diaspora in Tsarist Russia: The Case of the Baltic Germans."
　p. 92.

的 2,867 名官僚中，有 1,079 人（37. 6%）出身外族，其中，355
人出身于波罗的海沿岸的德意志人群。[1] 末代沙皇尼古拉二世的国
家会议（state council，也有译为元老院的）在 1894—1914 年间共
有 215 人任职，其中的 61 人（28. 3%）有明显的外族背景（这其
中又有 48 人有德意志血统）。[2] 所以，瑞士历史学家卡佩勒（Andreas
Kappeler）才如此总结俄国的用人传统："在第一次世界大战之前，
比起宗教或种族起源，沙皇政府始终更重视忠诚、专业知识和高贵
的血统。"[3]

　　俄罗斯对波兰的态度则有点反复，算是前宽后严。波兰和俄
罗斯都可以看成基辅罗斯的继承者，犹如宋辽之于唐，且波兰是东
欧大地上除俄罗斯之外最大的一个斯拉夫人共同体，所以俄罗斯对
波兰向来非常重视。但至少在前期（1830 年前），俄国对其波兰属
民甚为宽宏。[4] 虽然俄罗斯与波兰争斗多年，但是在获得波兰之后，
就力争与波兰贵族进行合作，进行联合统治（许多波兰贵族难以接
受是另一回事[5]）。这种宽容政策在 1815 年达到高峰，该年的 6 月

1　转引自 Kumar, Krishan. *Visions of Empire: How Five Imperial Regimes Shaped the World,* p. 270。

2　Lieven, Dominic. *Russia's Rulers Under the Old Regime,* Yale University Press, 1991, p. 32.

3　Kappeler, Andreas. *The Russian Empire: A Multi-Ethnic History,* p. 302.

4　Kappeler, Andreas. *The Russian Empire: A Multi-Ethnic History,* pp. 81-82.

5　波兰人跟芬兰人、波罗的海沿岸的德意志人不同，后二者原本就是附属，换个主人也
　　不会有多少反感情绪。波兰人原本拥有自己的国家，所以对失去政治主导权格外不满。
　　这里还有一个很具体的原因，波兰的贵族太多，给俄罗斯的吸纳政策造成了困难——
　　波兰贵族占波兰人口的 20%，占波兰－立陶宛王国人口的 7%，超过 40% 的贵族没有
　　自己的土地，另外 40% 的贵族只有小地产。俄罗斯最后要求审查波兰贵族的资格，
　　审查这些资格的过程及其随之而来的诉讼往往会持续几十年。当然，许多大贵族成功
　　地被俄罗斯人说服，与帝国合作。

27 日，亚历山大一世在华沙为波兰签署了一部特别宪法，根据该宪法，成立了所谓波兰王国，该王国是拥有自己民选议会和军队的自治国家，俄国的沙皇同时也是波兰的国王，这等同于承认帝国是一个联邦国家。[1] 这部宪法被认为是当时欧洲最具自由主义精神的宪法之一，而俄罗斯自己却还没有宪法。

现在我们可以回答俄罗斯为什么没有"帝国民族"这个问题了。答案可以粗略地归纳为：虽然帝国最大的一支人群是俄罗斯人，帝国东征西讨的主力也是他们，但是作为一个群体，俄罗斯人并不"享受"这个帝国。这既指的是帝国的代价被不均等地分配在俄罗斯人身上，也指的是普通俄罗斯人在社会、经济与文化方面并不居于优势地位（帝国的政策并不偏向于他们）。

首先，俄罗斯人享受的政治、社会自由要少于其境内的某些族群。比如同芬兰人相比，俄罗斯人显然有更少的自由而非更多。

其次，同普通俄罗斯人相比，非俄居民多多少少要享受到更多的法律/政治优惠。比如，直到 1874 年俄国建立普遍兵役制前，非俄居民都免于兵役。即使在 1874 年之后，高加索各族群、芬兰人和波兰人的服役期也要比俄罗斯人短，西伯利亚和中亚的各族也

1　据说亚历山大一世还计划利用新获得的这个具有民主传统的领土作为俄罗斯改革计划的样板，亚历山大一世在 1818 年对第一届波兰国会议员讲道："贵国已经存在的这个组织使我能够毫不拖延地赋权你们这个组织将这些自由制度的原则付诸实践……我希望，在上帝的帮助下，它的有益影响将扩展到上帝赋予我的每一个地区。"参见 Kappeler, Andreas. *The Russian Empire: A Multi-Ethnic History*, p. 87. 当然，亚历山大一世素以两面人著称，他可能确实有这个理想主义的冲动，但也可能只是虚言。

还是免役的。又拿犹太人来说，尽管他们有时只能被迫待在犹太人生活区里，但是他们却没有变成农奴的危险。

再次，非俄居民普遍比俄罗斯人负担的税收更少。表 5.2 是 19 世纪 90 年代帝国各地区的政府收入 / 开支与赋税情况。俄罗斯人承受的人均直接税负（1.91）要比非俄居民（1.22）高出 50% 以上。就政府整体所得来看，俄罗斯人的负担也要比非俄居民高将近四成。虽然帝国在大俄罗斯地区的支出也多，但是这些钱主要是用来应付行政花销，而非用于投资和提供公共服务，所以俄罗斯人也没有获得什么好处。请注意，这种较大的支出主要是由于帝国把钱都花在了彼得堡，在彼得堡之外的其余俄罗斯地方，政府花的钱（人均 3.71 卢布）是少于非俄区的（人均 4.83 卢布）。

这种税收上的歧视，并不是因为俄罗斯地区经济更发达、更工业化 / 城市化。正相反，同帝国内很多族群（比如德意志人、波兰人、犹太人）比起来，无论识字率还是经济社会成就，俄罗斯人都是远远不如的。而且，不仅仅是同西边更发达的人群比，俄罗斯大众同东部与南部边远地区比，也没有过得更好。在 19 世纪末期，俄罗斯人的平均寿命不仅低于波罗的海沿岸各人群、犹太人和波兰人，而且也低于乌克兰人、白俄罗斯人、鞑靼人和巴什基尔人。大俄罗斯地区人口的婴儿死亡率要明显高于帝国其他部分(参见表 5.3 和表 5.4)[1]。

1　表 5.2 至表 5.4 均摘自鲍里斯·尼古拉耶维奇·米罗诺夫《俄国社会史》(上卷)，张广翔等译，山东大学出版社，2006，第 201、203 页。

表 5.2　19 世纪末期俄罗斯帝国的税收情况

地区	人口（千）	政府收入（千）	政府开支（千）	人均政府收入	人均政府开支	差距	人均直接税收
维斯瓦河地区（即波兰）	9443	99425	48069	10.53	5.09	4.98	1.35
波罗的海地区	2386	46143	14634	19.34	6.13	13.21	1.73
乌克兰	17221	130827	64611	7.60	3.75	3.85	1.27
比萨拉比亚	1936	8919	5443	4.61	2.81	1.80	1.42
白俄罗斯与立陶宛	11676	50493	53187	4.32	4.56	-0.24	1.14
外高加索	5995	40983	48442	6.84	8.08	1.24	0.79
内高加索	3729	13465	11616	3.61	3.12	0.49	0.53
黑海	6282	72073	37654	11.47	5.99	5.48	1.49
外族总共	58668	462328	287245	7.88	4.83	3.05	1.22
大俄罗斯地区	52578	388706	195306	7.39	3.71	3.68	1.72
圣彼得堡	2105	208520	394600	99.06	187.46	-88.4	7.21
俄罗斯总共	54683	597226	589906	10.92	10.79	0.13	1.91

表 5.3   1896—1897 年欧俄 11 个民族的平均寿命

民族	男（岁）	女（岁）	民族	男（岁）	女（岁）
俄罗斯人	27.5	29.8	巴什基尔人	37.2	37.3
楚瓦什人	31.0	31.0	摩尔达维亚	40.5	40.5
鞑靼人	34.6	35.1	立陶宛人	41.1	42.4
白俄罗斯人	35.5	36.8	爱沙尼亚人	41.6	44.6
乌克兰人	36.3	39.9	拉脱维亚人	43.1	46.9
犹太人	36.6	41.4	平均值	31.3	33.4

表 5.4   1896—1904 年欧俄不同信仰者人口指标

宗教信仰	总死亡率以千人计	儿童死亡率以千人计
东正教徒	34.8	263
天主教徒	22.3	151
基督教徒	21.0	161
犹太教徒	16.7	116
伊斯兰教徒	27.7	158

再次，从经济上看，俄罗斯人与非俄罗斯人的经济交往很难说是剥削性的（西伯利亚的皮毛贸易、乌拉尔的矿业除外，受害者是西伯利亚的原住民和巴什基尔人）。在帝国的西北部，控制贸易的是波罗的海沿岸的德意志人，在西部是犹太人和波兰人，在南部和东部则是希腊人、亚美尼亚人和鞑靼人。自 17 世纪以来，俄罗斯商人就在抗议帝国给予外国人和非俄罗斯人的特权。卡佩勒因此得出一个结论："考虑到某些非俄罗斯人的财政特权，以及政府花

在军队和行政上的巨额开支，直到 19 世纪，俄罗斯从大多数非俄罗斯边远地区获得的利润微乎其微。"[1]

最后，从帝国统治者的自我认知来看，他们也未必有多少俄罗斯民族认同。他们可能会意识到自己的俄罗斯之根，但是几乎不会因此认为自己同普通的俄罗斯人有什么共同之处。库马尔指出，俄罗斯的君主本身就很难说是一个俄罗斯人："罗曼诺夫家族几乎没有什么俄罗斯人成分……他们过着西化贵族的生活。他们使用德国的宫廷礼仪，他们的公园和宫殿是新古典主义的……即使是血统，他们也几乎不是俄罗斯人，这是与德国皇室无尽通婚的结果（这指的是彼得一世之后，历代俄罗斯沙皇都有外国妻子，尤以德国人为多。两位叶卡捷琳娜女皇，都是德国公主)。"[2] 库马尔也指出，其他的欧洲王室尽管也有外国血统，但通常都显得比较低调，但俄罗斯沙皇却似乎总是在强调自己的外族特征。宫廷语言一开始是法语，后来又加上了英语。尽管沙皇尼古拉一世曾说，他希望被沙皇所统治的全部人民有一天能够"说俄语，有俄罗斯人的做派，感觉是个俄罗斯人"，[3] 但也正是在尼古拉一世的时代，他的教育大臣谢尔盖·乌瓦罗夫（Sergey Uvarov）提出了一个口号，即正教、君主与民族（православие, самодержавие, народность，有时也译作"东正教、专制与人民性"），作为学校教育方针。这一口号后来实

1 Kappeler, Andreas. *The Russian Empire: A Multi-Ethnic History*, p. 128.

2 Kumar, Krishan. *Visions of Empire: How Five Imperial Regimes Shaped the World*, p. 271.

3 Geraci, Robert. "Russia: Minorities and Empire," in Gleason, Abbott. ed., *A Companion to Russian History*, Wiley-Blackwell, 2009, p. 251.

际上成为沙皇俄国的官方意识形态。乌瓦罗夫对俄罗斯的民族定
义是：

> 俄罗斯民族不是一个种族（этнос），而是以对自己政权
> 的无限忠诚联合在一起的文化共同体（сообщество），在这一
> 点上俄罗斯民族完全区别于受启蒙主义堕落哲学影响的西方
> 民族。[1]

换句话说，正教、君主是要排在民族之上的。

因此，正如《剑桥俄国史》所指出的那样，"直到 19 世纪中叶，
沙皇政体与其说是一个俄罗斯民族政体，不如说是一个王朝式的贵
族帝国。正如在前现代帝国中经常发生的那样，俄罗斯的核心人口
在某些方面比边缘少数民族受到更严重的剥削。很明显，波罗的海
沿岸的德意志贵族、乌克兰贵族、格鲁吉亚贵族和其他贵族从帝国
中获得的利益远远超过了俄罗斯大众。"[2]

＊ ＊ ＊

综上，我们可以大胆地说，在俄罗斯帝国之中并没有一个"帝

1　转引自朱建刚《"官方民族性"与 19 世纪初俄国民族主义的崛起——以谢尔盖·乌瓦
　　罗夫为例》，《俄罗斯学刊》2017 年第 1 期。

2　Perrie, Maureen., Dominic Lieven, and Ronald Grigor Suny, eds. *The Cambridge History of Russia: Imperial Russia, 1689-1917, Vol, 2*, p. 21.

国民族"，而这是俄罗斯帝国同其他近代帝国迥异的地方。从很多层面来看，与其说俄罗斯是一个殖民国家，倒不如说它更像一块被殖民地。俄罗斯人不公平地负担着帝国的重担，却没有"享受"这个帝国。从这个角度讲，有些历史学家甚至提出了一个概念，那就是俄罗斯是一个"自我殖民"的帝国。英国历史学家亚历山大·埃特金德（Alexander Etkind）就指出，俄罗斯既是殖民的主体，也是被殖民的对象，同时还是殖民的产物。[1]

二　一个非正式的帝国

在过去，我们常说沙皇俄国是一个集权国家，这主要是从皇权专制的角度来讲的。但是，如果从韦伯意义上的官僚制角度来讲，俄国则远远不能说是一个集权国家。从种种迹象上来看，直到 19 世纪 60 年代之前，这个帝国组织得还是颇松散的。

俄罗斯帝国征服政策的基本原则是：保持现状，与外族精英合作。这样，就必不可免地在帝国的统治结构中留下许多有弹性的地方。比如，当俄罗斯吞并利沃尼亚和爱沙尼亚以后，该地区的总督是从波罗的海沿岸的德意志人中招募而来的（这实际上构成了该地与圣彼得堡的唯一联系），地方行政和司法系统仍然掌握在

1　Etkind, Alexander. *Internal Colonization: Russia's Imperial Experience*, John Wiley & Sons, 2013；Etkind, Alexander. "How Russia Colonized Itself. Internal Colonization in Classical Russian Historiography." *International Journal for History, Culture and Modernity* 3. 2 (2015).

德意志贵族和自治市镇的手中。彼得大帝发出诏令，宣称："在此，我向我们忠诚的贵族和利沃尼亚的议会，以及他们的继承人宣布，他们以前所合法获得的特权得到了我们的注意，我和我的合法继承人亲切地予以确认和批准了……由此而产生的法规、封建权利、豁免权、管辖权、自由……合法的财产与地产。"[1]

又比如，帝国在 1812 年从奥斯曼土耳其手中抢来了顿涅茨河、普鲁斯河和多瑙河下游接壤的领土（原摩尔达维亚公国的一部分，后称比萨拉比亚地区）。对此，沙皇亚历山大一世说："我打算给予比萨拉比亚一个与其权利、习俗和法律相一致的自治地位。"[2] 因此，该地行政、法律制度，甚至税收制度都没有发生变化。一位副总督，将这个地区的自治程度与芬兰大公国和波兰王国相提并论。[3]

当然，这几乎是所有古典帝国的做派，俄罗斯帝国只不过是将之贯彻罢了。在西部边疆地区，俄罗斯帝国的松散管理体现得尤为突出。当地的行政、法律和社会机构，似乎也经常比大俄罗斯要来得优越，这些制度是长期历史发展的产物。在与相对弱小的波兰或瑞典国王的长期斗争中，波兰的什拉赫塔（Szlachta，即享有法律特权的贵族阶层）、德意志市民、贵族以及瑞典庄园主，要么赢得新的权利和特权，要么成功捍卫了旧的权利和特权。如前所述，俄罗斯并没有侵犯这些权利与特权，而是承认了事，这既是由于当时时势的需要，也是因为俄罗斯需要这些足够数量的受过良好教育

---

1 Kappeler, Andreas. *The Russian Empire: A Multi-Ethnic History*, p. 73.

2 Kappeler, Andreas. *The Russian Empire: A Multi-Ethnic History*, p. 100.

3 Kappeler, Andreas. *The Russian Empire: A Multi-Ethnic History*, p. 100.

和称职的边疆贵族为之服务。此外，19 世纪 30 年代以前，由于俄罗斯法律既不统一，也不成文，而且缺乏训练有素的法律专家和行政官员，地方特权的捍卫者也很容易找到反对引进俄罗斯法律和制度的论据。[1] 比如，1796 年，沙皇保罗一世发布法令，将利夫兰、爱沙尼亚、俄罗斯在之前获得的芬兰和波兰土地，宣布为特别行省，该地的本地事务、法院和行政法规概由本地自治。俄罗斯官员一般承认，如果没有贵族会议、市议会以及负责日常行政事务的德意志和波兰官员的合作，就很难行政。[2]

这里有个例子，19 世纪 60 年代，在一位俄罗斯学者尤里·萨马林（Yuri Samarin）和一位德意志学者卡尔·席伦（Carl Schirren）之间，就波罗的海沿岸德意志人在帝国中的地位问题，爆发了一场引人注目的论战。卡尔·席伦主张，俄罗斯在波罗的海的统治是有条件的，诸侯国（波罗的海沿岸贵族）向征服者（彼得大帝）宣誓效忠，作为回报，彼得大帝授予他们对封地（波罗的海沿岸各省）的全部权利。他威胁说，如果主人（或其继承人）不履行其对附庸的义务，则附庸可认为其忠诚誓言无效。[3] 许多德意志人认为，他们是帝国的合作者，而非单纯的臣属。

1809 年帝国吞并芬兰，1815 年帝国吞并波兰，这两件事创造了更具特权的行政区划。从这两个被征服地与帝国的关系架构上，

1　Thaden, Edward C., ed. *Russification in the Baltic Provinces and Finland, 1855-1914*, Princeton University Press, 2014, p. 15.

2　Thaden, Edward C., ed. *Russification in the Baltic Provinces and Finland, 1855-1914*, p. 17.

3　Thaden, Edward C., ed. *Russification in the Baltic Provinces and Finland, 1855-1914*, p. 131.

我们能看到更明显的疏漏与空白。

先说芬兰。正如之前所述，在兼并之后，芬兰具有相当的自治权，完全具备一个独立国家的形貌。这样一个芬兰与帝国之间的关系到底为何，沙皇亚历山大一世在兼并时未做说明，俄罗斯帝国也没有一部宪法来正式厘定芬兰—本土关系（帝国宪法还要等到 1906 年才出现）。正因为如此含混，到了 19 世纪末，芬兰人与俄国人在这个问题上大打嘴仗：芬兰学者莱奥·梅克林认为，当初亚历山大一世已经赋予芬兰以独立地位，让芬兰自成一体，芬兰和俄国各自拥戴沙皇为君，是所谓共主体制（类似于奥匈帝国中奥地利与匈牙利的关系），又或是联邦国家；俄罗斯学者 K. 奥尔金则否认这一切，认为亚历山大一世并无此意。[1] 从历史上来看，这种含混不明的从属关系一直维持到帝国崩溃之时。

这里要指出的是，这种疏漏并不是出自疏忽。芬兰总督弗·勒·海登，有次在给亚历山大三世的报告中说，他确信建立统一的国家行政、社会制度"是俄罗斯帝国自尊心所希望的，但是，对于帝国的事业却是不利的"。[2] 由此我们可以认为，这是有意为之或至少放纵所至。

波兰在 19 世纪 60 年代之前也是如此。如前所述，沙皇亚历山大一世为维也纳会议后重建的波兰王国立宪，该宪法规定，波兰永远与俄罗斯帝国统一，但"波兰民族将永远获得一个国家代表

1　大卫·科尔比：《芬兰史》，纪胜利等译，东方出版中心，2013，第 62 页。
2　孟君：《19 世纪至 20 世纪初俄罗斯帝国的民族政策研究》，吉林大学出版社，2017，第 41 页。

机构"。亚历山大一世也对宪法发誓："我所有波兰王国的继承人将宣誓如下——我在上帝和福音面前起誓并承诺，以我所有的力量维护和执行宪法。"[1] 在这之前，从来没有一个俄罗斯统治者允许自己被向臣民作出的誓言所束缚，这实在非同寻常。[2] 当时的人们便有疑虑：一个立宪王国如何与一个专制帝国并存？"波兰国王的头衔永远不可能与整个俄罗斯的沙皇和独裁者的头衔相协调。"[3] 其实，这倒不一定必然为真，因为芬兰大公国的自治形式与波兰类似，但也同帝国共存了一个世纪。真正的问题在于，帝国对波兰的控制只是通过皇帝本人在波兰政治结构中的个人地位、帝国的军事威慑来体现或执行的，而这种政治联系无疑是非常脆弱的。

这种统属关系上的薄弱，后果有好有坏。它是一种对本地精英明显的绥靖，很容易在最初俘获人心。但是，当这些边缘领土与俄罗斯本土发生政治冲突的时候，却也没有足够的手段与机制让帝国中央对冲突加以调节。在芬兰如此，在波兰也是如此。

1908 年 5 月 5 日，当时的帝国首相斯托雷平在杜马发表演说，论及帝国—芬兰关系，其内容是这样的：

先生们，我们要试着看看芬兰人的世界观。所有的芬兰

1　Kappeler, Andreas. *The Russian Empire: A Multi-Ethnic History*, p. 86.

2　亚历山大一世这么做可能出于很多理由，比方说遵循帝国与当地精英合作的传统，比方说受大革命震动，需要考虑帝国统治的合法性，也许还包括亚历山大一世自己的些许理想主义冲动，希望能用波兰作为俄罗斯改革计划的样板。

3　Kappeler, Andreas. *The Russian Empire: A Multi-Ethnic History*, p. 87.

人都承认，在博尔戈芬兰议会上亚历山大一世皇帝赐予芬兰
宪法，承认了芬兰的特殊国家地位。……按照这种信念，芬
兰是特殊国家、法制国家，它有与俄国任务完全不同的任务。
芬兰与俄国联系越紧密，那么完成这些任务就越不可能。……
他们认为，任何一个全国性的法律如果没有芬兰议会的批准
都不能生效；如果按这个观点，那么我们可能会得出一个荒
谬的观点：同一个问题将由我们的立法机关和芬兰议会讨论
决定。比方说，这个问题的解决有不同的方式，没有做出一
致的决定，帝国也没有能够解决这个问题的最高统治权。……
诸位先生，这当然是不正常的，我再说一遍，罪恶不是植根
于当局的不作为，不是植根于当局的不合理行为，而是在于
我国立法的整个领域、我们与芬兰相互关系的重要方面没有
完全调整好。[1]

这段话让我想起了美国革命之前英国议会对其北美殖民地的
言语。换句话说，对于帝国的这两个地方，帝国统治的合法性是可
以被怀疑的。

从自治权完整性的角度来讲，帝国的其他边疆省份可能没有
芬兰和波兰这么明显，但是帝国在这些地方的治理也很难说是正
式的。

---

1 郭春生主编，瑞雪等编译，陈金鹏等译校：《俄国19世纪与20世纪之交法政文献选
编》，清华大学出版社，2016，第19—21页。

由于果戈里这类伟大的俄国作家对俄国官僚制度的尖锐讽刺，我们长久以来形成了一个观念，那就是俄罗斯是一个彻头彻尾的官僚国家。凡是看过《钦差大臣》和《死魂灵》的，对帝国官场的黑暗无疑都会有感触。但是历史学家很早就指出，帝国虽然能够有效垄断暴力，但是始终没有足够的行政人员（人均意义上）有效执行其政策。[1] 斯蒂芬·维里琴科（Stephen Velychenko）在比较俄国与欧洲其他近代的官僚体制时就指出，沙皇官僚体制的一个特征并不是它的庞大或病态，而是它的弱小。[2] 俄国著名社会学家米罗诺夫在其《俄国社会史》中也指出：

> 有关俄国官僚阶层拥有无限权力，从上到下管理国家的传统观点与事实不符……也许，国家机构的实力被夸大是人们把有关苏联的某些观念搬到了革命前俄国的结果。[3]

美国历史学家爱德华·C. 塔登（Edward C. Thaden）的意见则是，"俄罗斯是一个统治不足（undergoverned）的国家，即使在帝国中心的大俄罗斯地区，也缺乏适当的机构，缺乏令人满意的法律和行政秩序，而胜任的和受过训练的官员数量不足，使得政府很难

1　Rogger, Hans. *Russia in the Age of Modernisation and Revolution 1881-1917*, Pearson Education ltd., 1983, p. 49;Starr, Frederick S. *Decentralization and Self-government in Russia, 1830-1870*, Princeton University Press, 1972, pp. 26-49.

2　Velychenko, Stephen. "The Size of the Imperial Russian Bureaucracy and Army in Comparative Perspective." *Jahrbücher für Geschichte Osteuropas*. H. 3 (2001), p. 348.

3　鲍里斯·尼古拉耶维奇·米罗诺夫：《俄国社会史》（下卷），第 210 页。

在圣彼得堡和省府之外进行有效统治"。[1]《剑桥俄国史》中的说法也是："结论必须是，在整个帝国时期，俄罗斯的管理不足，而不是过度。"[2]

我们可以从官僚数目着手对上述观点作出说明。表 5.5 列出了不同年份俄罗斯官僚／公职人员占人口的百分比。同 20 世纪 90 年代俄罗斯官僚人数约占总人口的 7% 相比，这个数字无疑是比较小的。[3]

表 5.5　俄罗斯官僚／公职人员占人口百分比

年份	1690 年	1775 年	1796 年	1857 年	1880 年	1897 年	1913 年
占比	0.039%	0.057%	0.057%	0.201%	0.14%	0.124%	0.163%

数据来源：鲍里斯·尼古拉耶维奇·米罗诺夫：《俄国社会史》（下卷），第 207 页

考虑到时代的变化，更好的办法是做横向比较。斯蒂芬·维里琴科将俄罗斯帝国的官僚与欧洲各国做了一个量化比较，按照每一个官僚对应多少人口做了一张表（参见表 5.6）。

1　Thaden, Edward C., ed. *Russification in the Baltic Provinces and Finland, 1855-1914*, p. 15.

2　Perrie, Maureen., Dominic Lieven, and Ronald Grigor Suny, eds. *The Cambridge History of Russia: Imperial Russia, 1689-1917. Vol. 2*, p. 456.

3　Brym, Robert J., and Vladimir Gimpelson. "The Size, Composition, and Dynamics of the Russian State Bureaucracy in the 1990s." *Slavic Review* (2004), p. 97.

表 5.6　1900 年各国（地区）每名官僚对应人口数

国家	每名官僚对应人口数（人）
英国	122
法国	137
德国	163
奥地利	198
法属印度支那	1,063
法属阿尔及利亚	1,903
法属西非	7,386
英属印度	8,846
俄罗斯帝国	1,311
大俄罗斯（即俄罗斯本部）	1,387
乌克兰诸省份	1,642
中亚诸省份	2,038
亚美尼亚	1,448
格鲁吉亚	948
波兰诸省份	942

数据来源：Velychenko, Stephen. "The Size of the Imperial Russian Bureaucracy and Army in Comparative Perspective." p. 356, pp. 360-361. H. Rogger 和 F. Starr 两位早期学者认为俄罗斯官僚数目与西方国家的差距没有那么大，据说在 19 世纪中叶，在俄罗斯每千名居民中有官吏 2 人，在英国是 4.1 人，在法国是 4.8 人。到了 1910 年，俄国在国家和社会机构中任职的官吏是每千人中有 6.2 人，英国是 7.3 人，法国为 17.6 人，德国为 12.6 人，美国则为 11.3 人。考虑到维里琴科的研究比较晚近，且对官员的定义较明确，故采信了他的数据

　　从中可以看出，相比于同时代欧洲各国，俄罗斯帝国的官僚人数是远远不如的，而同奥地利相比，则更是如此。同为传统欧洲多民族帝国，奥地利拥有的政府管理人员密度要远远超过俄罗

斯帝国（6 倍以上）。而且，维里琴科还指出，帝国本来就稀少的官僚不成比例地集中在城市里（约 86%—87% 的官僚在城市里，尽管城市人口只占总人口的 12%），这实际上意味着许多农村地区成为政府治理的空白区。[1] 我们同样可以看出，帝国的边疆区和帝国本部的官员密度相对来说差别不大（1311 比 1387），而且，西部边疆高，东部边疆低，这似乎是由社会发达程度不同造成的。

　　帝国官僚人数稀少当然不是因为俄罗斯政府精干、有效率，沙皇政府的腐败无效还是有目共睹的，而是由于这个政府缺少服务／管理社会的组织架构，因此也就缺少深入社会的工具和手段。维里琴科总结说：

> 　　俄罗斯帝国官僚机构规模小，缓和了沙皇专制统治，中央官员匮乏，这也有助于解释该国现代化缓慢、未能民族化俄罗斯人，以及未能将非俄罗斯人俄罗斯化。一个在日常事务中运作不良的小官僚机构，几乎没有实际的刺激手段来引导人们的忠诚心，使之超越村庄亲属关系的范围，建立超民族认同。[2]

1　这也是为什么许多俄罗斯知识分子和外国旅行者产生帝国充斥官僚认知的原因，因为不多的帝国官僚集中生活在他们周围。

2　Velychenko, Stephen. "The Size of the Imperial Russian Bureaucracy and Army in Comparative Perspective." p. 362.

三　波兰综合征

如前所述，19 世纪 30 年代之前，俄罗斯帝国的做派非常古典主义，与其说它是一个近代民族帝国，倒不如说它是一个贵族阶级联盟国家。帝国慷慨给予被征服者以帝国主体人群所无法享受的政治与经济好处（部分政治自治权利与自由），而承担帝国代价的普通俄罗斯人则际遇不佳。

在这个古典帝国内，俄罗斯人和其他民族之间存在一定的政治与社会隔离，这种隔离自然是对被征服者的一种绥靖，而这种绥靖的效果则因地而异。比如，在前面讲到的波兰和芬兰的例子中，绥靖对波兰的效果不明显，对芬兰则较佳。这是因为：波兰有悠久的国家传统，曾是大国，有强大的贵族社会，而芬兰在并入俄罗斯帝国之前，不过是瑞典的穷苦边地（且外来的瑞典人多占据显要位置，芬兰语也被压制），芬兰贵族势力也远远没有波兰那么强大（比如说 18 世纪晚期时波兰贵族占人口总比例极大，"贵族民主"向来闻名，而芬兰只占 1.5%[1]）；波兰人面对俄罗斯人有优越感（在吞并波兰的普、奥、俄三国中，波兰人反抗俄罗斯最烈），而芬兰人无；俄罗斯帝国获得两地的方式也不一样，波兰是被强攻下来的，而芬兰则得自瑞典的转让。对芬兰人而言，合并到帝国之中只不过是保护人的更替而已，且在更替的过程中获得了地位的上升；帝国

1　Lerski, Halina. *Historical Dictionary of Poland, 966-1945*, Greenwood Publishing Group, 1996, p. 388; 大卫·科尔比：《芬兰史》，第 44 页。

在事后的操作也有差别，帝国将以前占领的芬兰领土还给了芬兰，而亚历山大一世尽管对波兰也有相同的承诺，会把原来占领的波兰部分领土（这包括立陶宛和部分乌克兰）还给波兰王国，但这承诺并未实现。[1]

　　这种差别导致了芬兰人和波兰人的态度明显不同。芬兰人明显更忠诚：在 1830 年和 1863 年两次波兰起义中，芬兰都无动于衷，不予配合；1853 年，帝国同英、法之间爆发了克里米亚战争，当英国舰队于 1854 年到达波罗的海沿岸的时候，芬兰社会总体来看相当拥护帝国。[2] 帝国的绥靖政策起到了它想起的效果。

　　对波兰而言，帝国的绥靖政策在一开始虽然也俘获了一部分波兰人的心，但是由于波兰王国相对独立的政治地位，在后续的不满中，波兰反而成了反抗运动进行政治动员的基地。比如，1830年，在当时席卷西欧的政治风潮影响下，贵族激进分子发动了起义，由于他们控制着军队与政府，于是全国几乎瞬间皆叛。俄罗斯铁骑滚滚而来，将之镇压下去。随后，帝国废除了波兰的宪法，波兰军队也被废除，华沙大学被关闭。再接下来的 20 年里，帝国又引入了省级分区、货币、度量衡、刑法典、警察、审查制度以及对学校的直接监督，以期确保对波兰的控制。沙皇亚历山大二世即位后，进行了一系列政治与社会改革，决定再次对波兰怀柔，将大部分自治权又还给了波兰，以期缓和俄波关系。这确实吸引了部分中间派，

1　卢克瓦斯基、扎瓦德斯基：《波兰史》，常程译，东方出版中心，2011，第 149 页。
2　大卫·科尔比：《芬兰史》，第 84—85 页。

但是在 1863 年，波兰人还是再次发动了游击暴动。

帝国在连续镇压这两场暴动之后，得出一个结论，那就是波兰人畏威而不服德。前来镇压的将军穆拉维约夫（N. M. Muraviev）在波兰遍立绞架，斯拉夫派人士亚历山大·科舍廖夫为此大赞道："穆拉维约夫是多么杰出的人物啊！多么厉害的拳头！吊死人和处决人！上帝保佑他的健康。"[1]1864 年，穆拉维约夫向圣彼得堡发出一份备忘录，痛斥"波兰人的放肆和疯狂"，因为他们胆敢将帝国西部视为波兰的禁脔。他强调，需要一个强有力的、连贯的政府政策，"承认西北地区早期的管理错误，明确承认它属于俄罗斯，是俄罗斯自古以来的所有物"，并且实施"必要的规章制度（以确保）在这片土地上不以任何方式出现一丝一毫的波兰宣传"。[2]所以，帝国最后的应对是，将波兰纳入国家统一行政体系之中，所谓"废国建省"：波兰王国的立宪体制被彻底取消，作为"维斯瓦地区"直接划归中央管理。波兰人被禁止在波兰或帝国西部诸行省政府中任职（但仍然可以到圣彼得堡工作）。华沙大学由俄罗斯人担任教授，教学语言也变成了俄语（在 19 世纪 60 年代中期中学教育也强制使用俄语进行，到 1885 年，小学也步了后尘）。天主教开始受到打压，修道院被关闭，教会财产被没收。居住在波兰的 26.7 万名俄罗斯

1　爱德华·拉津斯基：《亚历山大二世：最后的伟大沙皇》，周镜译，新世纪出版社，2014，第 156 页。

2　Weeks, Theodore R. "Russification: Word and Practice 1863-1914." *Proceedings of the American Philosophical Society* 148. 4 (2004), p. 479.

人实际扮演着占领军的角色（78% 的俄罗斯人受雇于军队）。[1]

当然，帝国的手段不只是威逼，也有利诱。为了削弱波兰贵族对社会的控制，帝国在波兰地区认真推行农奴制改革，相对于俄罗斯人，波兰农民获得的份地更多，付款更少（问题在于，帝国对天主教的打压同时又疏远了农民）。

看以后的帝国历史，我们会发现，帝国对波兰的这般处置并不仅仅只是应激性的加强控制。在 1863 年波兰起义之后，帝国似乎遭到了极大的心理打击，对自己的既往宽纵政策、上层路线的效果产生了极大怀疑，开始反思和担心自己面临民族主义挑战。许多帝国统治者开始认为，加强行政控制，消灭异族文化（换言之，进行俄罗斯化）才是唯一出路。我们可以说，帝国从此患上了某种"波兰综合征"。

这种波兰综合征的体现之一就是，帝国所猜疑、防范和镇压的对象，逐渐从波兰延伸到帝国中其他的族群身上。

在西部各省份（立陶宛、白俄罗斯、第聂伯河右岸的乌克兰），帝国的主要政策是消除波兰在本地区的痕迹。这一地区在过去隶属于波兰—立陶宛王国，波兰人在这里有着非常巨大的影响力。[2] 当时

1　Kappeler, Andreas. *The Russian Empire: A Multi-Ethnic History*, p. 291.

2　这一波兰—立陶宛联邦，同卡斯蒂亚与阿拉贡，或者英格兰与苏格兰之间的联合并无不同，都是情势所需（波兰人想要同哈布斯堡君主拉开距离，立陶宛贵族对西方文明有所倾慕，而东部罗斯人视之为保护性力量），在相当时间内是欧洲边陲的最庞大的一个斯拉夫人共同体（俄罗斯在当时还不被算入欧洲之内），是若干不同宗教、族群的共同家园。很多例子可以佐证这一共同体的存在，比如，（转下注）

出任维尔纳地区（含立陶宛和白俄罗斯）的总督穆拉维约夫说："我
决定挥剑斩断戈耳狄俄斯之结（Gordian knot），即波兰人对农村人
口的腐蚀性影响。"[1] 他的做法是在行政、教育和商业上消除波兰语
和天主教的影响，以东正教、俄语和俄罗斯文化取而代之。于是，
本地刚刚出现的立陶宛语、白俄罗斯语和乌克兰语文化复兴运动
遭受了池鱼之殃，俄罗斯舆论将其称为波兰人或者耶稣会的阴谋，
也要一律禁掉，为国语让路。1863 年，内政部秘密通知禁止用乌
克兰语印刷书籍。此后不久，也禁止印刷白俄罗斯语书籍，禁止立
陶宛的出版物使用拉丁字母，而只允许使用西里尔字母。1876 年，
帝国又禁止从加利西亚地区进口乌克兰语出版物，也禁止使用乌克
兰语的戏剧表演和讲座。

　　波罗的海地区也受到了波兰人的牵连。这个地方盛行的是贵
族共和与城市自治制度，在波兰起义后，该地的德意志贵族特权也
逐渐受到了斯拉夫主义者（多是俄罗斯知识分子和新闻人）的攻击，
他们认为波兰的反叛就是地方独立性过盛造成的，防微杜渐，也应

（接上页注）现代波兰的国父约瑟夫·克莱门斯·毕苏斯基，父母其实都是立陶宛的
贵族（鉴于立陶宛贵族波兰化的程度非常之深，其实与波兰贵族也无甚差别）。其毕
生事业旨在复兴波兰—立陶宛联邦，为其理想的失败痛苦万分。蒂莫西·斯奈德在《民
族的重建》一书中讲了一个例子，描述的是"二战"之中及之后波兰人与乌克兰人的
相互仇杀。有一次波兰人组织了一支假的乌克兰游击队，以引蛇出洞，结果因为实在
是太逼真，导致被波兰军队误击（其伪装如此之好，以至于在场的真乌克兰游击队士
兵也无法分辨出这支部队到底是不是他们的人）。在另外一个事件中，一支真的乌克
兰游击队被波兰军队包围，他们用波兰语高声唱起波兰革命歌曲，反而被认为是自己
人，遂被放虎归山。如此以上种种，都能显示出这些民族之间交互交错的亲缘关系。
参见蒂莫西·斯奈德《民族的重建》，潘梦琦译，南京大学出版社，2020。

1　Kappeler, Andreas. *The Russian Empire: A Multi-Ethnic History*, p. 255.

该处理德意志人，比如废除他们的特权，促进在该地区的俄语教育和东正教。当然，尼古拉一世和亚历山大二世沙皇本人都还牢记与德意志贵族的合作情谊，对民间兴起的这股子反德意志情绪相当不以为然。1867 年 10 月 12 日，亚历山大二世对波罗的海贵族代表发表（法语）讲话，斥责媒体试图分裂国家，而不是团结国家："我唾弃这个试图把你和波兰人放在同一水平上的媒体。我尊重你的民族，也会像你一样忠于它。我一直认为，因为某人的出身而批评他是荒谬的。"[1] 但是随着时间的过去，帝国压力还是慢慢累积起来，到了 19 世纪 80 年代，帝国开始加强对波罗的海诸省政治、教育、宗教与文化的监管，俄语被引入本地行政机构和学校，路德教派的新教会被打压，市政管理、司法机构也受到干涉。当然，鉴于帝国与德意志贵族的传统合作关系，这一动作是非常柔和的，也有反复。波罗的海各省的特殊地位虽然被削弱了，但是没有被废除。

芬兰当然也没有逃过这次浪潮。芬兰人虽然主张自己是半独立的公国，而不是帝国的行省，但到了 19 世纪 90 年代，帝国仍然开始着手削减芬兰的自治权，包括解散芬兰的军队，将芬兰人送至俄罗斯军队中服役，让俄语逐步成为芬兰政府的公务语言。到了 1910 年，沙皇政府更颁布法令，规定帝国政府可以对芬兰内部事务立法，取消芬兰人的立法否决权。

在比萨拉比亚，到了 19 世纪 60 年代，罗马尼亚语在学校和

---

1   Thaden, Edward C., ed. *Russification in the Baltic Provinces and Finland, 1855-1914*, p. 126.

教堂中都被禁止使用。在外高加索地区，格鲁吉亚和亚美尼亚人的学校都被强制使用俄语作为教学语言，到了1903年，亚美尼亚教会的财产也被没收。

当然，在这个俄罗斯化的浪潮中，一个显著的例外是犹太人。犹太人是在18世纪的帝国大扩张中被纳入帝国的。1897年的人口普查数据表明，他们占帝国人口的4%（约519万，占世界犹太人总人口的49%）。在19世纪晚期之前，帝国对犹太人的态度还是比较温和的，同整个欧洲的解放政策相一致。但是到了1881年，由于在亚历山大二世刺杀事件中有一位犹太女子参与者，反犹太运动仿佛突然间打开了闸门，在乌克兰和波兰都出现了对犹太人的烧杀掳掠，从此屠杀与排犹就周期性发生。对犹太人，帝国政府的态度日益呈现排斥色彩，犹太人的经济和社会生活都被局限在小范围内，乃至遭到驱逐，1881—1914年，共有198万犹太人"自愿"离开俄国。

总而言之，1831年以后，俄罗斯对俄罗斯帝国少数民族的政策表现出日益加剧的压迫和日益标准化的趋势，开始背弃其传统模式（尊重现状、与忠诚的精英合作和容忍多元文化）。从19世纪60年代起，中央行政管理的加强、文化的俄罗斯化接踵而至：从驱逐克里米亚鞑靼人，对1863年波兰起义做出强烈反应而开始在西部支持东正教的传播，到亚历山大三世时期对波罗的海德意志人的加强控制，再到尼古拉二世时期对传统上忠诚的芬兰人和亚美尼亚人的攻击，都可以视之为帝国政略的同一转变过程。

在很大程度上，这完全是过激反应，帝国在那些还没有民族主义运动的地方看到了民族分裂主义的阴影。

1897 年，帝国进行了第一次也是最后一次全国人口普查（不包括芬兰、布哈拉和希瓦汗国）。根据这项调查，我们大致可以知道几件事情：

首先，整个帝国在那个时候仍然还是一个农民的国度，农民占总人口的比例超过 85%，而城市阶层只占 13%。[1] 俄罗斯全国的城市化率远远低于同时期的欧洲诸国（1890 年英国的数据是72.1%，德国是 47.0%，法国是 37.4%，美国是 37.7%，奥地利是 32.5%）[2]。

表 5.7 列出了全国各族群的城市化率，从中可以看出，除犹太人、德意志人、亚美尼亚人、希腊人带有较强的侨民色彩，波兰人作为历史民族占有多城，所以城市化水平略高之外，全国的绝大部分其他族群都在非常低的城市化状态中。

其次，与这种低城市化率所并行的是，帝国仍然是一个文盲的国度，识字率只有 27.7%。波罗的海诸族（拉脱维亚人、爱沙尼亚人、德意志人以及立陶宛人）可能是因为信奉新教，识字率是全国最高的，波兰人口中有大量贵族，犹太人有历史文化传承，所以也还行。其他诸族识字率都相当低，尤其是帝国东部各族。详情可参见表 5.8。

---

1   鲍里斯·尼古拉耶维奇·米罗诺夫：《俄国社会史》（上卷），第 117 页。

2   鲍里斯·尼古拉耶维奇·米罗诺夫：《俄国社会史》（下卷），第 408 页。

表 5.7 各族群城市化率

族群	百分比	族群	百分比
犹太人	49.42	罗马尼亚人	5.72
塔吉克人	29.50	乌克兰人	5.61
德意志人	23.38	立陶宛人	3.16
亚美尼亚人	23.25	白俄罗斯人	2.91
撒尔塔人	21.06	高加索山地人	1.96
波兰人	18.35	雅库特人	1.71
希腊人	17.99	卡累利安人	1.34
拉脱维亚人	16.05	哈萨克人	1.17
俄罗斯人	15.85	巴什基尔人	1.05
爱沙尼亚人	13.92	伏尔加河中游民族	0.92
乌孜别克族	12.63	布里亚特族	0.71
鞑靼人和阿塞拜疆人	11.29	卡尔米克人	0.66
格鲁吉亚人	9.41	通古斯人	0.29
保加利亚人	8.32	楚科奇人	0.07

数据来源：Kappeler, Andreas. *The Russian Empire: A Multi-Ethnic History,* p. 400. 表中的撒尔塔人是一支定居在中亚绿洲的突厥语族商人群体

表 5.8 各族群识字率

族群	识字率	族群	识字率	族群	识字率
俄罗斯人	29.3	德意志人	78.5	高加索山各族	7.1
乌克兰人	18.9	犹太人	50.1	鞑靼人、阿塞拜疆人	16.5
白俄罗斯人	20.3	希腊人	36.7	伏尔加河中游各族	9.8
波兰人	41.8	保加利亚人	29.8	乌拉尔山各族	26.2
立陶宛人	48.4	罗马尼亚人	8.8	卡尔梅克人	4.1
拉脱维亚人	85.0	格鲁吉亚人	19.5	中亚各族	3.4
爱沙尼亚人	94.1	亚美尼亚人	18.3	西伯利亚各族	5.0

数据来源：Kappeler, Andreas. *The Russian Empire: A Multi-Ethnic History,* p. 407

最后，卡佩勒分析指出，从社会等级地位或职业构成上看，帝国的大多数族群都是"不完整"的。相对来说，只有俄罗斯人和波兰人作为"古老民族"（在部分意义上，也包括德意志人），拥有很多贵族、知识分子和经济活跃的城市人口，以及小型的工业无产阶级。其他各族或多或少都有缺憾，比如，爱沙尼亚人、拉脱维亚人和芬兰人有一些城市小资产阶级，但是其所拥有的贵族则微不足道，格鲁吉亚贵族倒是很多，但是它的技术从业人员却很少。[1]

总的来说，从社会经济结构的角度看，帝国中的大多数族群都处在一个相对消极的状态中。根据 19 世纪欧洲民族主义运动的历史经验，一个地方民族主义运动的高度，跟这个地方的经济和文化发达水平，这个地方的贵族、知识分子和中产阶级人士（他们作为领头羊、煽动者和组织者）的数量，以及该族群对城市生活的控制程度呈正相关。所以，至少到 19 世纪末期，帝国大多数族群的政治与社会动员潜力还都比较低。

让我们拿帝国西部诸族群来做进一步说明，它们已经是帝国中较先进的部分了。

捷克历史学家赫罗赫（Miroslav Hroch）曾根据欧洲民族主义运动不同阶段中主要行动者的性质与角色，以及民族意识发展的程度，将民族主义运动区分为三个阶段。[2]

---

1 Kappeler, Andreas. *The Russian Empire: A Multi-Ethnic History*, pp. 288-290, 402-405.

2 Hroch, Miroslav. *Social Preconditions of National Revival in Europe: A Comparative Analysis of the Social Composition of Patriotic Groups among the Smaller European Nations*, Columbia University Press, 2000, pp. 22-24. 需要指出的是，这些阶段之间的连接与承继并非是自然而然的，也就是说，并非有了阶段 A，就会有阶段 B，有了阶段 B，就必然会导致阶段 C（尽管前一阶段固然会为后一阶段做了准备）。

阶段 A：一群人，通常是贵族和知识分子，展现出对自己族群语言、文化、社会、历史特质等的觉醒与兴趣，并且积极热情地探究与传播。这些个人几乎没有特殊的政治目的，而他们的活动也对社会没有广泛的影响。

阶段 B：另一类民族运动推动者，已经不再满足于知识层面上的探索，而是转向社会实践，利用媒体与教育体系鼓吹民族意识，逐渐动员更多的族群成员支持其缔造民族的计划。

阶段 C：相当大部分的族群成员建立了一定程度的民族认同，其诉求开始走向政治层面，因而群众性的民族主义运动兴起。

根据这个分类标准，在西部各族群中，至少到了 19 世纪中期，实际上也只有波兰人、芬兰人达到了阶段 B，其他各个族群，如乌克兰人、白俄罗斯人、立陶宛人、拉脱维亚人以及爱沙尼亚人等，都还在阶段 A 徘徊。[1]

这种民族意识发展迟缓的原因是，这些族群中的绝大多数过去生活在其他族群精英的统治下（芬兰人生活在瑞典人的统治下，其他人被波兰人和德意志人所控制），既没有自己的高雅文化和文学语言，也没有自己的国家传统（立陶宛大公国和乌克兰的哥萨克政权各自都很难说有什么传承留下）。从而，他们的民族主义运动启动就有先天不足的问题。

即使有所启动，这些族群相当程度上也是不反对帝国统治的，这使得它们的运动缺少政治意味。这是因为，在帝国的西陲，主要的族群竞争并不是发生在这些地方族群与俄罗斯人之间（正如之前提到的，俄罗斯人从本部向外迁徙的步伐并不大，俄罗斯人在西部城市人口、地主贵族和城市经济精英中的比例也很小 [1]），而是发生在这些地方族群与优势族群之间。爱沙尼亚人和拉脱维亚人主要的反对对象是波罗的海的德意志人，而白俄罗斯人、乌克兰人和立陶宛人，则是努力从波兰文化和社会影响力的阴影下挣脱出来。

现代立陶宛的首都维尔纽斯，虽然在 16 世纪之前确实是立陶宛古都，但是即便到 19 世纪，在这座城市里面讲立陶宛语的人口也只有 1% 到 2%。对这一大片土地上的人来说，波兰语是一种高雅语言，是知识分子与贵族的语言，立陶宛语则是一种乡村语言。无独有偶，直到 20 世纪早期，现代乌克兰的重要城市利沃夫中的波兰人口比例也要超过 52%，更有 75.4% 的利沃夫居民声称自己的母语是波兰语。

所以，我们很难说当时上述这些西方族群在政治上会构成什么"分裂主义"威胁，它们的诉求，无一例外都是文化上的，顶多算是有些许的潜力与可能。[2]

如果说这些族群由于太穷、太落后因而很难发动一场民族主义运动，那么拥有足够多的文化与人力资源的族群呢？比如德意志人？如果一个 19 世纪中叶的知识分子来到俄国西部，在观察当地形势之后，恐怕也只会属意于波兰人和德意志人。波兰人姑且不论，

1　Kappeler, Andreas. *The Russian Empire: A Multi-Ethnic History*, p. 293.

2　相对而言，位居高加索地区的格鲁吉亚和亚美尼亚倒是更有可能成为威胁。格鲁吉亚有国家传统，也有强大的贵族阶层，这和波兰类似。亚美尼亚人口的大部分作为移民生活在国外（尤其是在奥斯曼土耳其帝国），这些移民从外部输入了文化复兴和民族意识。

阻碍德意志人如此做的原因有二：他们同俄罗斯帝国的牵扯非常深，如前所述，他们在帝国高级文官中占据的比例相当高，帝国军队的军官中有 7% 是新教徒（主要是德意志人和芬兰人），而且级别越往上比例越大；[1] 他们的社会经济地位主要受到本地族群（如拉脱维亚人、爱沙尼亚人）的威胁，因此需要帝国来加以保护。

简而言之，19 世纪中叶，在帝国西部，真正有能力又有意愿对帝国发起民族主义挑战的族群，其实寥寥无几（就只有波兰人）。这种情况，其实是整个帝国民族形势的缩影。[2]

从这个角度，我们完全可以反驳这么一种观点：帝国民族政策的变化是由于各地民族运动的发展与加强所推动的。实际上，在帝国进行俄罗斯化、采取更强硬的民族政策之时，帝国中的各民族主义运动皆未成气候。因此，与其说是帝国统治遭到了民族挑战，不如说是它预期自己在未来可能遭到挑战，所以先发制人。也因此，帝国民族政策的变化并不是对客观事实的回应，而是一个主观判断的后果。

这种主观判断，其实又在相当程度上是由俄罗斯社会内部的变化促成的。简而言之，从 19 世纪早期开始，俄罗斯人经历了一

1　Kappeler, Andreas. *The Russian Empire: A Multi-Ethnic History*, p. 301.

2　赫罗赫将帝国的各族群分成了"古老民族"和"年轻民族"两种，古老民族有自己的贵族阶层，有牢固的国家制度传统，有高雅文化。年轻民族则没有这些。在帝国境内，大多数民族都是年轻民族，只有波兰人、格鲁吉亚人、鞑靼人和阿塞拜疆人算是古老民族。犹太人和亚美尼亚人是例外，它们虽然有城市上流社会和高雅文化，但是没有贵族，也没有国家制度传统。古老民族力求恢复自己的国家制度，年轻民族则希望完善自己的社会结构，发展文化，进行自治。例外民族则追求与主体民族的平等地位。

场重新发现俄罗斯的历史过程。

尼古拉一世（1825—1855 年在位）统治时期，是帝国彻头彻尾的反动时期。即使是罗曼诺夫王朝的吹鼓手，右翼历史学家米哈伊尔·波戈金，也忍不住抱怨：

> （政府强加给俄罗斯）一种坟墓中才有的，在生理和心理上都腐烂发臭的寂静。[1]

前面提到，尼古拉一世时期，教育大臣谢尔盖·乌瓦罗夫提出"正教、君主与民族"，这成为沙皇俄国的官方意识形态。尽管乌瓦罗夫将俄罗斯民族定义为"不是一个种族，而是以对自己政权的无限忠诚联合在一起的文化共同体"，但这也代表着对过去王朝主义叙事的某种突破。由此，这个帝国开始越来越多地利用俄罗斯民族主义作为其合法性的来源和动员的工具，以"拒绝西方"。王朝现在不仅需要贵族的合作，也开始寻求大众的认同与支持。

从这个角度来看，不仅叛乱的波兰士绅，而且忠于王朝的波罗的海德意志贵族，都成了一个问题。乌瓦罗夫承认德意志贵族表现出坚定不移的"对合法主权的忠诚"，但他也看到了一个问题，因为他们"几乎不可能承认俄罗斯人在智慧／知识上是平等的"。这些想法与那些越来越大声地表达对波罗的海德意志人在波罗的

1　尼古拉·梁赞诺夫斯基、马克·斯坦伯格：《俄罗斯史（第七版）》，杨烨等译，上海人民出版社，2007，第304页。

海各省份和宫廷中的特权地位不满的俄罗斯贵族的观点强烈重合。[1]

对这种新冒头的官方民族主义，尼古拉一世本人的态度比较矛盾。比如，他一方面要求官僚们用俄语写报告，而不是像以前那样用法语（法语现在是一种在政治上危险的语言），但另一方面，当斯拉夫主义者尤里·萨马林（Yuri Samarin）批评帝国过于偏袒德意志人的时候，尼古拉一世又将他解职并送到圣彼得堡的一个要塞关押起来。在同萨马林的私人谈话中，这位皇帝向他明确表示，对王朝统治的真正威胁并不是来自忠诚的波罗的海德意志人，而是无知的俄罗斯大众。[2]

克里米亚战争的失败代表了这个反动时期的终结，也代表着一个大变革时代的开始。他的继任者亚历山大二世（1855—1881年在位）在即位之始就宣告要进行改革。他的改革措施，包括解放农奴（1861）、建立地方自治体系（1864）、司法独立（1864）、兵役制改革（1874），以及教育与审查方面的逐渐放开。这些改革的后果是资本主义的发展与贵族的衰落，以及中产阶级、专业人士和工人群体的壮大，结果是在俄罗斯第一次出现了所谓的公共领域。如果以前的俄国是一个阶级专制国家的话，那么现在的帝国政府发现自己越来越需要得到社会的配合。一个现实是，一个相比之前更自由、更独立的俄罗斯社会的出现，同时也伴随着俄罗斯民族主义

1　Berger, Stefan., and Alexei Miller, eds. *Nationalizing Empires,* Central European University Press, 2015, p. 323.

2　Perrie, Maureen., Dominic Lieven, and Ronald Grigor Suny, eds. *The Cambridge History of Russia: Volume 2, Imperial Russia, 1689-1917,* p. 35.

的苏醒。帝国在之前不属于俄罗斯人，而现在俄罗斯人似乎想要成为帝国的主人。

在当时，报纸的发行量急剧增加，影响力也与日俱增。米哈依尔·卡特科夫（Mikhail Nikiforovich Katkov）是一位著名的新闻人，主编《俄罗斯信使》杂志和《莫斯科新闻报》，原先持自由主义观点，后来变成了著名的民族主义者。在亚历山大二世执政之后，报禁放开，教育稍弛，所以阅读公众和新闻媒体一起快速增长起来，这让卡特科夫先是在民间，后来在亚历山大三世的宫廷赢得了相当的影响力，一时无人能敌。

卡特科夫主张俄罗斯帝国要向德国学习，克服语言和文化差异，建设一个伟大的俄罗斯民族。这首先意味着大俄罗斯和小俄罗斯（白俄罗斯和乌克兰）的统一。卡特科夫斥道："有种诡辩声称，有两个俄罗斯民族和两种俄罗斯语言，就好像有两个法国民族和语言一样，这是可耻而荒谬的。"[1]这个观点被众多斯拉夫主义者所接受，弗拉基米尔·拉曼斯基甚至写道："基辅及其地区的异化将导致俄罗斯民族的解体，以及俄罗斯土地的崩溃和分裂。"[2]

此外，这也意味着取消波兰认同。面对1863年的波兰起义，卡特科夫发表社评，号召使用一切可能的手段镇压起义。他认为，一个独立的、信奉天主教的波兰始终会给俄罗斯的民族建设带来挑战，两者的并存将会撕裂这块大地上的众多心灵。他说道："在这两个相关的民族（俄罗斯人和波兰人）之间，历史给出的总是生死

1 Berger, Stefan., and Alexei Miller, eds. *Nationalizing Empires*, p. 330.

2 Berger, Stefan., and Alexei Miller, eds. *Nationalizing Empires*, p. 330.

攸关的问题。这两个国家不仅仅是竞争对手,而是不能并存的敌人,是死敌。"[1]

卡特科夫也把帝国的多元成分看成封建遗存,是需要在现代化过程中扫除的对象(在某些情况下确实也是如此,比如德意志贵族对波罗的海省份社会的控制),所以他催促帝国政府尽快向西方国家学习,建立统一的民族国家体制。这意味着标准化的官僚与司法体制,国家控制的单一教育体制,削减地方与等级特权。[2]

当时的俄国知识界基于亲西方还是持传统保守的态度,可以分为斯拉夫主义者(slavophile)和西化派(anglophile),但无论哪一派都不抵触兴起的俄罗斯民族主义。西化派当然希望实现帝国的自由化,让中产阶级和普通民众能够参与国家政治。但是,他们在当时所仰望学习的对象是英、法等政制整齐的民族国家,对帝国内许多非俄罗斯人享有的传统特殊权利,他们持反对意见,认为这是王朝压迫俄罗斯人的体现。至于斯拉夫主义,原来不过是一个19世纪20年代的文学派别,对俄罗斯的历史、文化有相当浪漫的想象,后来又演变出某种有机论民族主义思想。它的含义颇为复杂,伊凡·基列耶夫斯基就公开承认:

> 我们自称斯拉夫主义者,而每个人对这个词却有各种不同意义的理解。有的人认为斯拉夫主义只表现为语言和统一

1　Kappeler, Andreas. *The Russian Empire: A Multi-Ethnic History*, p. 253.

2　Renner, Andreas. "Defining a Russian Nation: Mikhail Katkov and the 'Invention' of National Politics." pp. 669-672.

的民族，第二种人是将这个词理解为西欧派的对立物，第三
种人却认为是对民族性的追求，第四种人则当作是对东正教
的追求。每个人都认为自己的理解是天经地义的，并排斥一
切来自其他原则的东西。[1]

我个人认为，斯拉夫主义可以被看成俄罗斯人对"被殖民"
的一种反抗。对斯拉夫主义者来说，生活在帝国西部的诸斯拉夫分
支族群，被西方文化与价值观侵染太深，有待矫正。[2]这样，俄国
知识界就从不同的立场出发，得出了同样的结论。

正如之前所述，帝国政府对这种民族话语持相当矛盾的态度：
一方面，这些话语为帝国的镇压政策做了背书；另一方面，这些话
语也突破了传统的王朝忠诚范畴，让帝国为"民族"服务。沙皇的
秘密警察呈上报告，一针见血地指出，媒体对政府的支持是可疑的，
因为"在爱国主义的掩盖下"，媒体"一边声称自己有权批评政府，
一边在国家事务上代表公众意见，解读事件"。[3]

如果说，卡特科夫之类人的打算，是争夺对国家利益的定义权、
突破舆论空间，那么，他们确实在俄罗斯帝国内部掀起了一股持久
不息的民族主义思想浪潮。由于这一浪潮的反动色彩，彼得堡既贪

---

1 瓦·普罗科菲耶夫：《赫尔岑传》，罗启华等译，黑龙江人民出版社，1987，第 183 页。

2 Ramet, Sabrina P., Sabrina Petra Ramet, *Religion and Nationalism in Soviet and East European Politics,* p. 51.

3 Renner, Andreas. "Defining a Russian Nation: Mikhail Katkov and the 'Invention' of National Politics." p. 675.

图它为帝国带来的民意支持，又尴尬地发现自己有时被它推动前进。无论如何，帝国政府都发现自己要被迫走入凡间，选择意识形态光谱中的一端，以此来团结大众，获得新社会精英的认可和配合。

1881 年，亚历山大二世死于革命党之手，其子亚历山大三世（1881—1894 年在位）继承了帝位。尽管从血统上来说，亚历山大三世是一位德意志人，但是却长得像一名十足的俄国农夫。他被认为是第一位信奉俄罗斯民族主义的沙皇。后来，维特伯爵曾这样描写亚历山大三世："一个不能再平常的头脑，说不定还低于平均的智力，低于常人的能力，而且所接受的教育也低于常人……他的举止或多或少像是一头熊。"[1] 他的导师是著名的保守主义者波别多诺斯采夫（Konstantin Pobedonostsev），对专制制度与东正教有非同寻常的热爱，他认为东正教是道德胶水，将人民与沙皇粘在一起。他们一致认为，为了在新的时代维护专制制度，旧有的帝国多元实践已不再适用，必须为帝国寻找一个民族基石（老实说，这个看法并不能得到许多官僚的真心认同，他们认为这既危险，又多此一举）。沙皇下令，在俄罗斯的教堂和公共建筑物上，都要加上俄罗斯风格的装饰。我们今天在俄罗斯看到的许多洋葱头大教堂，就是出自他的手笔。他的一位大臣彼得·瓦卢耶夫（Petr Valuev），是一位文化人，在其私下的笔记里曾这样讽刺说：

现在的口号（mot d'ordre）是俄罗斯根源、俄罗斯军队、

1　爱德华·拉津斯基：《亚历山大二世：最后的伟大沙皇》，第 356 页。

俄罗斯人民——一句话，各种俄罗斯主义。[1]

到了 19 世纪末 20 世纪初，民族主义话语也开始正式为更多的政治阵营所考虑。美国历史学家西奥多·R. 威克斯（Theodore R. Weeks）在这一时期的俄罗斯民间政治光谱中识别出了四个阵营：社会主义者、自由主义者、民族自由主义者、右翼民族主义者。前三者虽都主张民族宽容和平等权利，但是各自都有一些主张同"俄罗斯化"有共鸣。比如，列宁在多处文献中说到，"支持民族自治要求，则绝不是无产阶级经常性和纲领性的职责"，"在一个国家范围内把各民族分开是有害的，因此我们马克思主义者力求使它们接近和融合"。[2] 有些自由主义者则觉得，保护少数民族民众利益

1　Berger, Stefan., and Alexei Miller, eds. *Nationalizing Empires*, p. 335.

2　在多处文献中，列宁反对"民族文化自治"或"民族自治"，主要是因为他认为这是对无产阶级整体事业的冲击，是用来转移各族无产阶级视线的借口，也是一种故意被设计出来的民族隔离。 固然，在文献中我们可以看到列宁支持"民族分离权"，但这主要是针对被革命对象——帝国主义国家的，对革命者自己阵营，列宁虽然在口头上还认可民族自决这一传统马克思主义观点，但是他修正道："我们这样做所关心的并不是各民族的自决权，而是每个民族的无产阶级的自决权。因此，俄国社会民主党每时每刻都必须实现的总的基本纲领，应当只要求公民的完全平等和公民的自由民主的自决权，而支持民族自治要求，则绝不是无产阶级经常性和纲领性的职责。"换句话说，列宁似乎认为，只要给予各族"无产阶级"以自由选择权，他们必然会选择联合在一起，"因为经济的发展将使一个政治整体的各个部分更加紧密地结合在一起"。要是"无产阶级"不选择联合呢？那就是路线错误，需要斗争。"在一个国家范围内把各民族分开是有害的，因此我们马克思主义者力求使它们接近和融合。"与上述逻辑类似的，是列宁反对民族压迫，但并不反对"同化"。 我们可以说，列宁本人在这个时候就是半个"族群问题非政治化"的倡导者，原因是他认为阶级才是真实的政治力量，民族作为一个政治外壳，其存在形式要服从革命的需要。基于这个立场，对民族主义，列宁持坚决反对意见。参见中国社会科学院民族研究所编《列宁论民族问题》，民族出版社，1987，第 13—14、27—29、196、229—237、247、277 页。

的方式应该是授予他们公民权利，而不是纠结于历史旧账。民族自由主义者，如彼得·斯特鲁维（Peter Struve），提出了一个"积极的、创造性的"民族主义理念，认为应该合众为一。比如他认为，"小俄罗斯方言"不应该被禁止或压制，但也不应该受到支持或鼓励（比如用作学校的教学语言）。至于右翼，比如库罗帕特金将军（Aleksey Kuropatkin），则指责俄罗斯官僚吃里爬外，批评"俄罗斯的官僚主义……在国内事务中没有把俄罗斯民族的需要放在首位"，而鉴于俄罗斯社会相对于西部族群来说居于劣势，又说，"平等和自由的思想对于文化较弱的民族来说是危险的"，如果不主动施加法律上的限制，"那些更熟练、更有教养的犹太人、波兰人和德意志人只会吞噬那些天真的俄罗斯人"。

西奥多·R. 威克斯指出，"右翼的民族观念在很大程度上是由对 20 世纪初俄罗斯社会发生的变化的困惑和愤怒所推动的。这些声音的基调是震惊和痛苦，要求俄罗斯民族'恢复'其在俄罗斯国家的适当位置"。[1] 当然，我们很难说这些话语深入到了俄罗斯社会的内部，又或能对帝国政策发挥影响，毋宁说，这些想法多多少少是对当时事态的某种反思。

这样，无论是民间，还是官方，都为进一步俄罗斯化做好了思想准备。

1　Weeks, Theodore R. *Nation and State in Late Imperial Russia: Nationalism and Russification on the Western Frontier 1863-1914*, Northern Illinois University Press, 2008, pp. 21-40.

四 俄罗斯化及其后果

所谓俄罗斯化，有好几层含义。一层是使帝国传统上多样化的社会和行政秩序现代化、体系化与同质化。换句话说，向俄罗斯本部看齐。这是行政上的俄罗斯化。另外一层指的是俄罗斯民族对帝国的"接管"，边境各族现在必须向俄罗斯民族表示尊敬，在文化和语言上同化于它。这指的是文化上的俄罗斯化。[1]

俄罗斯化当然不是 19 世纪 80 年代之后才有的，也不是连贯的和系统的，毋宁说，这是一个长期的、起伏的、有矛盾的、在不同地方有不同表现的过程。由于帝国管理机构的落后与低效，也由于帝国的王朝特色极为明显，我们也不应该对帝国民族政策的计划

---

1 美国历史学家爱德华·C. 塔登 (Edward C. Thaden) 将俄罗斯化分为三种：计划外的、行政的和文化的。第一种俄罗斯化，表示无计划的、自愿的俄罗斯化。自 16 世纪以来，无数鞑靼人、楚瓦什人、白俄罗斯人、乌克兰人和其他非俄罗斯人自然而然地接受了俄罗斯的风俗、文化和语言，因为他们在军队或官僚机构服役，与俄罗斯人结婚，或者仅仅是在讲俄语的地方居住和工作。在亚历山大二世的改革时期，无计划俄罗斯化的速度无疑加快了。铁路的修建、经济的扩张和现代化使边境地区更接近俄罗斯内地。工业和国内市场的发展以及通信、专业和社会服务的改善为俄罗斯人和非俄罗斯人创造了新的机会。在文学、艺术、科学和学术方面取得的令人印象深刻的成就使俄罗斯的文化、语言和生活方式比以往任何时候都更有吸引力。行政上的俄罗斯化始于叶卡捷琳娜二世统治时期。目的是通过逐步引进俄罗斯的制度和法律，以及在地方官僚机构和学校中推广使用俄语，将边境地区与帝国中心统一起来。这是在波罗的海各省和芬兰普遍存在的俄罗斯化形式。文化俄罗斯化的倡导者认为，仅仅把边疆民族融入帝国的政治和行政结构是不够的。他们认为，只有边疆少数民族接受俄罗斯人民的语言、文化和宗教价值观，俄罗斯才能成为一个现代化的民族国家。萨马林是这种俄罗斯化最有效的倡导者。在 19 世纪 60 年代和 19 世纪 70 年代早期，他对波罗的海地区的社会政策提出了尖锐的批评，并鼓吹拉脱维亚人和爱沙尼亚人的俄罗斯化、东正教的传教和波罗的海社会的重组。参见 Thaden, Edward C. ed. *Russification in the Baltic Provinces and Finland, 1855-1914*, pp. 3-15。

性与完整性过于高估。[1]

　　这里还要提到的是，俄罗斯化并不一定意味着赋权式同化。帝国明显想把波兰人、乌克兰人、白俄罗斯人变成俄罗斯人，但却要将犹太人排斥出去。在行政方面，其实也有相同的事情发生，比如对一些俄罗斯的政治制度，帝国其实不希望将之在边疆实施。19 世纪 60 年代，亚历山大二世在俄罗斯本部地区进行了两项重要的自由主义改革：一是司法改革，建立了陪审团制度；二是设立地方自治局（zemstva），由"全体居民组成法人团体，在宪法的制约下按照自己的意志组成地方自治机构，利用本地区的财力处理本区域内的公共事务"。[2] 这是介于政府和民间之间的一种半官方组织（一般由贵族知识分子和欧化地主担任领导），在省和地区一级各有设置，有一定独立性，在相当程度上提供了必要的社会服务。[3] 但是，这两项改革（尤其是后一项）却并没有在西部边境地区（包括波罗的海、波兰和西部其他省份）、高加索和西伯利亚等地实施。

1　正如西奥多·R. 威克斯所指出的，"在普遍拒绝公开的民族主义呼吁的同时，沙皇的官僚机构也认为自己是俄罗斯人，认为波兰人、犹太人和其他人顺从俄罗斯民族并在大多数公共活动中使用俄语是很自然的"。换句话说，俄罗斯化的许多举措其实只是帝国政府或官僚顺手为之的无意识之举，并非一项统一的政策。Weeks, Theodore R. *Nation and State in late Imperial Russia: Nationalism and Russification on the Western Frontier 1863-1914,* p. 68.

2　金雁：《倒转红轮：俄国知识分子的心路回溯》，北京大学出版社，2012，第 608 页。

3　其成就与工作包括撤销宪兵队，明确规范警察的职权范围，废除行政流放制，对扣留、检查和拆阅信件行为进行法律监督；建立地方法院，民事法庭的法官由居民选举，启动预审辩护制度，容许定罪假释；实行社会救济措施；要求政府出面改善工人的物质待遇，要求罢工合法化；实施教育改革，要办平民学校；减轻穷人赋税，要求地方自治领导权从内政部分离出来。金雁：《倒转红轮：俄国知识分子的心路回溯》，第 607 页。

因为许多帝国官僚认为，虽然更多的政治代表性是可取的（允许大众参与公共事务管理将在社会和政府之间搭起桥梁，也会减轻政府的各项负担），但是在边疆地区实施却有可能让这些组织被"不值得信任的地方人士"所掌握。

1898 年 3 月，由于地方自治局在俄罗斯本部效用卓著，西部各省的省长举办了一系列会议，讨论在该地区建立地方自治局的可能性。结果是，"省长们……认识到有必要改革当地的乡村管理，并承认地方自治局在俄罗斯其他省份的这方面已经显示出了它的价值。但是对波兰地主阶级的恐惧使他们中的大多数人无法同意不加修改地引入 1890 年的地方自治局法。他们的意见存在严重分歧，显然更多地基于模糊的怀疑和疑虑，而不是任何具体的统计或事实数据。最后，谨慎和对波兰威胁的恐惧占了上风"。[1] 会议做出决定，在西部省份建立被阉割过的地方自治局，大幅度减少它的独立性与代表性（比如只在省级而非地区设立，自治局的委员由行政指定而非选举产生）。当时即使是带有相当自由派色彩的帝国首相维特伯爵（1903—1906 年在位），也相当反对在西部省份引入地方自治局，认为"不难想象，这项举措将会对俄罗斯的事业，以及俄罗斯权力在西北和西南地区的根本利益造成伤害"。[2] 1901 年，内政部长宣布，在西部引入任何由地方选举产生的地方自治局都是不成熟的。

1　Weeks, Theodore R. *Nation and State in Late Imperial Russia: Nationalism and Russification on the Western Frontier 1863-1914*, p. 138.

2　Weeks, Theodore R. *Nation and State in Late Imperial Russia: Nationalism and Russification on the Western Frontier 1863-1914*, p. 141.

　　简而言之，由于帝国官僚对赋权式同化抱有相当怀疑态度，所以帝国的俄罗斯化多半以剥夺的方式出现。

　　对波兰，帝国政府的敌意与警惕一直维持到了王朝末期。1911年，帝国首相斯托雷平还在演讲中说："我一直公开表示，我认为波兰文化是对人类事业的宝贵贡献。但我也知道，西方的这种文化在几个世纪里发动了一场针对另一种文化的战争，这种文化是我更亲近、更熟悉的俄罗斯文化。"因此，斯托雷平建议波兰人："首先，接受我们的观点，承认成为一名俄罗斯公民对你们是最好的，像罗马公民曾经自称为一等公民一样，骄傲地承担这个头衔，你将获得一切权利。"[1]

　　1878年，十一二岁的玛丽·斯科瓦多夫斯卡（即后来的居里夫人）及其同学受到过这样的对待，一名政府的巡视员命令他们用俄语背诵祈祷词，然后凭记忆列举出所有的俄国王室成员。玛丽到了读大学的年龄时，她就读的是一所移动大学（Flying University），这是波兰的爱国者主办的地下高等教育机构，在私宅中开设课程，经常改变地点，以防止帝国当局侦知、逮捕教师和学生。20世纪初期，这样的秘密教学大约涵盖了原波兰王国中三分之一的人口。[2]

　　很显然，帝国在波兰的作为并没有赢得波兰的人心。1898年，华沙总督伊梅列金斯基在给皇帝的奏章中特别强调："从教学的角

1　Weeks, Theodore R. *Nation and State in Late Imperial Russia: Nationalism and Russification on the Western Frontier 1863-1914,* p. 146.

2　卢克瓦斯基、扎瓦德斯基：《波兰史》，第193页。

度来看，保持这种方式是值得怀疑的，如果渺茫的俄罗斯化趋势不够顺利的话，以政治上的必须性来证明它的正确性同样也是很困难的。"[1]1910 年，一位俄罗斯议员在国家杜马会议中承认："无论可能发生什么，波兰人永远都是俄罗斯国家思想的反对者，无论我们做出什么样的让步或者奖赏，你都不可能成功地收买他们。"另一位议员则说："即使波兰人自己也拒绝承认这个国家是俄罗斯的。"[2]这种想法，应该说是当时俄罗斯人的主流认知。

历史上，波兰人和乌克兰人、白俄罗斯人之间确实存在着社会隔阂。这是因为，波兰文化在旧波兰－立陶宛王国内呈高阶姿态，使得波兰语人群与其他人群之间的关系有点"内殖民主义"的味道。以乌克兰为例，乌克兰的下层贵族与农民往往要受到波兰贵族与地主的支配，中上层贵族则波兰化了。1569 年以后，一些波兰家族在乌克兰获得了大量的土地，他们带来了大量的波兰士兵以及犹太人助手，大量乌克兰农民由此陷入赤贫之中。时人的抱怨是，"（乌克兰人）被视作低人一等的存在，成为波兰人和犹太人的奴隶或侍女……"。自 1648 年兴起的哥萨克叛乱，则可以看成拥有军事武装的乌克兰底层贵族与农民对自己缺乏政治权利（由此而带来的经济剥夺）所表达的不满。赫梅尔尼茨基之所以率领哥萨克起义，最初的缘由就是一位波兰官员窃取了他的地产、霸占了他的爱人、谋杀了他的儿子，而他本人向波兰宫廷申诉未果。他之所以能获得

1   孟君：《19 世纪至 20 世纪初俄罗斯帝国的民族政策研究》，第 75 页。

2   Weeks, Theodore R. *Nation and State in Late Imperial Russia: Nationalism and Russification on the Western Frontier 1863-1914*, p. 147.

大批人手，也是因为波兰贵族对土地的侵占导致大量农民逃向边境成为哥萨克。

波兰地主与乌克兰农民的分野在沙俄时代也一直延续下来（尽管随着时间的过去，他们的文化隔阂日渐减少）。沙俄政府本来完全可以利用这种社会隔阂加强对乌克兰人的吸纳，就像他们在波罗的海地区打击德意志人，从而在一开始获得爱沙尼亚人和拉脱维亚人的支持一样。

但是帝国政府明显犯了"肃反扩大化"的错误，认为乌克兰民族主义运动是受了波兰人的煽动，要严加打击。即使不是这样，乌克兰的语言、文化和身份也被看作对帝国统一的威胁：它威胁到整个俄罗斯民族的整体性，其严重程度不亚于波兰的民族主义。因此，从语言到宗教都要俄罗斯化，消除本地特色。[1]帝国内政部大臣彼得·瓦卢耶夫声称："任何独特的小俄罗斯语都不存在，不曾存在，也不能存在。"[2] 1863 年，沙俄政府颁布法令，禁止乌克兰语作品的出版。1876 年，这一禁令又被埃姆斯法令所强化，使用乌克兰语的公共演讲、戏剧和歌曲表演都被禁止，教师被撤职，报纸也被关闭。

---

[1] 在帝国当局眼中，乌克兰无疑属于俄罗斯民族，却往往不信仰东正教。大部分人信奉的是乌克兰希腊礼天主教会，又称合一派或联合教会。该教会是天主教会中遵从正教会拜占庭礼传统的教会之一，也是东仪天主教会的 23 个成员之一。该教会在政治上是承认罗马教廷领导的，因此属于政治上不可靠的异端。

[2] 浦洛基：《欧洲之门：乌克兰 2000 年史》，曾毅译，中信出版社，2019，第 240 页。

　　讲到这里，就需要岔开来提到一个理论——"族群边界论"。这个理论是人类学家弗雷德里克·巴斯（Fredrik Barth）于1969年提出的，他的见解是："族群"并不是单独存在的，它存在于与其他族群的互动关系中。巴斯说，过去我们总认为人类的文化差异是不连续的，"既存在本质上分享共同文化的民族集合体，又存在着把每种这样的独立文化与所有其他文化截然分开的相互关联的差异"[1]，即人们过去相信，种族差异、文化差异、社会隔离和语言障碍在各人群之间是不言而喻的事情。但是巴斯认为，与其说各人群像一个个孤岛彼此隔离存在，倒不如说各人群像大陆板块一样彼此碰撞、渗透。在这些大陆板块上存在无数细小的裂缝，人们完全可以任意选定这条裂缝或那条裂缝作为一块大陆的边界。[2]

　　巴斯认为，族群是一个自我归类过程的结果，归类的客观依

1　弗雷德里克·巴斯编：《族群与边界：文化差异下的社会组织》，李丽琴译，商务印书馆，2014，第1页。

2　我们会发现，并没有一条绝对的界限和标准来划分不同的族群。以血缘论？卢旺达的胡图人和图西人有着共同的祖先，在语言、体格和文化上都没有太大的差别，他们在古代可能有着经济生活方面的差别（一个务农，一个游牧）。在中国，汉族和回族之间几乎也没有血缘差距，它们的区分主要是宗教上的。以语言论？王明珂先生在《华夏边缘：历史记忆与族群认同》一书中以羌人为例，指出说羌语的不一定都是羌族，有些藏族也说羌语。而且羌族间并没有一个彼此能沟通的羌语。从民族服饰上、宗教信仰上及其他文化特征上，羌族都像是汉族与藏族之间的过渡型，难以划定一个固定的族群界限。以文化论？外人几乎不能在白俄罗斯人与俄罗斯人之间做区分，它们的文化习俗极为接近。比如说在加拿大、美国、奥地利、乌克兰和中亚都有白俄罗斯人存在，但通常被归为俄罗斯人。在印度的安得拉邦（Andhra Pradesh），安得拉人（Andhras）和特伦甘纳人（Telanganas）的主要区别在于，安得拉人的脖子上常会围上围巾，特伦甘纳人就不会这样做；特伦甘纳人的语言中有很多乌尔都语词，安得拉人的语言中少些；特伦甘纳人的食物比安得拉人更接近穆斯林食物；特伦甘纳人喜欢饮茶，而安得拉人则偏好咖啡。

据是有的，但却是选择的结果。也就是说，假如同时有两种类别／要素（A 或 B）可以区分一个群体，该群体视情况选择认同 A 或者 B。其群体的扩大、缩小与伸缩，并无定制，要看这个群体与另外一个群体的竞争与交流情况。有些场合下，该群体会重点强调某个（或某些）类别／要素，以便与其竞争的群体区隔开来。

王明珂对族群边界论有很多研究，他总结道：

> 族群是由它本身组成分子认定的范畴，造成族群最主要的是它的"边界"，而非包括语言、文化、血统等在内的"内涵"；一个族群的边界，不一定指的是地理的边界，而主要指"社会边界"。在生态性的资源竞争中，一个人群强调特定的文化特征，来限定我群的"边界"以排除他人。[1]

王明珂还指出："将族群当作人群主观认同之结群，并不表示体质与文化特征就毫无意义了。它们不是客观划分族群的判断标准，但的确是人们主观上用来划分人群的工具……即使在体质上毫无差别的人群间，如果主观上的族群界限存在，则体质上的差异甚至可以被创造出来。人们经常以刺青、拔牙、拉大耳垂来改变身体本身，或者以衣服、饰物来作为身体的延伸。以此，一群人扩大本族与他族'体质外貌'上的差别，从而强化族群边界。"[2]

1　王明珂：《华夏边缘：历史记忆与族群认同》，第 12 页。
2　王明珂：《华夏边缘：历史记忆与族群认同》，第 13—14 页。

综上，从族群边界论的眼光看来，族群并不是一个自然存在，而是一个社会存在。它有自然的基础，但有人的建构。有的时候，族群冲突不是因为族群边界的存在而发生的，相反，族群边界正是因为预计到了冲突才确立起来的（族群文化有的时候也是后于族群而出现的）。

回到乌克兰和俄罗斯的关系上，我们就可以看出族群边界论的正确性。这两个族群／民族其实看成一个亦可，说成两支也行。两者的差别在外人看来微小，在内部人看来却十分醒目。两族之间的距离到底是"咫尺"，还是"天涯"，要看具体的形势是怎么推动当时的人们去看待彼此的差别的。

乌克兰民族主义运动在一开始是反波兰的，其早期领袖，如米哈伊尔·尤瑟佛维奇（Mikhail Yuzefovich），持所谓"小俄罗斯主义"，认为自己是帝国的盟友和忠诚子民。但是，随着帝国发布种种以乌克兰文化本身为目标的禁令，乌克兰知识分子内部发生了分裂，新生的一代逐渐激进化。比如基辅大学的古代史教授米哈伊洛·德拉霍玛洛夫（Mykhailo Drahomanov），原本只是一个对文化领域感兴趣的知识分子，[1]对乌克兰民族主义中的狭隘性和沙文主义也有相当批评。1875 年，他被基辅大学开除，随后流亡至瑞士。在那里，他写下大批作品，宣讲乌克兰民族的独特性，主张改革帝国建立

1　1863 年，德拉霍玛洛夫成为"赫罗玛达"（Громада）社团的一员，这是一个基辅知识分子团体，主张研究乌克兰历史、文化、民间生活与法律形式。该团体既不主张分裂主义，也没有亲波兰倾向。

联邦政体，成为一名非常有影响力的乌克兰政治思想家。他的遭遇，其实是一批乌克兰知识分子的共同经历。到 19 世纪八九十年代，"小俄罗斯主义"在乌克兰知识分子中逐渐走向边缘。

因此，我们不得不说，正是帝国这种俄罗斯化举措本身突出了乌克兰和俄罗斯的族群差别界限，使人加以关注，从而为乌克兰民族主义添砖加瓦。

拉脱维亚人和爱沙尼亚人原本的处境跟乌克兰和白俄罗斯人差不多，需要面对自己区域中的优势族群（在这里是德意志人）。俄罗斯人一开始并不以压迫者的角色出现，所以，帝国在这里的形势原本也是颇为有利的。比如，19 世纪 40 年代中期，利夫兰北部约有 65,000 名爱沙尼亚人（约占该省爱沙尼亚总人口的 17%）皈依东正教，这并非出于宗教信仰，而是希望改善他们的社会和经济状况。虽然没有事实依据，但在农民中流传着大量谣言，说如果他们接受正统教义（"沙皇的信仰"），他们将获得慷慨的土地分配，而不受贵族的控制。即使期望的利益没有实现，农民对沙皇的热情也几乎没有动摇，因为好沙皇神话的对立面是邪恶的城市贵族，也就是德意志人。

本地区无论是城市化水平，还是识字率，都在帝国中首屈一指。里加以 52 万人口的规模成为帝国第四大城市（在圣彼得堡、莫斯科和华沙之后），波罗的海地区的港口应付着帝国 30% 的对外贸易（1913 年，里加港的贸易量比圣彼得堡都多），这种形势使得拉脱维亚人和爱沙尼亚人与帝国本部产生了紧密的经济联系。19 世纪 70 年代，俄国还在波罗的海进行了市政改革，增加了爱沙尼亚人和拉脱维亚人对市镇的控制权。这些都是帝国的加分项。所以，拉脱维亚人和爱沙尼亚人最初其实是欢迎帝国政策变革的，他们将俄罗斯视为他们对抗波罗的海德意志精英阶层斗争的盟友。换言之，帝国的俄罗斯化政策中由于包含了去德意志化的内容，使之受到了欢迎。拉脱维亚和爱沙尼亚的领导人物在 19 世纪 60 年代到圣彼得堡寻求支持，成千上万的农民签署请愿书，要求进行改革，废除波罗的海的德意志人特权。

从 19 世纪 60 年代开始，帝国就在积极推进本地区教育、语言和宗教的俄罗斯化。到了 19 世纪 80 年代，达到一个高峰。1882 年，根据官方统计，在利夫兰地区（大部分爱沙尼亚和拉脱维亚），1,085 所新教学校中已经有 790 所在教授俄语。1882 年，内政部下定决心，要克服当地对俄语的抵制，所需要的只是"政府坚定的意志"。[1] 对帝国推行的政策，爱沙尼亚人内部曾经有一场辩论，一派认为这不会危及本民族文化，另一派则悲观地认为，（这是）"我们（爱沙尼亚）的谷物将被磨成俄罗斯面粉的一种手段"。[2] 事实证明，后者是对的。

接下来发生的事情跟乌克兰差不多。安德烈斯（Andrejs Plakans）是研究波罗的海诸国（尤其是拉脱维亚）史的专家，他的看法是："（对老一辈来说）在文化上的俄罗斯化有机会对拉脱维亚文化世界的变革产生影响之前，这个世界已经足够成熟，能够

---

1   Thaden, Edward C., ed. *Russification in the Baltic Provinces and Finland, 1855-1914*, p. 58.

2   Thaden, Edward C., ed. *Russification in the Baltic Provinces and Finland, 1855-1914*, p. 303.

抵御对它的攻击，无论是有计划的还是无计划的。……所有这些俄罗斯化政策都来得太晚。"[1] 那么，接受俄语教育是否会对年轻一代产生影响呢？恐怕也不会。俄语教师的缺乏是一个问题，本地的家长也干脆规避学校教育（拉脱维亚历史学家使用的统计数字表明，小学入学人数从 1886 年的 168,350 人下降到 1911 年的 113,300 人[2]）。有位经历过帝国晚期的拉脱维亚作家(Felikss Cieléns)回忆，他的同辈很少有被俄罗斯化的，尽管政府承诺给那些接受语言同化和东正教的人提供良好的机会。[3] 托伊沃·劳恩（Toivo Raun）是研究爱沙尼亚历史的专家，他的看法是，19 世纪 80 年代是爱沙尼亚人失去信心和充满无助感的十年，接下来则是对帝国好感逐渐衰落、民族主义兴起的十年（在这段时期内，沙皇官僚积极干预爱沙尼亚的乡村事务，以打击所谓的"分裂主义"趋势）。[4] 1905 年，在波罗的海发生了一系列罢工和农村暴力事件，波罗的海的德意志人组成民兵和帝国军队一起合作，对之进行了镇压。这导致了更多人的失望。

在第四届杜马会议时，一位拉脱维亚代表如此说：

我们视俄罗斯为祖国，认识到我们的福祉和生存的基础

1　Thaden, Edward C., ed. *Russification in the Baltic Provinces and Finland, 1855-1914*, p. 246.

2　Thaden, Edward C., ed. *Russification in the Baltic Provinces and Finland, 1855-1914*, p. 269. 这一下降并非全由家长规避学校教育所造成，本地的德意志权贵极大放弃了对学校教育的资助也是一个推动因素。

3　Thaden, Edward C., ed. *Russification in the Baltic Provinces and Finland, 1855-1914*, p. 256.

4　Thaden, Edward C., ed. *Russification in the Baltic Provinces and Finland, 1855-1914*, p. 303.

是俄罗斯国家的统一。拉脱维亚人和爱沙尼亚人过去没有、现在也没有脱离俄罗斯的愿望：他们从来没有重要的过去，从来没有自己独立的国家，而且由于他们的国土面积小，现在几乎没有动力追求自治……所有关于拉脱维亚和爱沙尼亚分裂主义的流言、耳语和评论都是由不了解波罗的海地区生活状况的人所传播的，或许我们的前领主也有份参与，他们奴役了我们 600 年，现在，由于我们的俄罗斯君主的高尚情操，我们得以摆脱压迫者的魔爪，但他们仍然设法把我们留在他们的统治之下，并向政府指认我们是分离主义者。我可以证明，波罗的海各省的土著居民的忠诚不亚于波罗的海德意志人。拉脱维亚人和爱沙尼亚人中没有人认同俄罗斯以外的国家。但是，作为俄罗斯热诚之子，我们希望保存和发展我们自己的文化。我们正焦急地等待改革，这些改革正被波罗的海德意志地主通过他们在政府中的各种联系所阻碍。如果政府能用自己的眼睛而不是通过中间人来观察我们，那么政府就能够实现将波罗的海居民与伟大的俄罗斯国家统一起来的目标。[1]

从这个发言中，我们可以得出两个结论：一，文化上的俄罗斯化并不成功，否则文化自治不会成为他们的诉求；二，这些人与

1　Thaden, Edward C., ed. *Russification in the Baltic Provinces and Finland, 1855-1914*, pp. 272-273.

帝国进行合作是有前提的，那就是帝国需要对付波罗的海的德意志人。[1]

托伊沃·劳恩认为："从沙皇政权的立场来看，俄罗斯化政策适得其反。与其说爱沙尼亚人更接近官方的国家意识形态，不如说是与俄罗斯文化和思想的接触导致了爱沙尼亚对沙皇传统忠诚的瓦解。此外，爱沙尼亚人远远没有转变为俄罗斯人，俄罗斯化的结果是提高了爱沙尼亚人的民族认同感。"[2]

相比起前面这些族群，德意志人和芬兰人是帝国西部中的优势族群，下面我们将讲述他们的遭遇。

之前我们已经讲过了，波罗的海的德意志人在帝国中拥有特殊地位，他们构成了帝国官僚与技术专家中的很大一部分，在地方上也享有很大的自主权。但是，到了19世纪60年代，新的俄罗斯民族主义开始盯上了德意志人。之前已经提到，萨马林和德意志学者卡尔·席伦之间有过一场论战，萨马林说："在全世界，历史进步的道路上到处都是特权的碎片，在这方面，波罗的海地区也不例外。"[3]

德意志帝国的兴起也促使俄罗斯对波罗的海地区可能的德意志化有所警惕和怀疑，帝国开始更多地介入本地的行政和司法事

---

1 受到压迫的少数族群的一种惯用语言手法就是，在伸张权利的时候先诉说自己的忠贞之心，所以不必对发言中的誓言效忠过于放在心上。

2 Thaden, Edward C., ed. *Russification in the Baltic Provinces and Finland, 1855-1914*, p. 341.

3 Thaden, Edward C., ed. *Russification in the Baltic Provinces and Finland, 1855-1914*, p. 129.

务。1881 年，亚历山大三世即位宣誓时，他故意没有再次确认德意志人在该地区的特权。1885 年，俄语成为本地的官方语言之一。1892 年，政府颁布了新版《帝国法典》，彻底摧毁了波罗的海的旧司法体系，波罗的海各省不再列为特别管辖区，今后将根据帝国的一般法律进行管理。不过，美国历史学家迈克尔·哈尔策尔（Michael H. Haltzel）认为，帝国在波罗的海推行的政策和行动并不是特别严厉，无论市政、司法改革，还是大学自治，都是以尽可能柔和的方式进行的。官方对波罗的海新教徒的骚扰，相比起针对亚美尼亚人和立陶宛天主教徒、犹太人的暴行来说，并不算什么。哈尔策尔总结说："尽管对德语的限制是对自豪感的侮辱，但与（帝国）对立陶宛、波兰、乌克兰和白俄罗斯强加的严重文化限制相比，这些限制显得微不足道。所有这些案例，对于一个波罗的海的德意志人来说，似乎都无关紧要，因为他认为自己的自治（相比其他少数民族而言）有更坚定的保障。"[1]

　　总的来讲，可能是因为文化的俄罗斯化在德意志人这里执行得并不坚决，德意志人在该地区的经济主导地位并没有受到太大的挑战，也没有太多的移民涌入，里加的德意志资本家还从国家支持的工业化中获利（更不要提德意志人在帝国官场中的前途），更可能是因为拉脱维亚人和爱沙尼亚人的兴起对德意志人产生了政治上的挑战，所以波罗的海的德意志人对俄罗斯化并没有进行积极的反对。一个马克思主义者可能会说，波罗的海德意志人的阶级

1　Thaden, Edward C., ed. *Russification in the Baltic Provinces and Finland, 1855-1914*, p. 179.

利益与民族利益是相悖的，所以，在德意志人这里，俄罗斯化倒是发挥出了相当的威力和作用。1881 年，波罗的海有 18 万德意志人，到 1897 年，这一数字就下降到了 15 万，因为大量的德意志 / 俄罗斯混血儿第二代、第三代现在选择了俄罗斯族身份。

芬兰人对俄罗斯化的抵抗就要猛烈得多。正如我们之前所说的，芬兰人原来也对帝国有好感，"当地人作为一个整体绝对忠于他们的统治者，大量统治者的画像装饰着大多数农家的墙壁，革命极端主义与恐怖主义的盲目恐慌从来未波及芬兰"。[1] 芬兰对帝国的友好是世人皆知的，在 19 世纪 80 年代爱沙尼亚人内部就俄罗斯化政策进行争辩的时候，亲俄派就以芬兰为例来论证帝国的无害性。

亚历山大三世上台后，却开始质疑芬兰的忠诚。他写信给芬兰国务大臣，问道，到底是俄罗斯属于芬兰，还是芬兰属于俄罗斯？[2]

帝国出台种种举措对芬兰加强管理的时机相对较晚，直到 19 世纪 80 年代以后才到来。相当多芬兰人的反应是相当激烈的。1885 年，一些芬兰报纸甚至建议，假如俄罗斯和英国发生武装冲突，芬兰应该保持中立。这种观点反过来又引发了进一步的帝国压制。帝国总督与芬兰参议院、媒体以及民众的冲突日益明显。在 1890 年的一场邮政风波中（当时帝国想要单方面整合芬兰的邮政系统），一些芬兰官员已经在思考这样一种问题："如果沙皇侵犯或似乎侵犯了芬兰的宪法权利，参议院或任何其他机构是否可以合法地反对

1　大卫·科尔比：《芬兰史》，第 100 页。

2　大卫·科尔比：《芬兰史》，第 101 页。

帝国意志？"[1]

参议员科斯基宁（Yrjö Koskinen），芬兰政党的领袖，传统上持对帝国友好态度。他过去的主张是，在一个强权残酷统治的新时代里，对小民族来说唯一的救赎就是，"努力让自己被遗忘，这样就没有人会注意到它们并吃掉它们"。1902 年，他在一篇未发表的文章中写道，芬兰人在这个世纪中犯了一些错误，在俄罗斯的民族主义过度膨胀的时候，他们过于强调自己的差异和独立性。对芬兰人来说，作为弱小的一方，与俄罗斯建立持久的和平就是生与死的问题，他认为，可以接受"大大减少我们的权利，只要还有可能维系民族文化生活和发展"。[2]

1890 年，他在一封信中如此写道：

> 我们可能已经犯下了很多错误……斯拉夫党派……在他们完成了在波兰和波罗的海各省份的任务后，无论如何都会扑向我们……当一方较弱时，他们总是错的一方。对狼来说，绵羊总是在搅浑水，即使它在下游［注：伊索寓言故事］……在芬兰发展出来的民族情感是奠基在历史之上的，不会轻易动摇。毫无疑问，既然强权凌驾于正义之上，我们个人，特别是作为一个国家，可能会被搞得相当不快乐；但是，我们

1　Thaden, Edward C., ed. *Russification in the Baltic Provinces and Finland, 1855-1914*, p. 389.

2　Thaden, Edward C., ed. *Russification in the Baltic Provinces and Finland, 1855-1914*, pp. 422-423.

绝不让我们的生活被夺走，即，被俄罗斯化。……根据 M. 奥丁［一位俄国学者］的说法，我们应该放弃我们的体制、语言，接受一个俄罗斯政府，它所有的雇员的优秀品质都在果戈里的《钦差大臣》一书中得到淋漓尽致的描写。……从一开始我们就被告知，不要担心莫斯科日报写的那些东西，如果是这样，那斯拉夫机关的计划是怎么一步又一步被政府详细实施的呢？……他们要走多远？这场毁灭战役的最终目标是什么？最终留给我们的是什么？[1]

芬兰人的抵制一开始是某种不合作态度。比如，帝国芬兰总督海登（Fyodor Logginovich van Heiden）举办的舞会遭到了赫尔辛基社会的抵制，唯一来的是那些因其官方职位不得不来的人，其他人都在找借口不出席。参议员勒彻（Lerche）出现在舞会上时，被主人问及为什么没有带上妻女，当勒彻回答说她们两人都感冒了时，总督显然很生气："最近这个城市爆发了这么多感冒病例，真是不可思议。"勒彻平静地回答："阁下，最近东边吹来了很大的冷风！"[2]

1894 年，亚历山大三世去世，尼古拉二世继位，帝国对芬兰的压制继续。1898 年，继任的芬兰总督博布里科夫将军（Nikolay

---

1　Thaden, Edward C., ed. *Russification in the Baltic Provinces and Finland, 1855-1914*, pp. 391-392.

2　Thaden, Edward C., ed. *Russification in the Baltic Provinces and Finland, 1855-1914*, p. 392.

Ivanovich Bobrikov）起草了一份芬兰计划书，内容包括：削弱芬兰国务大臣的角色，强化总督的权力；统一各武装部队；消除独立的关税、货币体系；将俄罗斯人引入参议院、民政当局和学校等。[1]这位总督的思想和行动基于四个基本原则：完全服从绝对君主的意志；对俄罗斯无条件的热爱；对军队的忠诚；以及相信问题可以通过使用足够的武力来解决。[2]可以想见的是，更多的芬兰人会逐渐相信，只有更激烈的行动乃至脱离帝国，才能保全自己。

1899 年，博布里科夫说服沙皇发布了一份二月宣言，在这份宣言中，沙皇下令，如果符合帝国的利益，可以否决芬兰的议会立法。芬兰人认为，这等同完全废除芬兰的自治地位。当时大众的反应之一是在参议院广场的亚历山大二世雕像下面献花。人民通过向确认并维护了芬兰自由的统治者致敬的方式，含蓄地谴责了剥夺这些权利的孙子。大众向圣彼得堡发起请愿，但没有得到回应。1900 年，俄语成为芬兰的公务语言。1901 年，芬兰军队解散。1903 年，对教育的管制进一步加强。

这些举动都是有代价的，更多的骚动与不服从出现了，也有越来越多的芬兰人移民到了其他国家：1891 年到 1898 年的平均移民人数是 3,378 人，到了 1899 年后，每年的人数都会超过 1 万，规模越来越大。[3]1902 年，博布里科夫在给沙皇的一份长篇报告中哀叹，俄罗斯在这个国家的权力代表在这里完全没有人可以依靠，

1　大卫·科尔比：《芬兰史》，第 105 页。

2　Thaden, Edward C., ed. *Russification in the Baltic Provinces And Finland, 1855-1914*, p. 420.

3　Thaden, Edward C., ed. *Russification in the Baltic Provinces And Finland, 1855-1914*, p. 441.

没有人可以信任。他怀疑有更多的分裂主义分子，有更严密的反叛组织，这些都需要加以打击。1903 年，沙皇授予博布里科夫独裁权力，使他可以解雇政府官员、关闭报社。

1904 年 6 月 9 日，一位年轻的政府雇员尤金·绍曼（他的父亲是俄罗斯军队的前将军，也是参议员）在参议员大楼里刺杀了博布里科夫后，举枪自杀，他还给沙皇留下遗书说，"这种方法很暴力，但这是唯一的方法。我知道陛下心地善良，意图高尚，所以我恳求陛下去了解一下帝国的真实情况"。[1] 由此可见，芬兰人已经被逼到了反叛和暴动的边缘。

沙皇暂时做出了让步，但在斯托雷平时期又卷土重来。于是，1912 年 4 月，一位芬兰贵族在一封信中表达了他的同胞们普遍持有的一种心态："除了改变当前所有权力关系的重大欧洲或世界事件，没有什么能拯救我们。"[2] 这句话其实是在说，一旦有事，芬兰人就会行动起来。芬兰史专家伦纳德·伦丁（Leonard Lundin）叹道：

> 无论俄罗斯化的某些理由一开始看起来多么合理，芬兰的事态发展已经证明这种计算是根本错误的。一个绝大多数人忠诚的民族被疏远了，芬兰民族意识被强化了，一个敌人被不必要地创造出来了。[3]

1　Thaden, Edward C., ed. *Russification in the Baltic Provinces and Finland, 1855-1914*, p. 443.

2　Thaden, Edward C., ed. *Russification in the Baltic Provinces and Finland, 1855-1914*, p. 447.

3　Thaden, Edward C., ed. *Russification in the Baltic Provinces and Finland, 1855-1914*, p. 447.

　　以上是帝国西部各民族在俄罗斯化浪潮中的遭遇。帝国的俄
罗斯化政策在这一地区最为顽固与持久，在其他地方则要松弛得
多。这可能是因为帝国认为，它在西方受到的威胁最大（西方诸族
通常都要比俄罗斯人先进），出于某种补偿心理，必须在帝国西部
执行强硬得多的政策。陀思妥耶夫斯基曾说："在欧洲，我们是
跟随者和奴隶，但在亚洲，我们应该成为主人。在欧洲，我们是
鞑靼人，但在亚洲，我们就可以成为欧洲人。"[1] 这可能就是此种心
理的绝佳写照。

　　唯一可以与西部相媲美的俄罗斯化进程发生在亚美尼亚和格
鲁吉亚。在格鲁吉亚，格鲁吉亚语被排除在学校系统之外。1882 年，
甚至连"格鲁吉亚"这个词都不允许出现在印刷品中。亚美尼亚也
有同样的遭遇。俄罗斯强行推行俄语教育，1895 年以后，教会小学、
福利组织和图书馆都被关闭。俄罗斯民族主义报刊发出激烈的谩
骂，称亚美尼亚人像犹太人一样，是剥削者、寄生虫和不忠诚的叛
徒。1903 年，亚美尼亚教会的财产也被没收。相比较而言，帝国
政府对两高加索地区穆斯林的宗教和文化并不感兴趣，跟它在中亚
也没有干涉当地人一样，这可能是因为帝国认为这些地区的民族主
义运动并不强，不用警惕，也可能是因为俄罗斯人并不把这些亚洲
穆斯林看成值得同化的对象。

1　转引自奥兰多·费吉斯《娜塔莎之舞：俄罗斯文化史》，曾小楚译，四川人民出版社，
　　2018，第 487 页。

几乎在每一个族群里面，帝国的文化俄罗斯化政策都是徒劳无功的（行政俄罗斯化另当别论），或者说是起反作用的。原先处于消极状态中的各族群，由于其文化受到冲击，纷纷意识到发展出某种政治民族主义的好处。1905年革命发生后，帝国政府终于后知后觉地认识到了这点。1905年4月，政府颁布了一项容忍法令，在确认东正教的主要地位的同时，废除了对非东正教各教派的歧视，并同意东正教基督徒改宗其他教派。大多数针对非俄语言的禁令被取消（早在1904年，一些俄罗斯化的措施，如禁止用拉丁字母印刷立陶宛语的禁令已经被废除了）。10月，政府发布了一项保障公民权利和自由的宣言（即《十月诏书》），允许帝国内各族群成立自己的政治组织和集会。俄罗斯第一届国家杜马，则让各族的民族主义势力正式走上政治讲坛。

从事后看，我们可以说，尽管在其他欧洲国家同样发生了一些文化同化活动（同时期的法国和德国都有相似的作为），也成功了，但是俄罗斯帝国却有着一些内在缺陷，使它走向失败。

首先当然是帝国的官方意识形态——东正教、专制主义与民族——完全没有吸引力。专制主义与民族就不说了，单就东正教而论，就完全不堪此任。当然，帝国在面临危机时，寻找一种普世宗教为自己加持，并不是什么稀罕事。长久以来，伊斯兰教都是奥斯曼土耳其帝国的黏合剂之一，能让中东诸族群向奥斯曼称臣。问题正如英国历史学家多米尼克·利芬（Dominic Lieven）所敏锐地指出的，在俄罗斯，东正教根本就不是一种普世宗教，缺乏相应的感召力。[1] 金雁在《倒转红轮》中也辛辣地说道，"很多人都提到东正教是俄罗斯文化之魂，然而只讲'官方东正教'，它差不多就是'死魂灵'"。[2] 这是因为，俄罗斯在 17 世纪中期发生的宗教改革同西欧的同类事件性质几乎截然相反："基督教的剑被屈辱性地与罗马帝王的剑混合在一起，教会成为国家的武器。"国家控制的教会很快就僵化死亡，而东正教也因此发生了分裂，一边是受国家控制供养、活力全无的官方教会，另一边则是"持不同政见"、被迫害、四处躲藏的旧礼仪派。这样，由于俄罗斯东正教自身合法性的缺失，导致它的受众狭隘，无法成为帝国的连接器。

虽然俄罗斯的文化本身在 19 世纪明显进入一个黄金时代，托尔斯泰、契诃夫、陀思妥耶夫斯基、列宾、鲍罗廷等伟大的作家、画家和音乐巨匠层出不穷，他们所创造的伟大文化也许有着吸引其他小族群的潜能，但是由于帝国和俄罗斯知识分子之间明显的恶劣关系和深刻对立，这条路也是走不通的。

对帝国内的其他族群来说，成为俄罗斯人在经济和社会层面显然也不是一个较好的选择。在相当时间内，在很多领域中（比如兵役与税赋），俄罗斯人整体在帝国中都处于较不利的地位。在另外一些领域内（比如大学、省自治局和律师协会），19 世纪末期的帝国又在相当程度上排斥一部分外族精英的进入，阻遏其社会流动（最显著的就是针对犹太人的限额制）。因此，帝国政府所提

1　Lieven, Dominic. *Empire: The Russian Empire and Its Rivals,* p. 275.

2　金雁：《倒转红轮》，第 637 页。

供的同化选项，对于帝国边缘的很多人来说，并不像美国"大熔炉"所发生的那种打破隔离、消除歧视的正向社会平等运动，而是强迫认同而不付出任何好处。所以，这是一种异化的同化。

这里还有一个重要因素在起作用。帝国的官僚、专家相当之少，这导致帝国的正式化程度太浅，基础性权力太小，帝国从根本上缺乏能力去推行一个有效的俄罗斯化政策。它可以发布命令，也可以去禁止一些事物在明面上的存在，但是它没有办法有效监督民众。就像被刺杀的芬兰总督博布里科夫，从明面上讲是芬兰的太上皇，可是由于缺乏得力、忠诚，同时通晓俄语与芬兰语的下属，他不得不亲自书写自己的书信与命令，因为他连一个合适的抄写员都没有。[1] 这样一个武夫，不死在当地就太奇怪了。

临终前不久，亚历山大三世同自己的亲信交谈说："我觉得俄国的事情有点儿不对头。"亲信回答道："我看到这个国家就像一个巨大的发酵罐，大家都手持锤子围着它。一旦它出现哪怕是一小条裂缝，他们就赶紧把它钉牢。但是终有一天里面的气体将要爆炸，威力是如此之大，以致根本无法再将它钉住。"沙皇以呻吟做答。[2]

五　俄罗斯化与革命

帝国政府的俄罗斯化政策除了引发地方不满并种下分离主义

1　大卫·科尔比：《芬兰史》，第 114 页。
2　爱德华·拉津斯基：《亚历山大二世：最后的伟大沙皇》，第 447 页。

的种子之外，还有一个意外后果。爱丁堡大学的利利亚娜·里加
（Liliana Riga）在研究布尔什维克构成的时候，发现了一件有趣的
事情，那就是布尔什维克初期的高层领导中，有很强的少数民族
色彩：犹太人、拉脱维亚人、乌克兰人、格鲁吉亚人、亚美尼亚人、
波兰人和其他人占近六成，俄罗斯人却是少数派（参见表5.9）。

表5.9   布尔什维克领导层的族群背景

族群	人数	在布尔什维克领导层中的百分比	在帝国人口中的百分比
俄罗斯人	39	42	44
犹太人	14	15	4
南高加索人	9	10	2
乌克兰人	8	9	19
拉脱维亚人	6	6	1
波兰人	3	3	6
立陶宛人	1	1	1
白俄罗斯人	1	1	1
德意志人	2	2	1
其他	10	11	

资料来源：Riga, Liliana. *The Bolsheviks and the Russian Empire*, Cambridge University Press, 2012, p. 16. 又，里加指出，上面的数字仍然是保守估计，因为俄罗斯人布尔什维克领导层中还存在相当的模糊情况，只能暂且假定他们是俄罗斯人

如果不算族缘而看籍贯的话，里加发现，只有四分之一的布
尔什维克领导人出身于帝国核心区域，其他人都来自边疆地区。如
果看职业，俄罗斯布尔什维克多半是工人、农民出身，中产阶级出

身的布尔什维克则多半是外族人。她不禁自问：过去我们把俄国社会主义革命看成是一场主要由俄罗斯知识分子领导的反对专制政府的阶级革命，这个看法是否全然成立呢？

俄国社会史学家米罗诺夫（Boris N. Mironov）也有相似的观察，他统计了1907—1917年被流放到西伯利亚的7,000名最积极的革命者的民族情况，将该民族在人口中的比例与在革命者中的比例做了一个对比，得出了同样的结论：如果说俄罗斯人的革命积极性是1的话，那么拉脱维亚人比俄罗斯人高7倍，犹太人高3倍，波兰人高2倍，亚美尼亚人和格鲁吉亚人高1倍。米罗诺夫同时也指出，在19世纪七八十年代以前，帝国的革命者还多半是俄罗斯人，因为俄罗斯人的社会经济地位比非俄罗斯人低，但是之后就发生了根本逆转，原来对当局表现忠诚的各民族（波兰人除外），开始成为革命的头号主力。[1]

当然，布尔什维克革命的口号和内容确实是一场阶级革命，但革命的目标和动员机制完全可以不一样。一开始，谁更容易认同布什尔维克主义，投身革命呢？[2]里加指出，正是帝国在19世纪末期的边疆政策为布尔什维克主义添砖加瓦，简单说来就是，帝国的边疆政策创造了一大批失根的人。他们接受俄化教育，脱离本土族

---

[1] 鲍里斯·尼古拉耶维奇·米罗诺夫：《俄国社会史》（上卷），第24—25页。

[2] 社会中的哪类人容易被动员起来？里加的判断标准有四条：第一，少数民族精英被（帝国行政机构、军队和政治等级）吸收或排斥的情况；第二，他们是被教育或者文化同化还是被排斥在外；第三，社会监控机制所创造的身份机制和社会归因；第四，更一般的民族政策（形成了社会动员机制以及族群排斥）。Riga, Liliana. *The Bolsheviks and the Russian Empire*, p. 28.

群，但又在政治、社会和经济方面受到排斥，无法融入帝国。于是，他们与同样承受帝国代价的俄罗斯工农阶级合作，加入超民族的布尔什维克主义，发动激进革命。

里加做了一张表，显示了帝国末期帝国政府排斥和拥抱的对象（参见表 5. 10）。

里加指出，布尔什维克主要出自表 5. 10 左上方被帝国政府排斥／压制的集团中。这种社会机制部分是如此形成的：19 世纪中晚期发生的农民解放、工业化和城市化运动促进了城市和农村中中等阶层的形成。在民族地区和边疆地区，很多少数族群普通成员得以实现了人身自由和社会流动，许多新发达的父母将自己的子弟送到俄化的学校就读，指望他们出人头地（由于自由改革，政府官僚职位增多，阶级开放性增大）。但是，这些接受了俄化教育的少数族群中产阶级下层人士发现，自己尽管在文化上同化于俄罗斯社会，但在政治和社会上仍然处于被排斥的边缘位置。因为帝国一方面希望能够造就一个同质性的俄罗斯帝国人民，但在实践上仍然偏爱某些特殊群体（表 5. 10 右方各团体），根本无法一视同仁。这些新人也无法回到地方，因为在边疆，帝国更喜欢任用俄罗斯人为官，也并不设置省议会，这样，这些新精英在地方政治中就无处容身（且由于俄化，他们同本土族群已经失去联系）。由于这种两头不靠，这些少数族群的新精英就日益激进化，与在帝国生活中受到最沉重压迫的俄罗斯下等阶级联手，采用超民族的阶级斗争话语反抗帝国就是顺理成章的事情。

犹太人成为社会主义者最好理解，作为被排斥者的他们急需要

表 5.10 1864—1914 年间帝国的排斥 / 融合策略

排斥 / 压制		融合 / 绥靖	
团体	成员	团体	成员
城市集团			
知识分子	俄罗斯人、犹太人、亚美尼亚人、波兰人、鞑靼人（阿塞拜疆人）、乌克兰人	城市贵族	
自由专业人士	犹太人、波兰人、亚美尼亚人、乌克兰人、鞑靼人（阿塞拜疆人）、格鲁吉亚人、俄罗斯人	领政府执照的城市专业人士	
城市下层阶级	犹太人、所有民族的农民工	帝国政府中的贵族	
		政府公务员	巴尔干的德意志人、亚美尼亚人、鞑靼人、格鲁吉亚和波兰服役贵族、犹太银行家、中低等级的乌克兰人、俄罗斯人、爱沙尼亚人和拉脱维亚人
		城市大资本家	犹太中上阶层、俄罗斯人、亚美尼亚和鞑靼商人、波兰的海德意志贵族、希腊人
农村集团			
土地贵族 / 精英	波兰人、一些立陶宛人、格鲁吉亚的中小贵族、一些俄罗斯人、所有的犹太人	农民	波兰人、乌克兰人、立陶宛人、白俄罗斯人、爱沙尼亚人和拉脱维亚人
农村牧师	波兰人和立陶宛人	德意志殖民者	
农村非俄资本家	波兰人和犹太人	农村牧师	俄罗斯东正教传教士

资料来源：Riga, Liliana. *The Bolsheviks and the Russian Empire*, p. 41

寻找一个种族中立的社会世界。接受高等教育的犹太人更是如此，因为这些"非犹太的犹太人"被视作与俄罗斯中产阶级争夺工作的最有力人士，帝国政府出台措施限制他们在法律、医学等传统"犹太"行业中的发展。

在犹太人布尔什维克中，最出名的一位就是托洛茨基。他的父亲是迁离犹太人传统聚居区前往乌克兰南部垦荒的富农，他们家几乎没有什么犹太色彩。托洛茨基本人出生于亚历山大二世统治晚期（1879 年），小时候只接受过几个月的犹太传统教育（他本人极度不喜这段经历），他的教育启蒙来自一位因政治过失被禁止上大学的城市中产阶级（新闻人、会计和出版家）兼自由主义者的叔叔。因为乌克兰南部是一个多族群混合的边疆地区，他所在的中学颇有世界主义的味道，他同时通晓意大利语、德语和法语。他是在高中的最后时光受同侪影响才激进化的。[1]

如果说托洛茨基（与他相似的还有加米涅夫等人）的个人经历只能说明他是一位"非犹太的犹太人"的话，那么其他人的遭遇就更能说明问题。季诺维也夫是因为帝国的大学配额政策，在贵族中学读完之后只能选择国外留学。乌里茨基（Moisei Uritsky）虽获得了法律学位，但由于政府限制无法进入律师行业。当然，这些犹太革命者加入革命还是各有各的理由，但是他们的俄化出身使他们缺乏民族文化的归属，容易被普世主义意识形态吸引，而

1　伊萨克·多伊彻：《武装的先知：托洛茨基 1879—1921》，施用勤等译，中央编译出版社，1999，第二章。

布尔什维克吸引力的一个重要来源就是不分族群出身的接纳性（犹太人布尔什维克多同俄罗斯人通婚）。

同犹太人一样，拉脱维亚和南高加索的革命者也不成比例地参加了革命。拉脱维亚人加入革命的机制似乎比犹太人要复杂。拉脱维亚本身自 19 世纪 60 年代以来就是一个多民族聚居的地方。原先德意志人主导着该地社会，有相当的拉脱维亚上层阶级依附于他们。因此，很多拉脱维亚人欢迎帝国的俄化政策，以挣脱德意志人对该地的控制，但帝国的高压集权与反自由的态度也让他们不适。同时，拉脱维亚人内部也有很严重的阶级分裂（民族主义派别通常代表中上层，在 1905 年革命中支持帝国政府对拉脱维亚农民进行惩罚性的军事远征）。里加（拉脱维亚首都）又经历了快速的工业化和城市化（在此过程中，民族隔离程度很低）。由于这种多重断裂，社会民主主义而不是民族主义一直是该地最大的政治派别。在六位拉脱维亚籍中央委员中，两人是乡村知识分子，两人是产业工人，而这两个阶层团体都是帝国政府疑忌与防范的对象（虽然从俄化的角度上来说，这两个集团同地方民族主义保持了相当距离，从而是"亲"帝国的）。

南高加索的布尔什维克中有四人是格鲁吉亚人，四人是亚美尼亚人，剩下一个是阿塞拜疆人。格鲁吉亚革命者多半（四分之三）是没落的农村小贵族出身，除斯大林外，其他人都进入城市接受了俄化的职业教育，毕业后都成为专业人士。问题在于，这一群体基本上被排除在地方政府之外，因为在南高加索，本地经济掌握在亚美尼亚商人手中，帝国则偏爱亚美尼亚商人，在城市杜马、民事官

僚机构的人选上都偏向于他们。所以，反资本主义与反沙皇政府
成为这些人的共同主张。亚美尼亚革命者多半是中下层中产阶级，
他们也是这一帝国偏爱策略的受害者。

阿塞拜疆人纳里曼诺夫（Nariman Narimanov）则是穆斯林新
知识分子。他是小商人之子，15岁的时候进入本地的教师学院就读。
这种学院本身既是俄罗斯化的工具（目的为本地政府培养公务员），
同时其课程本身也带有相当的"进步"色彩。[1]但是，当他毕业成
为教师与文学家之后，他马上遭遇沙皇政府的监视与审查。这让
他激进化了。沙皇政府虽然企图将传统社会置于自己的控制之下，
但却更不信任改革派穆斯林。在阿塞拜疆，俄罗斯帝国创造了
一个新的精英阶层：一个世俗的、进步的、半俄罗斯化的阿塞
拜疆知识分子，但随后又通过各种行政限制将他们排除在政治
社会之外。

综上，我们可以看出，有某种"边疆因素"在布尔什维克主
义里起着作用。当然，个人成为布尔什维克也有其他的一些理由
和社会因素，但是在我看来，里加的结论——布尔什维克主义是
奠基在族群网络和经验之上的普世主义阶级运动——是有道理的。
少数族群布尔什维克通过阶级认同，跨越了族籍所带来的不利；布
尔什维克主义则代表了一个"更好的帝国"。知识分子遂致力于一
个世俗的、非民族的、普世的、在地缘政治上稳定的多元国家，以
反对那个在道德上萎缩、不宽容，在地缘政治上也不稳定的、追求

1   Riga, Liliana. *The Bolsheviks and the Russian Empire*, p. 198.

"俄罗斯化"的沙俄国家。从这个角度讲，布尔什维克主义其实并没有它看起来那么富有革命性，在某种程度上倒是跟俄罗斯帝国的老传统相互呼应（只不过阶级合作发生了颠倒）。

列宁曾将沙俄称作"各族人民的监狱"，有人望文生义，认为俄罗斯帝国是一个俄罗斯人享受特权，其他各族饱受压榨的国度。然而，回顾帝国史，我们发现：

第一，这个监狱的狱卒并不是俄罗斯人，毋宁说，普通俄罗斯人自己也是这个大监狱的囚犯。19 世纪中晚期之前，中下等级的俄罗斯人承受着帝国的最大代价；而中晚期之后，也很难说俄罗斯人就已经成了当之无愧的"帝国民族"。正因如此，在俄国革命后，帝国转型为一个民族联邦（至少一开始是如此），就没有遭遇俄罗斯人的反对。苏联解体时，俄罗斯人抛弃帝国的现象又再度发生了。这些可以看作是这一历史现象的注脚。

第二，在没有"帝国民族"的情况下，晚期帝国所采用的同化政策完全没有起到它想要起到的那种统合作用。历史表明，波别多诺采夫式的"专制制度、东正教与俄罗斯民族性"并不是维系帝国的好方式，反而把它往绝路上狠推了一把。原先帝国所采用的是非常古典的政治与社会隔离策略，在帝国基础性权力不足的情况下，倒是还起到了绥靖效果。

这里还要说一件事。有些西方学者由于自己长久处在民族国家之中，所以当他们谈论民族间关系的时候，视角往往是平行的，认为其状态是一个民族同另一个民族打交道的结果：一个优势民族要么居于另外一个民族之上，对之进行带有某种歧视性或非歧视性的隔离，要么则同化他们（比较极端的是全面抹杀彼此间的文化差异，以我化人，但化掉人之后还是会给予同样的待遇。较忠厚者则蕴平等于融入之中）。由于缺乏在专制国家生活的经验，他们往往不能理解这世上还有"逆向歧视的隔离""异化的同化"这样的事情。他们不明白：第一，在有些国家，统治者高居各民族之上，不受任何一个民族的支配，他们完全可以用逆向歧视的方式来平衡民族间关系，以稳定局面，将帝国的负担压在人数较多的那个民族之上。从外表看起来，好像是小民族在享受特殊待遇，凌驾于大民族之上。从后果上讲，这既有维持稳定的功效，又能在人民之间制造必要的矛盾；第二，当统治者的地位开始受到社会威胁的时候，会选择性地向主体民族的某些需求妥协，以民族代理人自居，实施同化政策（这是另一种借力打力，用旧时代恩怨的美酒浇自己的块垒）。但是，帝国的政治偏好（偏向／歧视某个社会集团）或对稳定的追求，导致帝国完全可以一边进行文化上的同化，一边又排斥其他族群中的个体进入某个政治、经济或社会领域。这样在效果上就造成了一批人失去了自己的文化特质，但又在实质上被置于某种被排斥、被歧视的"他者"状态。这样其实是很危险的。

帝国比较

一

一名认真的读者读到此处，大概（或许是必定）会发出疑问：当本书在说英帝国是一个非正式帝国的时候，怎么解释 1858 年之后它对印度的直接统治呢？（看起来，英帝国的宽容与放纵好像只体现在以白人为主的垦殖型殖民地上。）当本书在说法帝国是一个正式帝国的时候，又怎么解释利奥泰元帅在摩洛哥执行的却是一种标准的间接统治，更不要提法帝国还提出了"联合政策"？

相同的事情也发生在对哈布斯堡帝国和俄罗斯帝国的分析上。作为传统的大陆型帝国，这两个国家明显都具有多重特征。在哈布斯堡帝国以奥匈帝国的面目出现时，很难说这个帝国的政治架构有多么正式，毕竟在帝国末期，奥地利人那边曾有多次军事入侵匈牙利的计划和打算，难道这还不能说明这个国度的草台班子性质？罗曼诺夫王朝对待波兰、芬兰和对乌克兰、白俄罗斯的态度明显也不是一码事。在后者，俄罗斯的统治一直相当直截了当，又怎么能把它说成是一个非正式帝国呢？

相应地，英国的社会隔离看来只适用于其非白人的殖民地居民，法国人的同化政策始终只惠及相当一小群人，奥地利人在一段时间内强推德语教育，而俄罗斯人将鞑靼人、犹太人及其他东方族群排除其行列，论断说前者持隔离态度而后者力求同化，岂非妄言？这些都与之前各章的定性颇有方枘圆凿之处。

对这种质疑，我需要老实地承认：是的，这种质疑是相当有道理的。为了叙述与研究的方便，我将帝国分成了四个亚类型：正式／隔离、正式／同化、非正式／隔离、非正式／同化。这些都是韦伯所谓的"理想典型"——现实中未必真有，但是可以据此观察世界。英、法、奥、俄诸帝国的政治设置同这些理想典型之间确实颇有出入，这是真的。在现实中，每一个帝国对其众多属民的政治处置实际上都不会遵循一个特定不变的框架、政略，往往是因时、因事、因人而变。

但我还是认为，这些帝国都有一些根子上的东西使它们偏爱某种设置，使得它们在一段时期对一些地方、人民的处置具有一致性，呈现某种特色。英国在北美及澳洲的诸殖民地被当时的英国人看成帝国的核心区域，在对它们的处置上，一而再、再而三地体现出英国的保守主义政治文化。同理，法帝国的建立与设置主要是一个政治行为，所以受到法国共和主义意识形态的极大影响。哈布斯堡王朝在启蒙时代后在内莱塔尼亚地区建立了一个强大的官僚政体，但由于德意志人始终占据人口少数，没法向法国学习，只能另寻他途。俄罗斯帝国实际上是从一个相当古典的传统帝国演变而来，自然在边陲地区统治薄弱，但又受到一个民族主义时代的推动。这些都使这些帝国在一段时间内，在一些其认为最重要的区域推行了一些富有特色的政策、制度，因此可以被归入上述某个亚类型。

读者也很有可能从另一个方向继续提出质疑："不知作者有没有想过，你用以区分类型的两个维度可能本身就有问题。在你的叙述中，英帝国的'非正式'与俄罗斯帝国的'非正式'似乎不太相同，法帝国与奥地利帝国的'正式'似乎也不能相提并论。同理，法国人的同化政策与俄罗斯人大相径庭，英国人所实施的隔离方略与奥地利人也不大一样。换句话说，你的分类依据本身似乎不太可靠。"

对此，我的回答是：这说的也很对。对各帝国分类时，本书所采用的与其说是单一指标，倒不如说是一个系谱。本书以比较武断的方式将这些系谱一分为二，强行规定某些做法、设置是"正式的""同化的"，另外一些则是"非正式的""隔离的"。由于这种分类依据上的模糊，使得即使被分在同一类的事物也表现出了较大的差异。不过，聊以辩护的是，一件事物究竟是什么样子，往往可以从它的反面／敌对面推导而出。英、法、奥、俄各帝国在历史上的表现形态不乏矛盾与自我冲突，比如英帝国有多次帝国改革运动，法帝国也有同化、联合政策之争，哈布斯堡王朝和俄罗斯帝国那里先后交替的色彩也非常重，观察这些对抗活动与转换过程，就可以从这些矛盾之中看出这些帝国的真实自我定位。这样，似乎可以用纵向比较来弥补横向比较之不足。

要消除这种横向比较困难，其实还有一个办法，那就是根据帝国的历史演化过程、政治社会特征来做进一步细分，再行比较。比如，英、法都是海外殖民帝国，而奥、俄则是传统大陆型帝国。我们可以拿英国跟法国比，拿奥地利同俄国比。这么做的好处是，由于控制了背景变量，我们可以更好地觉察帝国方略的差异及其后果：法国明显比英国要正式，更愿意化四海为一家；同俄国相比，奥地利则更主动自觉地采取了隔离方略。这是传统的做法。但是，这么做也有坏处，那就是我们会因此丢失很多信息。

在下面，我将试着走那条困难的路，对处于相同维度的帝国做一比较叙述。

非正式：英帝国 v.s. 俄帝国

在本书的定义中，一个"非正式"的帝国往往意味着一个组织较松散、边缘属地与中央关系不明、帝国中央的触角无法／不愿接触基层（换言之，基础性权力较弱）的帝国。从这个角度讲，我们将英帝国与俄帝国同归入"非正式帝国"的行列，应该是可以成立的。

俄罗斯帝国的情况比较好理解，在力所不能及的地方优容地方实力派，本来就是大陆型帝国的传统技艺。直到19世纪中叶，俄罗斯帝国都会尽可能保留被征服社会的宗教、土地制度、社会结构、组织和精英，继续依靠非俄罗斯族裔的精英去统治其民众。一般说来，俄罗斯越晚纳入自己统治范围的地区，就越没有进行政治整合。沙俄政府其实是一个小政府，在相当程度上无法管控地方社会。在帝国晚期，政府迟迟不愿在边疆地区建立地方自治局（这是因为政府担心自治局可能会成为民族主义乃至分离主义煽动的渠道），这也加剧了帝国与民族地方的隔阂。所以，当代学者的普遍意见是，沙俄相对来说是支离破碎和脆弱的。[1]

与传统帝国有所不同的是，俄罗斯在18世纪末向西扩张时，遇到了一个新的现象——立宪国家的兴起。无论波兰还是芬兰，都无法仅仅通过拉拢地方精英获得被征服地社会的完全配合，而是需要建立某种代议、咨询和立宪体制。考虑到俄罗斯帝国政府的专制性质，这么一套代议、咨询和立宪体制明显无法和帝国政治接轨，正如帝国首相维特伯爵所坚持声称的那样，芬兰的自由与帝国专制无法共存。芬兰、波兰以什么渠道、名义服从帝国中央政府的指令，实际上是非常不好回答的事情。两国各自都坚持自己同俄罗斯所建立的联系不过是共主体制（这个说法很显然无法打动皇帝，皇帝绝不愿受制于边缘地方的立宪体制），听调不听宣。俄罗斯一方则反驳说，俄波关系、俄芬关系是征服者与被征服者之间的关系，两地各自享有的自由与特权只是来自帝国的体谅与照顾。这样，这些边缘地区在帝国政治结构中的地位究竟为何，始终都没有一个正式的答案。

同样的事情也出现在英帝国与其海外白人殖民地的关系上。尽管相对于俄国政府来说，英国政府很显然要自由、民主得多，但是在不列颠群岛上，英国的体制仍然是单一制（在19世纪30年代英国开始进行地方政治改革之前的很长一段时间里，无论各教区、

1　Geraci, Robert. "Russia: Minorities and Empire." in Gleason, Abbott. ed. *A Companion to Russian History,* Wiley-Blackwell, 2009, p. 258.

郡还是自治市，都缺乏地方民选议会这一层政制设置）。彼时的英国宪法中没有对地方制度作专门的规定和保障。议会主权是英国宪法的基调，从道理上讲，英国议会是英国社会一切事务的立法者。议会之命令，全国上下一体遵从，并没有挑挑拣拣的余地。所以白芝浩在《英国宪法》中才说："在英国政制中，所有的事情只决定于一个权威。……英国政制中的最终权威是新选的平民院……英国宪法是在选择一个单一的最高权威并使这个权威能够发生作用的原则基础上创制的。"[1] 戴雪（Albert Venn Dicey）也承认："四境之内，无一人复无一团体能得到英格兰的法律之承认，使其有权利以撤回或弃置巴力门（parliament）的立法。"[2] 正因如此，当英国由于海外拓殖开辟了若干殖民地之后，面对一批或迁徙或生长于外的英国人和社会（先后发展出了各自的议会），就犯了难。正如埃德蒙·柏克在论及美国革命前的十三殖民地时，对英国政府所指出的："您所面对的，已是生就的骨头长就的肉，带着满头的光辉和满头未清未尽的红尘。"[3] 英国政府不能否认他们的权利，又不能简单通过扩展英国议会来吸纳他们，那么唯一的办法就只有含糊其词，让帝国在灰色地带中运行。

当然，英帝国的非正式性也不仅仅只是体现在与其自治领的关系上。本书并没有描述它对其非白人殖民地的治理模式，这方

1　沃尔特·白芝浩：《英国宪法》，夏彦才译，商务印书馆，2005，第235—241页。白芝浩特别将英国与美国的联邦政治做了一个对比，认为英国政制是美国的反面。

2　戴雪：《英宪精义》，雷宾南译，中国法制出版社，2001，第116页。

3　埃德蒙·柏克：《美洲三书》，第97页。

面已经有相当的著作加以描述。大体而言，英国允许各殖民地的总督和高级官员在制定和执行政策方面有很大的自由裁量权。他们有意识地避免出现刻板规则和集中控制。每个殖民地都作为一个独立的实体直接与帝国本部当局打交道，这意味着实际上没有一个经过通盘考量的全体殖民地政策。帝国的格言是"信任在场的人"，殖民部一般只阐述模糊的原则，然后放任殖民地政府根据个别殖民地的不同情况加以调整。[1]

这两个帝国都有某种帝国改革运动，企图将其帝国制度化。在英国，是美国革命之前格伦维尔内阁想要从北美殖民地筹集足够多钱款以改革地方政制的举动，是帝国联盟运动。在俄国这里，则是波兰起义后对波兰的打压，以及帝国晚期的俄罗斯化运动。从这些运动所引起的巨大震动，以及它们的徒劳无功，也可以看出帝国的特色。但相较而言，英帝国的"非正式"更像是一个主动选择的结果。这在加拿大革命之后的责任政府争论中，在帝国联盟运动的辩论中（要不要加强帝国中央对殖民地的控制与联系，要不要提升帝国的制度化层次），展现得淋漓尽致。如果说英帝国是一个自觉的"非正式"帝国的话，那么俄帝国就还是一个自然的"非正式"帝国，其比较松散的帝国政治结构是在几个世纪的征服过程中自然形成的，而非有意识设计的。由于其帝国的专制性质，在俄罗斯社会内部从来没有形成对帝国的质疑。在相当长一段时间内，

1　Berman, Bruce J. "Structure and Process in the Bureaucratic States of Colonial Africa." *Development and Change* 15. 2 (1984): p. 176.

帝国的多元性是被不假思索地接受下来的。考虑到俄罗斯帝国仍然
维持着一个中央集权政府的总体架构，我认为可以把它标为某种正
式与非正式帝国的过渡体。

正式：法帝国 v.s. 奥地利—哈布斯堡帝国

哈布斯堡帝国的正式性体现在两个方面。首先，弗兰茨·约
瑟夫在 1867 年著名的妥协中批准了两部宪法，一部是匈牙利王国
的宪法，另一部则适用于阿尔卑斯山脉、波希米亚、喀尔巴阡山
脉和亚得里亚群岛的王室土地（即内莱塔尼亚）。后面这部宪法给
予了所有人以平等公民地位，并至少正式承认所有主要民族公民
的语言和文化平等权利。在 1867 年以后的半个世纪里，充满活力
（或许太有活力）的政党和利益集团在整个内莱塔尼亚都得到了强
有力的发展，中央和地方也有明显的分权。这样，至少在奥地利这
一半帝国里，各族群通过一部宪法连接在了一起。其次，奥地利的
政府规模在 19 世纪后期有相当的扩展，美国历史学家约翰·迪克
（John Deak）在其著作中对此有所描写："在 1867 年颁布新宪法后
的 25 年里，奥地利政府以行政当局从未想象过的方式得到了扩张。
自治机构和选举产生的理事会并没有把发展经济和建设基础设施
的责任拿到自己手中，而是将国家召回到他们的土地、城镇和地区
之中。……我们看到了国家渗透到各省的全新前景。"[1]

---

1 Deak, John. *Forging a Multinational State: State Making in Imperial Austria from the Enlightenment to the First World War,* Stanford University Press, 2015, p. 209.

　　在诸帝国中，法帝国政治结构的正式性看起来最为显眼，这
跟法国的政治意识形态有很大的关系。在《民族主义：走向现代的
五条道路》中，里亚·格林菲尔德将法国的民族主义定义为集体主
义－公民型，这样的帝国最具有普世主义精神，所以法国人会骄傲
地声称："法兰西共和国是不可分割的整体……殖民地是其组成部
分，也服从同样的法律。"[1]至少在法国人的眼中，法帝国只是大一
号的法兰西民族国家。

　　我们也要注意意识形态与统治实践之间的差别。美国政治学
家阿德里亚·劳伦斯（Adria Lawrence）就认为，尽管法国被认为
是直接统治的典范，但是就其在阿尔及利亚的具体治理而言，法国
的治理还是根据实际主事者的不同而变化。比如，法国军方就偏向
于间接统治，授权当地精英，保留基于伊斯兰教法的法律，并支持
土著教育，而民事机构则想摧毁土著贵族，代之以法国的官僚制度。[2]
考虑到法国各非洲殖民地财政资源的长期短缺[3]、合格行政管理人员
招聘的困难、原始通信条件以及当地社会和生态条件的落后，法
国在很多情况下实际上非要"放弃一部分权力，来行使其他权力"。
美国政治学家布鲁斯·伯曼（Bruce Berman）因此说："当我们深

1　转引自库马尔《千年帝国史》，第 400 页。

2　这两者的竞争取决于巴黎政府的立场和阿尔及利亚的安全局势。Lawrence, Adria.
　　"Colonial Approaches to Governance in the Periphery: Direct and Indirect Rule in French
　　Algeria." *Conference on Colonial Encounters and Divergent Development Trajectories in
　　the Mediterranean*, Harvard University, 2016.

3　英国和法国都奉行一个神圣的原则，即每个殖民地国家必须在收入来源上实现自给自
　　足。法国的地方当局有时被迫从市场上借贷来推行建设项目。

入探究正式结构和修辞表面之下的东西时，我们发现法国和英国殖民地的行政经验和内部程序不仅相似，而且在许多情况下几乎完全相同。"[1]

就正式性而言，法帝国和奥地利—哈布斯堡帝国可以说各有千秋。奥地利内部由于仍然存在若干具有一定独立权限的地方议会和权贵，在权力分异与集中程度上不如法帝国。但是，法国的殖民地毕竟是在海外，而非近在咫尺的边疆，所以它在社会渗透、治理能力方面不如奥地利。[2]

隔离：英帝国 v.s. 奥地利—哈布斯堡帝国

大体上来说，英帝国和奥地利—哈布斯堡帝国都希望其治下的各族民众之间能够保持一定程度的政治和社会距离，并没有造就一个"不列颠人民"或"哈布斯堡人民"且一以贯之的伟大宏想。[3]

正如前文所提到的，英国人并不排斥自治领上的白人居民，出

---

1 Berman, Bruce J. "Structure and Process in the Bureaucratic States of Colonial Africa. " pp. 176-182.

2 这里有一个有趣的问题，俄罗斯帝国和法帝国比，谁更正式一点？一方面，很显然，俄罗斯人在其边疆的存在肯定要比法国人在其殖民地的存在强，但从另一方面来说，俄罗斯边疆中的各族群也比法国殖民地人民更具力量。除此之外，法国有一整套宪法来解释、涵盖本部—殖民地关系，有一套统一的意识形态。因此，我认为法帝国还是更正式一些。

3 这并不是说哈布斯堡王室没有宣传过爱国主义或推进共同认同的计划。奥地利学者约瑟夫·霍马尔在 19 世纪早期的时候在政府支持下撰写了《民族历史手册》和《奥地利历史名人传》这种书籍。在 1885—1907 年间，鲁道夫皇储及之后的斐迪南大公也支持学者撰写了一部 24 卷的百科全书，名为《奥匈帝国图文实录》，是一部涵盖整个帝国的民族、博物志。问题是，这些举动都局限于文化领域，而不是一种政治社会政策。

生在澳大利亚、新西兰、加拿大和南非的居民被看成英国人在海外的自然延续。但是，对印度和其他非白人殖民地居民，则并非如此。到了 19 世纪中期以后，有些英国人确实考虑将印度纳入英国社会之中。比如查尔斯·迪尔克（Charles Wentworth Dilke）爵士，一名英国激进自由主义政治家，在 1869 年主张，英国政府应该关心如何将印度人真正转化为"我们的同胞"。[1] 但是，另一位对帝国考虑甚多、影响甚广的英国思想家约翰·西利在《英格兰的扩张》中对此明确表示反对，他认为印度在英国内毫无未来可言。总的来说，不管反帝国的英国自由主义者和帝国主义者之间就是否继续维持在印度的统治有多少不同意见，迪尔克这种"同胞论"实际上在两边都不受欢迎。C. P. 卢卡斯（古典学学者，后来成为英国殖民部的官员）尖锐地指出，英国实际上是两个帝国，一个是由白人自治领组成的帝国，另一个是中心在印度的帝国。詹姆斯·布莱斯（历史学家，在三任英国政府中就职，后出任驻美大使）也直率地承认："（与罗马相比）英国的不同之处在于，她与印度的民众是不可能真正融合的。"[2] 当时的英国与印度之间的社会距离在一件事上体现得分外明显：维多利亚女王的女皇头衔是"印度女皇"，而非英国女皇。

在哈布斯堡王朝的晚期，按照当时的欧洲标准，内莱塔尼亚地区（哈布斯堡帝国）确实发展出了蓬勃向上的公民社会，以及

1　转引自库马尔《千年帝国史》，第 304 页。

2　转引自库马尔《千年帝国史》，第 319 页。

一定的面向所有臣民的代议体系。但是，在这种统一的政治架构下，帝国各族群的民族主义分子（包括德意志人）以及相当一部分政治家都在努力明晰化各族之间的社会边界。比如杰里米·金（Jeremy King）在对那个时期捷克市政府进行研究时观察到，"市政府在 19 世纪 70 年代至第一次世界大战期间经历了巨大的变化。…… 市政政治结构倾向于民族分治而不是民族合作和妥协"。[1] 加里·科恩对这种现象的评论是："民族主义者为争取群体文化和政治权利，包括以母语提供教育和其他公共服务而开展的运动，以及政府对这些要求做出让步，逐渐导致君主国的大部分公共生活以语言为界限，并最终以政治上的民族为界限进行划分。"[2] 这种判断已是当代学者的共识。

如果说，由于英国社会的强大，其统治者并不能像其他帝国统治者那样执行一套王朝中立政策，从而使得英帝国的隔离政策带有较强的种族歧视主义色彩（即上下隔离），那么，哈布斯堡王朝所推行的隔离政策却并非如此。德意志人虽然在哈布斯堡帝国中间占据社会、经济和文化上的优势，但是本身却不能左右王朝的民族取向。此外，德意志人与国内其他族群的"文明差距"并不像英帝国中那样大，这使得哈布斯堡王朝中的隔离政策主要体现在各族群平行分割公共空间、保持一定的社会距离之上。

1　King, Jeremy. "The Municipal and the National in the Bohemian Lands, 1848–1914." *Austrian History Yearbook* 42 (2011), p. 100.

2　Cohen, Gary B. "Nationalist Politics and the Dynamics of State and Civil Society in the Habsburg Monarchy, 1867-1914." *Central European History* 40. 2 (2007, p. 261.

同化：法帝国 v.s. 俄罗斯帝国

正如之前所叙述的那样，法国的同化政策来源有三个：一是自法国大革命以来诞生的共和主义意识形态。它主张无论种族与肤色平等待人，共建政治共同体。二是假定法兰西文明具有优越性。作为法国文明使命的一部分，当面对"野蛮人"时，法国有责任教化他们，把他们变成法国人。三是以大法国拯救小法国的现实需要，法兰西亟须从广大的外部世界中动员足够的人力物力以应付欧洲争霸。

这些不同来源使得法国的同化政策同时具备两个面向：赋权与歧视。赋权体现在公民权的普及上，法国的旧殖民地居民在一个世纪内（19 世纪中叶到 20 世纪中叶）逐渐获得了法国公民权，成为法国的海外领地。新殖民地的人也有少部分获得了法国公民权。歧视则体现在法国人认为法国文明居于顶端，其属民的文化有缺陷或甚少价值，是属于需要被摧毁、改造的对象，或至少不值得保护。前一种面向使得桑戈尔这样的人把法兰西与黑非洲的伟大联系起来。后一种面向则使得弗朗兹·法农在《黑皮肤，白面具》这样的书中辛辣地讽刺道：黑人面对自我存在的态度是不断努力接近白种人，不管是在语言上还是行为上，而法国白人面对黑人时，则把黑肤色同战争伤残相提并论——值得同情，但这是一种缺陷。[1]所以，对许多属民来说，法国的同化政策既是解放，也是压迫。

1　弗朗兹·法农在书中谈到一件事，在太平洋战争中，一位残废的法国人告诉他的兄弟："你要适应你的黑肤色，就好像我适应我的残废一样；我们两个都是意外事故的受害者。"

　　法帝国的同化政策，在许多法国人和殖民活动的实践者看来，是中央政府不顾一部分法国社会的反对，为了某种意识形态目标强行推行的。他们的这种态度，当然是某种种族主义。但是，同化政策确实也存在着许多实际的困难，比如殖民地政府普遍的财政困难，又比如法国移民社群的反对。随着法国共和政体的逐渐稳固，由共和革命意识形态而产生的推力也在逐渐削弱，这就使得同化越来越像个远期目标。

　　至于俄罗斯帝国的同化政策，当然不是由于某种共和主义意识形态和革命激情所驱动，也并不是出于文明教化的野心与骄傲，恐怕也没有吸纳外人以加强自己的念头。在更大程度上，这恐怕是一个民族主义时代中的一个老帝国受惊之下的防御性反应，而俄罗斯帝国在欧洲地区进一步的边缘化也加剧了其统治者的忧虑（德意志帝国的兴起对俄罗斯人是一个严重刺激）。当然，一个多民族帝国在近代转型时自然而然出现的很多语言、社会问题，也有推波助澜的攻效。

　　与法国相比，俄罗斯的同化政策很显然缺少"解放"面向，剥夺的成分居多。因此，俄罗斯化运动几乎遭到一致抵制。当然，研究这段历史的学者一般都会指出，俄罗斯化的政策实施并不是一以贯之的，颇多自相矛盾之处，所以有些人认为俄国政府并没有试图清除所有的非俄罗斯文化。[1] 但是，同样需要指出的是，这种"没有去做"并不意味着"不想去做"，而主要是受制于帝国政制与能

1　Kappeler, Andreas. *The Russian Empire: A Multi-Ethnic History*, p. 274.

力的缺陷。

俄罗斯同化政策失败的另一个原因是，帝国是在没有敌人的地方看到了许多敌人。在当时，俄国仍然是一个阶级、等级占主导地位的社会，几乎所有的帝国族群都因为过于落后、分裂而没有发展出民族意识。帝国的举措可以说是非常笨拙的全面出击，而没有因应局势的不同产生不同的应对，这就使得各族群由于当面大敌的存在而团结起来，反而催生了初步的民族意识。

二

在比较完各帝国之后，这里还有几个有趣问题，值得一叙：

1. 本书用来衡量帝国民族方略的两个维度（正式／非正式，吸纳／隔离）之间的关系是什么？

2. 帝国是根据什么考虑选择各自的方略呢？

3. 帝国的属民对各帝国方略会有何反应？

我们先试着回答第一个问题，这里有一个大致的猜测。再次提醒一下，以下的内容都只是假说，属于逻辑上的推导与猜想。

大体上，一个非正式的帝国大概率会倾向于采取隔离政策。这首先是因为一个非正式帝国的组织结构通常都比较松散，天然倾向于按地方、属民群体的不同分配以不同的特权。在这样一个帝国内，由于存在着多个"特别行政区"，各个地方的政治、社会实际上多自成一体，于是在这些不同的区域之间，自然会存在不少隔阂。此外，其地方政府的管理者往往来自边缘精英集团，他们天然有保护自己政治与社会空间的需要，也会抵制一体化的企图；同时，也是因为这么一个帝国的政府往往都不会强大到有执行社会改造能力的地步。所以，从这么一个帝国的角度来看，让帝国属民各自为政，中央居中调节，就是最省力的办法。

正式帝国的选择面就要比非正式帝国大，它既可以执行同化／吸纳政策（这往往意味着文化上的同化和人口的迁徙流动、取消特权与待遇的均等化），以期打造一个统一的帝国人民；也可以执行一套隔离政策，让帝国治下的各族群众各自为治，互不沟通，减少其社会接触，进而减少它们之间的可能冲突。假如选择后一套做法，这个帝国也会发现，它所隔离出来的社会群体也许有可能会以此作为族群政治动员的基地，从而对帝国产生挑战。

比较不太可能发生的一种组合是"非正式—同化／吸纳"。这应该是一个异常现象，只有在帝国高估自己的实力和属民民族主义的威胁时才会发生。

接下来我们讨论第二个问题：帝国选择各自方略的依据是什么？

本书一直都用一种积极、主动的语调来讨论帝国的民族应对，仿佛这些方略是某个或某些统治者通观全局后所做出的快速抉择。真实的情况当然不是这样，毋宁说，每一个帝国都受到一些结构性力量的约束，帝国的统治者们往往被迫采取行动，他们的选择是众多因素合力的结果，是在很长的时间内被塑造而成的。比如，英帝国的帝国模式，与其保守主义政治文化与绅士政治脱不了干系，法帝国也深受法国大革命历史遗产的影响。相对于前两者，哈布斯堡帝国与俄罗斯帝国虽然更少受到意识形态的限制，但很显然，它们也受到了历史与现实条件的严格约束。

为了叙述的方便，假想一位拥有最高权威的帝国统治者还是有必要的。让我们假设这么一位帝国皇帝深陷在"无知之幕"中，正考虑如何安排他/她的帝国。这位陛下环顾帝国，首先可能要考虑的是："我在何种程度上被本部的臣民所约束——我是一名专制君主吗？我的统治具有多大的合法性？我的政府强有力吗？"说到底，帝国属于谁？属于皇帝还是其本部的人群？是皇帝为本部人群服务，还是本部人群为皇帝服务？

如果这位皇帝在很大的程度上享受行事的自由度，他/她就可以比较方便地取用本部人群的人力、物力，将其投射到本部之外，也可以压制本部人群的经济与社会需求，使其不构成对帝国事业的威胁。换句话说，政府很可能持某种中立态度，不刻意推行社会、经济上的族群歧视政策。

如果皇帝及其政府要受制于其本部人群。很可能，这个国家会有某种反帝国主义思想，其帝国的构成会尽量简约，以不造成财政负担为主要目的。相应地,帝国也大概会形成某种族群等级体系，让本部人群居于首位，对边缘人群执行某种歧视政策。

这位陛下接下来考虑的问题可能是这样的："这个帝国是海外延伸型帝国（其边缘是由海外殖民地构成），还是传统的大陆型帝国（边疆跟本部十分靠近）？"

如果是前者，那么本部和边疆社会之间较远的地理距离天然会导致较远的社会距离。因此，无论帝国执行同化政策也好，隔离也好，都不太可能迅速威胁到帝国的整体稳定。如果帝国选择隔离政策，本来在边疆地区（假如这是一个土著殖民地）就不会有多少本部人群，反过来在本部地区亦然，双方的历史纠葛也没多少。如果帝国选择同化政策，处于较高社会经济地位的族群跟较低者之间的冲突也会因为接触不够多而减少。如果是后者，那么由于边疆与本部紧密相连，人群之间大概率存在相互渗透的现象，这就使得处置属民关系成为一件棘手之事。

再接下来可能是这样一个问题："本部人群在帝国范围内所占的人口比例有多大？同其他属民相比，其社会、经济与文化的相对发达程度如何？"换言之，帝国中是否存在一个帝国民族。

假如存在一个强势又占人口多数的帝国民族，那么这个帝国可能就要稳固得多。但是，也要非常当心，因为这个帝国民族很可能用殖民主义的姿态来看待边缘人群，这样会造成帝国政府在统合方面的困难。如果没有这么一个帝国民族（或同时并行存在几个帝国民族），那么帝国统治者的生存之道大概只能是分治，以及尽可能与各族群精英达成妥协，吸纳他们进入政府。

此后，这位陛下可能会考虑政治文化、历史传承方面的问题："这个帝国的意识形态是什么（如果有的话）？在历史上，帝国政府是如何处理中央—地方关系的？"

这位皇帝会发现，很难去对抗既有的观念和惯例。很显然，比起保守主义与王朝观念，自由主义、共和思想与民族主义等现代意识形态对帝国的制度化有更多的要求。如果既有的行政惯例给了地方以一定自主权，那么剥夺这些自主权就会是一件非常困难的事。

当然，皇帝还会考虑其他一些东西，比如边疆地区的自然资源丰度如何，战略意义有多大，少数族群既有的组织结构、军事技能，当地的地形，人口密度与都市化程度，帝国政府的政府效能的高低等等，这些都会影响帝国政府的处置。举例来说，如果一个边疆地方已经有了较高的人口密度、较成熟的社会与政治组织、较高的都市化水平或较难以进入的地形，那么帝国大概率会采取较有弹性的间接统治方式。如果这个地方地广人稀、方便进入且经济发展水平较差，那么帝国更有可能在这里设官设卡，实施直接统治。

总之，这位陛下绝不能任意妄为。

现在我们来谈第三个问题：面对帝国的举措，帝国的属民会有什么反应呢？

在近代，将帝国的边缘区与核心区相统合，是每个帝国都心心念念的事情（能不能做和做不做得到则是另外一回事）。对于帝国这一企图与举措，边缘区的反应不一定都是负面的。[1] 比如，在19 世纪 60 年代，英帝国曾经有人想要逐渐将印度纳入英国文明体

---

1 在这里，我并不是说帝国的统治是好事。事实上，在许多案例中，帝国的统治对普通人来说是彻头彻尾的灾难。比如说在英帝国的统治之下，孟加拉频繁地发生大饥荒。在 1770 年那一次，据说有 1,000 万人饿死。

系，认为应该将印度盎格鲁化，培养一批"有印度的血统和肤色，以及英格兰人的品味、观念、道德和智慧"的社会阶层，[1]成为帝国和印度之间的中间纽带。这个计划相当于培养一批印度"绅士"，有相当多的印度人，如泰戈尔，对此表示了欢迎。我们在前面也讲过，在哈布斯堡王朝中，好几代捷克政治家的梦想都是建立一个奥地利联邦国家，让捷克作为一个邦国成为王朝的一分子。当俄罗斯帝国打击波罗的海的德意志贵族特权时，爱沙尼亚和拉脱维亚的知识界也欢迎这些变化，甚至引入俄语也被他们看作是一种进步（以此来抵制德意志霸权）。

很显然，帝国的属民并不会对帝国的整合措施一概反对。前提是，帝国的整合措施对该地区或该地区的某个阶层一定要是某种赋权或者"解放"，而不是剥夺。如果帝国某属地存在着较大的阶级冲突或者族群冲突，那些受到（或自认为受到）剥夺的族群和阶层往往会欢迎外来的干涉，将之视为一种颠覆既有秩序的手段。对于那些在原有政治和社会秩序下沉沦下僚的人/阶层/族群来说，假如帝国的整合措施既有一定合法/合理性，又能够提升其政治与社会地位，那么他/她们就会在相当程度上欢迎帝国统治。法属非洲的许多领导人对法帝国颇有感情，大概就源于此。从某个角度说，帝国中有些族群所形成的民族意识与民族主义思想，是帝国统治失败的结果，而不是帝国统治失败的原因。

谈到帝国统治的失败，这里就需要谈到各帝国都显著失败的

1　库马尔：《千年帝国史》，第 306 页。

一个地方。在前面我们已经反复说明的是，帝国用来应对压力的手段有两个：在地区层面，是制度化的加紧与松弛；面对属民个体，则是同化与隔离。在后者的实施上，我们常常发现的是，边缘区的属民往往对帝国的处置有所不满。

除了少数例外，一般说来，帝国本部在社会、经济上都要较帝国边缘区更发达，掌握更多的政治权力。这样，本部居民对待边缘区的属民，就可能持某种居高临下的态度（在现实中就体现为某种剥削）。按理说，同化与隔离政策是从不同的方向着手，消除边缘区属民与本部人民由落差而产生的对抗情绪。同化是给予边缘区居民以国民待遇，一视同仁，将本部较优越的资源同边缘区居民分享。隔离则是将本部人民与边缘区属民区隔开来，使之相互不发生社会接触，从而避免冲突。

现实中发生的事情却往往是同化与压迫共存，隔离与歧视齐飞。诚然，在现代西方国家，自由主义所主张的个人自由、公平与少数族群的集体权利也会处于某种紧张状态之中。这点既可以从"自由主义 v.s. 社群主义"的学术争论中看到，也可以从"平权运动"所引发的具体利益冲突中看到。对一个西方社会的普通公民来说，他（她）当然既希望有统一、平等的公民社会（这个社会看重个人的自由、努力和价值），又希望能够适当照顾少数群体（因为历史和现实中的不平等同样有撕裂社会的效果）。但两者有时无法兼顾。因为不同的历史和社会条件，不同的国家选择了不同的族群制度，比如英、法、美采用多元自由主义模式，重个人而轻群体，瑞士、比利时等国采用协和民主模式，承认群体的政治权利。[1]但是这种紧张状态是否放之四海而皆准，却要打个问号。因为，无论是英、法、美，还是瑞士、比利时，不管是否承认群体权利，它们都会向全体公民（不管是哪一个族群）提供基本的公民政治权利。就单个个人而言，他们都嵌入在自由主义政治秩序之中，面对的是立宪政府和民主程序。这意味着：第一，权力与资源的主导权都在下而不在上；第二，即使是以群体基础配置权力和资源的话，那么群体内部的政治秩序仍然是自由民主式的。以此为基础，在群体层次上还是在个体层次上配置政治权力和社会资源，确实是一个此消彼长的关系——（群体权利）消，在程序上大家则一律平等；长，少数族群仍然享受普遍的公民权，多数族群则多多少少要被"逆向歧视"。

在那些没有上述政治背景的国家里，少数族群的集体权利与自己和他人的个体权利是否冲突，就是一个疑问。在非立宪或专制体制下，限制少数族群的集体权利未必导致少数族群个人权利的增长以及社会自由的增进，而忽视少数族群个体权利的建议也未必

---

1 自由主义模式起源于自由主义意识形态，指的就是族群的"非政治化"，也就是说，国家对其境内所有公民一视同仁（无视其族群背景），一是为其提供平等的政治、经济和社会权利，二是提供相同的政治程序使之能够做到平等参与政治、影响、操控国家。它的重要特征是：1. 对个人的族群身份不进行、甚至禁止进行任何法律上的或官方的认定；2. 不适用任何以族群标准为基础的政策，不管是为了歧视还是给予特殊优惠；3. 强调机会平等，在资源分配与机会竞争中完全不考虑个人的族群背景。这个政策的核心在于，以各种手段确保公民个人成为积极的政治与社会主体，以个人的"平等"与"公平"为号召，从而削弱族群认同对其政治行为的影响（或使族群认同成为与阶级、职业团体、居住地、各种兴趣爱好团体同等分量的东西，不成为超越性价值）。在当代，美、英、德、法均采用这种模式。协和民主模式在前文中已经有所介绍，此处就不赘述了。

真的就能促进少数族群的集体权利。当有人以公民平等的口号消除少数族群既有的集体保障之后，出现的更可能是多数族群借由它在人口、资源和权力方面的既有优势，实现对少数族群的压迫；当有人以"实现真正的平等"为由强调要尊重地方特殊性的时候，结果却更可能是集体的虚置、中央的包办与社会的等级隔离。虽然看起来这些主张都各自言之成理，却都有情境错置的嫌疑。在此社会中，其实存在一定的尺蠖效应。讲"自由"就削减少数族群的集体权利，说"平等"就包办、垄断或漠视少数族群个人的公民权利。这样的"自由"造成的是"伪一体"，而这样的"平等"造就的是"假多元"。[1]

同样的逻辑似乎也发生在了帝国政治之中。帝国所进行的同化，往往在提供某种准入资格的同时，也意味着对帝国属民原有文化、习俗、惯例和社会组织的破坏。帝国所实施的隔离，则是在各族群之间建立"篱笆"的同时，固化各族群拥有的各种资源的数量、质量，从而使各族群之间形成某种"族群阶级等级"。

所以，在帝国的属民看来，帝国的政策就向他们释放着十分矛盾的信号。首先，我们不能说帝国的用意虚伪，只是意图欺骗而已，因为同帝国边缘比起来，帝国中心在军事上的强大毋庸置疑。从历史上看，诸帝国的崩溃大都不是来源于其属民的反抗（往往即使有反抗，也是帝国可以轻易粉碎的那种），而是帝国之间的相互争斗导致创伤过甚，无力维持局面才让边缘地区的反抗凸显出来而

---

1 更详细的描述见郑非《族群问题非政治化？》，《香港社会科学学报》2014 年春夏期，第 135—166 页。

已。帝国统治者往往深思熟虑，目光长远，未雨绸缪，才会对帝国边缘的属民加以绥靖，以期长治久安。问题在于，帝国的统治者似乎意识不到其政策的有害之处（或者说意识到了，但不在意）。

帝国的属民当然希望能够两全其美。帝国政府如果要同化，那他们希望的是桑戈尔所说的那种"同化，而非被同化"。一位塞内加尔人曾直率地说：

> 欧洲不能同化非洲，但非洲需要同化欧洲。……非洲的精英需要同化法国的教育，如果一个人吸收他的食物。也就是说，如果一个人吃菜和红薯，不是要变成菜和红薯，而是吸收它其中对身体有益的成分。[1]

他们希望能够选择性地接纳、扬弃帝国给他们提供的安排。如果帝国政府要隔离，那么他们反对"隔离但不平等"的做派和结果，希望隔离不要成为固化社会分配与社会歧视的手段。

这种"两全其美"在实践上当然是非常难以达成的。这往往需要帝国投入大量资源平息由此产生的各种矛盾，诸帝国的统治者恐怕也不会体谅其属民的这种主动性。正是这种安排上的困境，使得帝国在"统治不可统治之地"。

1　Idowu, H. Oludare. "Assimilation in 19th Century Senegal." *Cahiers d'études Africaines* (1969), p. 218.

三

写到这里，我们终于进入了尾声。诸位读者必定已经看出，本书所描写的四个帝国，虽则各自失败，但都并非被民族主义一击便摧枯拉朽式地瓦解。这四个帝国都进行了某种反抗，虽成效不一，但足以给后人留下历史教训。那么，对当下的民族国家来说，这些近代帝国的民族治理方略具体能有什么教益呢？

先谈历史教训吧。至今为止，英、法、奥三个帝国仍然被一些人所怀念（这里不是说它们的统治没有残酷、剥削的一面，正相反，这些帝国手上都滴着许多人的血），不是没有因由的。从事后来看，这三个帝国在本部都建立了某种立宪体系（奥地利算是半立宪体制），并多多少少有意识地向下兼容，其属民（或属民中的某些阶层）在某种程度上都被纳入一套具有一定开放性的体制之中。这是它们获得一定好感（或抵销人们对它们厌恶）的根源。

相对而言，英帝国的统治是最具弹性的，它对从己身分离出去的独立社群（如加拿大和澳大利亚诸殖民地）最为宽容，既不要求政令一致，也不去关注、澄清主权归属。它恐怕是这些帝国中最先认识到帝国内在困难的一方，英国虽然有单一制传统，但强调地方自治，也承认议会权利，对核心—边缘关系恐怕最为敏感，而那些独立社群既有理，也有力。它的应对，可以用"难得糊涂"四字来形容：既然有冲突内生于帝国结构之中，中央与边缘各有所恃与需要坚守的东西，那么最好的方式，就是铲除具体的利益冲突，扑灭就原则问题发生的讨论。埃德蒙·柏克在谈论帝国—北美关系的时候指出，"因为这样的讨论，很难根据明确的原则加以解决，导致这讨论的权利之要求，双方出于骄傲，是谁都不会放弃的"。[1] 柏克给英国人的另外一个忠告是，不要过于敏锐和精明："我们的不幸在于：我们苦于眼前的大害之不暇，却以过度的精明、过分的敏锐预测着来事。"[2] 后来，英国的帝国治理在相当程度上遵循了柏克的这一建议。

这一统治模式的问题在于，它需要帝国统治者本身具有较高的自我控制能力，以及玩弄平衡的手腕（帝国的统治事实上是多中心的，它不能不如此），这样就使得帝国实际上处于永远的动摇之中。

法帝国的统治相对于英帝国来说，就要规范（死板）得多，也要高调得多。它似乎无视所有之前的帝国教训，认真地考虑将整个帝国作为一个"建构中的单一民族国家"来看待／操作，这种努力一直延续到 20 世纪五六十年代。这一计划，成本高昂，但实际上是行不通的。但它有一点成功之处，在很多地方，由于它确实存在某种解放／赋权性质，所以对本地的西化精英具有相当的吸引力。

哈布斯堡王朝的崩溃，很多后人将之看成一场地缘政治灾难。从哈布斯堡王朝分裂出去的各国，后来的遭遇也都不尽如人意。这恐怕是哈布斯堡王朝在之后又回到人们眼帘的根本原因。许多人认

1　埃德蒙·柏克：《美洲三书》，第 199 页。
2　埃德蒙·柏克：《美洲三书》，第 112 页。

为，哈布斯堡王朝在最后阶段所实施的制度性隔离，也许可以成为一种多民族国家的善治方式（即"文化自治"）。问题在于，王朝本身恐怕不是一个可以操作此模式的好工具，而这个模式在提供统一国家认同上来说也有相当的不足。假如哈布斯堡帝国没有那些复杂的地缘政治问题（这些问题与其内政相勾连），倒或许可以缓缓图之，以求功效。

至于俄罗斯帝国，则恐怕以负面教训居多。这个帝国既专制又薄弱，还走了一条剥夺式同化的道路，不翻车是不可能的。

谈到帝国对我们的教益，我个人的回答可能是这样的：如果帝国是在"统治不可统治之地"——那些被它统治的地方和人民，因为种种限制，无法被纳入现代民族国家的设定之中，那么，对于处在较相似境地的人们来说，就要学会突破既有的政制设定，在国家的设置中加入足够的弹性。

仔细说来大概是这样的。首先，我们必须认识到，通常的现代政治设定有时候无法解决问题。有许多政治学家认为，在一个分裂社会（divided society）中实行多数民主制（Majoritarian Democracy），非但不能弥合分歧，反而会促进冲突的激化。现行的多数民主体系（如英美）有两个特征：一是政治程序上多数说了算，二是政治圈子被划分成当政派和反对派。由于这种政治体系将政治权力集中到多数当选派手中，假如一个社会中的多数和少数界限相对固定，那么这种政治体系与程序很容易造成多数合法的政治垄断。比如北爱尔兰的天主教徒，由于所在国的政治制度是简单多数民主式的，他们的政治不满并没有因为他们的政治参与而得到消解。[1] 另外，当社会中明显存在着异质人群的时候，"一律平等"、保证普遍性的个人自由权利的政策与制度恐怕也只能消除掉外部可见的隔阂，人群与人群之间的紧张关系不会轻易消失。因此，在条件不具备的情况下，"平等换忠诚"的做法恐怕未必一概适用。[2]

其次，这可能需要我们学着接受主权的模糊性和不确定性，不要去追问"主权谁属"这样的问题。有的时候，也许需要"申明权利，但却放弃实际行使"这样的操作。换句话说，难得糊涂。

1　Sisk, Timothy D. *Power Sharing and International Mediation in Ethnic Conflicts*, US Institute of Peace Press, 1996, p. 31.

2　当然，现代政治中也有两种应对思路——协和民主模式（Consociational Approach）和聚合模式（Integrative Approach）。协和模式前文已有较多论述，聚合模式则由唐纳德·霍洛维茨（Donald Horowitz）命名。二者对比大体如下：

	协和模式	聚合模式
特征	利用权力分享机制促成族群精英选举后合作；政治分割；少数族群享受特殊保护	利用特殊选举制度刺激政治人物、团体在选举前实现跨族群合作；包容性的多数民主体系
原则	大联盟；比例原则；共识	权力下放；选票汇集
主要履行机制	议会制；比例代表选举制；少数否决权	联邦制；转票选举制；总统制
优点	为少数族群提供坚实保护	刺激政治人物行事温和
弱点	族群精英未必对合作有兴趣	太过复杂，缺少经验证明

见 Arend Lijphart, *Democracy in Plural Societies, a Comparative Exploration*, Yale University Press, 1977; Donald L. Horowitz, *Ethnic Groups in Conflict*, University of California Press, 1985. 这两个模式的问题可能是，前者往往只适合小国，后者则过于依赖特殊选举机制。

正如埃德蒙·柏克所言，一国对其属地的主权，虽然从理论上来说，必定无限，但是从实在上讲，是根据各地环境、历史之不同而有权利边界的。尊重这一自然形成的边界，有赖于主政者的克制与智慧。毕竟主权是为人民福祉而设，"野猪被逼急了，会掉头冲向猎人。假如你要的主权，与他们的自由不相容，他们将何去何从呢？他们会把你的主权甩在你的脸上"。[1]

再次，这就需要我们认识到中心—边缘划分的存在（不以国家一统为当然），意识到它们应该是某种合作关系，意识到边缘区在心理和政治上都可能需要更多的特殊保护。具体来说，这可能意味着核心区和边缘区的政治、社会精英，应该在政治等级之外建立某种常态的交流渠道，进行政治磋商和人际交往。也可能意味着需要确立一部尊重少数否决权的宪法（但最好不要采用绝对少数否决权）。一种理想状态是，少数群体将拥有中等程度的力量，不至于完全分裂社会，但也要足以制造麻烦，以便在少数与多数之间制造某种制衡。

然后，还需要意识到，建立一个统一身份认同是一件非常麻烦的事情，并不是在教育上做文章即可完成（这很容易被人看成单方面的文化同化，从而引起抵制）。这往往需要国家投入大量资源来增进边缘人群的福利（而且这种福利不能被看作一种施予，否则就会被人当作一种收买，从而失去效果），制造某种赋权或解放效果。这种资源投入往往需要牺牲中心人群的利益或资源，因此需

---

1 埃德蒙·柏克：《论课税于美洲的演讲》，载《美洲三书》，第 64 页。

要获得中心人群的谅解与支持。另外，中心人群需要在政治、社会、经济和文化诸方面都相当有活力和创造性，这样才能产生必要的吸引力。

最后，但并非最不重要的是，要有想象力与危机感（帝国在其盛时何曾想到其衰落之速），种种设置宜早不宜迟。另外，正如这些帝国所遭遇的内在困难所告诉我们的，国家的统一与稳定并非当然之事，国家内部持久的分裂与冲突也最好不要只归咎于坏分子的兴风作浪，不宜简单用罪与非罪的视角来看待国家／社会分裂问题。

参考文献

英文文献

Abbott, Kenneth W., Duncan Snidal, "Hard and Soft Law in International Governance," *International Organization*, 54. 3(2000).

Abbott, Kenneth W., Robert O. Keohane, Andrew Moravcsik, Anne-Marie Slaughter, Duncan Snidal, "The Concept of Legalization," *International Organization*, 54. 3(2000).

Aldorde, Nicholas. *German-Czech conflict in Cisleithania: The Question of the Ethnographic Partition of Bohemia, 1848-1919*. Portland State University, 1987.

Aldrich, Robert. *Greater France: A History of French Overseas Expansion*. Macmillan International Higher Education, 1996.

Andrea Komlosy, "Imperial Cohesion, Nation-Building and Regional Integration in the Habsburg Monarchy, 1804–1918," in Stefan Berger, and Alexei Miller. eds. *Nationalizing Empires*. Central European University Press, 2015.

Arend Lijphart, *Democracy in Plural Societies, a Comparative Exploration*. Yale University Press, 1977 .

Armitage, David. *The Ideological Origins of the British Empire*. Cambridge University Press, 2000.

Armstrong, John A. "Mobilized diaspora in tsarist Russia: the case of the Baltic Germans." *Soviet Nationality Policies and Practices* (1978).

Bang, Peter Fibiger, Christopher Alan Bayly, and Walter Scheidel, eds. *The Oxford World History of Empire: Volume Two: The History of Empires*. Oxford University Press, 2020.

Bell, Duncan. *The Idea of Greater Britain*. Princeton University Press, 2009.

Bell, H. *Foreign Colonial Administration in the Far East*. Edward Arnold, 1928.

Belmessous, Saliha. *Assimilation and Empire: Uniformity in French and British Colonies, 1541-1954*. Oxford University Press, 2013.

Berger, Carl. *Imperialism and Nationalism, 1884-1914: A Conflict in Canadian Thought*. Copp Clark, 1969.

Berger, Stefan., and Alexei Miller, eds. *Nationalizing Empires*. Central European University Press, 2015.

Berman, Bruce J. "Structure and Process in the Bureaucratic States of Colonial Africa." *Development and Change* 15.2 (1984).

Bernard, Francis. "letters, 1765-68 ", in Martin Kallich and Andrew MacLeish ed., *The American Revolution Through British Eyes*. Row, Peterson and Company, 1962.

Betts, Raymond F. *Assimilation and Association in French Colonial Theory, 1890-1914*.Columbia University Press, 1961.

Betts, Raymond F. *France and Decolonization,1900-1960*. St. Martin's Press,1991.

Boyer, John W. "The End of an Old Regime: Visions of Political Reform in late Imperial Austria." *The Journal of Modern History* 58.1 (1986).

Broadberry, Stephen.,O'Rourke, Kevin H. *The Cambridge Economic History of Modern Europe: Volume 2, 1870 to the Present*. Cambridge University

Press. 2010.

Brym, Robert J., and Vladimir Gimpelson. "The Size, Composition, and Dynamics of the Russian State Bureaucracy in the 1990s." *Slavic Review* (2004).

Burbank, Janeand Cooper, Frederick. *Empires in World History: Power and the Politics of Difference.* Princeton University Press, 2010.

Burgess, Michael David. *The Imperial Federation Movement in Great Britain, 1869-1893*, Leicester University, Ph.D. Thesis, 1976.

Burroughs, Peter . "Imperial Institutions and the Government of Empire," in Andrew Porter ed., *The Oxford History of the British Empire: Volume III: The Nineteenth Century.* Oxford University Press, 2011.

Burroughs, Peter. "The Determinants of Colonial Self-Government." *The Journal of Imperial and Commonwealth History,* 6.3(1978).

Burroughs, Peter. "Colonial Self-Government," in Eldridge, Colin C., ed. *British Imperialism in the Nineteenth Century.* Macmillan International Higher Education, 1984.

Burroughs, Peter. *Colonial Reformers and Canada, 1830-1849.* No. 42. McClelland and Stewart Limited, 1969.

Burt, Alfred LeRoy. *The Evolution of the British Empire and Commonwealth, from the American Revolution.* Heath, 1956.

Campbell, F. Gregory. *Confrontation in Central Europe: Weimar Germany and Czechoslovakia.* University of Chicago Press, 1975.

Capek, Karel., and Michael Henry Heim. *Talks with TG Masaryk.* Cat Bird Press, 1996.

Chafer, Tony. *The End of Empire in French West Africa: France's Successful Decolonization.* Bloomsbury Publishing, 2002.

Chouinard, Stéphanie. "The Rise of Non-Territorial Autonomy in Canada: Towards a Doctrine of Institutional Completeness in the Domain of Minority Language Rights." *Ethnopolitics* 13.2 (2014).

Churchill,Winston . *The World Crisis*. Charles Scribner's Sons, 1923.

Cohen, Gary B. "Nationalist Politics and the Dynamics of State and Civil Society in the Habsburg Monarchy, 1867-1914." *Central European History* 40.2 (2007)．

Colley, Linda. "The Difficulties of Empire: Present, Past and Future." *Historical Research* ,79(205) ,2006.

Collier, Paul.,Hoeffler, Anke., *The Political Economy of Secession*, Development Research Group, World Bank Report, 2002.

Cooper, Frederick. *Citizenship between Empire and Nation: Remaking France and French Africa, 1945-1960*. Princeton University Press, 2014.

Cooper, Frederick., and Ann Laura Stoler, eds. *Tensions of Empire: Colonial Cultures in a Bourgeois World*. University of California Press, 1997.

Cornell, Svante E. "Autonomy as a Source of Conflict: Caucasian Conflicts in Theoretical Perspective." *World politics* (2002).

Crowder, Michael, *West Africa under Colonial Rule*. Northwestern University Press, 1968.

Crowder, Michael. "Indirect Rule: French and British Style." *Africa* 34.3 (1964).

Crowder, Michael. *Senegal: A Study in French Assimilation Policy*. Oxford University Press, 1962.

Dalle Mulle, Emmanuel. "Belgium and the Brussels Question: The Role of Non-Territorial Autonomy." *Ethnopolitics* 15.1 (2016).

Darwin, John. "Empire and Ethnicity." in Hall, John A. and Siniša Malešević, eds. *Nationalism and War*. Cambridge University Press, 2013.

Deak, John. *Forging a Multinational State: State Making in Imperial Austria from the Enlightenment to the First World War*. Stanford University Press, 2015.

Doyle, Michael W., *Empires*. Cornell University Press, 1986.

Dulany, Daniel. *Considerations On The Propriety Of Imposing Taxes In*

The British Colonies: For The Purpose Of Raising A Revenue, by act of Parliament. Jonas Green, 1765.

Etkind, Alexander. "How Russia Colonized Itself. Internal Colonization in Classical Russian Historiography." *International Journal for History, Culture and Modernity* 3.2 (2015).

Etkind, Alexander. *Internal Colonization: Russia's Imperial Experience*. John Wiley & Sons, 2013.

Fearon, James D., and David D. Laitin. "Ethnicity, Insurgency, and Civil War." *American Political Science Review* (2003).

Ferguson, Nial. *Colossus: The Rise And Fall Of The American Empire*. Penguin, 2005.

Fieldhouse, D. K. "The Economics of French Empire," *Journal of African History*, 27.1 (1986).

Fieldhouse, D. K. *Colonialism 1870—1945*. Macmillan Press, 1983.

Fieldhouse, D.K. *The Colonial Empires From The 18th Century*. Dell Publishing,1966.

Fleiner, Thomas. "Legal Instruments and Procedures to Prevent and Solve Ethnic Conflicts: Experiences of the Swiss Constitution," in Fleiner, Lidija R. Basta, and Thomas Fleiner-Gerster, eds. *Federalism and Multiethnic States: the Case of Switzerland*. Helbing et Lichtenhahn, 2000.

Flint, John, "Planned decolonization and its failure in British Africa." *African Affairs*, 82.328 (1983).

Folz, Robert. *The Concept of Empire in Western Europe from the Fifth to the Fourteenth Century*. Edward Arnold ltd, 1969.

Franklin, Benjamin. "Observations Concerning the Increase of Mankind, 1751", Leonard W. Labaree ed. *The Papers of Benjamin Franklin, vol. 4, July 1, 1750, through June 30, 1753*. Yale University Press, 1961.

Froude,James. "England's War," *Fraser's Magazine*, 3.14(1871).

Gallagher, John, and Ronald Robinson. "The Imperialism of Free Trade." *The*

Economic History Review 6.1 (1953).

Gammerl, Benno. *Subjects, Citizens, and Others: Administering Ethnic Heterogeneity in the British and Habsburg Empires, 1867-1918. Vol. 7.* Berghahn Books, 2017.

Geraci, Robert. "Russia: Minorities and Empire." in Gleason, Abbott. ed. *A Companion to Russian History.* Wiley-Blackwell, 2009.

Gerald Stourzh, "Ethnic Attribution in Late Imperial Austria: Good Intentions, Evil Consequences," in Stourzh, Gerald. *From Vienna to Chicago and Back: Essays on Intellectual History and Political Thought in Europe and America.* University of Chicago Press, 2010.

Gerring J, Ziblatt D, Van Gorp J, et al. "An Institutional Theory of Direct and Indirect Rule," *World Politics*, 63 (2011).

Gingrich, Simone. "Foreign Trade and Early Industrialisation in the Habsburg Monarchy and the United Kingdom—Two Extremes in Comparison." *Ecological Economics* 70.7 (2011).

Gisborne, W. *Imperial Federation*, LSE selected pamphlets,1887.

Good, David F. *The Economic Rise of the Habsburg Empire, 1750-1914.* University of California Press, 1984.

Gordon S. Wood, *The Creation of the American Republic: 1776-1787.* University of North Carolina Press, 1998.

Greene, Jack P. *The Constitutional Origins of the American Revolution.* Cambridge University Press, 2011.

Grier, Robin M. "Colonial Legacies and Economic Growth." *Public Choice* 98.3 (1999).

Hale, Henry E. "The Parade of Sovereignties: Testing Theories of Secession in the Soviet Setting." *British Journal of Political Science* (2000).

Hall, John A. "Taking Megalomanias Seriously: Rough Notes." *Thesis Eleven* 139.1 (2017).

Haslinger, Peter. "How to Run a Multilingual Society: Statehood, Administration and Regional Dynamics in Austria-Hungary, 1867–1914." Augusteijn, Joost., and Eric Storm, eds., *Region and State in Nineteenth-Century Europe*. Palgrave Macmillan, London, 2012.

Headlam, James Wycliffe (1911). "Austria-Hungary." In Chisholm, Hugh. ed. *Encyclopædia Britannica*. Cambridge University Press. 1911.

Hechter, Michael. *Internal Colonialism, The Celtic Fringe in British National Development, 1536-1966*. University of California Press, 1975

Hechter, Michael, and Dina Okamoto. "Political Consequences of Minority Group Formation." *Annual Review of Political Science*, 4.1（2001）.

Herbst, Jeffrey. *States and Power in Africa: Comparative Lessons in Authority and Control*. Princeton University Press, 2014.

Hiers, Wesley., and Andreas Wimmer. "Is Nationalism the Cause or Consequence of the End of Empire?." in Hall, John A., and Siniša Malešević, eds. *Nationalism and War*. Cambridge University Press, 2013.

Höbelt, Lothar. "Well-tempered Discontent: Austrian Domestic Politics." In Mark Cornwall ed., *The last Years of Austria-Hungary*. University of Exeter press, 2002.

Holland, Robert F. *European Decolonization 1918–1981: An Introductory Survey*. Macmillan International Higher Education, 1985.

Horowitz, Donald L. *Ethnic Groups in Conflict*. University of California Press, 1985.

Horne, Alistair. *A Savage War of Peace: Algeria 1954-1962*. The Viking Press, 1978.

Howe, P. J. *Well-Tempered discontent: Nationalism, Ethnic Group Politics, Electoral Institutions and Parliamentary Behavior in the Western Half of the Austro-Hungarian Monarchy, 1867-1914*. PhD dissertation article. University of California, 2002.

Howe, Philip J. "Imperial Austria as a Precursor to Consociational Democracy," In A. Pasieka, D. Petruccelli, B. Roth eds., *Rethinking European Politics and History*, Vienna: IWM Junior Visiting Fellows' Conferences, Vol. 32.

Howe,Stephen. *Empire: A Very Short Introduction*. Oxford University Press, 2002.

Hroch, Miroslav. *Social Preconditions of National Revival in Europe: A Comparative Analysis of the Social Composition of Patriotic Groups Among the Smaller European Nations*. Columbia University Press, 2000.

Idowu, H. Oludare. "Assimilation in 19th century Senegal." *Cahiers d'études Africaines* (1969).

Jaszi, Oscar. *The Dissolution of the Habsburg Monarchy*. University of Chicago Press,1929.

Kamen, Henry. *Spain's Road To Empire: The Making Of A World Power, 1492-1763*. Penguin UK, 2003.

Kann, Robert A. *The Habsburg Empire: A Study in Integration and Dis-Integration*. Praeger, 1957.

Kappeler, Andreas. *The Russian Empire: A Multi-Ethnic History*. Routledge, 2014.

Keegan, John. *A History of Warfare*. Vintage, 1993.

King, Jeremy. "The Municipal and the National in the Bohemian Lands, 1848–1914." *Austrian History Yearbook* 42 (2011).

Kirby, David. *A Concise History of Finland*. Cambridge University Press, 2006.

Koebner,Richard. *Empire*. Cambridge University Press, 1961.

Kohli, Atul. "The Bell Curve of Ethnic Politics: The Rise and Decline of Self-Determination Movements in India." *Self-Determination and Self-Administration: A Sourcebook* (1997).

Kohn, Hans. *The Habsburg Empire, 1804-1918*. Princeton: Van Nostrand,1961.

Kumar, Krishan. *Visions of Empire: How Five Imperial Regimes Shaped the World*. Princeton University Press, 2017.

Kundera, Milan. "The Tragedy of Central Europe By Milan Kundera, Translated from the French by Edmund White." *New York Review of Books* 31.7 (1984).

Kuzmany, Börries. "Habsburg Austria: Experiments in Non-Territorial Autonomy." *Ethnopolitics* 15.1 (2016).

Kwang Johnson, Nancy. "Senegalese Into Frenchmen? The French Technology of Nationalism in Senegal." *Nationalism and Ethnic Politics* 10.1 (2004).

La Porta, Rafael, Florencio Lopez-de-Silanes, and Andrei Shleifer. "The Economic Consequences of Legal Origins." *Journal of Economic Literature* 46.2 (2008).

Lake, David A., and Donald Rothchild. "Containing Fear: The Origins and Management of Ethnic Conflict." *International Security* 21.2 (1996).

Lake, David. "The Rise, Fall, and Future of the Russian Empire," in Karen Dawisha, and Bruce Parrot, eds., *The End of Empire? The Transformation of the USSR in Comparative Perspective.* Sharpe, 1997.

Lawrence, Adria. "Colonial Approaches to Governance in the Periphery: Direct and Indirect Rule in French Algeria." *Conference on Colonial Encounters and Divergent Development Trajectories in the Mediterranean.* Harvard University. 2016.

Lawson, Gary., and Guy Seidman. *The Constitution of Empire: Territorial Expansion and American Legal History.* Yale University Press, 2008.

Leacock, Stephen. "Responsible Government in the British Colonial System," *The American Political Science Review*, 1.3 (1907).

Lee, Alexander, and Kenneth A. Schultz. *Quarterly Journal of Political Science* 7.4 (2012), pp.365-410.

Lerski,Halina. *Historical Dictionary of Poland, 966-1945.* Greenwood Publishing Group, 1996 .

Lewis, Martin Deming.*Comparative Studies in Society and History* 4.2 (1962).

Lieven, Dominic . *Empire: The Russian Empire and Its Rivals.* Yale

University Press, 2002.

Lieven, Dominic. *Russia's Rulers under the Old Regime*. Yale University Press, 1991.

Lijphart, Arend. *Democracy in Plural Societies: A Comparative Exploration*. Yale University Press, 1977.

Linder, Wolf. *Swiss Democracy, Possible Solutions to Conflict in Multicultural Societies*. Springer, 1998.

Lothar Höbelt, "Well-tempered Discontent: Austrian Domestic Politics." In Mark Cornwall (ed.), *The last Years of Austria-Hungary*. University of Exeter press, 2002.

Lucas, Charles Prestwood., ed. *Lord Durham's Report on the Affairs of British North America*. Vol. 2. Clarendon Press, 1912.

Lustick, Ian S., Dan Miodownik, and Roy J. Eidelson. "Secessionism in Multicultural States: Does Sharing Power Prevent or Encourage It?." *American Political Science Review* (2004).

Majumdar, Margaret A. *Postcoloniality: The French Dimension*. Berghahn Books, 2007

Mann, Michael. "The Autonomous Power of the State: Its Origins, Mechanisms and Results." *European Journal of Sociology*, 25(2), 1984.

Mann, Michael. *The Sources of Social Power: Volume 2, the Rise of Classes and Nation-States, 1760-1914*. Vol. 2. Cambridge University Press, 1993.

Martin, Ged. *The Durham Report and British Policy, A Critical Essay*. (Cambridge Commonwealth Series). Cambridge University Press. 1972.

Martin, James Kirby. *Men In Rebellion*. The Free Press, 1976.

Masaryk, Thomas Garrigue. *Making of a State: Memories and Observations, 1914-1918*. George Allen and Unwin Ltd, 1927.

Maseres, Francis. *Considerations on the Expediency of Admitting Representatives from the American Colonies into the British House of Commons*. London, 1770.

McIntyre, William David. *Colonies into Commonwealth.* Blandford Press, 1974.

Merom, Gil. *How Democracies Lose Small Wars: State, Society, and the Failures of France in Algeria, Israel in Lebanon, and the United States in Vietnam.* Cambridge University Press, 2003.

Miles, William FS. *Hausaland Divided: Colonialism and Independence in Nigeria and Niger.* Cornell University Press, 1994.

Miller, Christopher L. *Global Ramifications of the French Revolution.* Cambridge University Press, 1994.

Miller, Stuart Tindale. *Mastering Modern European History.* Macmillan International Higher Education, 2016.

Mironov, B. N. "The Price of Expansion: The Nationality Problem in Russia of the Eighteenth-Early Twentieth Centuries." In Oue, Kōichi, and Tomohiko Uyama, eds. *Quest for Models of Coexistence: National and Ethnic Dimensions of Changes in the Slavic Eurasian World.* Slavic research center, Hokkaido university, 1998.

Motyl, Alexander J. *Imperial Ends: The Decay, Collapse, and Revival of Empires.* Columbia University Press, 2001.

Mozaffar, Shaheen, and James R. Scarritt. "Why Territorial Autonomy is not a Viable Option for Managing Ethnic Conflict in African Plural Societies." *Nationalism and Ethnic Politics* 5.3-4 (1999).

Nimni, Ephraim. "National–Cultural Autonomy as an Alternative to Minority Territorial Nationalism." *Ethnopolitics* 6.3 (2007).

Nimni, Ephraim. "Nationalist Multiculturalism in late Imperial Austria as a Critique of Contemporary Liberalism: The Case of Bauer and Renner." *Journal of Political Ideologies* 4.3 (1999).

Nugent, Paul. *Africa since Independence: A Comparative History.* Palgrave-MacMillan. 2004.

Oates, Wallace E. *Fiscal Federalism.* Harcourt, Brace, Jovanovich, 1972.

Oscar, Jaszi. *The Dissolution of the Habsburg Monarchy.*

Oueliet, Fernand. "The Insurrection," in Francis, R. Douglas, and Donald B. Smith, eds. *Readings in Canadian History: Pre-confederation.* Vol. 1. Nelson Thomson Learning, 2002.

Paul Bairoch, "Europe's Gross National Product : 1800-1975," *Journal of European Economic History*, 5 (1976) .

Perrie, Maureen., Dominic Lieven, and Ronald Grigor Suny, eds. *The Cambridge History of Russia: Volume 2, Imperial Russia, 1689-1917.* Vol. 2. Cambridge University Press,2006.

Porter, Bernard. *The Absent-Minded Imperialists: Empire, Society, and Culture in Britain.* Oxford University Press on Demand, 2006.

Ramet, Sabrina P., Sabrina Petra Ramet, *Religion and Nationalism in Soviet and East European Politics.* Duke University Press, 1989.

Raymond F. Betts, *Assimilation and Association in French Colonial Theory, 1890-1914* Columbia University Press, 1961.

Reid, John Phillip. *Constitutional History of the American Revolution, Volume IV ,The Authority of Law.* The University of Wisconsin Press,2003.

Renner, Andreas. "Defining a Russian nation: Mikhail Katkov and the 'Invention' of National Politics." *The Slavonic and East European Review*, 2003 .

Rich, Paul B. *Race and Empire in British Politics.* Cambridge University Press, 1990.

Riga, Liliana. *The Bolsheviks and the Russian Empire.* Cambridge University Press, 2012.

Roberts, Andrew. *Salisbury: Victorian Titan.* Faber & Faber, 2012.

Roberts, Stephen H. *The History of French Colonial Policy, 1870—1925.* Frank Cass, 1963.

Roberts,Andrew. *Salisbury: Victorian Titan.* Faber & Faber, 2012.

Roeder, Philip G. "Soviet Federalism and Ethnic Mobilization." *World Politics: A Quarterly Journal of International Relations* (1991).

Rogger, Hans. *Russia in the Age of Modernisation and Revolution 1881-1917*. Pearson Education ltd., 1983.

Roman, Eric. *Austria-Hungary & the Successor States: A Reference Guide from the Renaissance to the Present*. Infobase Publishing, 2003.

Roshwald, Aviel. *Ethnic Nationalism and the Fall of Empires: Central Europe, the Middle East and Russia, 1914-23*. Routledge, 2002.

Runciman, W.G. "Empire as a Topic in Comparative Sociology," in Bang, Peter Fibiger, and Christopher Alan Bayly, *Tributary Empires in Global History*. Springer, Palgrave Macmillan, 2011.

Scheer, Tamara. "Ethnic Boxes: The Unintended Consequences of Habsburg Bureaucratic Classification." *Nationalities Papers* 46.4 (2018).

Seeley, John Robert. *The Expansion of England: Two Courses of Lectures*. Macmillan, 1888.

Sisk, Timothy D. *Power Sharing and International Mediation in Ethnic Conflicts*. US Institute of Peace Press, 1996.

Sked, Alan.*The Decline and Fall of the Habsburg Empire, 1815-1918*. Routledge, 2015.

Slačálek, Ondřej. "The Paradoxical Czech Memory of the Habsburg Monarchy: Satisfied Helots or Crippled Citizens?" *Slavic Review* 78.4 (2019).

Smith, Goldwin. *The Empire. A Series of Letters Published in The Daily News, 1862, 1863*. JH & J. Parker, 1863.

Soifer, Hillel. "State Infrastructural Power: Approaches to Conceptualization and Measurement." *Studies in Comparative International Development* 43.3-4 (2008).

Starr, Frederick S. *Decentralization and Self-government in Russia, 1830-1870*. Princeton University Press, 1972.

Stone, Norman. *Europe Transformed: 1878-1919. Vol. 1*. Wiley-Blackwell, 1999.

Stourzh, Gerald. "Ethnic Attribution in Late Imperial Austria: Good Intentions,

Evil Consequences," in Stourzh, Gerald ed. *From Vienna to Chicago and Back: Essays on Intellectual History and Political Thought in Europe and America.* University of Chicago Press, 2010.

Suret-Canale, Jean. *French Colonialism in Tropical Africa 1900-1945.* Pica Press, 1971.

Taylor, Alan John Percivale. *The Habsburg Monarchy, 1809-1918: A History of the Austrian Empire and Austria-Hungary.* University of Chicago Press, 1976.

Thaden, Edward C., ed. *Russification in the Baltic Provinces and Finland, 1855-1914.* Princeton University Press, 2014.

"The Objection to American Representation in Parliament," in Edmund Sears Morgan, *Prologue To Revolution: Sources And Documents On The Stamp Act Crisis, 1764-1766.* The University of North Carolina Press, 1959.

Thomas, Robert Paul. "A Quantitative Approach to the Study of the Effects of British Imperial Policy upon Colonial Welfare: Some Preliminary Findings." *Journal of Economic History* ,25.4(1965).

Velychenko, Stephen. "The Size of the Imperial Russian Bureaucracy and Army in Comparative Perspective." *Jahrbücher für Geschichte Osteuropas.* H. 3 (2001).

Verdery, Katherine. "Internal Colonialism in Austria-Hungary." *Ethnic and Racial Studies* 2.3 ,1979.

Wallander, Celeste A., and Robert O. Keohane, "Risk, Threat, and Security Institutions," in Helga Haftendorn ed., *Imperfect Unions: Security Institutions over Time and Space.* Oxford University Press, 1999.

Ward, John Manning. *Colonial Self-Government: The British Experience, 1759-1856.* Springer, 1976.

Ward, John Manning. *Colonial Self-Government: The British Experience, 1759–1856.*

Weber, Eugen. *Peasants Into Frenchmen, Modernization Of Rural France,*

1870-1914. Stanford University Press, 1976.

Weeks, Theodore R. "Russification: Word and Practice 1863-1914." *Proceedings of the American Philosophical Society* 148.4 (2004).

Weeks, Theodore R. *Nation and State in late Imperial Russia: Nationalism and Russification on the Western Frontier 1863-1914*. Northern Illinois University Press, 2008.

Wellek, René. *The Spirit of Thomas G. Masaryk (1850-1937): An anthology*. Macmillan, 1990.

Wood,Anthony. *19th Century Britain,1815-1914*. Longmans,1960.

中文文献

埃·邦儒尔等:《瑞士简史》,南京大学历史系编译组译,江苏人民出版社,1974。

埃德蒙·R. 利奇:《缅甸高地诸政治体系:对克钦社会结构的一项研究》,杨春宇等译,商务印书馆,2010。

埃德蒙·柏克:《美洲三书》,缪哲译,商务印书馆,2003。

埃瑞克·霍布斯邦(霍布斯鲍姆):《帝国的年代》,贾士蘅译,国际文化出版公司,2006。

艾德蒙·柯蒂斯:《爱尔兰史》(下册),江苏师范学院翻译组译,江苏人民出版社,1974。

艾周昌、郑家馨主编:《非洲通史·近代卷》,华东师范大学出版社,1995。

爱德华·拉津斯基:《亚历山大二世:最后的伟大沙皇》,周镜译,新世纪出版社,2014。

奥兰多·费吉斯:《娜塔莎之舞:俄罗斯文化史》,曾小楚译,四川人民出版社,2018。

巴巴拉·W. 塔奇曼:《骄傲之塔:战前世界的肖像,1890—1914》,陈丹丹译，中信出版社，2016。

白翠琴：《略论元朝法律文化特色》，《民族研究》1998 年第 1 期。

白吉尔：《上海史：走向现代之路》，王菊、赵念国译，上海社会科学院
　　出版社，2014。

白晓红：《俄国斯拉夫派的政治思想》，《世界历史》2001 年第 5 期。

柏克：《论与美洲和解的演讲》，载《美洲三书》，缪哲选译，商务印书馆，
　　2003。

鲍里斯·尼古拉耶维奇·米罗诺夫：《俄国社会史》（上卷），张广翔等译，
　　山东大学出版社，2006。

本尼迪克特·安德森：《想象的共同体》，吴叡人译，上海人民出版社，
　　2005。

彼得·W. 豪格著，甄树青译：《加拿大责任制政府》，《外国法译评》
　　1996 年第 2 期。

彼得·贾德森：《哈布斯堡王朝》，杨乐言译，中信出版社，2017。

伯纳德·贝林：《美国革命的思想意识渊源》，涂永前译，中国政法大学
　　出版社，2007。

布鲁诺·德·梅斯奎塔、阿拉斯泰尔·史密斯：《独裁者手册》，骆伟阳译，
　　江苏文艺出版社，2014。

曹维安：《俄国的斯拉夫派与西方派》，《世界史》1996 年第 9 期。

曹兴宇、黄兴涛：《欧洲称中国为“帝国”的早期历史考察》，《史学月刊》
　　2015 年第 5 期。

曾晓阳：《从“先生”的语言到公民的语言——试析近代法国统一民族语
　　言的政治因素》，《史学集刊》2013 年第 6 期。

查尔斯·霍华德·麦基文：《美国革命的宪法观》，田飞龙译，北京大学
　　出版社，2015。

陈波：《西方“中华帝国”概念的起源（1516—1688）》，《四川大学学报（哲
　　学社会科学版）2017 年第 5 期。

陈康：《二战以前法国在老挝的殖民统治及老挝社会性质浅析》，《河南师
　　范大学学报（哲学社会科学版）》1988 年第 2 期。

陈跃：《"因俗而治"与边疆内地一体化：中国古代王朝治边政策的双重
　　变奏》，《云南师范大学学报（哲学社会科学版）》2012 年第 2 期。

船田善之：《色目人与元代制度、社会——重新探讨蒙古、色目、汉人、
　　南人划分的位置》，《蒙古学信息》2003 年第 2 期。

茨威格：《昨日的世界：一个欧洲人的回忆》，舒昌善等译，广西师范大
　　学出版社，生活·读书·新知三联书店，2004。

大卫·科尔比：《芬兰史》，纪胜利等译，东方出版中心，2013。

戴维·米勒：《布莱克维尔政治学百科全书（修订版）》，邓正来等译，中
　　国政法大学出版社，2002。

戴雪：《英宪精义》，雷宾南译，中国法制出版社，2001。

丹尼尔·希罗、克拉克·麦考利：《为什么不杀光？种族大屠杀的反思》，
　　薛绚译，生活·读书·新知三联书店，2012。

蒂莫西·斯奈德：《民族的重建》，潘梦琦译，南京大学出版社，2020。

厄内斯特·勒南（Ernest Renan）：《民族是什么》，《民族社会学研究通讯》
　　第 113 期。

厄内斯特·盖尔纳：《民族与民族主义》，韩红译，中央编译出版社，
　　2002。

费正清：《美国与中国》，张理京译，世界知识出版社，1999。

芬纳：《统治史（卷三）：早期现代政府和西方的突破——从民族国家到
　　工业革命》，马百亮译，华东师范大学出版社，2014。

芬纳：《统治史(卷一)：古代的王权和帝国——从苏美尔到罗马(修订版)》，
　　王震、马百亮译，华东师范大学出版社，2014。

弗朗西斯·福山：《政治秩序与政治衰败：从工业革命到民主全球化》，
　　毛俊杰译，广西师范大学出版社，2015。

弗雷德里克·巴斯编：《族群与边界：文化差异下的社会组织》，李丽琴译，
　　商务印书馆，2014。

冈德森：《美国经济史新编》，杨宇光等译，商务印书馆，1994。

高岱：《英法殖民地行政管理体制特点评析（1850—1945）》，《历史研究》
　　2000 年第 4 期。

高晓川：《奥匈帝国民族治理研究》，时事出版社，2017。

戈登·伍德：《美国革命的激进主义》，付国英译，北京大学出版社，
　　1997。

葛兆光：《名实之间——有关"汉化"、"殖民"与"帝国"的争论》，《复
　　旦学报（社会科学版）》2016 年第 6 期。

郭春生主编、瑞雪等译编、陈金鹏等译校：《俄国 19 世纪与 20 世纪之交
　　法政文献选编》，清华大学出版社，2016。

郭家宏：《从旧帝国到新帝国：1783—1815 年英帝国史纲要》，商务印书馆，
　　2007。

郭霞：《雅典外邦人的社会地位与历史作用》，《安徽史学》2006 年第 6 期.

哈林顿：《大洋国》，何新译，商务印书馆，1996。

洪霞：《文化相对主义与间接统治制度》，《世界历史》2003 年第 2 期。

洪永红、瞿栋：《论殖民时期法国法在黑非洲的移植》，《西亚非洲》2006
　　年第 1 期。

霍布斯鲍姆：《极端的年代（上）》，郑明萱译，江苏人民出版社，1998。

霍金渊：《加拿大 1837 年起义与责任制政府的建立》，硕士学位论文，山
　　东大学，2007。

季明举：《想象的共同体：斯拉夫派的民族主义文化意识建构》，《俄罗斯
　　研究》2016 年第 4 期。

江弱水：《帝国的铿锵：从吉卜林到闻一多》，《文学评论》2003 年第 5 期。

杰弗里·瓦夫罗：《哈布斯堡的灭亡：第一次世界大战的爆发和奥匈帝国
　　的解体》，黄中宪译，社会科学文献出版社，2016。

杰克·菲利普·格林：《边缘与中心：帝国宪制的延伸》，刘天骄译，中
　　国政法大学出版社，2017。

杰里米·阿塔克、彼得·帕塞尔：《新美国经济史：从殖民地时期到 1940 年》
　　（上），罗涛等译，中国社会科学出版社，2000。

金雁：《倒转红轮：俄国知识分子的心路回溯》，北京大学出版社，2012。

卡列维·霍尔斯蒂：《和平与战争：1648—1989 年的武装冲突与国际秩序》，
　　王浦劬译，北京大学出版社，2005。

康大寿：《古代中国古代对在华外人的法律管理》，《信阳师范学院学报（哲学社会科学版）》2000 年 7 月第 20 卷第 3 期。

克里尚·库马尔：《千年帝国史》，石炜译，中信出版社，2019。

拉铁摩尔：《中国的亚洲内陆边疆》，唐晓峰译，江苏人民出版社，2008。

李安山：《法国在非洲的殖民统治浅析》，《西亚非洲》1991 年第 4 期。

李季山：《论约瑟夫·张伯伦的激进主义》，《史学月刊》1996 年第 3 期。

李剑鸣：《"危机"想象与美国革命的特征》，《中国社会科学》2010 年第 3 期。

李一平：《论法国对印度支那殖民政策（1887—1940 年）》，《南洋问题研究》2004 年第 4 期。

里亚·格林菲尔德：《民族主义：走向现代的五条道路》，王春华等译，上海三联书店，2010。

理查德·巴塞特：《以上帝和凯撒之名：奥地利皇家军队的崛起和消亡》，毛岚等译，天地出版社，2019。

梁志明：《论法国在印度支那殖民统治体制的基本特征及其影响》，《世界历史》1999 年第 6 期。

梁志明：《殖民主义史：东南亚卷》，北京大学出版社，1999。

列宁：《帝国主义是资本主义的最高阶段》，中共中央马克思恩格斯列宁斯大林著作编译局译，人民出版社，1964。

林泉：《十九世纪末二十世纪初法国对印支殖民统治的特点及其形成原因》，《史学月刊》1995 年第 2 期。

琳达·科利：《英国人：国家的形成，1707—1837》，周玉鹏、刘耀辉译，商务印书馆，2017。

刘浦江：《元明革命的民族主义想像》，《中国史研究》2014 年第 3 期。

刘文飞：《伊阿诺斯，或双头鹰》，中国社会科学出版社，2006。

卢克瓦斯基、扎瓦德斯基：《波兰史》，常程译，东方出版中心，2011。

罗素：《西方哲学史》上卷，何兆武、李约瑟译，商务印书馆，1963。

马丁·梅雷迪思：《非洲国：五十年独立史（上册）》，亚明译，世界知识出版社，2011。

马可·奥勒留：《沉思录》，何怀宏译，中国社会科学出版社，1989。

马克思：《1867 年 12 月 16 日在伦敦德意志工人共产主义教育协会所作关于爱尔兰问题的报告的提纲》，载《马克思恩格斯全集》第十六卷，人民出版社，1964。

马里欧特：《现代英国》，姚曾廙译，商务印书馆，1963。

玛丽·比尔德：《罗马元老院和人民》，王晨译，民主与建设出版社，2018。

迈克尔·赫克特：《遏制民族主义》，韩召颖译，中国人民大学出版社，2012。

迈克尔·曼：《社会权力的来源》（第二卷·上），陈海宏等译，上海人民出版社，2007。

迈克尔·曼：《民主的阴暗面》，严春松译，中央编译出版社，2005。

迈克尔·罗斯金：《国家的常识》，夏维勇、杨勇译，世界图书出版公司北京公司，2013。

孟君：《19 世纪至 20 世纪初俄罗斯帝国的民族政策研究》，吉林大学出版社，2017。

尼尔·弗格森：《帝国》，雨珂译，中信出版社，2011。

尼尔·弗格森：《巨人：美国大帝国的代价》，李承恩译，华东师范大学出版社，2007。

尼古拉·梁赞诺夫斯基、马克·斯坦伯格：《俄罗斯史（第七版）》，杨烨等译，上海人民出版社，2007。

欧立德：《传统中国是一个帝国吗？》，《读书》2014 年第 1 期。

浦洛基：《欧洲之门：乌克兰 2000 年史》，曾毅译，中信出版社，2019。

钱穆：《中国学术思想史论丛》（一），东大图书有限公司，1976。

乔治·奥威尔：《奥威尔文集》，董乐山译，中央编译出版社，2010。

撒路斯提乌斯：《喀提林阴谋，朱古达战争》，王以铸、崔妙因译，商务印书馆，1994。

塞缪尔·亨廷顿：《变化社会中的政治秩序》，王冠华、刘为译，上海人民出版社，2015。

杉山正明：《忽必烈的挑战》，周俊宇译，社会科学文献出版社，2013。

史蒂芬·贝莱尔：《奥地利史》，黄艳红译，中国大百科全书出版社，2009。

斯蒂芬·平克：《人性中的善良天使》（上卷），安雯译，中信出版社，2015。

托布约尔·克努成：《国际关系理论史导论》，余万里、何宗强译，天津人民出版社，2005。

托马斯·R.梅特卡夫：《新编剑桥印度史：英国统治者的意识形态》，李东云译，云南人民出版社，2015。

瓦·普罗科菲耶夫：《赫尔岑传》，罗启华等译，黑龙江人民出版社，1987。

王明珂：《华夏边缘：历史记忆与族群认同》，浙江人民出版社，2013。

威尔·金里卡：《多元文化的公民权：一种有关少数族群权利的自由主义理论》，杨立峰译，上海译文出版社，2009。

威廉·M.马奥尼：《捷克和斯洛伐克史》，陈静译，东方出版中心，2013。

魏源：《圣武记》卷4《乾隆帝荡平准部记》，中华书局，1984。

沃尔特·白芝浩：《英国宪法》，夏彦才译，商务印书馆，2005。

萧启庆：《元代的族群文化与科举》，联经出版事业股份有限公司，2008。

亚当·斯密：《国民财富的性质和原因的研究》（下卷），郭大力、王亚楠译，商务印书馆，1974。

亚里士多德：《政治学》，商务印书馆，1965。

晏绍祥：《与距离斗争：波斯、罗马与秦汉帝国的中央集权和地方自治》，《史学理论研究》2016年第3期。

杨昌沅：《法国在印度支那殖民统治机构的概述》，《中南民族学院学报（哲学社会科学版）1989年第2期。

伊萨克·多伊彻：《武装的先知：托洛茨基1879—1921》，施用勤等译，中央编译出版社，1999。

约·阿·霍布森：《帝国主义》，纪明译，上海人民出版社，1960。

约翰·罗德哈梅尔 选编：《华盛顿文集》，吴承义译，辽宁教育出版社，
　　2005。

约翰·密尔：《代议制政府》，汪瑄译，商务印书馆，1984。

约瑟夫·康拉德：《黑暗之心》，李倩等译，江苏凤凰文艺出版社，2018。

张本英：《自由主义与加拿大宪政改革》，《安徽史学》2004 年第 6 期。

张健：《约瑟夫·张伯伦的帝国思想及其表现》，硕士学位论文，河南
　　大学，2008。

张梅：《试论斯拉夫主义的俄罗斯民族自觉意识》，《俄罗斯中亚东欧研究》
　　2013 年第 3 期。

赵鼎新：《社会与政治运动讲义》，社会科学文献出版社，2006。

珍·波本克、弗雷德里克·库伯：《世界帝国二千年：一部关于权力政治
　　的全球史》，冯奕达译，八旗文化出版社，2015。

珍妮弗·皮茨《转向帝国：英法帝国自由主义的兴起》，金毅译，江苏人
　　民出版社，2012。

郑非：《族群问题非政治化？》，《香港社会科学学报》2014 年春夏期。

郑家馨主编：《殖民主义史：非洲卷》，北京大学出版社，2000。

中共中央马克思恩格斯列宁斯大林著作编译局：《列宁全集 33》，人民出
　　版社，1992。

中国社会科学院民族研究所编：《列宁论民族问题》，民族出版社，1987。

钟璇燕：《约瑟夫·张伯伦与英国关税改革运动》，硕士论文，首都师范大学，
　　2007。

朱建刚：《"官方民族性"与 19 世纪初俄国民族主义的崛起——以谢尔
　　盖·乌瓦罗夫为例》，《俄罗斯学刊》2017 年第 1 期。

一页 folio

始于一页，抵达世界

Humanities · History · Literature · Arts

出品人　范　新

版权总监　吴攀君

印制总监　刘玲玲

营销总监　张　延

营销编辑　戴　翔

装帧设计　陈威伸

内文制作　燕　红

Folio (Beijing) Culture & Media Co., Ltd.

Bldg. 16C, Jingyuan Art Center,

Chaoyang, Beijing, China 100124

一页 folio
微信公众号

官方微博：@一页 folio | 官方豆瓣：一页 folio | 联系我们：rights@foliobook.com.cn